Depois das Caravelas

As relações entre Portugal e Brasil 1808 - 2000

Amado Luiz Cervo
José Calvet de Magalhães

Depois das Caravelas

As relações entre Portugal e Brasil 1808 - 2000

Organização e Apresentação de Dário Moreira de Castro Alves

Coleção Relações Internacionais, dirigida por Amado Luiz Cervo

IBRI

EDITORA UnB

Impresso no Brasil

Direitos exclusivos para esta edição:

EDITORA UNIVERSIDADE DE BRASÍLIA

SCS Q. 02 Bloco C Nº 78 Ed. OK 2º andar

70300-500 Brasília–DF

Fax: (0_ _61) 225-5611

Equipe editorial: Wânia de Aragão-Costa (Preparação de originais); Terra Brasil – Fábrica de Textos (Revisão); Fernando Luis (Editoração eletrônica); Márcio Duarte (Capa)

Ficha catalográfica elaborada pela
Biblioteca Central da Universidade de Brasília

Cervo, Amado Luiz

C419 Depois das caravelas: as relações entre Portugal e Brasil: 1808–2000 / Amado Luiz Cervo, José Calvet de Magalhães; Dário Moreira de Castro Alves (organização e apresentação) – Brasília : Editora Universidade de Brasília, 2000.
398 p.

ISBN: 85-230-0581-1

1. Relações Brasil–Portugal. 2. Brasil–história. 3. Portugal–história. I. Magalhães, José Calvet de. II Alves, Dário Moreira de Castro. III Título.

CDU 327(81: 469)
981
946.9

A preparação dos textos dos autores foi patrocinada, no Brasil, pela Odebrecht S.A. e, em Portugal, pelo Instituto Camões. É objeto de inclusão no Programa da Comissão Conjunta Brasil–Portugal para as Celebrações do V Centenário do Descobrimento do Brasil.

Sumário

Apresentação

Dário Moreira de Castro Alves

Sentindo a óbvia importância de que se revestiriam as comemorações do meio milênio do achamento do Brasil, ocorrido a 22 de abril de 1500, por Pedro Álvares Cabral, ao tempo de D. Manuel, o Venturoso, concebi, em 1996, o projeto de um livro que contivesse estudo global sobre as relações entre Portugal e Brasil, ou entre Brasil e Portugal, de 1808 aos nossos dias, isto é, ao ano 2000. Organizei o sumário do texto, em 1996, e apresentei o plano ao Ministério das Relações Exteriores do Brasil; à Comissão Nacional para as Comemorações dos Descobrimentos Portugueses; à Academia Portuguesa de História; e ao Instituto Histórico e Geográfico Brasileiro. Obtive, de imediato, compreensão e estímulo de parte do Embaixador Luiz Felipe Lampreia, Ministro de Estado das Relações Exteriores; do Embaixador Armando Sérgio Frazão, Chefe do Departamento Cultural do Itamaraty, e de seu assessor, Conselheiro Alexandre Rubem Milito Gueiros; do Embaixador Lauro Barbosa da Silva Moreira, que a ele sucedeu, e de seu assessor, Conselheiro Antônio Júlio Cesário de Mello Ciraudo; do Doutor Antônio Manuel Hespanha, Presidente da Comissão Nacional para as Comemorações dos Descobrimentos Portugueses; do Professor Doutor Joaquim Veríssimo Serrão, Presidente da Academia Portuguesa de História; do Professor Arno Wheling, do Instituto Histórico e Geográfico Brasileiro. Finalmente, graças a decisivo apoio do Embaixador Lauro Barbosa da Silva Moreira, o projeto contou com o beneplácito da Comissão Bilateral Executiva para as Comemorações do V Centenário da Viagem de Pedro Álvares Cabral.

Concederam apoio e patrocínio para a elaboração da parte brasileira a Fundação Odebrecht e o Conselho Nacional de Desenvolvimento Científico e Tecnológico (CNPq) e, da parte portuguesa, o Instituto Camões, sob a direção do Doutor Jorge Couto. Idealizei o projeto, em minha condição de luso-brasileiro – se posso atribuir-me esta condição – no desejo de ver ampliada a bibliografia das relações luso-brasileiras. A responsabilidade pelos conceitos e informações que constam dos textos é exclusiva dos autores.

Para o estudo dessas relações históricas entre Portugal e Brasil foram escolhidos, após gestões diversas, do lado brasileiro, o Professor Amado Luiz Cervo, do Departamento de História da Universidade de Brasília, a cargo de quem ficou o século XIX, e, do lado português, o Embaixador José Calvet de Magalhães, autor da recente obra *Breve história das relações diplomáticas entre Brasil e Portugal*, incumbido do século XX.

Como esta obra destina-se a ser editada em Portugal e no Brasil e não estando ainda em vigor o Acordo Ortográfico da Língua Portuguesa, assinado em 16 de dezembro de 1990, em Lisboa, será, o texto, publicado no Brasil de acordo com a norma ortográfica brasileira e, em Portugal, em conformidade com a ortografia portuguesa, para o que muito agradeço a contribuição de minha secretária Márcia Machado da Silva.

* * * * * * * * * *

As relações entre Portugal e Brasil têm, como fatores subjacentes, quatro elementos de valor perpétuo, nesta ordem precisa: sangue, língua, cultura e passado comum. Nesse contexto, acentue-se que o relacionamento de Portugal com o Brasil foi, em sua essência, mais íntimo e entrelaçado do que o de qualquer outra metrópole européia e seus respectivos territórios coloniais. Certos episódios importantes que ocorreram entre Portugal e Brasil não tiveram paralelo na história das metrópoles européias em relação a suas colônias, seja a Grã-Bretanha, a França, a Espanha, a Bélgica, os Países Baixos, a Alemanha, a Itália. Com efeito:

1) A Corte portuguesa instalou-se no Brasil durante treze anos;
2) Um Rei de Portugal subiu ao trono no Brasil;

3) Uma Rainha de Portugal morreu no Brasil;
4) Uma rainha de Portugal nasceu no Brasil;
5) O Brasil foi elevado à condição de parte do Reino de Portugal, tendo deixado de formalmente ser colônia antes mesmo da Independência;
6) O processo da Independência do Brasil foi conduzido por um Príncipe da Coroa portuguesa;
7) Um Príncipe português tornou-se Imperador do Brasil;
8) Um Rei de Portugal passou a ter título de Imperador do Brasil;
9) Uma Constituição de Portugal foi elaborada e outorgada no Brasil;
10) Um Imperador do Brasil veio a ser Rei de Portugal.

* * * * * * * * * *

O autor da I Parte – **O Século XIX** – faz preceder, no Capítulo 1 – **De Vice-Reino a Parte do Reino-Unido: a Transferência da Corte para o Brasil** ao estudo sobre a instalação da Corte portuguesa no Brasil, considerações a respeito do Brasil, da Europa e da conjuntura atlântica. No século XVI, o Brasil *alvorecente* passara por sucessivas fases de exploração de suas riquezas desde o início da colonização em 1530. Diz, o autor, que D. João III (Rei de 1521 a 1557) ensaiara três modelos de colonização: o estatal (1530-1533), abandonado em razão de seus elevados custos; o privado (1534-1548), que se revelou insuficiente; e o misto, desde 1548, que restringiu as atribuições dos particulares e envolveu forte empenho administrativo, militar, econômico e jurídico da coroa. Transitou-se da economia de escambo para a de produção,

> que engendrou a relação de exploração do trabalho indígena, gradualmente substituído pelo africano. A estrutura social tornou-se rígida, compreendendo um restrito número de pessoas no topo da hierarquia, os senhores de engenho de açúcar, que conviviam com uma massa de escravos e com um pequeno setor intermédio formado por lavradores, mercadores e artesãos. A construção do Brasil, segundo Jorge Couto [em *A Cons-*

> *trução do Brasil*], pôs em contato as populações de três Continentes e configurou uma sociedade original, distinta daquelas que lhes deram origem e marcada por uma forte miscigenação étnica.

A primeira divisão administrativa do Brasil ocorreu em 1532 com as Capitanias Hereditárias, em número de quinze, embriões das futuras Províncias e Estados. Em 1549, chegou o Primeiro Governador Geral do Brasil, Tomé de Sousa, que, no mesmo ano, fundou Salvador, na Bahia, a sede do Governo Geral do Brasil, condição mantida até 1763, quando a sede do Governo central da colônia foi transferida para o Rio de Janeiro, sede definitiva do Vice-Reino, que, como tal, deixou de existir com a instalação da própria Corte portuguesa no Brasil, a partir de 1808. O quadro social da época está bem estruturado: no topo da pirâmide, a figura do senhor de engenho. Grandes proprietários rurais e comerciantes voltados para o exterior desempenhavam as posições de mando e de controle estratégico da vida na colônia, vindo a seguir ocupações de menor valia e expressão, como o pequeno comércio e o artesanato. Dividia-se, basicamente, a sociedade, entre livres e escravos; os indivíduos livres compunham as três ordens do Antigo Regime – nobreza, clero e povo – "mas essa divisão teve pouco efeito no Brasil", segundo Boris Fausto.

No começo do século XIX, o Rio de Janeiro convertera-se em ponto estratégico da economia do Atlântico Sul e do comércio colonial português. Os navios deixavam Portugal com destino à Angola ou ao Rio de Janeiro carregados de manufaturas européias e especiarias orientais. A África exportava escravos, marfim e cera e o Brasil, seus produtos tropicais. A média anual – assinala-se no texto do Professor Amado Cervo – era de 30 navios entre Rio de Janeiro e Lisboa e de 20 entre o Rio de Janeiro e a África. Também outros países participavam desse comércio, especialmente a Grã-Bretanha, em razão da aliança especial com Portugal.

Após a crise do ouro e dos diamantes, na década de 1760, o império português ingressou em conjuntura favorável que, segundo os historiadores, estaria preparando o país para ingressar adequadamente na era industrial. Advinha do crescimento do comércio marítimo, que havia proporcionado ampliação dos mercados de produtos originados do Brasil, cuja demanda satisfazia a máquina industrial dos países europeus, algodão especialmente. A guerra da independência dos EUA (1775–1783) fez crescer a importância comercial de Portugal para a Grã-Bretanha, como fornecedor de certos produtos. As exportações e reexportações portuguesas cresceram aproximadamente 18% durante a guerra da independência dos EUA e, entre 1783 e 1789, cerca de 30%. Essa animação de negócios prolongar-se-ia até 1806 e estes se beneficiavam das guerras revolucionárias francesas e napoleônicas. O comércio colonial preenchia, para o Portugal de então, quatro funções econômicas: 1) abastecia o país de matérias-primas coloniais; 2) abria mercado para certos produtos portugueses; 3) animava as trocas comerciais entre as próprias colônias; e 4) oferecia boa base para a reexportação de produtos coloniais a outras nações e de produtos destas para o ultramar português. Entre 1796 e 1806 – ano anterior ao da invasão francesa de Portugal –, a produção nacional portuguesa representava apenas ¼ das exportações portuguesas para outras nações e menos da metade das que se destinavam ao Brasil, ao passo que produtos originários do Brasil representavam 60% das primeiras. A economia portuguesa sustentava-se no esquema comercial do império e, não, na produção interna. A reexportação de produtos coloniais era paga pelos comerciantes de outras nações, em boa medida, com artigos que se destinavam ao mercado interno português e às próprias colônias, o que desestimulava a produção industrial e agrícola em Portugal. É certo – acentua-se no texto de Amado Cervo – que o Brasil absorvia mais de 90% das exportações portuguesas de manufaturados, tecidos, chapéus, ferragens, entre outras. Tal esquema de comércio transitário, a que profundamente se vinculava a própria sorte de Portugal, corria riscos decorrentes dos conflitos entre as potências européias, como ocorreu, por exemplo, com o Bloqueio Continental – decretado pela França, em 21 de novembro de 1806, para vulnerar a condição marítima e comercial da Grã-Bretanha, colocava diretamente em cheque a posição de Portugal –, do qual a Grã-Bretanha era o ponto de apoio, em razão da tradicional aliança entre os dois países. Visava, a França napoleônica, a reunir, política e economicamente, a Europa ocidental, com intuito de subtraí-la à influência inglesa, "senão mesmo de subjugá-la nas frentes comercial e marítima". Nessa disputa de tão vasta envergadura, assinala Amado Cervo, Portugal adquiriu importância estratégica única. O Atlântico tornava-se o novo centro das lutas em torno da rivalidade franco-britânica, que se deslocava do Continente europeu para a disputa da hegemonia sobre os mares, e Portugal é um país marcadamente Atlântico, por estar situado na parte mais ocidental da Europa, sobre o Atlântico, e porque o Brasil, com tudo o que representava para Portugal, se encontrava do outro lado do mesmo oceano.

Em 1807, Portugal recebeu mais um ultimato de Napoleão: fechar seus portos à Grã-Bretanha, caso contrário seria invadido por um exército franco-espanhol. A França tinha conseguido assegurar o divórcio entre as duas potências ibéricas e, pelo tratado de Fontainebleau, de 1807, tinha partilhado Portugal com a Espanha, partilha que incluía a repartição dos domínios ultramarinos de Portugal. O Príncipe regente de Portugal sabiamente resolveu evitar as humilhações napoleônicas, de que fora vítima a coroa espanhola, e, com a proteção da Grã-Bretanha, transferiu a Corte portuguesa para o Brasil, dando início a novo período na história da mais importante parte ultramarina do império português, marcado pelo fim da condição colonial do Brasil. Para todos os efeitos, o Rio de Janeiro era a sede da Corte portuguesa, pelo que cessava o poder do Vice-Rei. O último Vice-Rei do Brasil foi D. Marcos de Noronha e Brito, oitavo Conde dos Arcos.

Antes de aportar no Rio de Janeiro, em março de 1808, o Príncipe D. João, em janeiro, detivera-se na Bahia, onde decretara a abertura dos portos brasileiros ao comércio das nações amigas. As importações pagariam 24% *ad valorem,* sem distinção de procedência. Complementou, o Príncipe Regente, essa medida com o Decreto de 1º de abril, que promovia a "liberdade de manufaturas e indústrias" no Brasil, e com outro, de 11 de junho, que beneficiava a navegação brasileira. O liberalismo era tido como alavanca de aumento da riqueza por D. João e seu assessor, de pensamento *smithiano*, José da Silva Lisboa, Visconde de Cairu. Mas, um enviado inglês de George Canning, Lord Strangford, chegou ao Brasil para negociar privilégios que iriam favorecer as exportações britânicas para o Brasil, em recompensa pelos serviços prestados pela Grã-Bretanha por ocasião da transferência da Corte para o Brasil e pelos que ainda prestaria ao comprometer-se a garantir a integridade e a independência de Portugal. Os tratados assinados em 19 de fevereiro de 1810, um, de aliança e amizade, e outro, de comércio e navegação, estabeleceram situação de real privilégio em favor da Grã-Bretanha. Sem contrapartida específica, foram reduzidos os direitos alfandegários dos produtos ingleses, ao entrarem no Brasil, de 24% para 15%, abaixo mesmo dos 16% que recolheriam as importações provenientes de Portugal. Pelo acordo secreto que fora assinado em 22 de outubro de 1807, a Grã-Bretanha assegurara proteção à transferência da Corte para o Brasil em troca de vantagens em seu mercado e no império português como um todo. Amado Cervo enumera os vários fatores desfavoráveis ao Portugal metropolitano no período que se seguiu à transferência da Corte portuguesa para o Brasil, com sérios danos causados a Portugal pelo rumo que as coisas tomaram. O partido inglês ganhara força incontrastável na Corte do Rio de Janeiro, sob a influência de homens como Rodrigo de Sousa Coutinho, Conde de Linhares, Secretário dos Negócios da Guerra e Estrangeiros. Havia chegado ao fim a era napoleônica e D. João VI, que ascendera ao trono com a morte de D. Maria I, em 1816, um ano depois de ter criado o Reino Unido de Portugal, Brasil e Algarves, deixava-se ficar no Rio de Janeiro, a justificar as apreensões, na metrópole, daqueles que já não acreditavam no retorno da Corte a Lisboa. Em Portugal, o Governo continuava nas mãos de Beresford, preposto britânico deixado por D. João em Lisboa. Enquanto isso, o Brasil deixara, prática e formalmente, de ser colônia; era parte do Reino Unido em igualdade institucional com Portugal, na verdade até mais importante, pois sediava a Corte em tempo de paz. Foi a partir do Rio de Janeiro que se emanaram as instruções que orientaram os plenipotenciários portugueses no grande conclave que foi o Congresso de Viena. Foi preciso que surgisse e triunfasse o movimento liberal do Porto, em 1820 – a Revolução *Vintista* – para que tivessem êxito na metrópole, as reivindicações populares, de ver terminado o *consulado* de Beresford e ver reinando, em Lisboa, o rei D. João VI, o que ocorreria a partir de 1821.

No Rio de Janeiro, ficara, como representante da Coroa, o príncipe real D. Pedro. Contagiava a opinião brasileira – acentua Amado Cervo – um misto de liberalismo, independência e democracia que serviriam de base a espírito revolucionário que avançava sem recuo e, em apenas pouco mais de um ano, levaria à Independência da parte mais nova do Reino Unido, sob a condução do jovem Príncipe, que a proclamou. O movimento fora precedido de tentativa política de inspiração maçônica – a Revolução Pernambucana, de 1817. Ao chegar ao Brasil em 1808, D. João, ainda regente, lançara os fundamentos do Estado brasileiro e, ao regressar a Portugal, treze anos depois, não os levou de volta nem os desmontou. A criação do Império, em 1822, independente, soberano, instalou-se sobre aqueles fundamentos e seguiu seu curso, mantendo-se a unidade política e territorial do imenso novo País. É pensamento corrente o de que a Independência, ocorrida no seio da estirpe da monarquia portuguesa, teve grande responsabilidade na manutenção daquela unidade. Revolução emancipacionista em um quadro republicano *poderia,* talvez, ter tido, no Brasil, efeitos paralelos aos que se registraram alhures nas Américas.

* * * * * * * * * *

No texto, vem descrito o tema referente ao resultado do movimento *vintista*, que foi a eleição das Cortes Extraordinárias Constituintes, que se reuniram em Lisboa, em janeiro de 1821, para elaborar a Constituição, a primeira de cunho liberal jamais feita em Portugal. Antes de concluída a Constituição, que tinha por modelo a Constituição espanhola de Cádiz, de 1812, as Cortes aprovaram suas *bases,* com a definição dos direitos do cidadão e a organização dos poderes do Estado. Tão importante foi o movimento liberal de 1820 que seu impacto, no Brasil, motivou sublevação no Rio de Janeiro, que forçou D. João VI a jurar a aprovação da Constituição que se estava a discutir e a obedecer ao chamado das Cortes para trasladar-se de volta a Lisboa, onde chegou a 3 de julho de 1821. A 1º de outubro de 1822 – quando, no Brasil, já se dera a Independência – o Rei jurou em Portugal a nova Constituição, que fora preparada com a colaboração de pelo menos 46 brasileiros dos mais de 100 deputados portugueses (o número de brasileiros era de 69, mas somente 46 efetivamente chegaram a Lisboa) eleitos para as Cortes. O texto da Constituição *vintista*, quanto ao que estabelecera sobre o Brasil, parte da estrutura do Estado português, fora tornado incompatível com a nova realidade de um Brasil que, a 7 de setembro de 1822, já era nação soberana, desligada institucionalmente de Portugal. As Cortes eram liberais e interromperam o absolutismo em Portugal, mas sua conduta em relação ao Brasil era considerada "reacionária", "facciosa", e, na verdade, veio, sem o querer, acelerar o processo da Independência. O artigo 128 da nova Constituição definia o Brasil de forma inaceitável para os dirigentes brasileiros. A ordem de regresso do Príncipe D. Pedro a Lisboa foi interpretada como "insólita provocação" e atuou como estopim da Independência completa e absoluta.

A população do Brasil, em 1821, aproximava-se dos quatro milhões, $^2/_3$ de homens livres e $^1/_3$ de escravos. Homens como José Bonifácio de Andrada e Silva não aceitavam que o País, elevado à condição de parte efetiva do Reino Unido depois da chegada de D. João VI, regressasse à condição de colônia à qual tanto as Cortes, na prática, o queriam empurrar. Naquele momento, o grande fluxo de comércio externo do Brasil era com a Grã-Bretanha, superior até ao movimento comercial com Portugal. O conjunto das medidas a respeito da administração militar e da justiça, tomadas por Lisboa a respeito do Brasil, indicava vontade de fazer o Brasil regredir da condição que até então alcançara. O texto do Professor Amado Cervo abunda em considerações a este respeito.

Em 1.4 – **Relações que Preparam a Independência entre Brasil e Portugal** –, o autor dá início à contestação da tese de "historiadores tradicionais" segundo a qual, diferentemente do ocorrido com os demais Estados das Américas, a Independência do Brasil se teria processado de modo pacífico e quase consensual.

Assinala que o historiador José Honório Rodrigues fez veemente contestação à interpretação de Oliveira Lima, de uma "independência incruenta": de lado a lado, houve a determinação de fulminar o adversário. Os planos portugueses de reconquista assentavam sobre a possibilidade de separar o norte do País, com base na posição de força que o General Madeira ocupava na Bahia e na hesitação de lideranças provinciais do norte e do nordeste em aderir ao movimento de Independência comandado pelo Rio de Janeiro. E havia expectativa de apoio militar espanhol, o que reforçava a idéia e os planos de expedições punitivas ao Brasil, suscitando certo temor pela ameaça que podiam representar para a Independência. O autor estende-se em comentários sobre planos de defesa militar da jovem nação, contratação de oficiais estrangeiros, sobretudo para a Marinha de Guerra, a maioria de procedência inglesa. O General Madeira chegou a comandar 11.000 homens. Para a guerra efetiva, chegaram a concentrar-se 13.000 soldados brasileiros na Bahia, 18.000 nas operações do Maranhão e do Piauí. Reconhece, o autor, que, "Embora tenha prevalecido a demonstração de força sobre o combate, houve uma guerra da Independência, entre junho de 1822 e agosto de 1823, com centenas de mortes.". A Independência expressou-se em três dimensões ou planos: 1) a dimensão política, com ruptura e separação de dois pólos de poder, Lisboa e Rio de Janeiro; 2) a militar, a que se fez alusão acima; e 3) a diplomática ou a ação pelo reconhecimento diplomático entre 1822 e 1824. Portugal e Brasil ficaram diplomaticamente de costas um para o outro. Enquanto a Corte portuguesa não reconhecesse o novo Império brasileiro, as demais Cortes européias se abstinham de reconhecê-lo. Expressivo foi, porém, o reconhecimento pelo Governo dos EUA, em 26 de maio de 1824.

O Professor Amado Cervo descreve os esforços diplomáticos específicos de aproximação dos dois países: a missão do Marechal de Campo Luís Paulino d'Oliveira Pinto França, enviado especial de D. João VI, que foi à Bahia com a incumbência de fazer cessar as hostilidades entre brasileiros e as tropas portuguesas do General Madeira. Lá chegando, em 18 de agosto de 1823, teve conhecimento de que a guerra terminara havia mais de um mês, com a expulsão das tropas portuguesas – na verdade em 2 de julho, a data dita do Pirajá. Dirigiu-se, no brigue que o trouxera, para o Rio de Janeiro, e lá precedeu à chegada de dois enviados de D. João VI, o Conde de Rio Maior e Francisco Vieira de Tovar, então já em viagem para o Brasil na corveta *Voadora*. A recepção dos enviados portugueses, em setembro de 1823, foi das mais frias. Não traziam plenos poderes para, de plano, reconhecer a independência, condição *sine qua non* para início das negociações. A 25 de setembro, os dois comissários e seus auxiliares foram convidados a se retirar para Lisboa a bordo de outra nau, ficando a corveta *Voadora* como presa de guerra, de acordo com o tratamento dispensado a nações beligerantes.

Entre julho e novembro de 1824, ocorreram, em Londres, as únicas negociações havidas entre Brasil e Portugal para o reconhecimento da Independência, em um total de seis conferências. Eram plenipotenciários brasileiros Caldeira Brandt e Gameiro Pessoa, presentes o Encarregado de Negócios da Áustria, Barão de Neuman, e o Ministro inglês dos Negócios Estrangeiros, George Canning. Em 11 de novembro de 1824, encerrou-se o esforço diplomático luso-brasileiro direto para um acordo que significasse o fim do estado de separação dos dois países, por meio do reconhecimento do Império brasileiro. Não havia possibilidade de êxito enquanto Portugal se recusasse a aceitar liminarmente a Independência, sem condições prévias.

O terceiro e decisivo passo partiu da iniciativa de Canning, assumida em janeiro de 1825, de reconhecer as Repúblicas que, na América, eram originadas do império espanhol, e o Brasil. Quanto a este último, decidiu Canning propor a D. João VI aceitar um enviado inglês, Charles Stuart, que obteria poderes especiais do Rei D. João VI para, em seguida, ir ao Rio de Janeiro negociar o reconhecimento diplomático do novo império. Havia, de parte da Grã-Bretanha, interesses políticos e comerciais que recomendavam a normalização das relações luso-brasileiras, inexistentes desde a Independência, em 1822, e no quadro das quais aquela potência livremente poderia tratar de suas relações com o Brasil sem ferir a Corte de Lisboa. Impunha-se, aos ingleses, negociar a renovação do Tratado de Comércio de Navegação de 1810 e ocupar o espaço político no Novo Mundo de origem latina. Stuart chegou a Lisboa a 25 de março de 1825. Delicadamente, como tinha de ser, foi redigida a base fundamental das instruções. Diria D. João VI: "Tomo e estabeleço para mim e para os meus sucessores o título e a dignidade de Imperador do Brasil e cedo e transfiro já de minha livre vontade o pleno exercício da soberania do Império do Brasil.". A Coroa portuguesa pretendia salvar as aparências e apagar a luta e o próprio fato da Independência, rebaixando-a a uma concessão, mas não o fazia sem levar em conta as táticas da Santa Aliança. Confrontavam-se as concepções do direito divino e da hereditariedade com a da soberania popular, tida, nos meios conservadores de então, por *demagogia*. Stuart chegou ao Brasil em 17 de julho de 1825 e, em 29 de agosto, depois de catorze encontros com os plenipotenciários brasileiros, o Tratado era assinado. O Brasil era reconhecido por Portugal legitimamente (o pai reconhecia o filho). Só mesmo a condição de pai e filho podia explicar a redação do artigo I do Tratado: "o Rei reconhece o Brasil na categoria de Império independente e separado dos Reinos de Portugal e Algarves; e a seu amado e prezado filho D. Pedro por Imperador, cedendo e transferindo de sua livre vontade a soberania do dito império ao mesmo filho e a seus legítimos sucessores.". "Sua Majestade Fidelíssima Toma somente e reserva para a Sua Pessoa o mesmo Título." No artigo II o filho confirma que cede o Título de Imperador para sua pessoa. No artigo III, D. Pedro promete não aceitar proposições de quaisquer Colônias Portuguesas para se reunirem ao Império do Brasil. No artigo IV, diz-se que haverá Paz e Aliança doravante entre os dois Países com "total esquecimento das desavenças passadas entre os Povos Respectivos". A suma delicadeza do texto foi assinalada pelo redator da minuta do Tratado, Luís Moutinho, Oficial Maior da Secretária de Estado dos Negócios Estrangeiros do Brasil, ao manifestar dificuldade em "compreender a metafísica das idéias dos plenipotenciários brasileiros". Em sua engenhosa minuta, que ia prevalecer no Tratado, salvava-se a honra brasileira pelo prévio reconhecimento da Independência por parte do soberano português, o qual, logo a seguir, salvava seu decoro ao declarar que cedia espontaneamente a soberania ao filho, Imperador do Brasil, mas – revertendo-se à honra brasileira – era este que anuía a que o pai assumisse o título de Imperador, mas só ele, pai, sem passá-lo a descendentes.

Foi ao lado assinada a chamada Convenção Pecuniária, que estabeleceu o pagamento, por parte do Brasil, de dois milhões de libras a título de reclamações do Governo português. O texto do Professor Amado Cervo alista os comentários favoráveis e desfavoráveis que foram feitos, de lado a lado, ao Tratado de 1825, bem como expõe o tema da intervenção de D. Pedro na vida política portuguesa (como D. Pedro IV, na linha de sucessão do pai, D. João VI, que falecera em 10 de março de 1826, em Lisboa).

* * * * * * * * * *

Diz o Professor Amado Cervo que, a partir do início dos anos 1830, o Brasil perdeu peso na história de Portugal e, ainda mais, na historiografia portuguesa. Essas observações vêm ao final do Capítulo 2, sobre o reconhecimento da Independência, e, imediatamente, precedem o Capítulo 3, sobre a emigração portuguesa para o Brasil entre 1825 e 1889, no quadro das relações de toda a natureza entre Brasil e Portugal ao longo do século XIX. O Brasil definiu-se em favor de D. Pedro IV na guerra civil entre os dois irmãos pelo trono português, reconhecendo, em 1832, a regência da Ilha Terceira e rompendo com Lisboa. Quando D. Maria II subiu ao trono, em 1834, aos 15 anos de idade, o então futuro D. Pedro II do Brasil, seu irmão, tinha apenas nove anos e subiria ao trono seis anos depois, em 1840, em uma maioridade especialmente reconhecida em Ato Adicional daquele ano. Portanto, durante treze anos, de 1840 a 1853, ano da morte de D. Maria II, aos 34 anos de idade e por ocasião do parto de seu undécimo filho, os titulares da coroa do Brasil e de Portugal eram irmãos. Não obstante, o relacionamento não foi marcado por fatos de especial relevo. As relações eram mais importantes para Portugal do que o eram para o Brasil.

O Brasil fez-se representar, na coroação de D. Maria II, em 1834, pelo Ministro Plenipotenciário em Londres, José de Araújo Ribeiro, Visconde do Rio Grande. À propósito dessa representação, reconhecia, o Conde de Vila Real, então Ministro dos Negócios Estrangeiros de Portugal, que ela significava o desejo de estabelecer, com Portugal, "relações que tanto convêm ao interesse recíproco das duas nações". Da parte de Lisboa, segundo Vila Real, era aparente o desejo de "aplanar todas as questões pendentes com o Brasil". É que se tornavam de difícil aplicação os dispositivos dos atos de 1825 aprovados entre os dois países no tocante a reclamações de particulares por perdas, ao ressarcimento das dívidas de Governo, à repressão ao tráfico de escravos, a negociações de um tratado de comércio, a migrações clandestinas. O Professor Amado Cervo exalta o valor da atuação do Duque de Palmela que, como Ministro dos Negócios Estrangeiros, instruíra o novo enviado português ao Brasil, em 1834, Joaquim Antônio de Magalhães, com conceitos de tanta exaltação dos elementos básicos da formação comum da nacionalidade portuguesa e da brasileira que profetizavam palavras que vieram a ser utilizadas no Tratado de Amizade e Consulta, assinado mais de um século mais tarde, que consagraria a existência de uma Comunidade Luso-Brasileira.

Para a manutenção do bom relacionamento luso-brasileiro – diretriz superior constantemente lembrada pelo Ministério português dos Estrangeiros ao chefe da Legação no Rio de Janeiro –, havia de encaminhar a solução de certo número de questões que, de lado a lado, exigiam tratamento e não eram simples. Do lado brasileiro, três temas com potencial de agravamento eram comunicados a Portugal um tanto ao longo de decênios, no século XIX: 1) o envolvimento da bandeira portuguesa no tráfico de escravos da costa da África para o Brasil; 2) fabricação, em Portugal, de moeda falsa do Brasil e o tráfico desse produto criminoso para o Brasil; e 3) as reclamações examinadas no seio das comissões mistas bilaterais encarregadas de liquidar prejuízos da guerra da Independência. Do lado português as questões principais eram: 1) o provimento de recursos para ressarcir tais perdas; 2) as providências do Governo brasileiro para coibir a migração clandestina de portugueses para o Brasil; 3) a exigência de medidas severas para punir responsáveis por distúrbios que provocavam vítimas entre cidadãos portugueses residentes no Brasil; 4) o desejo de arrecadar e administrar as heranças de súditos portugueses falecidos no Brasil.

Na pessoa do Conde do Lavradio, Ministro português em Londres, o Soberano (D. Luís) mediou em favor da reconciliação entre o Brasil e a Grã-Bretanha, com relações rompidas em 1863 (Questão Christie). Em dado momento, os esforços portugueses foram suspensos por esgotamento da possibilidade de posições conciliatórias, havendo sido retomados com êxito mais tarde, para o que colaborou o Rei dos Belgas. Aliás, o relacionamento anglo-luso-brasileiro foi marcado por mediações diplomáticas por uma das potências em relação a desavenças entre duas delas. Assim, em 1825, como foi visto, a Grã-Bretanha mediou em favor da reconciliação de Portugal com o Brasil depois da Independência; nos anos 1860, Portugal mediou entre o Brasil e a Grã-Bretanha, como acaba de ser visto; em 1894, já na fase republicana brasileira, de novo os ingleses mediaram para a reconciliação luso-brasileira após o rompimento causado pela chamada Revolta da Armada; em 1895, Portugal mediou entre o Brasil e a Grã-Bretanha; e o efeito da mediação foi a devolução da Ilha da Trindade, pelos ingleses, ao Brasil.

O envolvimento português no tráfico de escravos para o Brasil, objeto de considerações em várias páginas do texto do Professor Amado Cervo, criou, por vezes, situações embaraçosas no relacionamento luso-brasileiro, certas vezes grande mal-estar. Amplo estudo é apresentado também sobre a emigração portuguesa para o Brasil. Os portugueses ocupam o primeiro lugar nas estatísticas brasileiras de longo prazo: entre 1820 e 1968 teriam chegado ao Brasil 1.769.986 portugueses, 1.607.888 italianos, 783.853 espanhóis, 295.669 alemães, 247.312 japoneses, além de quase 1 milhão de imigrantes de procedências diversas. No período citado, os destinos mais procurados, na América, foram, por ordem numérica de imigrantes, os EUA, o Canadá e o Brasil, lista em que, no fim do século, veio, a Argentina, a ocupar o segundo lugar. Em Portugal, ficaram proverbiais a expressão "fazer a América" e a figura do português xucro, pobre, que ia para o Brasil e voltava rico, condecorado e às vezes até nobilitado, descrito caricatamente, como estereótipo, por Eça de Queiroz,

Camilo Castelo Branco e outros escritores portugueses do século XIX. Também aparece, em Camilo Castelo Branco, a história de um acumpliciado ao tráfico de dinheiro brasileiro falsificado, um personagem rocambolesco de *O Cego de Landim*, que é uma das *Novelas do Minho*, publicadas entre 1875 e 1877. Data de 1872 a assinatura de Tratado de Extradição entre Brasil e Portugal que, expressamente, contempla, no inciso 10 de seu artigo 5º, as implicações do crime da moeda falsa. Com esse instrumento, a prática das autoridades brasileiras de expulsar estrangeiros por simples medida administrativa, sem processo nem julgamento, quando os considerava ameaça à ordem pública, e a repressão portuguesa, "fechou-se o ciclo do crime da moeda falsa, que tanto perturbou as relações entre Brasil e Portugal na segunda metade do século XIX".

A questão da arrecadação e da administração de herança, em razão do grande número de portugueses residentes no Brasil, que girava em torno da reivindicação portuguesa de assegurar, aos cônsules portugueses, aquela prerrogativa, foi uma das questões diplomáticas de maior presença no século XIX. A questão assentava-se na combinação do artigo V do Tratado de Reconhecimento da Independência – cláusula que assegurava, aos súditos de ambas as Nações, serem considerados e tratados, nos respectivos Estados, como os da Nação mais favorecida e Amiga e serem, seus direitos, religiosamente guardados e protegidos – com o disposto em tratado franco-brasileiro – que estabelecia serem competentes os cônsules franceses para arrecadarem as heranças jacentes de seus súditos. Do mesmo modo, os cônsules portugueses deveriam ter aquela mesma prerrogativa que lhes seria reconhecida pela referida cláusula. Para o Governo brasileiro, o que é relevante é a observância do disposto no Decreto de 9 de maio de 1842: somente reconhecia a prerrogativa de ingerência dos cônsules estrangeiros no assunto quando esta constasse explicitamente em tratados. Portugal o reconhecia com relação a heranças jacentes de brasileiros em Portugal. O Ministro de Portugal no Rio de Janeiro já estava autorizado a notificar o Governo brasileiro de que cessariam, também em Portugal, os privilégios de nação mais favorecida que, a tal respeito, eram aplicados aos súditos brasileiros. O Ministro dos Negócios Estrangeiros do Brasil, Limpo de Abreu, rebatendo os argumentos portugueses quanto à matéria, disse, com base em pareceres das seções da Fazenda e dos Estrangeiros e do pleno do Conselho de Estado, que o tratado franco-brasileiro de 1826 e o luso-brasileiro de 1825 já estavam rotos de direito e que, quanto ao luso-brasileiro, fora o próprio Portugal, por meio de medidas que contrariavam vários de seus artigos, que anulara o tratado de 1825. A posição central do Governo brasileiro continuou de pé com novo decreto regulador da matéria, em 1851, que estabeleceu reciprocidade quando da negociação de convenções consulares. Em 1863, Portugal e Brasil assinaram convenção consular, revista em 1867, para atender ao esclarecimento preciso de certas cláusulas. Mas, em 1874, todas as convenções consulares cessaram por um ato de efeito coletivo do Governo brasileiro. Em 1876, vigorou nova convenção consular luso-brasileira, mas esta foi denunciada pelo Governo brasileiro, em 1883. O Brasil não mais negociaria convenções sobre o tema. A de 1876 abrira brecha importante: a administração da herança seria encargo comum aos poderes brasileiros e aos cônsules portugueses quando houvesse herdeiros portugueses e brasileiros, menores, ausentes ou incapazes. Não resistindo aos apelos emocionados de Portugal, o Brasil disse rever sua posição de não mais negociar convenções sobre a matéria, mas ficou só nessa manifestação de boa vontade. E veio pouco tempo depois a República, com a lei da naturalização coletiva.

Outro problema surgiu no âmbito das relações consulares luso-brasileiras, em 1855, com um decreto brasileiro que, para estimular a ocupação do interior do País, dispensava o imigrante do respectivo controle consular na chegada, bem como da obrigação de registrar sua residência, exigindo-se-lhe apenas o visto no passaporte. Ora, em meados do século, três aspectos podiam ser identificados do ponto de vista da emigração portuguesa: 1) o Brasil constituía grande atrativo para os emigrantes potenciais em Portugal; 2) o Governo português, querendo mantê-los no Reino, ou estimular sua ida para África, baixava medidas de dissuasão quanto ao destino brasileiro; e 3) no Brasil havia apoio oficial à vinda de imigrantes, mas esse apoio se dava de modo desordenado e sem controles. A reação portuguesa foi pronta: reclamou do Governo brasileiro sob a alegação de que a medida impedia o cumprimento da legislação portuguesa quanto aos imigrantes lusos, isto é, a do registro consular à chegada, bem como declaração de residência. Temiam, os portugueses, incremento da emigração lusa para o Brasil e, mais, temiam o aumento da emigração clandestina. Em vão reclamaram a revogação daquele ato. Enquanto isso, intensificava-se o debate no Parlamento, na imprensa e na opinião pública sobre a vantagem da imigração, tendo em vista a cessação do tráfico negro, e sobre as qualidades da imigração portuguesa, a respeito do que se dividiam os julgamentos. Em Portugal, o debate acendeu-se com a manifestação de desagrado oficial ante conceitos emitidos no Brasil sobre os imigrantes portugueses, sobre a deplorável sorte de certos imigrantes. Surgiu até a qualificação de conivência do Governo brasileiro com a "escravidão branca", quanto a imigrantes portugueses, expressão que constou de uma nota de Legação de Portugal no Rio de Janeiro ao Governo brasileiro. A resposta do Brasil veio pelo Senador Cansanção de Sinimbu e publicamente: o ato de vir para o Brasil era espontâneo do emigrante português, que arrostava dificuldades que lhe opunham, à saída, as leis de seu país e de que resultavam embarques clandestinos; encontravam, no Brasil, nova pátria onde livremente escolhiam sua profissão.

O debate certamente emergia do confronto de políticas opostas: em Portugal, o Governo disposto à contenção e, no Brasil, o Governo interessado em apoios à imigração de portugueses. Com o aval de seu Governo, o Cônsul Geral português no Rio de Janeiro exigia, dos capitães de navios portugueses, que trouxessem imigrantes que lhe entregassem a relação e a documentação de origem dos colonos, contrariando os regulamentos brasileiros. O debate espraiou-se a áreas diversas, sob vários ângulos, até que, por volta de 1863, já se pensava, no Brasil e em Portugal, em celebrar uma convenção de colonização, Portugal já não objetando a espontânea emigração para o Brasil. Naquela década, segundo o historiador português Antônio José Telo, a média anual de emigrantes portugueses para o Brasil era de 5.177; na de 1870, 12.912; e na década de 90, 18.323.

Novo componente surgiu nas relações financeiras entre Brasil e Portugal: as crescentes e apreciáveis remessas de recursos pelos imigrantes portugueses no Brasil para os seus familiares, e outros fins, em Portugal. Diz o Professor Amado Cervo que esse fluxo financeiro em uma direção única deslocou a importância do fluxo comercial entre os dois países. Telo alinha considerações pelas quais em vez de *um novo Brasil na África*, sonho de homens de Estado em dado momento no século XIX, foi o mesmo Brasil que prosseguiu condicionando a sorte socioeconômica de Portugal durante o referido período. Acrescentemos que as *patacas* representaram papel importante na fase de progresso e renovação – a chamada "Regeneração" – que se seguiu ao papel das invasões francesas, das lutas fratricidas e da instabilidade política, de 1807 a 1850.

Depois de considerações sobre as reais dificuldades de vida por que passavam os imigrantes portugueses chegados ao Brasil – explorações de parte dos engajadores na origem e na chegada –, Amado Cervo alude à forte presença dos portugueses no comércio de não poucas cidades do Brasil, alguns dos quais abusavam desse papel e geravam clima de animosidade que lhes era desfavorável e que, somado aos sentimentos de nativismo que vinham ainda da Independência esteve certamente na base de manifestações antiportuguesas em cidades brasileiras. As mais graves delas ocuparam a atenção de diplomatas e cônsules e ocorreram em Belém em 1873–1874. Em Portugal, chegou-se a falar, à época, da proibição da emigração para o Brasil. O estopim parece ter sido a publicação, pela *Tribuna*, de Belém, de artigos ultrajantes para os portugueses. Uma corveta da Marinha portuguesa foi mandada para Belém a fim de dar proteção aos súditos portugueses. As medidas corretas e dignas que tomaram as autoridades brasileiras sobre o assunto satisfizeram o Governo português: punir os criminosos e assegurar proteção à vida e aos bens de portugueses no Brasil.

Os procedimentos para a naturalização eram generosamente ditados por uma lei de 30 de agosto de 1843 e funcionavam a contento dos Governos estrangeiros: requerimento individual, residência de dois anos, pagamento de taxa e decisão atribuída ao Governo. No Parlamento, não poucos projetos de lei transitavam com vistas em facilitar a naturalização, desburocratizá-la e incentivar a imigração, pólo de preocupações políticas e administrativas de muitos. Alguns projetos já insinuavam a idéia da naturalização coletiva, que adviria com a República, em dezembro de 1889.

* * * * * * * * * *

A parte inicial do Capítulo 4 – **Comércio e Finanças nas Relações Bilaterais entre 1825 e 1889** – refere-se ao esforço desenvolvido por Portugal no sentido de complementar o Tratado de 29 de agosto de 1825, que, ao restabelecer as relações comerciais entre os dois países, fixara, em 15% *ad valorem,* a alíquota a ser aplicada nas alfândegas para todas as mercadorias e introduzira o tratamento de nação mais favorecida quanto aos direitos sobre o comércio e a navegação. Isto resulta dos artigos V e X do Tratado de Paz e Aliança (ou do Reconhecimento da Independência), de 29 de agosto de 1825, mas não fora negociado acordo específico sobre o comércio e a navegação. O novo representante diplomático português – depois do fim da guerra civil em Portugal e do início da normalização institucional da vida política portuguesa –, Joaquim Antônio de Magalhães, apresentou-se no Rio de Janeiro, em 1835, com plenos poderes de seu Governo, incluindo o propósito de negociar esperado acordo de comércio decorrente do Tratado de Paz e Aliança, de 1825. Magalhães expôs as idéias otimistas que o Governo português nutria a respeito do comércio, da navegação e das pendências financeiras. As bases sobre as quais seu Chefe, o Duque de Palmela, sugeria deverem assentar-se as negociações eram as de colocar "reciprocamente os comerciantes de ambos os países sobre um pé mais vantajoso do que os de qualquer outra nação". Para as demais nações, persistiria o tratamento de nação mais favorecida, sem que lhes coubesse reivindicar os privilégios que eram próprios de países desmembrados da mesma família. A grande pretensão portuguesa, que transparecia nas diretrizes de negociação do Ministro português, consistia em talvez reduzir pela metade os direitos sobre todo o intercâmbio de mercadorias, mas, se não se chegasse a uma norma geral, conviria aplicar privilégios de redução de direitos sobre vinhos, sal e manufaturas portuguesas e, em contra-partida, privilégios para produtos brasileiros como tabaco, açúcar, algodão e couros. E ainda privilégios à base da exclusividade dos dois parceiros para os seus navios no transporte das mercadorias com direitos reduzidos e participação dos navios de bandeira portuguesa no comércio de cabotagem. Nos portos, navios brasileiros e portugueses seriam equiparados aos nacionais para efeito de taxas de ancoragem. Em 19 de maio de 1836, o Tratado de Comércio foi assinado pelo Ministro de Portugal, Joaquim Antônio de Magalhães, e pelo Ministro brasileiro, interino, dos Negócios Estrangeiros, José Inácio Borges. O Tratado mantinha o princípio dos privilégios superiores aos de nação mais favorecida, ao estipular redução de 5% *ad valorem* sobre o comércio de terceiros que, no Brasil, pagavam todos 15%, regulamentava o comércio e a navegação com base nos princípios da liberdade de mercado e do tratamento de nação mais favorecida e fixava normas para o exercício das funções diplomáticas e consulares, de tanta relevância para Portugal, dado o grande número de portugueses no Brasil. Mas o Poder Legislativo brasileiro não aprovou o Tratado de 1836 assinado com Portugal: a Câmara o rejeitou por 45 votos contra 37 e o Senado nem sequer o examinou. A rejeição do Tratado Luso-Brasileiro de Comércio e Navegação assentou definitivamente a diretriz do Parlamento brasileiro – assinala Amado Cervo – que seria mantida como invariável pela diplomacia até o fim do período monárquico, em 1889: não renovar tratados desde a época da Independência e não mais firmar tratados de comércio com as grandes potências, visto que elas não observavam o princípio da reciprocidade e faziam valer as estipulações apenas a seu favor. Comentários seguem-se, no texto, sobre vários esforços portugueses com o sentido de alterar – mas em vão – a diretriz referida, bem como sobre incidentes comerciais (o caso dos enchidos adulterados, em 1852), sobre marcas de fábricas e de comércio, etc.

Em 4.2 – **A Comissão Mista dos Particulares** – situa-se que duas comissões mistas brasileiro-portuguesas foram estabelecidas, no quadro do artigo VIII do Tratado de Paz e Aliança, de 1825, para liquidar reclamações de particulares, e, no quadro do artigo III da Convenção Adicional (1825), para considerar reclamações de Governo a Governo. Algumas questões, como pedidos de indenização, por parte do Brasil, de despesas com o transporte de tropas brasileiras na guerra da Independência, eram ainda objeto de gestões e esforços diplomáticos quase 40 anos depois que se passaram os fatos. Questões muito complexas e embaraçosas, algumas das quais ficaram sem solução com o decurso do tempo.

* * * * * * * * * *

Este tema e o da falsificação de dinheiro brasileiro em Portugal ocupam inúmeras páginas, com relatos pormenorizados, do texto do Professor Amado Cervo, antes de passar, o autor, ao Capítulo 5, sobre o impacto nas relações luso-brasileiras da implantação da República no Brasil.

Com o banimento do território nacional, a família imperial dirigiu-se para Lisboa, onde foi recebida por D. Carlos, sobrinho-neto de D. Pedro II, e que fora aclamado Rei em 28 de outubro de 1889 (o pai, D. Luís, falecera em 18 de outubro). Em 28 de dezembro veio a falecer, no Porto, a Imperatriz Tereza Cristina. Pouco tempo depois, partia o Imperador para a França, desejoso de não criar transtornos às relações entre a jovem República brasileira e a Monarquia portuguesa. Mas graves foram, por outro lado, os transtornos políticos entre Brasil e Portugal naquele período inicial da República, que levaram ao rompimento das relações diplomáticas entre as duas nações irmãs entre 13 de maio de 1894 e 16 de março de 1895. As desinteligências graves que causaram o dissídio centraram-se em torno da chamada Revolta da Armada e da presença, no episódio, de duas corvetas da Marinha portuguesa, a *Mindelo* e a *Afonso Albuquerque*, cujos comandantes asilaram revoltosos brasileiros. Nos contatos iniciais sobre o asilo, o comandante da corveta portuguesa *Mindelo*, Augusto de Castilho, fora informado de que os que aspiravam ao beneficio protetor eram cerca de 70 homens, o Almirante Saldanha da Gama e seus oficiais, e auxiliares, incluindo dois médicos. Mas o número dos que compareceram às duas corvetas portuguesas para o benefício de asilo subiu para cerca de 500 – oficiais, praças e pessoal de serviço – "que temiam a mão forte do Marechal, no caso da rendição sem condições". A decisão de conceder o asilo fora tomada pessoalmente por Castilho. O Ministro de Portugal, Conde de Paraty, ao saber dos passos do comandante, desaprovou-os. O asilo foi apoiado pelos representantes diplomáticos das principais potências européias reunidos no Ministério das Relações Exteriores, o que foi considerado uma vitória do bom senso de Castilho e fez conter atitude de mais dureza do Marechal Floriano Peixoto.

Sobrecarregadas as corvetas, seus comandantes não acharam prudente enfrentar a travessia do oceano em direção a Portugal, agravada a situação com o registro de casos de febre amarela a bordo. Entenderam de navegar para o Prata, após alguns dias chegando a Buenos Aires. O Governo português contratou um navio para levar os asilados para a ilha de Ascensão e de lá para Portugal. Mas, quando esse navio estava ancorado em Montevidéu, os asilados, incluindo o Almirante Saldanha da Gama, evadiram-se e alcançaram território brasileiro ou ficaram no Uruguai. Temendo dura reação do Presidente Floriano Peixoto, Ernesto Rodolfo Hintze Ribeiro, então Ministro dos Negócios Estrangeiros de Portugal, que sempre se preocupara em manter atitude de respeito e consideração em relação aos novos governantes brasileiros, insistiu, junto ao Conde de Paraty, para dar satisfações quanto ao que se passara, por meio de seis considerações muito especiais. O Governo português, sempre observador de absoluta neutralidade diante do quadro político brasileiro, isentava-se de responsabilidade pelo que sucedera no Uruguai, dizia que a evasão se dera em circunstâncias não esclarecidas e comunicava a exoneração dos dois comandantes, convocados a comparecerem a conselho de guerra. Mas os ânimos do Presidente Floriano não foram apaziguados, pois considerava existir responsabilidade de parte do comandante português na fuga dos revoltosos, que não foram conduzidos a Portugal como prometido. Augusto de Castilho (filho do grande poeta e prosador clássico Antônio Feliciano de Castilho) desembarcou em Lisboa a 28 de maio de 1894, foi preso, julgado e absolvido com elogios do tribunal e apoio da opinião pública portuguesa. O reatamento diplomático entre Brasil e Portugal deu-se já no Governo do Presidente Prudente de Morais, por mediação da Grã-Bretanha.

Outros temas importantes nas relações entre Brasil e Portugal, no início do período republicano no Brasil, são examinados no texto do Professor Amado Cervo e dignos de estudo atento, entre eles a crise nas relações financeiras entre Portugal e Brasil por terem sofrido drástica redução as remessas de recursos de portugueses no Brasil para seu país, por vários motivos que são considerados no primeiro parágrafo do Capítulo 5.

O problema da *grande naturalização* definiu-se em termos praticamente iguais, e com assemelhável coincidência, quanto ao alegado interesse ferido, para Portugal, França, Espanha, Grã-Bretanha, Áustria-Hungria, Itália. No fundo, definia-se conflito entre os que favoreciam a lei do território, o *jus soli* (os governantes republicanos brasileiros), e os que a ela fortemente se opunham, defensores do sistema do *jus sanguinis*. O país que recebe imigrantes tem a determinação de o mais cedo possível integrá-los, nacionalizá-los, assimilá-los, firmando o conceito da nacionalidade no nascimento no território. Ao contrário, o país que os envia deseja manter viva a chama da nacionalidade e não só na primeira geração e adotam o sistema da lei do sangue. A chamada lei da *grande naturalização* ou da *naturalização coletiva* estabelecia que todo estrangeiro que, a partir da data de 15 de novembro de 1889, data da proclamação da República no Brasil, se encontrasse em território brasileiro havia dois anos adquiriria automaticamente a nacionalidade brasileira a menos que, em seis meses, fizesse uma declaração formal em contrário. A celeuma dos países europeus foi geral, mas, em vez de dissuadir o novo Governo republicano, levou à inscrição da norma como preceito na Constituição republicana de 1891. De idêntico teor foi o protesto formal dos países acima referidos, com data de 22 de maio de 1890, tendo sido a Itália o país que com maior virulência reagiu ao novo sistema. Houve quem até cogitasse intervenção armada coletiva, o que não vingou. Portugal receava que, por temor, ignorância ou desleixo, muitos de seus cidadãos deixassem de utilizar a ressalva de declaração formal no sentido de rejeitar a naturalização pelo decurso do tempo. Decidiu recomendar, a seus representantes no Brasil, o cumprimento da nova lei, agindo no sentido de facilitar, aos cidadãos portugueses, os procedimentos tendentes à conservação de sua nacionalidade de origem. A única transigência de que deram mostras as autoridades brasileiras foi a prorrogação do prazo de seis meses, que passou contar a partir da promulgação da nova e primeira Constituição republicana, isto é, a partir de 24 de fevereiro de 1891. Mas, na verdade, por motivos vários – facilidade de adaptação social, maior integração e exercício de direitos políticos –, foi baixo o número de declarações negativas recebidas. O Ministro dos Negócios Estrangeiros de Portugal, José Vicente Barbosa du Bocage, encaminhou *memorandum* ao Governo brasileiro para afirmar que "a atitude portuguesa diante da grande naturalização não haveria de perturbar as boas relações bilaterais". Na verdade, com o tempo, os protestos e ações concertadas dos países europeus contra a *grande naturalização* não alcançaram seu objetivo essencial e diluíram-se sem maiores resultados.

O texto do Professor Amado Cervo transcreve documento que foi entregue ao Conde de Paço d'Arcos, Carlos Eugênio Correia da Silva, primeiro representante português acreditado, em 1891, junto ao novo Governo republicano, com instruções gerais que constavam de três diretrizes básicas, aqui resumidas: 1) preservar as relações entre as duas nações como se fossem laços de família ("Embora as relações entre Portugal e sua antiga colônia sofressem uma profunda alteração com a queda da dinastia imperial, tão proximamente ligada à augusta Casa de Bragança, subsistem contudo entre dois povos vínculos de sangue, de língua e de tradições que devem bastar para dar às suas boas relações e ao seu mútuo respeito e estima uma base larga e inabalável"); 2) não se ingerir nos negócios internos do Brasil, respeitar o Governo que seu povo escolheu e obter igual respeito em relação às instituições políticas portuguesas; e 3) conservar a colônia portuguesa como um patrimônio nacional, da qual a mãe pátria espera auxílio e cooperação em todos os lances oficiais da sua vida nacional.

* * * * * * * * * *

Como apenso ao texto do Professor Amado Cervo, segue-se o Capítulo 6 – **As Relações Culturais ao Longo do Século XIX** –

de autoria de Tania Maria Tavares Bessone da Cruz Ferreira e Lúcia Maria Bastos Pereira das Neves, da Universidade do Estado do Rio de Janeiro (UERJ).

As autoras desenvolvem considerações sobre o quadro do pensamento da intelectualidade brasileira ante as bases de nossa cultura, com exemplos de escritores que favorecem, de um lado, uma visão nacionalista, em repúdio às raízes lusitanas, e, de outro, uma visão que exalta os valores da cultura lusitana, matriz da cultura brasileira. Impõe-se seguir seu pensamento sobre as relações culturais, ao longo do século XIX, entre Brasil e Portugal. De Varnhagen [Adolfo] a Artur Azevedo, e de Ramos Paz a Malheiro Dias, são duas linhas de força que se destacam. De um lado, a busca de uma brasilidade por meio da rejeição cada vez mais generalizada e intensa da herança portuguesa por setores de elite, na tradição dos *brasilienses* da época da Independência. De outro, a constante presença do elemento português no cenário nacional, que soube desdobrar-se, a partir do fim do século passado, em um espírito associativo, como estratégia para a reafirmação dos valores lusitanos, e que ganhou força com as comemorações do centenário da Independência. De fato, foi sobretudo após 1922 que foi gerada a política de relação fraterna entre Brasil e Portugal, que passaria a permear o tecido das relações oficiais luso-brasileiras daí em diante, fundada no sentimento de "pertencimento" a uma tradição histórica e cultural comum, visando à minimização dos conflitos e das divergências. A partir de então, e apesar da reafirmação nacionalista que representou, naquele mesmo momento, o movimento modernista, Brasil e Portugal de novo se viam pátrias irmãs, unidas pela língua, pelas tradições e representações comuns e, desse processo, alguns intelectuais muito importantes, como Gilberto Freyre e Sérgio Buarque de Holanda, não deixaram de participar.

Em 1933, Gilberto Freyre publicava *Casa Grande & Senzala*, livro que marcou, como salienta Antônio Cândido, o ambiente intelectual brasileiro da época, ao combinar a antropologia social norte-americana com um estilo livre e original, diretamente inspirado no Modernismo, na análise da formação do Brasil. Ainda mais significativo, Gilberto Freyre propunha, em oposição à tendência nacionalista lusófoba – que era presente, por exemplo na obra de Oliveira Viana – uma reavaliação da colonização portuguesa, realçando a contribuição da escravidão africana e da mestiçagem como traços positivos da cultura brasileira graças à atuação do português como "procriador europeu nos trópicos, capaz de amar *com gosto as mulheres de cor*", e valorizando, por conseguinte, a plasticidade e a democracia social de nossa herança ibérica. A mestiçagem passava a ser considerada o fato central da colonização portuguesa, entendida como a rápida e generalizada mistura de raças e culturas, explicitando, suas derivações culturais, o caráter singular e superior da colonização portuguesa nos trópicos, quando comparada às demais iniciativas semelhantes européias. Tal processo teria resultado na construção de nova civilização – a luso-tropical – constituída pelos luso-descendentes, estabelecidos nos quatro continentes, e viria a servir para embasar a idéia de fraternidade que continuou presente nas relações entre Brasil e Portugal até os dias de hoje.

A seguir, as autoras passam em revista o pensamento e as reflexões de Sérgio Buarque de Holanda que, em *Raízes do Brasil,* considera que, apesar do "contato com raças indígenas e adventícias", a cultura brasileira não se fez muito diferente dos "nossos avós de além-mar, como muitas vezes gostaríamos de sê-lo". Por isso, a respeito de tudo que separava a cultura brasileira de Portugal, nas raízes do Brasil, isto é, na herança portuguesa, encontrava-se uma "tradição longa", bastante "viva até hoje", capaz de nutrir uma "alma comum", que associava o país na América à antiga metrópole européia, pois "de lá nos veio a forma atual de nossa cultura", "o resto foi matéria que se sujeitou mal ou bem a essa forma". A historiadora Maria Beatriz Nizza da Silva, autora de *Documentos para a História da Imigração Portuguesa no Brasil 1850–1938*, em que são indicados caminhos para o estudo da imigração portuguesa e seu enraizamento no Brasil, explica que, por meio da criação de associações e de periódicos, surgiu uma elite de imigrados, com formas de atuação próprias, nem sempre coincidentes com as da massa imigrante.

À época da Independência, o Brasil carecia de produção intelectual que refletisse personalidade própria. Predominava a cultura e a ciência em todos os planos: agricultura, indústria, racionalização da vida material, o Direito, a oratória, a religião, que ocupava um lugar central, além de pequeno grau de secularização do pensamento. Em terrenos literários, permanecia a tradição do arcadismo. À margem do texto das autoras: a cúpula da educação superior seguia os padrões de Coimbra, cuja influência era relevante. Por exemplo, José Bonifácio de Andrada e Silva, o Patriarca da Independência, era, aos 20 anos, estudante de leis e filosofia em Coimbra, onde se formou em 1787; entrou para a Academia Real das Ciências de Lisboa, dedicando-se a estudos de mineralogia, química, metalurgia, botânica, etc. Com recursos da Academia, foi mandado a grandes centros europeus de cultura, em vários países. Era um grande homem de ciências e de letras, com um grande arranque coimbrão. Em 1819, aos 55 anos, retornara ao Brasil, disposto a aposentar-se, mas o destino lhe reservaria lugar de supremo realce na vida política brasileira. Tinha vivido na Europa 32 de seus 55 anos de vida.

No dizer das duas autoras, a missão de dar uma imagem cultural propriamente brasileira coube, no século XIX, ao Romantismo, dos quais foram expressões mais altas Gonçalves Dias e José de Alencar. Com eles, inaugurava-se uma língua literária original, que até certo ponto deixava de coincidir com a portuguesa; escrevia-se menos à portuguesa. Mas é fato que, apesar dessas inovações, a maioria dos escritores brasileiros continuava sensível à influência e ao prestígio das letras portuguesas, buscando, nos autores consagrados de Portugal, como Almeida Garrett (1799–1854) e Alexandre Herculano (1810–1877), a aprovação para suas obras. A *Revista Contemporânea de Portugal e Lisboa* supunha a existência de público literário ultramarino, ao qual era direcionada, e esteve em atividade até 1864. Escritores mais ou menos desconhecidos, ou alguns bem conhecidos, como o poeta Faustino Xavier de Novais, grande amigo de Camilo Castelo Branco (1825–1890), transferiam-se para o Brasil em busca de uma carreira literária ou de uma oportunidade no jornalismo. Até o próprio Camilo, que veio a pintar cenas e personagens brasileiras também – escreveu *Os Brilhantes do Brasil* (1869), *A Brasileira de Prazins*, além de ter editado *Agulha em Palheiro* em folhetins, na revista *O Futuro*, do Rio de Janeiro, em 1863 –, pensou em, um dia, transferir-se para o Brasil. Consultou seu amigo Faustino, de quem recebeu claro desestímulo à base de considerar que o grande romancista de Seide não poderia viver só de seus escritos no Brasil. Conhecidos homens de letras de Portugal, alguns entre os notáveis de sempre, como Eça de Queiroz, Oliveira Martins, Ramalho Ortigão, Mariano Pina, Batalha Reis, etc., foram colaboradores da *Gazeta de Notícias*, do Rio de Janeiro, órgão de grande circulação à época, fundado em 1875, em que colaboraram ilustres brasileiros como Machado de Assis, Olavo Bilac, Raul Pompeia, Visconde de Taunay, Aloisio Azevedo, Eduardo Prado, etc. Em 1871, o humor mordaz de Eça de Queiroz e de Ramalho Ortigão, n'*As Farpas*, pintou, de forma ridícula e grotesca, a figura do Imperador brasileiro D. Pedro II em visita a Portugal, em 1871, em privado, do que resultou grande celeuma e escândalo no Brasil, pretexto para incidentes de rua e atos de violência contra estabelecimentos de portugueses em mais de um lugar no Brasil. A contenda literária reacendeu velhas rivalidades, particularmente intensas em Pernambuco. Assinale-se, a propósito, a publicação do livro *Eça de Queiroz Agitador no Brasil,* em 1959, pelo escritor pernambucano Paulo Cavalcanti, grande cultor de obras e da memória do autor de *Os Maias*.

As autoras dedicam-se a considerar o problema da contrafação, no Brasil, de obras de autores portugueses e de como surgiram, na década de 1850, as primeiras tentativas no sentido de negociar a proteção dos direitos autorais com base em dispositivos constantes do tratado de 29 de agosto de 1825. Somente em 9 de setembro de 1889, foi assinado um *Acordo para a Proteção das Obras Literárias e Artísticas*. Contudo, foi em 1922, já no período republicano de ambas as nações, que veio a ser estabelecida convenção especial sobre a propriedade literária e artística entre Brasil e Portugal, com o que a matéria foi definitivamente regulamentada.

Seguem-se considerações de interesse sobre o quadro do relacionamento cultural e geral entre as duas nações à luz do aumento da imigração portuguesa, a composição socioeconômica da imigração, o movimento corporativo português na área cultural e na área da saúde e beneficência, de que resultou a criação de entidades muito importantes no seio não só da comunidade portuguesa, mas no Brasil em geral, como o Gabinete Português de Leitura e muitas outras, em vários campos de atividade. O texto termina com reflexão sobre a influência dos hábitos e costumes lusos na sociedade brasileira e a transcrição de trecho de pronunciamento do Dr. Antônio Gomes da Costa, Presidente da Federação das Associações Luso-Brasileiras e do Gabinete Português de Leitura, sobre o sentimento de união de brasileiros e portugueses, proferido na Casa das Beiras, em 1999.

* * * * * * * * * *

Na II Parte – **O Século XX** –, o primeiro parágrafo do Capítulo 7 – **As Relações Brasil–Portugal de 1895 a 1953** – trata das relações entre Portugal e a República brasileira, proclamada 21 anos antes da República portuguesa. Como foi visto em capítulo anterior, no início do período republicano brasileiro, na fase do Governo Provisório a que presidia o Marechal Floriano Peixoto, as relações luso-brasileiras tinham sido rompidas, em 1894, em função de grave episódio surgido no bojo da Revolta da Armada brasileira, para serem reatadas na primeira metade de 1895, já no período do primeiro Governo constitucional republicano e civil da jovem República, chefiado pelo Presidente Prudente de Moraes. Os primeiros Ministros plenipotenciários foram, respectivamente, Joaquim Francisco de Assis Brasil, político brasileiro, homem público de grande nomeada, e Tomás Ribeiro Ferreira, político e homem de letras de Portugal. O autor transcreve trecho essencial do pronunciamento com que o rei D. Carlos recebeu o plenipotenciário brasileiro e refere as várias homenagens com que foi saudado. Quanto a Tomás Ribeiro, sua figura foi objeto de censura por parte de um deputado "nativista", que denegriu as qualidades intelectuais do novo Ministro português e o censurou por ter dedicado "uns poemetos" à família imperial brasileira quando foi deposta e banida, nos quais teria insultado a República e as mulheres brasileiras. Depois desse incidente, Tomás Ribeiro apresentou suas credenciais em 30 de maio mas, ferido em sua sensibilidade com "algumas exageradas e injustas acusações contra os portugueses do Brasil", em princípios de 1896 retornou a Portugal, em licença, para não mais reassumir suas funções. Para seu lugar, foi nomeado um diplomata de carreira, João de Oliveira Camelo Lampreia, que chegou ao Rio de Janeiro em 21 de janeiro de 1896,

> vindo a permanecer no Brasil longos anos, desempenhando, em diversas situações oficiais, um papel extremamente relevante para o estreitamento dos laços políticos luso-brasileiros. Ocupou-se, pouco tempo depois, de iniciar sua missão, do processo de bons ofícios para dirimir o conflito que surgira entre o Brasil e a Grã-Bretanha a propósito da ocupação britânica da ilha da Trindade.

O Embaixador Calvet de Magalhães descreve os elementos básicos da questão: o Governo de Sua Majestade, atendendo à opinião da Companhia Telegráfica Britânica, que fazia a ligação, por cabo submarino, com o Uruguai e a Argentina, pelo Brasil, decidiu ocupar a pequena ilha da Trindade, situada no Oceano Atlântico. O Governo brasileiro protestou formalmente, tendo-se criado contencioso político entre o Brasil e a Grã-Bretanha. Estava-se em um impasse quando João Camelo Lampreia assumiu a chefia da Legação portuguesa no Rio de Janeiro. Portugal atravessara recentemente situação de crise com o Brasil (rompimento de relações) e com a Grã-Bretanha (a crise decorrente do *Ultimato*). O Ministro dos Negócios Estrangeiros de Portugal, Marquês de Soveral, bem informado do contencioso anglo-brasileiro, via, como importante, a mediação portuguesa na questão. Camelo Lampreia foi instruído a apresentar proposta de bons ofícios para a solução do diferendo, no mesmo dia (primeiro de maio de 1896) em que o Ministro Soveral fazia oferecimento igual à Legação britânica em Lisboa. Como resultado final dessas gestões, o Ministro João Camelo Lampreia, em 5 de agosto de 1896, comunicou, ao Governo brasileiro, que o Governo britânico, reconhecendo a soberania brasileira sobre a ilha da Trindade, retirava as forças que ali colocara.

O transcurso, em 1900, da data do IV Centenário do achamento do Brasil constituiu oportunidade para exaltação dos laços especiais que unem Brasil e Portugal, tendo, na ocasião, sido lançada a pedra fundamental do monumento a Pedro Álvares Cabral, no Rio de Janeiro, em ato a que foi atribuído papel de relevo ao representante diplomático português, Ministro João de Oliveira Camelo Lampreia. Delegação especial portuguesa visitou o Brasil em navio da Armada portuguesa. Grandes atos estavam sendo preparados para celebrar o centenário da abertura dos portos brasileiros ao comércio mundial, por D. João VI, em 28 de janeiro de 1808, incluindo – afirma, o Embaixador Calvet de Magalhães, que a idéia tinha sido concebida pelo Ministro Camelo Lampreia – a visita do Rei D. Carlos ao Brasil, que ocorreria em junho de 1908. Como é sabido, por causa do assassinato do Rei e do Príncipe Real, em 1º de fevereiro de 1908, não houve a visita, projeto de que Camelo Lampreia, amigo pessoal do Rei, se ocupava com tanto empenho e interesse, tendo, então, como interlocutor nada menos de que o Barão do Rio Branco. Com o regicídio cessou a missão de Camelo Lampreia no Brasil, o qual foi transferido para Haia.

A República portuguesa, proclamada em 5 de outubro de 1910, quando partia de Lisboa o então Presidente eleito do Brasil, Marechal Hermes da Fonseca, veio a ser formalmente reconhecida pelo Governo brasileiro em 26 de outubro. Foi acolhido, com "imensa simpatia pelas autoridades brasileiras e importantes setores do povo brasileiro", o primeiro representante da República portuguesa, Antônio Luís Gomes, importante figura do Partido Republicano Português. Se a instalação da República, em Portugal, foi muito bem recebida no Brasil, com bom efeito nas relações entre os Governos de Lisboa e do Rio de Janeiro, por outro lado suscitou divisões no seio da comunidade portuguesa no Brasil, divisões que geraram dificuldades na convivência e relacionamento desta com a representação diplomática portuguesa. Em julho de 1912, Gomes foi substituído, na Legação portuguesa no Rio de Janeiro, por Bernardino Luís Machado Guimarães, nascido no Brasil em 1851, e que, por duas vezes, ia ser eleito Presidente de Portugal (1915–1917, 1925–1926). Em 1913 e 1914, as Legações nos dois países foram elevadas à categoria de Embaixada, e Bernardino Machado concluiu sua missão no Brasil em 1914. Em 1919 visitou Portugal o Presidente eleito do Brasil, Epitácio Pessoa, a convite do Almirante Canto e Castro, Presidente português.

No texto do Embaixador Calvet de Magalhães, algumas páginas são, a seguir, dedicadas às comemorações do centenário da Independência, nas quais têm especial relevo a visita de Antônio José de Almeida, a primeira que fez um Chefe de Estado português ao Brasil, e o primeiro vôo entre Portugal e Brasil – a primeira travessia aérea do Atlântico Sul – efetuado por Sacadura Cabral e Gago Coutinho. A visita do Presidente Antônio José de Almeida constitui grande triunfo pessoal do estadista português, dado o brilho dos dezesseis pronunciamentos que fez e a simpatia que despertou no público brasileiro, que teve efeito em manifestações de estima e afeto de parte dos brasileiros com relação a Portugal. Famosa ficou a frase de Antônio José de Almeida de que vinha ao Brasil "agradecer a Independência". O Governo do Presidente Epitácio Pessoa encontrava-se a dois meses do seu término e, embora a missão portuguesa estivesse preparada para negociar convênio comercial, tal não foi possível. Foi, porém, assinada em 22 de setembro (de 1922) Convenção sobre propriedade literária e artística.

O Embaixador Calvet de Magalhães dedica-se em 7.5 aos acordos e tratados assinados entre 1893 e 1952. Os Governos dos Presidentes Getúlio Vargas e Juscelino Kubitschek deram mostras de grande aproximação com Portugal. Após mais de um século de relutância, como foi visto, em 26 de agosto de 1933, foi finalmente assinado, entre Brasil e Portugal, Tratado de Comércio baseado nos princípios de liberdade de comércio e de navegação, na reciprocidade e no tratamento de nação mais favorecida em relação aos direitos alfandegários e a todos os direitos acessórios. Previa, o tratado, a criação de zona franca no território de cada uma das partes, a proteção das marcas e designações que interessavam a um e outro país. A onda de protecionismo que adveio na década de 1930, em função da crise econômica mundial na época, tornou ineficaz o tratado de 1933 e motivou a celebração, em 21 de julho de 1941, em Lisboa, de um protocolo adicional ao Tratado de Comércio de 1933, com aprovação de listas de produtos, de lado a lado, sobre os quais não recairiam aumentos de direitos aduaneiros – era dispositivo de defesa contra a crescente vaga protecionista. Mas foram magros os resultados desse protocolo, que caducava em junho do ano subseqüente. A política comercial brasileira manteve-se protecionista, não obstante o movimento no sentido do liberalismo comercial que surgira, no pós-Guerra, de que eram expressão os princípios consagrados pelo GATT (Acordo Geral de Tarifas e Comércio). Novo acordo comercial luso-brasileiro foi assinado em 9 de novembro de 1949, no Rio de Janeiro, baseado no sistema de quotas de mercadorias trocadas e no sistema de pagamentos por meio de *clearing* de contas mantidas pelos respectivos bancos centrais. Motivos estruturais não reduziram os obstáculos postos à expansão das trocas recíprocas e novos acordos foram assinados em 1954 e 1966.

Em 1931, no clima prevalecente de aproximação luso-brasileira, as respectivas Academias – de Ciências de Lisboa e Brasileira de Letras – assinaram Acordo Ortográfico, oficializado, no mesmo ano, pelos dois Governos. Não obstante esse acordo, a Constituição Brasileira de 1934 não lhe seguiu, na sua redação, as normas, repostas em vigor, em 1938, pelo Presidente Getúlio Vargas na nova fase de poder discricionário iniciada em 1937. Em 1945, delegação cultural visitou Lisboa e, das negociações entabuladas, surgiu a Convenção Ortográfica Luso-Brasileira, de 8 de dezembro de 1945. A reconstitucionalização brasileira, operada em 1946, levou o Governo brasileiro a solicitar aprovação dos dois acordos pelo Congresso brasileiro, o qual não aprovou o acordo de 1945. Um acordo de cooperação cultural foi assinado em Lisboa, em 6 de dezembro de 1948.

No Capítulo 8 – **Do Tratado de Amizade e Consulta à Revolução Portuguesa de 1974** –, são examinados aspectos que decorrem de considerações sobre o próprio Tratado do Reconhecimento da Independência, de 1825; o parecer do Ministro português dos Estrangeiros, Silvestre Pinheiro Ferreira, sobre pacto federativo entre Brasil e Portugal; pronunciamentos de Coelho Carvalho, Consiglieri Pedroso e Escragnolle Dória, em 1908/1909, sobre projeto de união política entre Brasil e Portugal, e de Antônio Maria de Bettencourt Rodrigues, em 1917, sobre uma Confederação Luso-Brasileira. Esses movimentos geraram reação contrária, como, por exemplo, o surgimento, no Rio de Janeiro, de uma sociedade nacionalista chamada "Propaganda Nativista". Tiveram importância em favor de mais profundo entendimento entre Brasil e Portugal as celebrações do centenário da Independência; a visita do Presidente Antônio José de Almeida; a obra e a ação de Gilberto Freyre, a presença brasileira nas celebrações, em 1940, do Terceiro Centenário da Independência de Portugal, em Lisboa; o pronunciamento do professor brasileiro Barreto Campelo, no Rio de Janeiro, sobre a "dupla nacionalidade dos portugueses no Brasil"; a atuação do Embaixador João Neves da Fontoura como Embaixador do Brasil em Portugal e seus projetos sobre institucionalização de facilidades para ingresso de portugueses no Brasil; a proposta portuguesa de uma convenção que contemplasse os direitos de portugueses no Brasil e de brasileiros em Portugal, em outubro de 1945.

O golpe militar que derrubou Getúlio Vargas do poder, em 29 de outubro de 1945, interrompeu o andamento de projetos, retomados no período constitucional de Vargas iniciado em 1951. Em 1952, o Governo português, com base em projeto brasileiro, apresentou texto de um contra-projeto de Tratado de Amizade e Consulta entre os dois países, negociado, do lado português, pelo Embaixador Antônio Leite de Faria, e, do lado brasileiro, pelo Ministro Vicente Ráo, que veio a converter-se no Tratado de Amizade e Consulta, assinado no Rio de Janeiro em 16 de novembro de 1953. Os pontos fundamentais desse documento estão expostos no texto do Embaixador Calvet de Magalhães. Mas note-se que, no preâmbulo do Tratado, se reconhece uma "verdadeira Comunidade Luso-Brasileira no mundo". O artigo VIII também se refere com ênfase ao compromisso comum de "desenvolver o progresso, a harmonia e o prestígio da Comunidade Luso-Brasileira no mundo". Notas interpretativas trocadas à época assinalavam que o termo Portugal compreendia somente o território continental português.

São, a seguir, relatadas visitas oficiais que fizeram os Chefes de Estado de Portugal ao Brasil (Marechal Craveiro Lopes, 1957) e do Brasil a Portugal (Juscelino Kubitschek, 1960), ambas solenes visitas de Estado. No Rio de Janeiro, foi assinada Declaração Conjunta que regulamenta o Tratado de Amizade e Consulta, de 1953. Antes de tomar posse, em janeiro de 1956, Juscelino Kubitschek tinha feito curta viagem a Portugal, quando declarou que a política de apoio do Brasil a Portugal no diferendo com a Índia (confronto luso-indiano a propósito do Estado da Índia Portuguesa) não sofreria alteração.

Na visita do Presidente Kubitschek a Portugal, em 1960, foram assinados os seguintes instrumentos:

1) Acordo de supressão de vistos turísticos (por troca de notas, isento de aprovação ulterior pelo Congresso);
2) Convenção sobre dupla nacionalidade;
3) Convenção sobre representação diplomática e consular;
4) Convenção sobre assistência judiciária gratuita;
5) Tratado de extradição; e
6) Acordo de Turismo.

Os cinco últimos atos não vieram a ser ratificados dada a mudança da política externa operada com a eleição de Jânio Quadros, em 1960, e sua posse em 31 de janeiro de 1961.

O texto do Embaixador Calvet de Magalhães contém, a seguir, algumas páginas sobre o "caso" surgido, em 12 de janeiro de 1959, com a solicitação de asilo político, à Embaixada do Brasil em Lisboa, pelo General Humberto Delgado. Era Embaixador do Brasil Álvaro Lins, crítico, ensaísta, professor e jornalista e ex-chefe da Casa Civil do Presidente Kubitschek. O asilo foi concedido pelo Embaixador, independentemente de aprovação superior, o qual não foi, porém, desautorizado. Os vários aspectos, jurídicos e políticos, da questão são examinados. Portugal não é signatário de convenções às quais, no quadro da Organização dos Estados Americanos, o Brasil é formalmente vinculado. Mas foram invocados precedentes segundo os quais a Embaixada portuguesa asilara políticos brasileiros em 1930 e 1938. Simplificando o resumo do ocorrido, o Brasil enviou a segunda mais alta autoridade de seu Ministério das Relações Exteriores, o Embaixador Antônio Mendes Viana, que negociou a saída com segurança, sob a proteção da Embaixada do Brasil e do Governo português, mas com passaporte comum, sem o *status* de asilado político. Ao General Delgado foi concedido asilo territorial no Brasil.

Em 8.4, o tema **O Brasil e o Problema Colonial Português** ocupa inúmeras páginas do texto do Embaixador Calvet de Magalhães, que explora de forma esclarecedora os principais aspectos da questão.

Harold Macmillan, ex-Primeiro Ministro conservador britânico, alcunhou de "ventos da História" os movimentos emancipacionistas que levaram à independência numerosos territórios e povos da África então sujeitos à administração colonial, nas décadas dos 40 e 50 deste século. Acrescento que não seria descabido comparar o que houve nesse domínio, neste século, com o que ocorreu no primeiro quartel do século XIX, quando quase toda a América Latina adquiriu a configuração política que hoje apresenta a região. Sopraram, então, fortemente, os "ventos da História" – leia-se Revolução Americana e Revolução Francesa. Dizia-se, à época da descolonização africana, que Portugal fora o primeiro a chegar em África e certamente seria o último a sair. Assinala, o Embaixador Calvet de Magalhães, que

> Portugal, detentor de um vasto império colonial, herdado do tempo dos descobrimentos marítimos, não poderia deixar de ser afetado por tal movimento, que encontrou, na ONU, o seu principal palco de atuação e obteve o apoio, embora por razões diferentes, das duas grandes potências protagonistas da Guerra Fria, os Estados Unidos da América e a União Soviética.

As bases da questão luso-indiana estavam lançadas no dia mesmo – acentua Calvet de Magalhães – em que a União Indiana se constituiu em Estado independente (15 de agosto de 1947), quando declarou que os territórios sob administração estrangeira situados no Subcontinente indiano deveriam ser incorporados à União. Portugal logo contestou a declaração indiana, afirmando que os territórios do Estado Português da Índia eram parte integrante do Estado Português. A longa disputa entre os dois Governos – o de Nova Délhi e o de Lisboa – durará catorze anos e nessa disputa, no plano diplomático, o Brasil tomou posições que de perto tiveram a ver com suas relações com Portugal. Em 1954, a pendência viu-se agravada com a ocupação, por mais de mil "voluntários" indianos, dos pequenos encraves de Dadrá e Nagar-Aveli, dependência de Damão, sendo impedido o acesso de autoridades portuguesas aos locais. O Governo brasileiro manifestou sua "solidariedade" para com Portugal e o "vivo empenho" por uma solução pacífica da questão. Esses sentimentos foram reiterados pelo Brasil, em setembro de 1954, quando da visita do Ministro dos Negócios Estrangeiros de Portugal ao Brasil. Em vista da "vasta campanha internacional contra a União Indiana", desenvolvida por Portugal, o Governo de Nova Délhi rompeu com Lisboa em 25 de julho de 1955, havendo, o Brasil, assumido a representação dos interesses portugueses na União Indiana. Em 23 de dezembro de 1955, Portugal é feito membro da ONU e levou a questão de Dadrá e Nagar-Aveli ao Tribunal Internacional de Justiça, em Haia. Respondendo à consulta sobre se, nos termos do artigo 73 da carta da ONU, administrava territórios não-autônomos ou colônias, Portugal respondeu negativamente ao Secretário-Geral da ONU: os territórios ultramarinos portugueses eram parte integrante do Estado português. Os Governos dos Presidentes Getúlio Vargas, Café Filho e Juscelino Kubitschek foram solidários a Portugal na questão com a Índia. O Brasil continuou também a apoiar Portugal no tocante à questão do artigo 73 da carta da ONU, mesmo votando a favor, também, da conhecida resolução 1514, da XV Assembléia Geral da ONU, de 1960, a favor da concessão de independência aos povos coloniais. A partir de 31 de janeiro de 1961, a posição brasileira ante os problemas coloniais – de Portugal, inclusive – ia mudar de forma clara. Jânio Quadros colocava-se claramente do lado da causa anticolonialista. O seu Ministro das Relações Exteriores, Afonso Arinos de Mello Franco, desenvolveu política de aproximação com a África, abrindo Embaixadas e Consulados em países africanos. A posição brasileira anticolonialista foi mantida pelo Governo de João Goulart, que sucedeu ao curto Governo de Jânio Quadros, o qual renunciara ao poder menos de sete meses depois de assumir a Presidência. Eram, nesse sentido, claros os pronunciamentos do Ministro das Relações Exteriores, Francisco Clementino de San Tiago Dantas, cuja linha de ação se intitulava *política externa independente*. Em 12 de abril de 1960, o Tribunal de Haia reconhecera, a Portugal, o direito de passagem para os territórios de Dadrá e Nagar-Aveli, mas, em 11 de agosto de 1961, o Governo indiano declarara os referidos encraves parte integrante da União Indiana. Foi ficando evidente que a União Indiana encaminhava-se para a ocupação pela força com o fim de incorporar Goa, Damão e Diu a seu território. A posição do Brasil era conciliatória, a favor da solução pacífica do conflito, mas sem estender apoio e solidariedade a Portugal. A invasão, contra os apelos em favor de solução pacífica de conflito, foi iniciada em 18 de dezembro de 1961. O Governo brasileiro relembrou sua posição em favor da solução do diferendo pela via pacífica, manifestando que o "povo brasileiro compartilha dos sentimentos do povo português em face desta grave ocorrência que importa a flagrante violação da carta das Nações Unidas".

Em fevereiro de 1961, iniciava-se, com a eclosão de uma revolta destinada a libertar os prisioneiros do movimento autonomista MPLA (Movimento Popular para a Libertação de Angola), um ciclo de inquietações e luta armada em Angola e, depois, em outros territórios portugueses em África. É o que se chama em Portugal "a guerra colonial", que reacendeu as discussões na ONU sobre Portugal. A posição do Brasil, até o início do período dos Governos militares, em abril de 1964, foi a de sustentar o princípio da autodeterminação dos povos e de não se envolver em apoio à posição de Portugal. De abril de 1964 a 1974, quando tomou posse, a 15 de março, o Presidente Ernesto Geisel, a posição brasileira foi, com nuanças, de apoio a Portugal. O Presidente Geisel decidiu, logo ao assumir o poder, em 15 de março de 1974, mudar a posição brasileira, no sentido de não apoiar a política colonial portuguesa, mas pouco efeito teve essa mudança porque, com a Revolução de Abril, de 25 de abril de 1974, a própria posição de Portugal é que se alterou radicalmente, com o início da descolonização.

O Embaixador Calvet de Magalhães abunda em considerações sobre as evoluções do assunto no âmbito de Portugal e no das relações luso-brasileiras, até mesmo quanto a gestões desenvolvidas pelo Embaixador Mário Gibson Barboza, Ministro das Relações Exteriores do Presidente Emílio Medici, minuciosamente descritas em seu livro de memórias *Na Diplomacia – O traço todo da Vida,* com vistas em vir a mediar entre Portugal e dirigentes africanos. Essa tentativa, exercida em 1972, foi frustrada em virtude da intransigência das posições de um e de outro lado.

O texto do Embaixador Calvet de Magalhães assinala o marasmo das relações econômicas entre Brasil e Portugal, com baixos níveis anuais de comércio, regidas, as trocas comerciais nos anos 60, pelos obsoletos acordos de 1949 e 1954, que se assentavam no sistema de quotas dos produtos de exportação e dos pagamentos feitos pelo sistema de *clearing*, já em uma altura em que os princípios de liberalização do comércio internacional haviam sido proclamados no GATT. Nos anos 60, chegou-se à conclusão de que se impunha a revisão dos acordos comerciais de 1949 e 1954 e a negociação de novo instrumento bilateral que fosse alicerçado sobre princípios liberalizadores do comércio e em um sistema de cooperação econômica que não se limitasse às trocas tradicionais de produtos que, pela própria natureza destas, pela política protecionista brasileira e em vista dos limites reduzidos do mercado português, não poderiam atingir valores elevados. Comissão Mista Especial foi criada no âmbito dos preparativos para a visita do Presidente Juscelino Kubitschek a Portugal, em 1960 – destinada a examinar as projeções da melhoria e dinamização das relações econômico-comerciais luso-brasileiras –, mas, com a mudança do Governo brasileiro, em princípios de 1961, a Comissão não chegou a ser instalada. Em 1965, o problema estava em pauta entre os dois Governos, com o surgimento de idéias renovadoras do relacionamento luso-brasileiro: possível troca de capitais e tecnologia, participação de entidades corporativas portuguesas e brasileiras AIP (Associação Industrial Portuguesa), de um lado e FIESP (Federação das Indústrias de São Paulo), do outro em planos de cooperação empresarial. Para a ligação das entidades acima mencionadas contribuiu especialmente José Garrido Torres, Presidente do BNDE (Banco Nacional de Desenvolvimento Econômico) do Brasil que defendia, em 1965, a revisão do acordo de 1954. Em setembro de 1966, durante a visita oficial do Ministro Juracy Magalhães a Portugal, foi assinado novo acordo comercial que determinou: fim dos acordos de 1949 e 1954; liberalização das trocas; regime de conversibilidade sem entraves; cooperação empresarial. Também foi assinado acordo cultural entre os dois países, cujo artigo XIV estabelecia a equiparação dos diplomas de curso superior. O Embaixador Calvet de Magalhães cita a íntegra do referido artigo, em torno do qual se desenvolverá, no fim da década dos 80 e na dos 90 a chamada "questão dos dentistas brasileiros". Os instrumentos assinados em 1966 constituíram "uma verdadeira viragem nas relações econômicas luso-brasileiras, produzindo efeitos duradouros que se verificaram ao longo dos anos até aos nossos dias". Esses efeitos particularmente se farão sentir nas décadas de 80 e 90, quando condições de prosperidade e estabilidade estarão mais definidas.

No texto que se está a considerar, narram-se os esforços que levaram à assinatura, em Brasília, em 7 de setembro de 1971, pelo Ministro das Relações Exteriores do Brasil, Mário Gibson Barboza, e pelo Ministro dos Negócios Estrangeiros de Portugal, Rui Patrício, da Convenção sobre a Igualdade de Direitos e Deveres entre Brasileiros e Portugueses. A convenção está em pleno vigor e tem sido objeto de aplicação de um lado e de outro, embora haja desequilíbrio entre a posição brasileira, mais generosa quanto à extensão de benefícios, do ponto de vista do gozo de direitos políticos, a portugueses no Brasil, e a posição portuguesa, mais estrita no mesmo campo, com base em dispositivos constitucionais.

O sesquicentenário da Independência do Brasil foi solenemente comemorado entre os dois países, verdadeiramente com galas e honrarias: entrega, ao Brasil, dos restos mortais do Imperador D. Pedro I, que repousavam no Panteão dos Braganças, situado no mosteiro de S. Vicente de Fora, em Lisboa, e foram colocados no mausoléu do Monumento do Ipiranga, em São Paulo; visita do Presidente da República Portuguesa, Almirante Américo Thomás, ao Brasil, em navio que trazia os despojos do Imperador D. Pedro I; visita do Chefe do Governo Português, Professor Marcelo Caetano, ao Brasil, para assistir ao encerramento das comemorações do 150º aniversário da Independência do Brasil, em 7 de setembro de 1972, em São Paulo. Em 1973, o Presidente Emílio Medici visitou oficialmente Portugal.

Há considerações de especial importância no parágrafo referente às relações luso-brasileiras no tocante à Revolução de 25 de abril de 1974 e que são a seguir alistadas: 1) Conversações do Ministro Mário Gibson Barboza com o Primeiro Ministro de Portugal, Professor Marcelo Caetano, em Lisboa, em maio de 1973, em que o chefe da diplomacia brasileira disse a seu interlocutor que a não-concessão de autonomia e independência aos territórios portugueses poderia levar os militares portugueses a se revoltarem e derrubarem o Governo; 2) O Governo brasileiro recebeu, em 27 de abril de 1974, nota pela qual Portugal comunicava a formação da junta de Salvação Nacional e os planos políticos para o futuro próximo, nota que fora entregue, ao Ministério das Relações Exteriores, pela Embaixada de Portugal em Brasília, da qual acusou recebimento em nota da mesma data, objeto de declaração oral no sentido de que esta nota implicava reconhecimento do novo *status quo*. O Brasil foi o primeiro país a proceder a tal reconhecimento; 3) O Governo brasileiro passou a acompanhar com muita atenção o problema da descolonização dos territórios, sem, obviamente, ter qualquer participação ou interferência nas decisões do Governo português; 4) No quadro das comemorações da data nacional portuguesa, em 10 de junho, e das celebrações que levam a efeito as comunidades portuguesas no exterior, o General Galvão de Melo, membro da Junta de Salvação Nacional, deslocou-se ao Brasil e manteve contatos com autoridades brasileiras; 5) Em 16 de julho de 1974, antes de formalmente terminadas as negociações entre as autoridades portuguesas e o PAIGC (Partido Africano para a Independência da Guiné e do Cabo Verde), o Brasil reconheceu a Guiné-Bissau como Estado independente, em um movimento cuja rapidez causou incômodo ao Governo português; 6) Por certo tempo, as relações entre Brasília e Lisboa não eram calorosas, para não dizer mais; 7) Em princípios de 1975, o Brasil, antes de concluídas as negociações para a independência de Angola, enviou

> uma representação especial que será convertida em Embaixada com o estabelecimento de relações diplomáticas, na sua aspiração de fortalecer os vínculos naturais que existem entre os dois países; o Governo brasileiro adota a posição de respeitar escrupulosamente o processo político interno daquele país.

O Capítulo 9 – **As Relações Recíprocas no Fim do Século** – considera quatro temas como títulos de seus parágrafos, o primeiro dos quais é o Acordo-Quadro de Cooperação entre Brasil e Portugal de 1991.

O processo de normalização institucional, em 1976, com as eleições para a Constituinte, a promulgação da nova Constituição Portuguesa, em 25 de abril do mesmo ano, a revisão de rumos da Revolução, que ocorrera em 25 de novembro de 1975, e o fim do processo de descolonização, criaram condições para a plenitude da normalização das relações luso-brasileiras. O Primeiro Ministro, Mário Soares, visitou oficialmente o Brasil, em dezembro de 1976, e o General Antônio Ramalho Eanes, em maio de 1978. O Presidente João Batista de Figueiredo retribuiu a visita em fevereiro de 1980. A série de visitas em alto nível, de lado a lado, vem compendiada no texto do Embaixador Calvet de Magalhães.

Em maio de 1991, o Primeiro-Ministro de Portugal, Professor Aníbal Cavaco e Silva, visitou oficialmente o Brasil, havendo assinado, com o Presidente Fernando Collor de Melo, o Acordo-Quadro de Cooperação entre Portugal e Brasil, que, em seu artigo 1º, entre outras normas, estabelecia que se realizariam encontros em mais alto nível (*cimeiras*) entre os dois países. Foi instituída comissão ministerial sob a direção dos Ministros dos Negócios Estrangeiros de Portugal e das Relações Exteriores do Brasil, para assegurar a execução de uma série de medidas de cooperação previstas no acordo. Na mesma data, foram assinados outros acordos que versam os seguintes assuntos: segurança social, extradição, auxílio mútuo em matéria fiscal, drogas e substâncias psicotrópicas (procura, produção, tráfico). A cimeira subseqüente ocorreu em Lisboa com a presença do Presidente Fernando Henrique Cardoso, em julho de 1995, de que resultou a assinatura de acordo de cooperação consular e o memorando de entendimento sobre telecomunicações.

De 14 a 21 de abril de 1996, decorreu a terceira cimeira de Chefes de Governo com a visita oficial, ao Brasil, do Primeiro Ministro Antônio Guterres, acompanhado de grupo de executivos e homens de negócios que representavam empreendimentos públicos e privados na área financeira, comercial, industrial e cultural, que puseram em marcha projetos de cooperação econômica entre Portugal e Brasil e, como está assinalado no texto do Embaixador Calvet de Magalhães, será objeto de referência mais pormenorizada.

* * * * * * * * * *

Transcorrido algum tempo depois da descolonização dos territórios portugueses em África, foi possível, não sem esforço, articular a formação de uma comunidade afro-luso-brasileira, que envolvesse a aproximação institucional dos sete países usuários da língua portuguesa em três Continentes, isto é, dos países lusófonos. Já tinham ventilado consideração políticos brasileiros que atuaram na área diplomática, como San Tiago Dantas e Afonso Arinos de Melo Franco, e até o próprio Chefe do Governo do período militar iniciado no Brasil em 1964, o Marechal Humberto de Alencar Castelo Branco. O objetivo da formação gradual de tal comunidade era também o de assegurar o encaminhamento do problema colonial português. Mas as autoridades portuguesas permaneciam firmes e adamantinas em seu propósito de considerar os territórios em África como Províncias ultramarinas, insusceptíveis de serem objeto de aplicação do princípio da autodeterminação, como veio a dar-se, por exemplo, com base em idéia política concebida e conduzida por Portugal para Timor Leste, em 1999, com maciço apoio do povo português.

Em 15 de novembro de 1983, Jaime Gama, que então – como agora – desempenhava as funções de Ministro dos Negócios Estrangeiros de Portugal, no curso de uma visita oficial que realizou a Cabo Verde, referiu-se ao projeto de criação de uma nova CPLP (*Comunidade dos Países da Língua Portuguesa*), que pudesse "tornar mais consistente e descentralizador o diálogo tricontinental", apoiada em reuniões regulares em nível de Chefes de Estado e de Governos, de Ministros dos Negócios Estrangeiros e de altos funcionários. Foi uma antecipação, em caráter pioneiro, do próprio título da entidade que veio a ser criada oficialmente em Lisboa, em 1996, depois de lançada e efetivamente negociada e articulada, em 1993 e 1994, pelo Embaixador José

Aparecido de Oliveira, por instruções expressas do Presidente Itamar Franco. O Presidente Fernando Henrique Cardoso e seu Ministro das Relações Exteriores, Embaixador Luiz Felipe Lampreia, tinham-na apoiado, como, respectivamente, Ministro das Relações Exteriores e Secretário-Geral do Ministério das Relações Exteriores, ao tempo da Presidência de Itamar Franco. Ascendido à Presidência da República em janeiro de 1995, o Presidente Fernando Henrique Cardoso e seu Ministro das Relações Exteriores, apoiaram firmemente o plano de criação da CPLP e concluíram as respectivas negociações. Em 17 e 18 de abril de 1996, em Maputo, os Ministros dos Estrangeiros e das Relações Exteriores dos sete países lusófonos selaram o acordo em torno da minuta da Declaração Constitutiva da CPLP, formalmente assinada em 17 de julho de 1996, no Centro Cultural de Belém, em Lisboa, com a presença dos Chefes de Estado e de Governo dos sete países.

* * * * * * * * * *

Em relação a vistos de Entrada e reconhecimento de diplomas de ensino, situa-se que o cumprimento do acordo de entrada de turistas de um e outro país, sem vistos, encontrou dificuldades em Portugal dado certo afluxo de brasileiros, alguns dos quais turistas que se aventuravam a ter emprego permanente em Portugal. As autoridades portuguesas, no intuito de coibir abusos de falsos turistas, enrijeceram os controles e praticaram certos abusos, com rigores indiscriminados que criaram incidentes com desagradável repercussão pública no Brasil. A participação portuguesa na UE (União Européia) e as disposições do acordo de Schengen sobre a circulação de pessoas no território comum da UE criaram certos condicionamentos para Portugal que entraram em conflito com os princípios extremamente liberais do acordo luso-brasileiro sobre isenção de vistos turísticos de 1960, revisto em 1966, em Brasília. Os dispositivos do novo acordo, o entendimento bem claro entre os dois Governos e o espírito de boa vontade e firmeza em evitar abusos, de parte do Governo de Antônio Guterres, instalado em fins de 1995, em Portugal, evitaram ou reduziram escandalosos incidentes como os que houve em 1993, no aeroporto de Lisboa, à época referidos na imprensa como "guerra da Portela".

Outro escolho, mais sério talvez, no quadro das relações luso-brasileiras, em fins de 1980 e boa parte da década de 90, foi a aplicação do princípio da equiparação automática dos diplomas de cursos superiores, que figura no Acordo Cultural de 1966. Como algumas centenas de dentistas brasileiros vieram trabalhar em Portugal no período mencionado, o fato de não existir, em Portugal, o curso de odontologia, com carga de horas de ensino inferior à do curso de medicina dentária, da sistemática portuguesa, e certamente a vulneração de interesses corporativos em Portugal deflagraram o problema que se manifestou até mesmo em ações de nível policial e judicial. Em 1997–1998, o problema foi considerado sanado mediante entendimentos nas áreas diplomática, parlamentar, da saúde e da educação. Em dado momento, a questão causou sério incômodo nas relações entre os dois países, com projeções negativas em instâncias da opinião pública, da imprensa e mesmo dos Parlamentos, de lado a lado, sobretudo no Brasil, com projetos de represália de efeitos institucionais sobre direitos dos portugueses no Brasil.

Os dispositivos contestados do acordo cultural de 1966, e de não poucos acordos diversos, ao longo do tempo assinados entre Brasil e Portugal, estão sendo examinados, estudados e revistos com vistas em consolidação geral do quadro de tratados, acordos e convenções luso-brasileiros, a ser concretizada nas celebrações dos 500 anos do achamento do Brasil, em abril do ano 2000, consolidação que ainda não é conhecida quando do preparo desta obra.

* * * * * * * * * * *

Institucionalmente, estavam lançadas as bases, com o acordo comercial de 1966, em cujo contexto surgira o Centro Empresarial Luso-Brasileiro, por meio de protocolo assinado entre a AIP e a FIESP, para a aproximação empresarial luso-brasileira. Mas faltavam condições de lado a lado, sobretudo do lado português, para concretizar o disposto no acordo quanto à realização de investimentos. A Revolução de 1974 não facilitou de momento o quadro. Foi o Governo constitucional chefiado por Mário Soares que, em 1977, deu início às negociações para admissão de Portugal à CEE (Comunidade Econômica Européia), depois UE, que levou à formalização da entrada de Portugal no grande sistema de integração européia, em 1º de janeiro de 1986, como seu membro pleno, vindo assim a participar da construção da nova Europa. Aí começou o grande processo de mudança da sociedade portuguesa com o "atrelamento de Portugal ao carro dos ricos". Por outra parte, do outro lado do Atlântico, o Brasil crescera e se desenvolvera consideravelmente, embora ainda sem estabilidade econômico-financeira. Os investimentos e o comércio luso-brasileiro continuavam reduzidos. A partir de 1988 verificou-se ligeira tendência para o crescimento do investimento português. Em 1990, o investimento português no Brasil atingiu cerca de 1 milhão de contos, algo como 6,5 milhões de dólares, enquanto o investimento brasileiro em Portugal alcançara, em 1989–1990, o valor de cerca de 24 milhões de contos. A partir de 1994, cresceram os investimentos portugueses no Brasil, crescimento que se foi acentuando nos anos subseqüentes e, em 1997, era Portugal o sexto maior investidor no Brasil. A política de internacionalização da economia portuguesa encontrava seu grande destino no Brasil, o qual entrara, em julho de 1995, com o Plano Real, em período de estabilidade econômico-financeira (que sofreria reveses em janeiro de 1999). Em 1998, Portugal fez investimentos no Brasil, no âmbito das privatizações brasileiras, de apreciável monta em termos mundiais, isto é, da ordem de 700 milhões de contos. Portugal passou a ocupar o lugar de terceiro maior investidor estrangeiro nas privatizações brasileiras, atrás apenas dos EUA e da Espanha. Os investimentos têm sido de procedência de empresas públicas ou mistas portuguesas (Portugal Telecom, EDP, CIMPOR, Caixa Geral de Depósitos) e privadas (SONAE, Jerônimo Martins, Espírito Santo, etc.). Nos recentes anos (de 1995 a esta parte), os investimentos portugueses no Brasil têm superado de longe os investimentos brasileiros – seu ponto alto se dera em 1990, com 15 milhões de contos. No fim da década de 80, grandes empresas de construção brasileiras haviam-se instalado em

Portugal, como a Odebrecht (Bento Pedroso Construções, S.A.), Andrade Gutierres (Zagope).

* * * * * * * * * *

O Capítulo seguinte vem dedicado ao tema da imigração portuguesa no Brasil no século XX. Por todo o século XIX e primeira metade do século XX, o Brasil, como já foi visto, fora o grande destino do fluxo migratório português para o exterior. A partir da década de 1930, o fluxo para o Brasil começou a diminuir e a situar-se em menos da metade da média decenal registrada de 1900 a 1930, que superava a cifra de 200 mil imigrantes portugueses. De 1930 a 1940, um pouco mais de 80.000 portugueses chegaram ao Brasil, 60.000 na década dos 40. A partir de 1963, houve sensível quebra das estatísticas relativas à partida de portugueses para o Brasil, até chegar a níveis insignificantes a partir da década dos 80. Várias razões são historicamente apontadas para esse fato, conforme se lê no texto do Embaixador Calvet de Magalhães. São referidos conceitos negativos e positivos sobre a imigração portuguesa no Brasil, de lusófobos e lusófilos. São mencionados entre os grandes lusófilos: Olavo Bilac, Sílvio Romero, João do Rio (pseudônimo de Paulo Barreto), Gilberto Freyre, Afrânio Peixoto, Gustavo Barroso, Pedro Calmon e tantos outros nomes referidos por Antônio Gomes da Costa, aos quais o Embaixador Calvet de Magalhães acrescenta de sua parte outros nomes. O texto completa-se com a menção de fatos ocorridos entre o fim do século XIX e o momento atual; de entidades de mérito para a cultura, letras, beneficência e filantropia, fundadas por portugueses no Brasil; de portugueses de categoria sociocultural e empresarial que vieram para o Brasil em função de situações políticas que passaram a imperar em Portugal e que lhes tornaram a vida incompatível com suas atividades e seu modo de viver e de pensar.

* * * * * * * * * *

O último capítulo do texto do Embaixador Calvet de Magalhães compendia as relações culturais recíprocas no século XX, texto que será aqui referido da forma sumária que a seguir se apresenta.

1) Conhecimento, no Brasil, da atividade literária portuguesa nos dois últimos séculos;
2) Jornais brasileiros em que colaboraram jornalistas e escritores portugueses ilustres, vários dos quais são mencionados;
3) Fundação do Gabinete Português de Leitura, em 14 de maio de 1837, no Rio de Janeiro;
4) Presença de ilustres homens de letras portugueses no Brasil;
5) Escritores portugueses mais conhecidos no Brasil e autores brasileiros de obras sobre Eça de Queiroz e Fernando Pessoa, escritores particularmente apreciados no Brasil;
6) Conhecimento da literatura brasileira em Portugal;
7) Criação de uma cadeira de estudos brasileiros na Faculdade de Letras da Universidade de Lisboa, inaugurada por Oliveira Lima, em 1923;
8) Criação de cadeiras de estudos brasileiros em outras Universidades;
9) Fundação, em Lisboa, em 1915, da revista *Atlântica* – João de Barros, João do Rio;
10) Editora Livros do Brasil, de Antônio de Souza Pinto;
11) Papel nas relações culturais luso-brasileiras da Academia Brasileira de Letras e da Academia das Ciências de Lisboa;
12) Acordos ortográficos;
13) Acordo de Cooperação Intelectual, assinado em 6 de dezembro de 1948, em Lisboa;
14) Colóquios Internacionais de Estudos Luso-Brasileiros no quadro do Acordo Cultural de 1948;
15) Cooperação no período dos Governos militares brasileiros;
16) Criação, em Portugal, do ICALP (Instituto de Cultura e Língua Portuguesa) e, em seu lugar, em 1992, do Instituto Camões;
17) Cátedra Jaime Cortesão, na Universidade de São Paulo (1991), a participação do Instituto Camões;

18) Outros atos diversos de cooperação luso-brasileira: Cátedra Padre Antônio Vieira, na Pontifícia Universidade Católica do Rio de Janeiro, e outros protocolos do Instituto Camões com instituições culturais brasileiras;
19) Real Gabinete Português de Leitura do Rio de Janeiro;
20) Fundação Luso-Brasileira para o Desenvolvimento do Mundo de Língua Portuguesa e convênios assinados com entidades diversas;
21) Fórum Euro-Latino Americano;
22) Televisão;
23) "Prêmio Luís de Camões"; e
24) Preparativos para a celebração do V Centenário da descoberta do Brasil, o Congresso Portugal Brasil, ano 2000.

Lisboa, outubro de 1999
Dário Moreira de Castro Alves

I Parte - O Século XIX

Amado Luiz Cervo

Capítulo 1

De Vice-Reino a Parte do Reino Unido, 1808-1821

1.1 O Brasil, a Europa e a Conjuntura Atlântica

As instituições administrativas existentes no Brasil, que a Corte portuguesa encontrou quando se transferiu para o Rio de Janeiro em 1808, haviam sido criadas e modificadas durante o período colonial. O século XVI foi decisivo para a construção do arcabouço institucional, social e cultural do País. Após a fase do escambo e de parcos contatos entre 1500 e 1530, D. João III ensaiou três modelos de colonização: 1) o estatal (1530–1533), abandonado em razão de seus elevados custos; 2) o privado (1534–1548), que se revelou insuficiente; e 3) o misto, desde 1548, que restringiu as atribuições dos particulares e envolveu forte empenho militar, econômico e jurídico da Coroa. Superou-se a fase da economia de escambo e transitou-se para a de produção, que engendrou a relação de exploração do trabalho indígena, gradualmente substituído pelo africano. A estrutura social tornou-se rígida, compreendendo restrito número de pessoas no topo da hierarquia e os senhores de engenho de açúcar, que conviviam com uma massa de escravos e com pequeno setor intermédio formado por lavradores, mercadores e artesãos. A construção do Brasil, segundo Jorge Couto, pôs em contato as populações de três continentes e configurou sociedade original, distinta daquelas que lhe deram origem e marcada por forte miscigenação étnica.[1]

---

[1] COUTO, 1997, p. 333–336.

A primeira divisão administrativa do Brasil foi estabelecida em 1532, quando o espaço a ser ocupado se desmembrou nas quinze Capitanias Hereditárias, embora apenas doze tenham sido os donatários. Esses embriões de futuras províncias e estados destinavam-se, sobretudo, à defesa do território, mas algumas capitanias vingaram, dando origem à economia escravista colonial. Os governadores de capitanias submetiam-se à autoridade do governador-geral, alçado à condição de vice-rei desde 1763, quando a sede do governo central da colônia foi transferida da Bahia para o Rio de Janeiro.

A autoridade de governadores e vice-reis estendia-se pelo território por meio de órgãos próprios que controlavam o poder militar, a justiça e a fazenda. Constituídas por membros da elite social, as Câmaras Municipais, com sede nas vilas e cidades, eram o único órgão representativo, e suas atribuições podiam variar ao ponto de sobreporem-se, por vezes, aos próprios Governadores. A estrutura social, embora rígida, apresentava elevado grau de mobilidade. A sociedade dividia-se entre livres e escravos, estes últimos considerados "coisas", não pessoas, embora entre estes também houvesse distinções, sobretudo pelas funções que exerciam. Os afro-brasileiros livres ou libertos constituíam outro segmento social importante, visto que representavam cerca de 42% da população negra ou mulata ao final do período colonial. Os indivíduos livres compunham as três ordens do Antigo Regime, nobreza, clero e povo, mas essa divisão teve pouco efeito no Brasil, segundo Boris Fausto.[2] A hierarquia social estabelecia-se segundo as profissões, estando, no topo, a figura do dono de engenho, vindo, em seguida, ocupações um tanto desprezíveis, como o comércio e o artesanato. Grandes proprietários rurais e comerciantes voltados para o exterior desempenhavam funções efetivas de mando e de controle estratégico da vida na colônia. Eles se impunham aos preconceitos sociais, quando não à própria autoridade formal. Os mais pobres lidavam com a roça ou eram vendedores de rua, pequenos comerciantes e artesãos urbanos.

---

2 FAUSTO, 1996, p. 70.

Cidade e campo projetavam uma divisão pouco visível. A administração tendia a reforçar a primeira, mas a economia puxava a sociedade para o interior. O açúcar, com a animação dos engenhos, sobretudo nordestinos, era a alma da vida rural. A mineração do século XVIII em Minas Gerais estimulou, contudo, a urbanização. O fumo na Bahia, a agropecuária no sul, o algodão no norte, diversificavam as atividades do campo.

Esse sistema todo entrou em crise no século XVIII. Fernando A. Novais bem observou a articulação do que ocorria tanto na colônia quanto na metrópole, na época das luzes: "Na maneira de focalizar os problemas, na teorização que lastreia o seu esquema de ação, nas próprias hesitações com que foi levada à prática revelam-se as marcas características das incidências da ilustração.". Para a colônia, em particular, o reformismo iluminista manifestou-se por meio das tendências de reduzir o exclusivismo metropolitano, de fomentar a produção colonial sem as manufaturas e de buscar aquela prosperidade comum que se assentasse na integração harmônica de ambas as economias. Outra face desse contexto histórico corresponde à crise generalizada do sistema de colonização mercantilista: "Era diante dos problemas propostos pela crise que tomavam posição teóricos e estadistas; era para solucioná-los que elaboravam seus esquemas de explicação e intervenção na realidade.".[3]

Os fatores que concorriam para minar as estruturas do antigo sistema colonial tiravam força precisamente dos novos dinamismos de então. Eram fatores externos, como a crítica ao sistema exclusivo do mercantilismo do Antigo Regime e ao escravismo, o advento das doutrinas econômicas liberais e da revolução industrial, das idéias igualitárias e do Estado democrático-burguês, no bojo da ilustração dos séculos XVII e XVIII, e fatores internos, como o declínio da economia açucareira e mineira. O que estava em trânsito, em nível estrutural, era outra forma de exploração das áreas periféricas pelo capitalismo central. Na ponta da nova onda, a Inglaterra comandava a mudança: ia suprimindo o

[3] NOVAIS, 1983, p. 299–300.

exclusivo, o tráfico, a escravidão, dando-se ao luxo de manter a dominação política para organizar o novo império e de agir no sentido de liquidar com os velhos impérios ibéricos.[4]

Quisesse Portugal acompanhar o movimento das novas forças históricas, teria dado continuidade às reformas por um momento empreendidas. Em 1750, com efeito, o déspota esclarecido José I, de Portugal, confiou, ao grande estrategista José de Carvalho e Melo, futuro Marquês de Pombal, plano de modernização do sistema colonial que previa sua adaptação, quanto possível, às novas idéias. O grandioso empreendimento frustrou-se ao final, seja pelas dificuldades da própria economia mineira e açucareira, seja pelo regresso absolutista que seguiu à morte de Dom José, à queda de Pombal e à ascensão de Dona Maria, em 1797.

A transição radical operada na metrópole, a "viradeira" como dirão os intérpretes portugueses, não foi bem a causa dos movimentos de insurgência na colônia. A Inconfidência Mineira (1789), a Conjuração dos Alfaiates (1798) e a Revolução Pernambucana (1817) respondiam à onda revolucionária que perpassava o Ocidente e que, no Brasil, tinha a feição de movimentos anticoloniais ou pró-independência. Eles brotavam da sociedade colonial nativa, mas reuniam também portugueses residentes no Brasil e eram revoltas regionais mais que movimentos nacionais. A transferência da Corte portuguesa para o Brasil viria surpreendê-los em razão da mudança que trouxe à condição da colônia.

Com efeito, apesar da crise e das reformas, o regime colonial prosseguia sob controle e proveito português até esse momento. O Rio de Janeiro, em particular, convertera-se em ponto estratégico da economia do Atlântico Sul e do comércio colonial português. Os navios deixavam Portugal com destino a Angola ou ao Rio de Janeiro carregados de manufaturas européias e especiarias orientais. A África exportava escravos, marfim e cera; o Brasil, seus produtos tropicais. A média anual de navios chegava a 30 entre o Rio de Janeiro e Lisboa, 20 entre o Rio de Janeiro e a África. A participação de outros países, e, nesse particular, a In-

4 NOVAIS, 1983, p. 301.

glaterra destacava-se em razão da aliança portuguesa, na navegação e no comércio, à época do monopólio português, era pequena. Os navios ingleses iam incorporados às frotas portuguesas, mesmo quando lhes fornecia a carga de manufaturados, ou faziam o contrabando, rompendo com as regulações do comércio. Convém ressaltar, ainda, que guerras européias podiam afetar negativamente este fluxo de navios, o que se observou, por exemplo em 1797, 1803, 1804, 1807 e 1808.[5]

De qualquer modo, após a crise do ouro e do diamante na década de 1760, o Império português ingressou em conjuntura favorável que, segundo os historiadores, estaria preparando o País para ingressar adequadamente na era industrial. Essa prosperidade, segundo Jorge Pedreira, advinha do crescimento do tráfico marítimo, que havia proporcionado ampliação dos mercados dos gêneros advindos do Brasil, cuja demanda satisfazia a máquina industrial dos países europeus, especialmente o algodão, e se beneficiava igualmente dos acontecimentos político-militares no mundo atlântico. A perda das colônias americanas fez crescer a importância de Portugal como fornecedor de produtos tropicais à Inglaterra. As exportações e reexportações portuguesas cresceram aproximadamente 18% durante a guerra de independência dos Estados Unidos e cerca de 30% entre 1783 e 1789.

Essa animação dos negócios prolongar-se-ia até por volta de 1806, tirando vantagens das guerras revolucionárias francesas e napoleônicas. O comércio colonial preenchia, para o Portugal de então, segundo Pedreira, quatro funções econômicas: 1) abastecia o país de produtos coloniais e de matérias-primas; 2) abria mercado para alguns produtos portugueses; 3) animava as trocas entre as próprias colônias; e 4) oferecia boa base para a reexportação de produtos coloniais a outras nações e de produtos estrangeiros para ultramar. Entre 1796 e 1806, o último ano antes da invasão francesa de Portugal, a produção nacional representava apenas $^{1}/_{4}$ das exportações portuguesas para outras nações e menos de metade das que se destinavam ao Brasil, ao passo que os

---

5 SANTOS, 1980, p. 201–205.

produtos oriundos desse país alcançavam 60% das primeiras. Vale dizer que a economia portuguesa sustentava-se no Império e, não, na produção interna. Havia, com efeito, vínculo de dependência que acionava o fluxo das riquezas entre o componente interno e o externo da economia. A reexportação de produtos coloniais era paga pelos comerciantes de outras nações, em boa medida, em artigos importados, que se destinavam obviamente ao mercado interno e às próprias colônias. Essa circunstância desestimulava, por exemplo, a produção industrial e agrícola no país. Contudo, as manufaturas portuguesas registraram notável impulso nesse período, em boa medida devido às exportações para o Brasil, que absorvia mais de 90% das exportações portuguesas de manufaturados, tecidos, chapéus, ferragens, entre outras. Apesar disso, o comércio entre Portugal e Brasil era levemente desfavorável aos portugueses a longo prazo. Ademais, assentava-se sobre "equilíbrios precários", segundo Pedreira, que comprometiam o crescimento industrial auto-sustentado. Os comerciantes portugueses investiam em certas indústrias como um negócio subsidiário, com o intuito de facilitar suas importações de produtos brasileiros, atrelando o crescimento industrial do país aos tráfegos coloniais.[6]

O profundo vínculo existente entre a sorte de Portugal e seu esquema de *comércio transitário* ficava à mercê dos riscos que o Império enfrentava em razão dos conflitos entre as potências ocidentais. Esse caminho de investigação, brilhantemente explorado por Pedreira, reanima o debate acerca da crise do regime colonial, confrontando as interpretações de configuração estrutural do anacronismo do sistema do exclusivo tão bem desenvolvidas por Fernando Novais, uma tese que carece de demonstração, com a da conjugação de circunstâncias fortuitas, particularmente aquelas decorrentes dos conflitos entre as potências ocidentais. Os diplomatas portugueses foram postos diante de duas estratégias excludentes quando a França se dispôs a reunir a Europa continental, política e economicamente, com o intuito de subtraí-la à influência inglesa, senão mesmo de subjugá-la na frente comer-

[6] PEDREIRA, 1994, p. 261–316.

cial e na marítima. Sendo a Inglaterra a potência marítima maior e a avalista do Império português, em razão da tradicional aliança, Portugal adquiriu importância estratégica única nessa disputa de tão vasta envergadura.

O comportamento da diplomacia portuguesa evidenciava, diante das circunstâncias, elevado grau de realismo e esperteza. Sua linha de força, na Europa, era a implementação de uma política de neutralidade e, na América, de entendimento com a outra metrópole, a Espanha. O tratado de limites entre Portugal e Espanha de 1750 sabiamente afastou das querelas européias o continente americano. Embora esse espírito não triunfasse a longo prazo, denotava que, na apreciação de ambos, convinha sobrepor a América às frivolidades das políticas exteriores da Europa.[7]

A partir da segunda metade do século XVIII, contudo, o Atlântico seria o novo centro das lutas em torno da rivalidade franco-britânica, que se deslocava do continente europeu para a hegemonia sobre os mares. A guerra do Atlântico iniciou-se em 1755, ano do terremoto de Lisboa. William Pitt, Primeiro-Ministro inglês, concebeu e implementou seu projeto da grande Inglaterra marítima e colonial, desencadeando a confrontação oceânica. Em reação, Luís XV firmou, em 1761, o Pacto de Família entre os Bourbon de França e Espanha, de Parma e das Duas Sicílias e convidou D. José I de Portugal a aderir, já que, com aqueles, tinha laços de família. Portugal optou por manter sua aliança com a Inglaterra e entrou na guerra mal preparado, mas contando com auxílio financeiro e militar inglês. O Tratado de Paris, de 1763, pôs fim a essa Guerra dos Sete Anos, saindo, a Inglaterra, como a grande vencedora. O projeto de Pitt robusteceu-se, apesar da perda dos EUA logo depois. A história diplomática de Portugal acompanhará, de perto, a construção do Império britânico, já que este dava garantias à navegação atlântica e à soberania sobre o Brasil. Entre a neutralidade, o continente e os mares, esta última emergia como a opção mais conforme aos interesses do país e afastava a tentação do pacto de família.[8]

[7] FRAGOSO, 1997, p. 122.

[8] FRAGOSO, 1997, p. 127–135.

Após haver estendido sua hegemonia sobre a Espanha, a França servia-se dessa potência menor para castigar Portugal na Europa e em suas possessões coloniais, tendo em vista extraí-lo da órbita britânica. Apoiou as iniciativas espanholas na guerra secular que as metrópoles ibéricas moviam pelo domínio do Prata, transferindo para essa área sul-americana a guerra atlântica dos europeus. Mas o espírito de entendimento e a disposição de Lisboa e Madri em manter as colônias à margem da disputa européia resultaram no Tratado de paz de Santo Ildefonso (1777), em sua confirmação pelo Tratado do Pardo de 1778, que definiram a sorte da ilha de Santa Catarina, da Colônia do Sacramento e do território das Missões, com prejuízo territorial para Portugal que perdera a guerra. A conveniência desse entendimento para evitar a absorção de Portugal por uma potência continental e para garantir a soberania compartida na América do Sul explica, ainda, as uniões matrimoniais do príncipe D. João (futuro VI) com a infanta espanhola Carlota Joaquina e do infante Gabriel de Espanha com a infanta Mariana Vitória de Portugal.

Esse novo equilíbrio ibérico e marítimo revelou-se precário quando foi desafiado pelo movimento social e político de França, desde 1789. Mais uma vez, o ideal da neutralidade portuguesa não poderá manter-se, precisamente porque dependia, em sua dinâmica, das opções da diplomacia espanhola diante da Revolução Francesa. Portugal tomou a iniciativa de propor, em 1792, uma tríplice aliança com Londres e Madri, contra o Governo francês da Convenção. O homem forte espanhol, Manuel Godoy, um político corrupto, e William Pitt não reagiram como esperado, mas a França voltou-se com atenção para a proposta e procurou negociar com Portugal. No ano seguinte, Inglaterra e Espanha uniram-se e convidaram Portugal para a tríplice aliança, abrindo a frente ocidental contra a Convenção. Mediante convenção firmada entre as partes, a diplomacia inglesa obteve de Portugal a reafirmação da aliança. Mas a Espanha firmou uma paz com a França em 1795, deixando Portugal na derrota, abandonado e sugado por exigências territoriais e financeiras (indenizações) por parte da França, além de ter de fechar seus portos aos ingleses. O episódio aprofundou a divisão entre anglófilos e francófilos na opinião portuguesa, a denotar os dilemas das opções externas. Logo depois, em 1796, a França lançou, sobre Portugal, verdadeiro ultimato, negociando exigências que, além de significar ruptura com a aliança inglesa, transferiam a ela inúmeros privilégios do comércio atlântico e comprometiam o sistema do exclusivo. A reação inglesa, vigorosa, impediu a ratificação desses acordos, prolongando a situação incômoda e o dilema da escolha portuguesa. Quando Napoleão assumiu o controle da política francesa em 1799, mandou seu irmão Luciano a Madri tratar com Godoy a sorte de Portugal: sua ruína política e econômica e a ruptura com a Inglaterra.

Após a derrota da Áustria, em 1801, Napoleão voltou-se de forma mais resoluta sobre a questão portuguesa. Exigiu de sua aliada, a Espanha, colaboração firme, que esta prestou logo, intimando Portugal a fechar-se aos ingleses e, um mês depois, declarando-lhe a guerra. Ocupado e derrotado, além de desamparado pela segunda vez em tão pouco tempo pelos ingleses, Portugal firmou a paz de Badajoz, cedendo ao continente em todas as esferas de exigências: indenizações vultosas, fechamento dos portos aos ingleses, cessão de Olivença à Espanha e de vantagens financeiras e territoriais à França. A Espanha estava satisfeita e respeitou os termos da paz, o que permitiu a Portugal certo espaço de manobra entre novas exigências e ameaças francesas e reações inglesas. Obteve, sobretudo, a suspensão do fechamento de seus portos aos navios ingleses. Portugal voltou-se com ansiedade para a recuperação de sua velha neutralidade nos conflitos continentais.

Ao reiniciar-se a guerra na Europa, em 1803, Portugal negociou a elevado custo sua neutralidade e a liberdade de admitir navios ingleses em seus portos. Logo depois, em 1805, Napoleão enviou o general Junot a Portugal, por Madri, onde haveria de combinar-se com Godoy. Ao exigir de Portugal que declarasse guerra à Inglaterra, soube da recusa de D. João, que reafirmou seu desejo de neutralidade. Nesse ano, a batalha de Trafalgar representou um golpe mortal à ambição francesa de hegemonia sobre os mares e reforçou o Império britânico. Os ingleses voltaram a usar os portos portugueses e a navegar no Brasil. As derrotas napoleônicas na periferia e nos mares induziram a França a recorrer à última arma para ferir a Grã-Bretanha: os decretos de 21 de novembro de 1806, do bloqueio continental, que, aliás, fora proposto por Godoy. O Tratado de Tilsit de 1807 favoreceu a execução do plano, ao afastar a Rússia da frente oriental contra a França. A neutralidade portuguesa atingia seu derradeiro suspiro, pesando sobre o país o fardo de uma opção entre dois terrores, que o Governo de D. João protelou até o momento em que os contendores decidiram a sorte do país. Portugal recebeu mais um ultimato em 1807: fechar seus portos à Inglaterra, caso contrário seria invadido e ocupado por um exército franco-espanhol. Dez dias depois do ultimato, Junot comandava um exército na fronteira. A Inglaterra não se comprometeu logo com o socorro, mas seu Embaixador fez saber que não aceitaria que os franceses ocupassem os portos portugueses e prometeu escoltar a Corte caso quisesse transferir-se ao Brasil. Em resposta ao ultimato, o Conselho português saiu pela evasiva e não fez referência à guerra contra os ingleses. Enfurecido, Napoleão negociou com Godoy a partilha de Portugal, traçada pelo tratado de Fontainebleau de 27 de outubro de 1807, entre França e Espanha, partilha esta que incluía a repartição dos domínios ultramarinos de Portugal entre as duas, cabendo, ainda, uma terceira parte ao rei da Etrúria, em compensação à cessão da Toscana à França. O divórcio entre as duas potências ibéricas abriu o caminho da primeira invasão franco-espanhola de Portugal. Junot ocupou Lisboa no comando de um exército fraco que até poderia ter sido derrotado, haja vista que perdeu 15.000 homens dos 25.000 engajados na invasão. Apesar de D. João levar consigo 36 navios da esquadra portuguesa e comitiva de aproximadamente 15.000 pessoas quando deixou Lisboa a 29 de novembro de 1807, desde o início do período das guerras peninsulares, as derrotas francesas foram fatais a Napoleão, até a primeira abdicação, o que, aliás, pressentira, contra a opinião de seus generais. O bloqueio continental não pôde manter-se bem em Lisboa e o comércio português e inglês com o Brasil iria perdurar.

A chegada da Corte ao Brasil significou para Portugal uma opção definitiva na guerra atlântica, contra a França e ao lado da

Inglaterra, embora ao Conselho de Regência deixado em Lisboa como órgão prático de governo fora dada ordem de não hostilizar o exército francês. Significaria também o colapso de uma economia que vinculava intimamente as condições internas aos fluxos do comércio colonial?

1.2 A Chegada da Corte Portuguesa ao Rio de Janeiro, em 1808

Pensou-se, de tempos em tempos, na transferência do trono português para o Brasil, desde que, pela primeira vez, o donatário da capitania de São Vicente, Martim Afonso de Sousa, expressou essa idéia ainda no século XVI. Os que argumentavam em favor da mudança, como Antônio Vieira e Luiz da Cunha, entre outros, sublinhavam seja as vantagens de optar entre um pequeno território e um vasto império, seja as vantagens de não ter vizinhos intrigantes. Quando começou o envolvimento português na guerra atlântica, Rodrigo de Sousa Coutinho condicionava a salvação da monarquia portuguesa à ascensão do Brasil a uma posição central no Império lusitano, e, em 1803, sendo Ministro de Estado, concebeu o plano de combinar a guerra européia com a fundação e o fortalecimento de um poderoso império brasileiro, em condições de reconquistar as perdas na Europa. Afastada do Governo Sousa Coutinho, Lisboa esqueceu-se momentaneamente da estratégia proposta pelo Ministro. Contudo, na Convenção de 22 de outubro de 1807, Portugal e Inglaterra recuperaram a idéia e regularam as condições da transferência da Corte. Não se deve atribuir a decisão de D. João VI, portanto, à pressão inglesa, mas, antes, ao conselho de assessores como Rodrigo de Sousa Coutinho e Silvestre Pinheiro Ferreira.[9]

Ao chegar, D. João não resistiu ao fascínio do novo mundo e propôs-se, durante os treze anos em que permaneceu no Brasil, a construir na América um Estado moderno. Por meio de alterações introduzidas na vida da colônia, pôde, o Regente, arquitetar

[9] FRAGOSO, 1997, p. 154.

seus projetos com boa base operacional. Era preciso realizar expectativas de um fluxo de imigrantes nunca antes verificado: dos comerciantes ingleses e de inúmeras outras procedências européias, da China, da África, do Egito, à procura de negócios; dos cientistas e artistas à procura do desconhecido, do exótico; dos portugueses, que ambicionavam os postos de comando e também corriam atrás do controle do comércio; do corpo diplomático que exigia conforto, meios de comunicação e que mirava para o país com os interesses de origem por trás. A sociedade luso-brasileira tradicional enchia-se de esperança com as liberdades que passou a sentir. A mentalidade libertária encontrou-se, pois, com os dinamismos da conjuntura. A colônia fervilhava. O Rio de Janeiro passou de 60 a 150 mil habitantes.[10]

Instituições políticas, militares, judiciárias e administrativas foram implantadas, com seus conselhos e instâncias supremas. A colônia viu-se livre de seu *status*, ao estenderem-se sobre seu território as comarcas, com seus juízes, ao conceder-se autonomia para certas capitanias, ao proliferarem vilas e cidades de acordo com o crescimento da população. Desenvolvia-se, por outro lado, a dimensão cultural do Estado moderno, ao criarem-se escolas régias, colégios, ensino universitário e a biblioteca real; fundava-se a imprensa, encaminhavam-se missões científicas. Profundas mudanças foram introduzidas em dois outros domínios do Estado moderno, o da organização econômica e o da política exterior. O Brasil passou a usufruir da liberdade e do estímulo para criação de manufaturas e para o desenvolvimento da navegação e abriu seu comércio ao mundo, excluídos apenas os inimigos em guerra. Quanto à política exterior, maior autonomia seria facultada ao Regente, que dela, entretanto, fez uso inadequado, ao transferir para a América do Sul a herança de lutas entre Portugal e seus inimigos continentais. Assim, desgostando tanto a americanos quanto a ingleses, que não escondiam sua cobiça sobre o continente, mas dando demonstrações de um novo poder

[10] MOTA, 1972, p. 56–73.

autônomo a erigir-se nas Américas, a 1º de maio de 1808 declarou guerra à França e ocupou Caiena, fazendo o mesmo mais tarde contra a Espanha, ao ocupar a Banda Oriental do Uruguai, para castigar a aliança inimiga concluída entre Espanha e França.

As perspectivas da política exterior da Corte no Rio de Janeiro modificaram-se com relação à política exterior de Lisboa. Esta fora eliminada como pólo de pressão, emergindo uma política voltada, agora, para o Brasil. Pretendia-se, contudo, dar alguma compensação à má sorte de Portugal. Os objetivos eram, primeiro, o de construir nova e moderna metrópole na América e, segundo, garantir a integridade e a independência do território de Portugal. Por essa brecha, precisamente, imiscuiu-se o interesse britânico que deitou a perder a estratégia de crescimento econômico brasileiro.

Para cumprir com seu primeiro intento, D. João firmou, a 28 de janeiro de 1808, a carta régia que abriu os portos ao comércio das nações amigas, introduzindo, no país, o liberalismo que a própria Inglaterra ainda recusava em suas fronteiras: as importações pagariam 24% *ad valorem*, sem distinção de procedência. Complementou essa medida com o decreto de 1º de abril, promovendo a "liberdade de manufaturas e indústrias" no Brasil e com outro de 11 de junho, beneficiando a navegação brasileira. Embora a classe dirigente brasileira se identificasse claramente com a portuguesa em sua opção pelo comércio livre, o arranque industrial do Brasil não foi por ela obstruído. Esse liberalismo, tido por alavanca do aumento da riqueza por D. João e seu assessor smithiano, José da Silva Lisboa, o Visconde de Cairu, foi procurado com o fim de assentar, sobre o crescimento e a diversificação da produção, a base do império americano. Sua implementação seria, contudo, bloqueada por Jorge Canning, o herdeiro ideológico de Pitt, que, para o Rio de Janeiro, despachou Strangford com o fim de fazer saber, aos *brasileiros,* que não interessava, aos ingleses, esse projeto de autonomia, mas, sim, privilégios em troca de proteção.

Liberalismo e desenvolvimento não era o que esperava Canning no Brasil, quando assumiu o comando da diplomacia inglesa. A Inglaterra exigia recompensas para os serviços prestados por ocasião da transferência da Corte e pelos que ainda prestaria, ao comprometer-se a garantir a integridade e a independência de Portugal. Privilégios! Por que não a transferência para si do sistema português do exclusivo no comércio exterior do Brasil? D. João estava disposto a ceder, tanto é que substituiu, ao chegar, Antônio de Araújo, um francófilo, por Rodrigo de Sousa Coutinho, na pasta dos Negócios da Guerra e de Estrangeiros. O triunfo do partido inglês na Corte do Rio de Janeiro romperia com o relativo equilíbrio mantido por Lisboa no século XVIII, que, bem ou mal, contivera a penetração inglesa em limites toleráveis. O caminho de uma dependência visceral de Brasil e Portugal com relação à Inglaterra estava aberto, havendo-se de converter o primeiro em mercado aberto e Estado submisso e o segundo em verdadeiro protetorado.[11] Para o Brasil, as decisões da diplomacia explicam melhor o atraso econômico melhor que os fatores materiais e humanos, os quais, segundo a velha interpretação de Stanley e Stein, teriam perpetuado, após a emancipação política, a dependência histórica da América Latina e travado seu desenvolvimento capitalista.[12]

Os tratados de 19 de fevereiro de 1810, um de aliança e amizade e outro de comércio e navegação, bloquearam o primeiro impulso desenvolvimentista, ao baixarem sem contrapartida os direitos alfandegários dos produtos ingleses de 24% para 15% (abaixo dos 16% que recolheriam as importações oriundas de Portugal), desencorajando as indústrias que floresciam, e ao dificultarem a navegação nacional de longo curso. As grandes concessões feitas por D. João têm sua origem imediata nos termos ajustados por George Canning na Convenção secreta de Londres, de 22 de outubro de 1807, com que a Inglaterra daria proteção à transferência da Corte para o Brasil em troca de vantagens em seu mercado e no Império português como um todo. Ao renunciar à soberania alfandegária e sacrificar sua política, D. João tinha em mente a sorte de Portugal. Em outros termos, com a transfe-

[11] AGUIAR, 1960, p. 41–44. MARTÍNEZ, 1992, p. 301–303.
[12] STANLEY e STEIN, 1970, p. 125–158.

rência da Corte, passou, o Brasil, a bancar, em detrimento próprio, a sobrevivência portuguesa como Estado-nação.[13]

Tudo isso não bastou, contudo, para aliviar os males que afligiam Portugal. A conjugação de uma rede de efeitos danosos sobre a nação portuguesa abateu seu moral e sua existência. Eram efeitos da ocupação francesa e da guerra sustentada até 1811 no próprio território; das dificuldades de comunicação com o Império colonial criadas pelo bloqueio continental; da fuga de capitais representada pela transferência da Corte ao Rio de Janeiro; do fim do exclusivo colonial que significou a abertura do comércio brasileiro às outras potências; da autorização para a criação de manufaturas no Brasil; da penetração em massa de comerciantes ingleses no mercado brasileiro. Essa conjuntura afetou profundamente a agricultura e a indústria, ao ferir de morte o esquema do comércio transitário em que se assentava toda a atividade econômica. A economia portuguesa entrou em depressão, a balança de comércio tornou-se deficitária, as inversões no sistema produtivo interno cessaram, o desemprego expandiu-se.

As medidas tomadas no Rio de Janeiro pelo Príncipe Regente para remediar à situação tão penosa em que havia mergulhado seu domínio europeu não foram suficientes para revertê-la. Entre 1808 e 1813, o principal eixo da economia portuguesa, o comércio com o Brasil, desceu em valores constantes a 15,9% quanto às exportações e reexportações e a 19,8% quanto às importações com relação ao período anterior.[14] E as perspectivas de restauração do regime colonial foram eliminadas, visto que brasileiros e ingleses não aceitariam a reintrodução do monopólio português sobre o comércio exterior do Brasil e nele a Corte no Rio de Janeiro, sob influência de homens como Rodrigo de Sousa Coutinho e José da Silva Lisboa, nem sequer cogitaria isso.

Desse modo, a situação de Portugal contrastava com a evolução desenvolta do Brasil, mesmo contida pelas concessões feitas aos ingleses. A expulsão dos franceses antes da paz de 1815 não

[13] FREITAS, 1958, v. I, p. 255–290.
[14] PEDREIRA, 1994, p. 325.

trouxe alívio ao povo português, cujo Governo efetivo havia passado para as mãos de Beresford, o preposto britânico deixado por D. João em Lisboa. Esta outra ocupação prolongaria anos de penúria, carestia, sofrimento e de tesouro vazio, visto que o militar inglês o sugava para custear uma ocupação que, em tempos de paz, se tornara desprovida de sentido.

A elevação do Brasil à condição de Reino Unido, pondo fim definitivo à colônia americana, deprimiu ainda mais o moral dos portugueses e reforçou o sentimento de orfandade, porque se supunha que não mais regressaria à metrópole a sede da monarquia.

1.3 O Reino Unido de Portugal, Brasil e Algarves, 1815

Ao instalar-se o Congresso de Viena, em setembro de 1814, com a participação de Portugal, Espanha, França, Inglaterra, Prússia, Suécia e Rússia, a Corte do Rio de Janeiro fez-se representar por Pedro de Sousa Holstein, Conde de Palmela, Antônio Saldanha da Gama e Joaquim Lobo da Silveira. As reivindicações que levara a delegação americana à mesa européia de negociações compreendiam interesses diversos: a) fixar os limites da Guiana conforme os portugueses pretendiam desde 1713; b) recuperar Olivença; c) impedir a abolição geral e total da escravidão; d) anular o tratado de aliança anglo-portuguesa de 1810; e e) obter indenizações.[15] A delegação portuguesa logrou resultados favoráveis, como a proibição do tráfico de escravos apenas ao norte do Equador e a anulação do referido tratado, mas não os limites, como queria, nem a devolução de Olivença. Diante desses parcos resultados, percebeu, o Governo do Rio de Janeiro, que não convinha, para os fins de sua política exterior, apoiar-se exclusivamente na aliança com a Inglaterra. Era preciso recuperar outros eixos e alargar a rede de alianças, em particular com a Espanha, a Áustria e a França. Para tanto, D. João implementou plano ambi-

[15] FRAGOSO, 1997, p. 150.

cioso de laços de família, além de requerer o reconhecimento do novo *status* político do Brasil. Uniram-se em matrimônio o rei e o infante de Espanha, Fernando VII e Carlos, respectivamente, com as infantas portuguesas Maria Isabel Francisca e Maria Francisca de Assis, filhas de D. João, o Príncipe Regente de Portugal. Uniram-se, ademais, as casas de Bragança e dos Habsburgos, em virtude do tratado celebrado a 29 de novembro de 1816 entre D. João VI e Francisco I da Áustria para os desposórios de seus filhos, o príncipe Pedro e a arquiduquesa Leopoldina. Tantos cônjuges plantados em cidades-chave da política internacional tinham por missão primordial a defesa dos interesses de sua terra e de sua gente.

As inovações a que procedera D. João no Brasil tão arraigadas estavam na organização social, política e econômica que não foi difícil, aos delegados portugueses do Congresso de Viena, fazer passar, em 1815, pela aprovação do concerto hegemônico dos europeus, a proposta de integrar o Brasil no Reino Unido de Portugal e Algarves, fazendo desaparecer formalmente a condição jurídica de colônia e vice-reino. A lei de 16 de dezembro de 1815, que criou o Reino Unido, deve ser tomada como o ponto de chegada do processo de desmonte da colônia americana. Assim entenderam os europeus. Ademais, dominado por uma Inglaterra disposta, em nome do equilíbrio europeu, a concessões conservadoras aos demais Estados, o Congresso de Viena viu, na expansão da monarquia portuguesa, um reforço do absolutismo que ainda impregnava a sociedade internacional européia.

A derrota da França napoleônica e o enfraquecimento da Espanha apaziguariam a confrontação atlântica pelo século XIX adentro, emergindo, a Inglaterra, como potência oceânica e como influência sobre as políticas exteriores das demais nações européias, sobretudo Portugal. A ela interessava, e esta será sua primeira grande vitória econômico-política sobre as potências reacionárias da Europa, a emancipação das colônias latino-americanas, mesmo porque obedecia, este movimento, ao desejo dos colonos de acederem à independência para liberalizarem a navegação e o comércio com o exterior e se libertarem dos tributos que pagavam às metrópoles. As vantagens que a Inglaterra auferira da primeira independência do Brasil, a de 1808, foram tão importantes para a consolidação de sua economia industrial, de seu comércio exterior e de sua hegemonia sobre os mares, que convinha estendê-las para toda a América ibérica, por meio da mesma política de recompensas a angariar por serviços agora prestados à causa da independência desses povos latinos.

Em Portugal, o descontentamento traduzia-se por apelos ao regresso do monarca, por conspiração maçônica em 1817 e, enfim, pela Revolução Liberal de 1820. Esta brotara tanto da situação de "colônia do Brasil" a que se reduzira a antiga metrópole, privada dos ganhos do comércio e da navegação e sujeita a uma administração militar espoliativa, como também do ideário da Revolução Francesa, que já havia contagiado a Espanha e resultara na Constituição liberal de Cádiz, em 1812. A ambigüidade das motivações explica a atitude ilógica dessa Revolução *liberal* diante do destino a ser traçado para o Brasil.

Não se há de buscar apenas no *colapso* português de 1808–1810 – para usar a expressão de Valentim Alexandre – e nos descontentamentos por ele provocados a reação das elites portuguesas. Jorge Miguel Viana Pedreira comprovou que o elã revolucionário tirava força de uma sensível recuperação econômica esboçada entre 1814 e 1818. A ascensão das curvas vem dar-lhe razão. As exportações de produtos nacionais elevaram-se praticamente aos níveis do período de prosperidade (1796–1806). Embora não se possa concluir, como supôs Borges de Macedo, que o comércio transitário, com a função de entreposto do porto de Lisboa, estivesse restabelecido, cabe registrar alta tanto da reexportação de produtos brasileiros para a Europa quanto de produtos europeus para o Brasil. As importações brasileiras provenientes de Portugal, graças sobretudo à recuperação da indústria têxtil e à remessa de estampados, quase triplicaram, elevando-se de 678 mil libras em 1812 para 1.891 em 1818. Lentamente, o emprego industrial foi ressurgindo.[16] O ciclo e o conjunto da recuperação portuguesa, se injetaram ânimo à nação, não eliminaram os des-

[16] PEDREIRA, 1994, p. 341–352.

contentamentos. O Brasil não recuperara a função de órgão vital do funcionamento da economia portuguesa que resultava, como se sabe, do esquema do comércio transitário, pelo qual o pequeno déficit estrutural no comércio com o Brasil era compensado largamente pelo volumoso superávit no intercâmbio com as demais nações. Este superávit não foi reposto durante o Reino Unido. Aliás, desde 1819, os indicadores da recuperação desmoronaram, prenunciando novo colapso à semelhança de 1808. Urgia reagir.

A dois objetivos imediatos visava a Revolução de 1820. Antes de tudo, afastar o Regente Beresford, que foi impedido, ao final de 1820, de desembarcar quando regressava do Brasil onde estivera com o intuito de lograr, da Coroa, ampliação de seus poderes. A junta revolucionária, sem confrontar a Inglaterra, devolveu-lhe seu homem de forma polida, fazendo que Castlereagh aceitasse os fatos. Era mister, então, tornar efetivo o segundo objetivo da Revolução, fazer regressar o soberano a Portugal, e nisso a junta acompanhava os clamores do povo, cujas esperanças se animavam, mas também as preocupações com o rumo da própria Revolução. Em julho de 1821, desembarcou o Rei em Lisboa, desprovido de poderes absolutos que lhe foram cassados por bases já assentadas de uma constituição. A Revolução portuguesa despertara onda ideológica também no Brasil, com adesões entusiastas em algumas províncias como no Pará, na Bahia e em Alagoas, que exigiam reformas liberais e a outorga de uma constituição. No Rio de Janeiro, a 26 de fevereiro de 1821, estando, à frente das autoridades, o príncipe real D. Pedro e com aprovação do Rei, havia-se jurado previamente, em cerimônia pública, a futura constituição que em Lisboa se preparava. Em outras partes, esse espírito revolucionário, mescla de liberalismo, independência e democracia, também contagiava a opinião pública, desencadeando movimento sem recuo. Como em Portugal, essa onda também fora precedida por uma tentativa política de inspiração maçônica, a Revolução Pernambucana de 1817.

Convém, pois, ter presente dupla dinâmica revolucionária a derramar simultaneamente seus efeitos de lado a lado do Atlântico, em Portugal e no Brasil. Embora o movimento de 1820 parecesse empolgar e manter unidos brasileiros e portugueses que reagiam contra o absolutismo, rivalidade acentuara-se entre portugueses do velho continente e portugueses da nova Corte no Brasil, desamparados aqueles, promovidos estes a novas benesses políticas e sociais. Eles não se olhavam com bons olhos e não é de se estranhar que as idéias revolucionárias que varriam o Ocidente tenham triunfado institucionalmente primeiro em Portugal, em 1820, contra os privilégios *brasileiros*, depois no Brasil, em 1821–1822, contra os direitos portugueses.[17] Essa dupla dinâmica tolhe o movimento brasileiro de independência de seu caráter tradicionalmente afiançado pela historiografia de uma luta apenas entre colônia e metrópole ou, ainda, de um movimento nacional liberal.

1.4 Relações que Preparam a Independência entre Brasil e Portugal

Aos brasileiros, tornar-se-ia mais fácil entender a reação dos portugueses diante da Independência se levassem em conta as condições em que se encontrava a metrópole àquela época. Até 1821, o rei de Portugal era um monarca absoluto, cujo poder somente era limitado, na teoria, pela religião e pela moral. Existiam, como em outros reinos europeus, as chamadas "leis fundamentais do reino", consideradas por alguns como uma espécie de embrião constitucional, que definiam a forma monárquica de governo e as regras de sucessão na coroa. Essas leis somente poderiam ser modificadas de comum acordo entre o rei e as cortes representativas das três ordens do antigo regime-clero, nobreza e povo. A monarquia absoluta fora, pois, temperada pelos costumes e muitos reis eram tidos por esclarecidos quando se empenhavam por interesses populares ou quando exerciam paternalmente sua função. Os portugueses não consideravam seu rei um déspota. Por tais razões, o sentimento de desamparo tomou conta do país quando, a 27 de novembro de 1807, a Corte deixou Lis-

[17] Maria Odila Silva Dias, *In*: MOTA, 1972, p. 160–184.

boa, e duas ocupações sucessivas, primeiro a francesa depois a inglesa que expulsara a anterior, oprimiram o povo.

No Brasil, D. João contribuía para o desalento português. Quando findou a guerra européia, em 1815, não regressou como era de se esperar; ao contrário, voltou-se ainda mais para os assuntos americanos, organizando o Brasil como Reino Unido, exigindo dinheiro e soldados de um Portugal exausto pelas lutas, de tesouro vazio e irritado com a Regência do inglês Beresford. Esse conjunto de fatores, ampliado pelas idéias francesas, pelo desejo de imitar as instituições liberais e representativas dos ingleses, pelo imaginário reanimado da restauração de 1640, com que a maioria do povo reivindicava, ao mesmo tempo, o regresso do rei, a independência nacional e um governo melhor com a reposição das velhas instituições portuguesas, está na origem da Revolução de 1820. Como em 1789, na França, espertamente a burguesia do Porto e de Lisboa assume o comando da onda de reivindicações sociais, faz concessões ao povo, mas submete o movimento a seus interesses de classe.

A Junta Provisional que dirigiu a Revolução triunfante convocou eleições, democráticas pode-se dizer, para as "Cortes Extraordinárias Constituintes", que se reuniram em Lisboa, em janeiro de 1821. Antes mesmo de concluir a Constituição, por Decreto de 9 de março desse ano, as Cortes fixaram suas bases, definindo os direitos do cidadão e a organização dos poderes do Estado. Esse vento revolucionário andava soprando tão forte ao ponto de repercutir do outro lado do Atlântico, como já se observou: sublevação, no Rio de Janeiro, forçou D. João a aprovar, a 24 de fevereiro, a Constituição "que se estava fazendo", e que D. Pedro, dois dias depois, jurou em praça pública, em nome do Rei. A contragosto, D. João submetia-se ao poder de Lisboa: cumpriu a ordem de regressar e, chegando a Lisboa, a 3 de julho de 1821, comprometeu-se por decreto a cumprir as "bases" aprovadas pelas Cortes e formou um Governo com as novas lideranças liberais. A 1º de outubro de 1822, jurou, enfim, a Constituição, muito semelhante à Constituição liberal espanhola de 1812.

Como ficou o Brasil na Constituição portuguesa de 1822? Bem pior do que estava na condição de membro do Reino Unido a que D. João VI o elevara, ao estabelecer, em 1815, a união real dos três Estados. A Constituição portuguesa manteve o Reino Unido, é bem verdade, e reconheceu a condição de cidadãos aos portugueses de ambos os hemisférios. Mas legislou especificamente sobre o Brasil, de modo a atrofiar seu *status* político. O artigo 128 estabeleceu:

> Haverá no reino do Brasil uma delegação do poder executivo, encarregada duma regência, que residirá no lugar mais conveniente que a lei designar. Dela poderão ficar independentes algumas províncias, e sujeitas imediatamente ao governo de Portugal.

A regência criada para o Brasil era coletiva, composta de cinco membros e três secretários, nomeados pelo Rei, ouvido o Conselho de Estado. Os três secretários despachariam, em nome do Rei, os negócios do reino e fazenda, de justiça e eclesiásticos e, o terceiro, de guerra e marinha. Uma série de restrições minava o poder da regência brasileira: não lhe cabia apresentar nomes para os bispados e prover altos cargos judiciários, militares ou diplomáticos nem fazer tratados, declarar a guerra ou fazer a paz.[18]

Essas disposições afrontavam o realismo político, já que tolhiam a D. Pedro – que D. João, com esperteza, deixara no Brasil como Regente – e sua autoridade, anulavam o autogoverno e desfaziam a unidade política do País. O reverso da assertiva pouco acima enunciada também é válido: aos portugueses, tornar-se-ia mais fácil compreender a reação dos brasileiros diante da Revolução de 1820 e o subseqüente movimento de independência, se considerassem, em seus cálculos, o fortalecimento de condições objetivas da vida social, econômica e política criadas desde 1808. Agindo contra tais condições, como haviam feito com o Rei, as Cortes ordenaram o regresso do príncipe, o que se interpretou, no Rio de Janeiro, como insólita provocação. Engajaram-se, então, em uma política desastrosa para o Brasil, contrariando a realidade e as legítimas aspirações dos brasileiros.

[18] MIRANDA, 1984, p. 57–58.

Como explicar a imprudência das medidas antibrasileiras? O peso da calamidade pública gerada desde a transferência da Corte determinou estratégia de superação sem alternativas, baseada no pressuposto do restabelecimento do comércio transitário com seu macroesquema econômico. As Cortes queimaram os ideais da Revolução liberal que aconselhavam outra estratégia de superação das dificuldades que desse continuidade à política de simbiose entre as partes do Reino implementada por D. João no Brasil e a gosto dos próprios brasileiros. Deram ouvidos aos comerciantes do norte de Portugal que tinham em vista a recuperação de seus negócios de outrora, enveredaram-se por um patriotismo muito exaltado e pouco esclarecido e deram provas de elementar falta de experiência e habilidade no trato de assuntos de ultramar.[19] A burguesia portuguesa cometia erros estratégicos ao impor seus interesses de classe nas decisões políticas sem levar em conta os novos dados da realidade brasileira.

A Revolução Liberal do Porto, de 1820, por meio de medidas da Assembléia Nacional, interrompeu o absolutismo em Portugal e, ao mesmo tempo, desencadeou o processo de Independência do Brasil. O confronto entre as duas partes do Reino travou-se no seio da própria representação nacional. Foram eleitos 69 deputados brasileiros para representar essa porção do Reino nas Cortes de Lisboa. Destes, apenas 46 lá chegaram, ficando o lado americano em situação de inferioridade perante os mais de 100 deputados europeus. Assim mesmo, buscaram, de início, os brasileiros, a paridade nas Cortes, mas a reação da maioria cerceou esse projeto de equilíbrio de poder e o grupo brasileiro cindiu-se, pendendo alguns, como Antônio Feliciano Fernandes Pinheiro, futuro Marquês de São Leopoldo, para o lado português, cujas propostas apoiavam, enquanto outros, entre eles Antônio Carlos, Feijó e Cipriano Barata, prosseguiam no esforço de delinear ordenamento em condições de salvar a unidade e respeitar a igualdade das partes do Reino Unido. Não se pode negar que a palavra corria solta nessa Assembléia, ecoando de público em

[19] CAETANO, 1968, p. 11–26.

Lisboa o grito da liberdade e da independência que, no passado, culpados e heróis já fizera no Brasil. A contradição marcou, todavia, a obra das Cortes, "exemplarmente abertas aos princípios da Revolução Francesa, tontamente fechadas ao voto do povo brasileiro", na apreciação de Pedro Calmon.[20]

A população do Brasil, em 1821, aproximara-se dos 4 milhões, $^2/_3$ de homens livres e $^1/_3$ de escravos. O regresso de D. João e de sua comitiva havia legado grande dívida pública passiva aos administradores que haviam ficado, agravada pela retirada do lastro metálico dos cofres do Banco do Brasil, cujos bilhetes não tinham mais como serem honrados. Em setembro de 1821, em carta a seu pai, D. Pedro descreveu o estado lastimável das finanças e sua repercussão negativa sobre a administração.[21] A guerra de independência seria financiada mais por empréstimos e doações voluntárias, do que por um sistema de arrecadação incapaz de prover o Estado de recursos suficientes para fazer face às necessidades do tesouro e aos encargos da dívida. Enquanto essa crise financeira afetava a administração, gerando descontentamentos e hostilidades contra a metrópole, a economia guardava seus traços anteriores: monocultura regional, latifúndio, trabalho escravo. Os que não se dedicavam no campo à agricultura de subsistência, ou seja, os mais afortunados, ligados ao tratamento do couro ou às grandes culturas de algodão, açúcar, tabaco e café, aliaram-se aos altos funcionários que iriam liderar o movimento da Independência, porque dela também esperavam vantagens. Não havia mais necessidade da intermediação do Porto ou de Lisboa, pensavam todos, para mover a economia de exportação. O grande fluxo de comércio fazia-se entre o Brasil e a Grã-Bretanha e estava sob controle dos ingleses. Sobre um total de 3,6 milhões de libras de importações brasileiras em 1820, 2,1 milhões provinham da Inglaterra contra 1,5 milhão de Portugal. A retirada de D. João VI interrompeu o fluxo de remessas oficiais a Portugal –

---

20 CARVALHO, 1979, p. 5, Introdução.

21 RODRIGUES, 1975, t. 2, p. 19.

mesmo porque deixara o tesouro vazio –, mas convinha prevenir-se para evitar o restabelecimento da sangria de recursos do período colonial.[22]

Além desses condicionamentos da conjuntura, o movimento de Independência do Brasil puxava raízes de um passado remoto e já havia feito um herói, o Tiradentes, emerso das revoltas do século XVIII. Mas a atitude das Cortes de Lisboa iria acelerá-lo e orientá-lo para a separação absoluta nos anos de 1821–1822. Os historiadores têm trazido à evidência o embate entre os dois centros de poder, Lisboa e Rio de Janeiro, na conjuntura do movimento de independência do Brasil. À luz dos ensinamentos de Jean-Baptiste Duroselle, seria adequado aprofundar esse confronto para compreensão dos desígnios dos Estados e de suas lideranças, como ainda para elucidação do processo decisório em que aqueles desígnios se refletiam, e esclarecer, assim, a ruptura política e a independência das duas nações.[23] Com efeito, as Cortes de Lisboa, engrandecidas pelo silêncio imposto ao monarca, eram depositárias das expectativas da burguesia comercial e de outros segmentos sociais prejudicados desde a transferência da Corte ao Brasil, e decidiam sob pressão das forças de uma revolução burguesa, liberal, porém nacional e econômica. Por outro lado, seria inconcebível, à Regência do Rio de Janeiro, secundada por homens da têmpera de José Bonifácio de Andrada e Silva, aceitar decisões contrárias à existência do Estado e aos interesses sociais que representava. Os dois centros de poder, repercutindo o jogo das forças que os moviam, encetaram a guerra dos decretos, no âmago da qual se operou a cisão política entre os dois hemisférios que compunham o Reino Unido.

O curso das decisões relativas ao Brasil evidenciou, por parte do Congresso de Lisboa, a disposição de isolar a parte americana do Reino das instituições e instrumentos de progresso com que a Revolução de 1820 estava enriquecendo Portugal, até o ponto de fazê-la regredir à condição de colônia. Tanto os deputa-

[22] RODRIGUES, 1975, t. 2, p. 59–79.
[23] DUROSELLE, 1992.

dos brasileiros em Lisboa quanto a opinião no Brasil tinham essa percepção. Em Lisboa, prevalecia, com efeito, o imediatismo da conjuntura que, ao inspirar medidas drásticas de remédio aos males locais, sacrificava os valores da revolução ocidental. O Congresso rejeitou o projeto de criação da Universidade do Brasil, estabeleceu juntas governativas nas províncias brasileiras que estariam subordinadas a Lisboa, onde foram centralizados os comandos militares, a justiça e a administração de todo o Reino. Proposta apresentada por deputados brasileiros, no sentido de separar a administração européia da americana, mantendo a união da coroa e a federação dos Estados, foi rejeitada por 66 votos contra 22, exacerbando os ânimos e inflamando as palavras de parte a parte. Em suma, as Cortes, nesses dois anos, tinham por fim desmontar o Estado moderno que organizara D. João e despir seu filho, deixado como Regente no Rio de Janeiro, de poderes quaisquer. Aliás, a ordem de regressar a Lisboa que lhe foi dada corresponderia à extinção, no Brasil, da instância política.

Os debates no seio do Congresso constituinte de Lisboa revelam que não havia idéias preconcebidas ou um plano de engrandecimento de Portugal às expensas do emagrecimento brasileiro. Havia, sim, desde a instalação das Cortes, a 24 de janeiro de 1821, aliás sem a presença dos deputados brasileiros que chegariam mais tarde, filosofia política que dominava os espíritos para atuar nesse sentido. Na sessão de 30 de janeiro, preocupado com a legitimidade da representação nacional, o deputado Pereira do Carmo apresentou projeto de decreto para que naturais de ultramar residentes em Portugal fossem escolhidos como deputados substitutos enquanto não chegassem os eleitos. O desejo de ver atuar assembléia verdadeiramente representativa e de receber, de braços abertos, todos os portugueses de além-mar motivava sua proposta, porém, havia, nela, receio explícito: "conservar a integridade do império lusitano em ambos os hemisférios (...) e evitar os desastres de uma revolução que pode muito bem rebentar em nossas possessões ultramarinas".

Três elementos contraditórios refluíam desde o início dos debates das Cortes: a conveniente igualdade de tratamento a ser dada aos dois hemisférios; o receio de uma revolução similar a rebentar no Brasil – que logo depois se converterá em medidas de coerção; e aquela filosofia política de engrandecer o lado europeu a expensas do americano. Com efeito, ao dar seu apoio ao tratamento igualitário proposto por Pereira do Carmo – o único terreno em que poderia haver entendimento entre os dois pólos do poder –, o deputado Castelo Branco corrompeu aquele princípio de sabedoria política com o interesse unilateral de Portugal:

> Esta união deve ser o objeto de nossos votos mais ardentes (...) pela grande utilidade que dessa união poder resultar quanto a nossas relações comerciais, animando nossa indústria pela pronta saída que daria aos produtos dela e concorrendo por conseqüência a aumentar nossa agricultura, nossas manufaturas, nossas riquezas e até nossa população.

O diálogo travado na sessão de 3 de fevereiro de 1821 entre os dois deputados portugueses traduz o clima de confronto nos debates das Cortes, divididas entre as visões do estadista e do colonialista. Esta última haveria de se fortalecer porque a Revolução de 1820 era revolução burguesa e portuguesa. A advertência de Pereira do Carmo seria esquecida e a perda do Brasil, a conseqüência que ele mesmo previra, porque, para domá-lo, as Cortes mandariam executar decisões coercitivas contra o Rio de Janeiro, na linha de pensamento de Castelo Branco: "devemos esperar que se empreguem os meios possíveis para evitar que ali penetre o mesmo espírito que aqui nos conduz". A Revolução fora feita por e para um dos lados, havendo o Brasil de sujeitar-se aos interesses de Portugal. Esse foi o fermento lançado nos debates das Cortes que agiu como detonador das decisões políticas que, no Brasil, confluíram para a emancipação.[24]

Durante todo o ano de 1821, a tendência de desmontar a unidade política do Brasil e dividi-lo em províncias ultramarinas sob controle português confirmou-se nas decisões do Congresso. Ao culpar a longa estada da família real no Brasil pelos males de Portugal, os deputados fingiam ignorar a nova situação de força criada na antiga colônia e agiam no sentido de restabelecer a si-

[24] *Diário das Cortes Gerais e Extraordinárias da Nação Portuguesa*, Lisboa, Impressão Nacional, sessão de 3 de fevereiro de 1821. Vide sessão de 30 de janeiro.

tuação anterior. Desde setembro, a *questão brasileira* tornou-se mais clara. Uma série de manifestações de vontade confirma o caminho da recolonização: a volta do Príncipe Regente Pedro a Portugal; o repatriamento da tropa insubmissa; a ida de outra tropa para rendê-la; a extinção dos tribunais superiores do Rio de Janeiro; a exclusividade dos comandos das armas aos portugueses; e, enfim, o projeto acerca do comércio bilateral. Entre os inúmeros projetos examinados pelos deputados, dois eram os mais adequados para implementar a nova ordem de subordinação que se pretendia estabelecer entre Portugal e Brasil: o que criava os governos das províncias ultramarinas, dispondo sobre a esfera político-administrativa, e o que regulamentava o comércio intra-Império e extra-Império, dispondo sobre a esfera econômica.

O primeiro projeto era politicamente perigoso aos olhos dos brasileiros, porquanto poderia extinguir o governo central do Brasil, mas confirmava, nesse sentido, o desejo dos deputados portugueses, os quais agiam com o apoio de alguns deputados brasileiros contrários à extensão da autoridade do Rio de Janeiro sobre as demais províncias. Associados, os projetos de decreto de extinção dos tribunais superiores, de exclusividade portuguesa no comando das armas, de envio de tropas e de reorganização administrativa compunham edifício coerente de arquitetura das relações de dominação que as Cortes estavam erguendo. Surpreso diante do curso de tais decisões, o deputado Araújo Lima afirmava com ironia: "eu não creio que o Augusto Congresso tenha vistas sinistras sobre o Brasil (...)".[25]

Em todos os detalhes da Constituição que se preparava, transparecia a determinação de regredir à situação existente antes da transferência da família real ao Brasil, determinação que o deputado Borges Carneiro deixou clara ao referir-se à extinção da Casa de Suplicação do Rio de Janeiro e de todos os demais tribunais e juízos criados nessa cidade, bem como dos ofícios e empregos pertinentes: "Estes tribunais fizeram-se para a Corte: esta acabou no Rio, acabem eles.".[26]

---

[25] *Diário das Cortes Gerais e Extraordinárias da Nação Portuguesa*, Lisboa, Impressão Nacional, sessões de 19 e 20 de setembro de 1821.

[26] *Diário das Cortes Gerais e Extraordinárias da Nação Portuguesa*, Lisboa, Impressão Nacional, sessão de 20 de dezembro de 1821.

A arquitetura das relações de subordinação era ainda mais perceptível no projeto sobre o comércio bilateral, que rebaixava claramente o Brasil à condição de colônia. Este comércio far-se-ia em navios de Portugal e haveria de garantir a colocação das exportações portuguesas no Brasil, que, aliás, já as absorvia em 50%. Para tanto, os gêneros estrangeiros introduzidos no Brasil pagariam o dobro dos direitos dos gêneros portugueses. Como pequena compensação, Portugal comprometia-se a consumir açúcar de origem exclusivamente brasileira (correspondia a 8% da exportação do Brasil), como também café e cacau. O decreto aprovado pelas Cortes gerava enormes vantagens para a economia portuguesa em seu conjunto, em consonância com o pensamento expresso, desde o início, pelo deputado Castelo Branco, e, inversamente, feria de morte a navegação brasileira, eliminava neste País os benefícios da concorrência estrangeira e as possibilidades de desenvolvimento das manufaturas. Confirmava as razões econômicas da Revolução de 1820, burguesa, portuguesa, feita com apoio dos comerciantes de Porto e Lisboa.[27] Afrontava, contudo, os interesses brasileiros e ingleses, desafio muito audaz para se poder esperar que triunfasse no pequeno Portugal.

À medida que estas decisões das Cortes de Lisboa chegavam ao Rio de Janeiro, cresciam os sentimentos de nacionalidade e de revolta. E provocavam contra-decisões firmadas, conjuntamente, por D. Pedro e José Bonifácio, que foram ao ponto de estabelecer sua nulidade legal no Brasil, como se verá no início do próximo capítulo. Era a guerra dos decretos, a dimensão política do rompimento, em seus momentos mais quentes. Na sessão de 23 de setembro de 1822, por um destes decretos, as Cortes estabeleceram, a seu turno, a nulidade dos atos do Governo do Rio de Janeiro, destituíram D. Pedro da Regência, ordenaram seu retorno a Portugal e exigiram, do Executivo, a aplicação dessas medidas "por todos os meios de que possa dispor".[28] Mal imaginavam os

[27] AZEVEDO, 1976, p. 185–192.

[28] *Diário das Cortes Gerais e Extraordinárias da Nação Portuguesa*, Lisboa, Impressão Nacional, sessão de 23 de setembro de 1822.

legisladores portugueses o que os aguardava logo depois. Em vez de executar esse ferrenho decreto das Cortes, cinco dias após sua aprovação, receberam os deputados para leitura pública, da parte do próprio Rei D. João, na sessão de 28 de setembro, três cartas de D. Pedro, datadas de 26 de julho, 4 e 6 de agosto e acompanhadas pelo decreto brasileiro de 3 de junho – convocou uma Assembléia Nacional Constituinte e Legislativa – e o de 1º de agosto – dispôs sobre a administração pública e o comércio exterior –, em que se justificavam as medidas: "como as Cortes de Lisboa continuam no mesmo errado sistema, e a todas as luzes injusto, de recolonizar o Brasil, ainda à força das armas, apesar de ter o mesmo já proclamado a independência política...".[29] Na verdade, as decisões e manifestos políticos de lado a lado – as que desmontavam o Reino Unido, recolonizando o Brasil e as que lançavam os alicerces da nação independente – chegavam ao conhecimento dos órgãos de ambos os governos, mas pode-se concluir que foi nessa sessão de 28 de setembro de 1822 que se consumou, ao termo da guerra dos decretos, a independência política entre Brasil e Portugal, seja porque se deixaram impressionar pela aspereza das cartas e dos documentos brasileiros, seja porque viram-se sem meios de ação; nenhuma palavra registram os anais das Cortes como reação de seus integrantes aos textos vindos do que talvez nem mais acreditavam que fossem aquelas *províncias ultramarinas*.

Nessas circunstâncias, em vez de festejos, respirou-se, em Lisboa, ar de sombrio desalento a 30 de setembro de 1822, quando as Cortes, ao cabo de oito meses de notável e imenso esforço, juraram a Constituição que haviam preparado para toda a nação portuguesa e que agora se destinava a reger os destinos de apenas uma de suas metades. Iniciava-se a debandada dos deputados brasileiros, que seguiam os passos do Grupo dos Sete, quatro por São Paulo (Ribeiro de Andrada, Bueno, Feijó e Costa Aguiar) e três pela Bahia (Agostinho Gomes, Lino Coutinho e Barata), os quais

[29] *Diário das Cortes Gerais e Extraordinárias da Nação Portuguesa*, Lisboa, Impressão Nacional, sessão de 28 de setembro de 1822.

se recusaram a jurar a Constituição e buscaram um navio inglês, evadindo-se do país. Perplexo, Xavier Monteiro assim expressou o constrangimento das Cortes que se perguntavam se deviam manter o registro de seus nomes como ausentes da sessão ou riscá-los da chamada: "indivíduos que disseram ao Congresso que não queriam ser deputados, e depois desertaram; donde se segue que não só não podem ser contemplados como representantes da nação, mas nem como portugueses".[30]

Duas circunstâncias, que não pesavam, obviamente, tanto quanto os interesses portugueses que os deputados representavam, favoreciam essa orientação das Cortes com relação ao Brasil: 1) o silêncio a que fora submetido o Rei D. João; e 2) as maquinações do partido francês, apoiado pelo embaixador Hyde de Neuville, propenso a afastar Portugal da órbita de influência dos ingleses. Não era difícil supor que desastrosa diplomacia se voltava contra o Brasil. "O soberano congresso não parecia possuir a visão das nossas posições internacionais.", esclarece o historiador português Pedro S. Martínez.[31] Disseminara-se, no Ministério e nas Cortes portugueses, a percepção de que os males do país advinham precisamente das modificações havidas no Brasil: gastos com a guerra e manutenção da Província Cisplatina; penetração dos ingleses no mercado brasileiro; autonomia fiscal e administrativa. A lógica entre esta percepção e a terapia passava pelo restabelecimento da situação anterior. Nesse sentido, moviam-se as Cortes com suas decisões e a diplomacia com suas iniciativas: a restauração da soberania portuguesa sobre o Brasil com a finalidade de recuperar a exploração econômica do regime colonial.

A Revolução portuguesa, inconseqüente em seu curso, produzirá apenas um efeito concreto, em última análise: a Independência do Brasil, já que seu efêmero triunfo interno pouco se estendeu para além de dois anos. Com efeito, embalado pela onda conservadora da Santa Aliança, o infante Dom Miguel, irmão do

[30] *Diário das Cortes Gerais e Extraordinárias da Nação Portuguesa*, Lisboa, Impressão Nacional, sessão de 15 de outubro de 1822.

[31] MARTÍNEZ, 1992, p. 342.

Imperador do Brasil, promoveu, em maio de 1823, o golpe chamado de Vila-Francada que anulou a Constituição e induziu D. João, em junho, a dissolver as Cortes. Um ano depois, eram restabelecidas as "leis fundamentais do reino" e convocadas as antigas Cortes. Como sucedeu com seu congênere Fernando VII de Espanha no ano anterior, o monarca português recuperou, em 1824, sua condição perfeita de arcaico monarca absoluto.

A ausência de sensibilidade política das Cortes constituintes diante das aspirações e dos interesses brasileiros e a restauração do absolutismo em maio de 1823 conjugaram-se para manter a estratégia sem alternativa de Portugal, que não frutificaria porque andava contra a História e contra o realismo e se fundava em erros de cálculo. Por um lado, o entendimento com o Brasil sobre *benefícios mútuos* da nova relação de presumível interdependência constituía um juízo unilateral português. Em razão dos avanços econômicos, políticos e administrativos e da posição de força da nação, tornou-se inconcebível, aos brasileiros, o regresso à condição colonial. Por outro lado, o apoio de aliados europeus, por mais retrógrada que fosse a Santa Aliança e por mais sedutoras que fossem as ofertas portuguesas levadas às cortes européias, não poderia ser alcançado porque contrariava interesses econômicos e políticos europeus, particularmente ingleses, e as tendências em curso. O efeito concreto da estratégia portuguesa, além de provocar a Independência, seria o atraso de seu reconhecimento pelas nações européias.[32]

Historiadores tradicionais têm insistido sobre o caráter peculiar da Independência do Brasil, que se teria processado de modo pacífico e quase consensual, diferentemente do ocorrido com os demais Estados nascentes das Américas. Essa suposição divulgou-se a partir de interpretação de Oliveria Lima,[33] que repousa sobre o peso atribuído ao fato de se haver transferido para o Brasil a sede da monarquia portuguesa. Foi ela objeto de veemente contestação nos escritos de José Honório Rodrigues. Contudo,

---

[32] RODRIGUES, 1975, t. 5, p. 47–52.

[33] LIMA, 1901.

em seu estudo sobre as origens da política exterior do Império, J. Pandiá Calógeras[34] reconhece que a transferência da família real poupou o Brasil do caos que se observaria na América espanhola à época da independência, precisamente porque o Brasil não ficara isolado da Europa. Foi feito Reino em 1815 para que Portugal crescesse ante o mundo e figurasse bem no Congresso dos grandes em Viena. A hostilidade das Cortes, confrontada com a maturidade das elites brasileiras, desfez esse laço estratégico e desencadeou o movimento de Independência.

[34] CALÓGERAS, 1989, v. I.

Capítulo 2

As Primeiras Missões de Lado a Lado e o Reconhecimento da Independência

2.1 O Relacionamento entre Brasil e Portugal na Ausência de Relações Formais, 1822–1825

O esforço dos deputados brasileiros em Lisboa no sentido de salvar, de alguma forma, a união do Reino refletia o ideário precoce de José Bonifácio de Andrada e Silva, o Patriarca da Independência. Tanto ele quanto D. Pedro e outras lideranças acalentavam a idéia de uma comunidade lusa de nações soberanas, que chegasse até mesmo a integrar possessões portuguesas na África. A idéia, então rejeitada pelas Cortes, seria, entretanto, levantada em Portugal tarde demais, em 1825, data do *Parecer sobre um pacto federativo entre o Império do Brasil e o Reino de Portugal*, de autoria do Ministro de D. João VI, Silvestre Pinheiro Ferreira. O sonho de se criar, no mundo, o primeiro moderno bloco de Estados-nações traduzia a autoconfiança dos brasileiros e espelhava o fato de haverem atingido, antes da independência formal, a independência real. Também evidenciava a intenção de congraçar portugueses e brasileiros no próprio Brasil, entre os quais D. Pedro e José Bonifácio percebiam que a fissura poderia alargar-se ao ponto de rachar a própria nação. A esse sentimento comunitário e igualitário contrapunha-se a filosofia política das Cortes de Lisboa, propensas a resgatar a sorte de Portugal mediante o regresso a uma relação de dominação e exploração. A guerra dos decretos conduziu à intransigência em ambos os pólos do poder do Reino Unido, de tal sorte que, depois de proclamada a Independência, a 7 de setembro de 1822, nenhum vínculo e nenhuma união serião negociados.

Desperdiçada a oportunidade da união política igualitária, a manutenção da monarquia era vista, no Brasil, como a fórmula de preservação da unidade nacional. O que se passava com o processo de independência das colônias espanholas, nas fronteiras do Brasil – com os regionalismos e o caudilhismo a desfazer a unidade e a semear a fragmentação política –, sugeria estratégia que garantisse a construção do Estado-nação brasileiro como uma unidade. D. Pedro percebeu sua responsabilidade. Em freqüentes cartas que escrevia a seu pai, revela como transitou de posição intransigente de fidelidade a Portugal, a seu pai, que alardeava em 1821, pela proposta da comunidade de nações independentes, para instalar-se, em 1822–1823, sobre posição intransigente de fidelidade à causa da independência e da unidade territorial, sob pressão das manifestações populares e das representações de São Paulo, Rio de Janeiro, Minas Gerais, e, sobretudo, sob influência de José Bonifácio e de outros líderes brasileiros, como, Joaquim Gonçalves Ledo e José Clemente Pereira. Essa evolução psicológica do Príncipe Regente atravessou o momento de crise em junho de 1822, quando lembrou, ao pai, a frase que este lhe dissera em seu quarto dois dias antes de deixar o Brasil de regresso a Portugal: "Pedro, se o Brasil se separar, antes seja para ti, que me hás de respeitar, do que para algum desses aventureiros".[1] D. Pedro sabia que seu pai, despojado de poderes, convertera-se em prisioneiro das Cortes, quando fosse talvez o único na metrópole capaz de considerar a hipótese da criação da comunidade lusa de nações soberanas. Afastada essa possibilidade, era a manutenção da nação lusa da América em uma unidade política que preocupava as lideranças no Brasil. É mister aprofundar o vínculo entre independência e unidade nacional para compreender as atitudes dos dirigentes brasileiros entre 1821 e 1823, quando se processava a separação e se gerava a nacionalidade. O manifesto

---

[1] D. Pedro I a D. João VI, carta, Rio de Janeiro, 19 jun. 1822, *In*: LIMA JUNIOR, 1941, p. 66.

aos brasileiros firmado por D. Pedro a 1º de agosto de 1822 assim expressava essa conjunção dos elementos: "Não se ouça, pois, entre vós outro grito que não seja união do Amazonas ao Prata, não retumbe outro eco que não seja independência".[2]

Em três direções orientaram-se as ações portuguesas com o objetivo de travar, e reverter se possível, a marcha da Independência: medidas administrativas e legislativas de governo destinadas a matar o processo de autonomia da ex-colônia; ofensiva diplomática na Europa com o intuito de angariar apoio; e, enfim, planos militares de reconquista. As três frentes de ação imbricavam-se na mesma estratégia.

A guerra dos decretos que se travou à época da Independência entre Portugal e Brasil expôs dois elementos da conjuntura: primeiro, os interesses inconciliáveis de lado a lado que desembocavam nas decisões de governo; segundo, o progressivo e lento rompimento institucional que se operou entre 1821 e 1823, período de montagem das instituições do Estado brasileiro. As batalhas legislativas colocaram frente a frente as Cortes de Lisboa, cujas decisões o Executivo português implementava, e o Conselho de Procuradores Gerais das Províncias do Brasil, cujas deliberações inspiravam as decisões da Regência de D. Pedro, até a convocação da Assembléia Constituinte em 1823.

O Conselho de Procuradores, também denominado de Conselho de Estado, era diferente de seus congêneres das instituições monárquicas de então, porque seus membros foram eleitos em todas as províncias, o que lhe conferia grau maior de representatividade, no momento em que o poder legislativo, apenas teoricamente, ainda era exercido pela Assembléia de Lisboa. Criado pelo decreto de 16 de fevereiro de 1822, exerceu atribuições vitais de aconselhamento nas decisões políticas a tomar, no preparo da reforma administrativa e da organização do Estado, na defesa dos interesses internos ante a Portugal e as demais potências e no exame das necessidades das províncias. O decreto reflete a filosofia política de José Bonifácio e de seu grupo brasileiro

[2] NOGUEIRA, 1973, v. I, p. 287–304. Ver CERVO, 1978.

quando identifica a criação do órgão com a criação do "centro de união e de força" do Brasil, a congregar as aspirações das províncias, as quais seriam veiculadas pelos seus eleitos para chegar ao Ministério, às Forças Armadas e à Regência.[3] Erguia-se, pois, o outro pólo de poder, o contrapeso político às Cortes de Lisboa, cuja legitimidade rapidamente se esboroaria no Brasil com o fortalecimento do embrião de representação da soberania nacional.

A 3 de junho de 1822, em seu segundo dia de funcionamento, o Conselho de Procuradores apresentou, ao Regente, a proposta de convocação de Assembléia Constituinte e Legislativa, a qual foi aceita e convertida em decreto de mesma data. Não circulava pelo espírito das lideranças brasileiras, ainda, a separação absoluta de Portugal, tanto é que a futura Assembléia, consoante o decreto de convocação, haveria de assentar *as bases* do Estado independente, porém integrado na comunidade lusa de nações, denominada *grande família portuguesa*. Uma série de decretos, decisões e proclamações exarados pelo Gabinete de José Bonifácio entre janeiro de 1822 e abril de 1823, em boa parte forjados nos debates do Conselho, iria estabelecer o perfil do novo Estado, acentuando sua forma independente à medida que o dotava de instrumentos de governo.

A marcha para a Independência absoluta foi, portanto, acelerada pelo jogo das batalhas legislativas entre os governos de Portugal e do Brasil. De Portugal, vinham ordens cada vez mais intransigentes: o regresso do Príncipe Regente, a nulidade de todas as medidas do Ministério José Bonifácio e o julgamento de seus membros, a criação de outro governo segundo as decisões das Cortes, o julgamento e a condenação das lideranças provinciais insubmissas, a dissolução do Conselho de Procuradores, a prisão e o encaminhamento, para Lisboa, das pessoas envolvidas em movimentos no Rio de Janeiro, entre outras decisões de confronto. A reação dos meios políticos no Brasil dá-se à altura e à medida da provocação: o *Fico*, o *Cumpra-se* (ou não) do Príncipe Re-

[3] Decreto de 16 de fevereiro de 1822, *Atas do Conselho de Estado*, 1973, v. 1, p. 111. Ver a *Introdução* de José Honório Rodrigues, p. XLV–LXIV.

gente às leis de Lisboa, a convocação da Constituinte e a conseqüente cassação dos mandatos dos deputados brasileiros nas Cortes de Lisboa, a expulsão do general Madeira, comandante português na Bahia, e o início da guerra, a desvinculação do comércio exterior dos agentes portugueses, a nomeação dos primeiros diplomatas que representariam o Brasil em Londres, Paris, Viena, Washington e Buenos Aires, a proibição de empossar funcionários designados por Lisboa, a criação do passaporte, a proibição do comércio com Portugal, enfim, a proclamação da Independência e a aclamação do Príncipe como Imperador.[4]

Os planos portugueses de reconquista assentavam-se sobre a possibilidade de separar o norte do País, com base na posição de força que o general Madeira ocupava na Bahia e na hesitação das lideranças provinciais do norte e nordeste em aderir ao movimento de Independência comandado pelo Rio de Janeiro. Havia, ademais, em 1822, conforme informações enviadas de Londres ao Rio de Janeiro por Caldeira Brant e Hipólito José da Costa, a expectativa de apoio militar espanhol, o que reforçava a idéia e os planos de expedições punitivas ao Brasil, suscitando certo temor pela ameaça que representavam à Independência.[5] Embora as Cortes exigissem empréstimos, tropas e munições em maior escala, passar da intenção à ação armada não estava ao alcance de Portugal na medida do necessário. A intenção de reagir pelas armas apressou, contudo, a organização das forças armadas do Brasil e esteve na origem da inevitável guerra de Independência.

A defesa do Brasil envolveu legislação especial constitutiva do Exército e da Marinha, a arrecadação de recursos para as despesas de guerra e a contratação de serviços de profissionais estrangeiros, como Lord Cochrane. O plano de defesa previu até mesmo a guerra do corso, que se revelara muito útil nas guerras de independência da Holanda contra a Espanha e dos Estados

[4] Ver os textos das Atas do Conselho de Procuradores Gerais das Províncias do Brasil, 1º de junho de 1822 a 7 de abril de 1823, em *Atas do Conselho de Estado*, 1973, v. 1, p. 3–65. Ver os textos legislativos em NOGUEIRA, 1973, v. I.

[5] RODRIGUES, 1975, t. 3, p. 20–25.

Unidos contra a Inglaterra. Considerado o centro do movimento, o Rio de Janeiro mereceu especial cuidado. O Conselho de Procuradores ocupou-se, desde agosto de 1822, com a guerra, reagindo rapidamente em apoio ao Governo diante de ameaças de envio de novas tropas de Portugal. A 2 de setembro de 1822, cada Conselheiro foi solicitado para apresentar seu plano de defesa e os Conselheiros militares, para detalhar os projetos de ação estratégica. A 15 de outubro, esse Conselho deu prazo de quatro meses para que Portugal reconhecesse a Independência; do contrário, o Brasil lhe faria "cruenta guerra", mas, em razão da conduta do Ministério português, antecipou-se e, a 4 de dezembro, reconheceu o estado de guerra de fato entre o Reino e o Império.

Entre os procuradores que manifestaram maior preocupação com a defesa externa do País, destacaram-se Estêvão Ribeiro de Resende, de Minas Gerais, que propôs mecanismos de espionagem das manobras portuguesas em Lisboa, e Joaquim Xavier Curado, de Santa Catarina. Este último, general de grandes serviços nas campanhas platinas e responsável pelo comando das tropas brasileiras que haviam forçado a retirada portuguesa do Rio de Janeiro, elaborou plano de defesa da costa atlântica desde o sul até a altura do Cabo Frio e apresentou-o a 9 de setembro de 1822.[6]

A guerra de Independência teve caráter nacional, seja pelas manifestações de massa que a opinião pública promovia, seja pela demonstração de força e expulsão das tropas portuguesas nas províncias do centro, oeste e sul, seja pela guerra aberta na Bahia, no Maranhão, no Piauí e no Pará. Segundo José Honório Rodrigues, carece de fundamento a interpretação de Oliveira Lima de uma independência incruenta: de lado a lado, houve a determinação de fulminar o adversário e, para tanto, a guerra de Independência do Brasil reuniu as maiores concentrações de força de todas as guerras de independência das Américas.[7] O entendimento verificou-se de forma civilizada apenas na Província Cisplatina,

[6] *Atas do Conselho de Estado*, 1973, v. 1, p. 87–102.

[7] RODRIGUES, 1975, v. 3.

que fora incorporada ao Reino Unido pelo tratado concluído em 31 de julho de 1821 entre o Barão de Laguna e o Governo do Estado Cisplatino, com sede em Montevidéu.

Concentrava-se, nessa praça, numeroso exército em razão não apenas da incorporação, mas ainda da histórica disputa entre espanhóis e portugueses, depois entre argentinos e brasileiros, pelo controle da chamada Banda Oriental do Uruguai. Com a notícia da Independência, D. João enviou, ao Brasil, a missão do Conde de Rio Maior, como adiante se verá, com instruções para que as duas grandes concentrações de tropas portuguesas, a de Montevidéu e a da Bahia, se entendessem com as forças e as autoridades brasileiras, na presunção de que, o conflito tendo fim, a união dos dois países seria restabelecida. A boa-fé do Rei dos portugueses derivava do desconhecimento da derrota pelas armas na Bahia e nenhuma influência exerceu sobre a guerra feroz que aí se travou. O entendimento da Cisplatina verificou-se, contudo, de conformidade com suas ordens. Mediante convenção firmada a 18 de novembro de 1823 entre o Barão de Laguna e Álvaro da Costa de Souza de Macedo, esses comandantes de armas arregimentaram os dois corpos em que se dividiu a tropa por adesão espontânea, permanecendo, o primeiro, no comando do exército brasileiro e, evacuando a praça, o segundo, com a tropa fiel a Portugal, que para lá se retirou. Este ato de prudência evitou não só o estouro da guerra de Independência no sul do Brasil como também sua possível imbricação com o tradicional conflito platino.[8]

Portugal contava com 10.000 homens e uma marinha organizada no início da guerra e chegou a sua maior concentração de tropas na Bahia, onde Madeira esteve no comando de 11.000 homens. Do lado brasileiro, as demonstrações de força (10.000 homens arregimentados no Rio de Janeiro, 4.500 soldados disponíveis na Cisplatina) foram suficientes para expulsar as tropas portuguesas e impor o controle da situação no centro-sul. Para a guerra efetiva, chegaram a concentrar-se 13.000 soldados brasileiros na Bahia, 18.000 nas operações do Maranhão e do Piauí. Cerca de 450 oficiais estrangeiros,

[8] PINTO, 1980, v. I p. 167–188.

ingleses em sua grande maioria, foram contratados sobretudo para o movimento da Marinha. Embora tenha prevalecido a demonstração de força sobre o combate, levando-se em conta as operações de guerra e centenas de mortes, não há como negar que a Independência do Brasil tenha sido uma conquista das armas nacionais em uma guerra que se estendeu de junho de 1822 a agosto de 1823.

Afora as quatro centenas de oficiais estrangeiros, a guerra foi levada a bom termo com tropas e recursos exclusivamente brasileiros. Seus efeitos foram, por isso, mais fortes: a consolidação da soberania, a união das províncias, a substituição da administração colonial pela brasileira e o confisco de propriedades portuguesas. Os êxitos da guerra nutriam o embrião de governo nacional e davam cobertura ao trabalho da Assembléia Constituinte e Legislativa, o toque máximo da ruptura política entre as partes do Reino Unido.

Tão segura era a posição do Brasil ante o enfraquecido Portugal, em 1823, que se torna difícil compreender porque o Governo de D. Pedro, com inabilidade política abruptamente reconhecida, desencadeou ofensiva diplomática em evidente detrimento dos interesses nacionais, com o intuito de obter o reconhecimento formal dessa Independência, que era desnecessário.

2.2 O Processo de Reconhecimento

Nas relações entre Brasil e Portugal, a Independência do Brasil apresentou três distintas dimensões: a política, que correspondeu ao rompimento entre os dois pólos do poder mediante a guerra dos decretos travada entre janeiro de 1822 e abril de 1823; a militar, ou seja, a guerra de Independência entre junho de 1822 e agosto de 1823; e a diplomática, envolvendo as negociações para o reconhecimento da Independência entre 1822 e 1825.

A) A Missão de Luiz Paulino e Rio Maior

Proclamada a Independência do Brasil em 1822, Portugal buscou a Áustria, solicitando, a Metternich, a mediação, visto que a Grã-Bretanha era propensa a reconhecer as independências e que, além do mais, havia laços de parentesco que uniam o Imperador do Brasil à casa austríaca. Metternich recusou-se ao pedido para não contrariar o Gabinete britânico. O Governo português decidiu, entretanto, com muita ousadia, entrar em negociações diretas. D. João VI enviou dois comissários ao Rio de Janeiro, mas antes teve o cuidado de despachar o Marechal de Campo Luís Paulino d'Oliveira Pinto França à Bahia a bordo do brigue Treze de Maio com a incumbência de fazer cessar as hostilidades entre brasileiros e as tropas portuguesas do general Madeira. Lá chegando, a 18 de agosto de 1823, percebeu que a guerra terminara há mais de um mês, com a expulsão das tropas portuguesas. Dirigiu-se, então, ao Rio de Janeiro, onde precedeu à chegada dos dois comissários nomeados por D. João, o Conde de Rio Maior e Francisco Vieira Tovar, já em viagem para o Brasil a bordo da corveta de guerra Voadora.

A recepção que teriam os enviados de Portugal, no Rio de Janeiro, por parte do Governo brasileiro, em setembro de 1823, seria das mais frias e intransigentes. Apenas Luís Paulino, que se antecipara à chegada dos outros dois, foi autorizado a desembarcar e somente para tratar-se de um mau estado de saúde. Com efeito, quando instados a confessar os verdadeiros fins de sua missão, respondiam, como fez Rio Maior ao Ministro dos Negócios Estrangeiros, Carneiro de Campos, que seus objetivos eram "suspender, sendo possível, todas as hostilidades (...) para poder aceitar uma conveniente conciliação do Brasil com Portugal".[9] De fato, a guerra já havia sido vencida pelo Brasil e não vinham autorizados a reconhecer *in limine* a Independência, condição *sine qua non* imposta por D. Pedro I para encaminhar as conversações. Segundo Heitor Lyra,[10] os emissários portugueses traziam instruções do Ministro português, o Conde de Subserra, para pro-

---

9 Rio Maior a Carneiro de Campos, nota, abordo da corveta Voadora, 18 set. 1823, *Arquivo Diplomático da Independência*, 1925, p. 29–32.

10 Heitor Lyra, "A Missão de Luiz Paulino e Rio Maior", *In*: *Arquivo Diplomático da Independência*, 1925, v. 6, p. IX–XV.

por uma fórmula precária de reconhecimento que, embora admitisse a separação, salvaguardasse *pro forma* a sanção do Rei de Portugal à Constituição do Brasil, como também seu direito de dirigir a diplomacia. Caso essas proposições não vingassem, as decisões dos brasileiros não passariam por válidas sem o endosso do Governo português. Em outras palavras, os enviados não vieram munidos de plenos poderes para reconhecer a Independência. A 25 de setembro, foram intimados os dois comissários e seus auxiliares a se retirar para Lisboa a bordo do Treze de Maio, ficando a Voadora como presa de guerra e toda sua tripulação prisioneira de guerra, de acordo com o tratamento dispensado a nações beligerantes.

Os documentos que traziam os enviados portugueses davam prova de surpreendente desinformação quanto aos fatos ocorridos no Brasil desde o início da guerra de Independência, quanto ao avanço realizado na construção das instituições do Estado nacional e, enfim, quanto ao movimento da opinião. As instruções do Conde de Subserra supunham que D. Pedro estivesse disposto a negociar a retirada das tropas portuguesas, ou seja, a autonomia do poder, quando elas já haviam sido expulsas de todo o território nacional por efeito da guerra.[11]

Percebem-se, portanto, de lado a lado, condicionamentos que levariam, ao desperdício de esforços, essa tentativa portuguesa de negociação. Seja porque confiasse nos sentimentos filiais de D. Pedro, seja porque contagiara-se com a intransigência das Cortes diante do processo de Independência do Brasil, ou mesmo porque estivesse inconformado, D. João e seu Gabinete moviam-se por fora do realismo político. A reverso, seja porque estivesse prisioneiro da opinião nacional, seja porque temesse perder seu trono, D. Pedro não tinha alternativa de opção fora do reconhecimento absoluto e incondicional da Independência. O Governo

[11] Conde de Subserra a João Felix Pereira de Campos, instruções, Lisboa, 8 jul. 1823, *Arquivo Diplomático da Independência*, 1925, v. 6, p. 5–7; D. João a Ignacio Luís Madeira, carta régia, Lisboa, 7 jul. 1823, *ibidem*, 1925, v. 6, p. 7–8.

brasileiro, incluindo a Assembléia Constituinte e Legislativa, que, então reunida, acompanhava as iniciativas de lado a lado, não se negou, pois, a entrar em negociação com Portugal, tendo em vista produzir a desejada conciliação política e o acerto de inúmeras questões práticas. Negou-se apenas a negociar a Independência.

A malograda missão produziu dois efeitos nocivos aos interesses tanto de Portugal quanto do Brasil. Por um lado, tornou ambos os países mais arredios e engendrou ressentimentos mútuos que se derramaram sobre uma intensa correspondência trocada entre as partes no Rio de Janeiro;[12] por outro, jogou os dois países nos braços dos ingleses, os quais, com sua truculência e percepção restrita de interesses, se tornariam os negociadores do reconhecimento, apropriando-se de um poder de barganha, cuja origem se situava na inabilidade dos dirigentes políticos luso-brasileiros em tratar das questões que lhes interessavam.

B) As Negociações em Londres

Após o malogro da Missão Rio Maior e Vieira Tovar, Brasil e Portugal puxaram o freio da revolução liberal. Em ambos os lados, as Assembléias foram dissolvidas em 1823 e o retorno do absolutismo enfraqueceu as respectivas imagens nos países onde haviam triunfado instituições políticas modernas. Apesar desse recuo da sabedoria política, ambos os países deram continuidade a suas respectivas políticas intransigentes para com o outro lado, movendo-se, então, na arena diplomática, em que se travou a batalha do reconhecimento, uma vez que a guerra cessara e a Independência fora consumada. Entre maio de 1822 e agosto de 1824, José Bonifácio e seu sucessor no Ministério dos Negócios Estrangeiros, Carvalho e Melo, enviaram representantes do Brasil ao Prata, a Londres, Paris, Estados Alemães, Viena, Washington e Roma, com instruções muito precisas no sentido de apressar o reconhecimento da independência por todo modo possível. Os

[12] *Arquivo Diplomático da Independência*, 1925, v. 6, p. 25–49.

agentes portugueses, a seu turno, envidavam esforços para obstar à ação da nascente diplomacia brasileira. Na realidade, os governos de então não estavam dispostos a envolver-se nessa contenda diplomática, mesmo porque seus interesses eram sobretudo comerciais. Nessas circunstâncias, coube, à potência hegemônica, a iniciativa de controlar o processo de reconhecimento, seguindo-a as demais em busca das mesmas vantagens comerciais.

A conselho de George Canning, que reassumira o Foreign Office, sob sua supervisão e do representante do poderoso Ministro austríaco, Metternich, brasileiros e portugueses encetaram negociações diretas em Londres, em 1824, com o intuito de consagrar, oficialmente, o estado de fato da separação, que o próprio Metternich entendia como irreversível. A Grã-Bretanha não pretendia ainda nem entabular negociações com o Brasil nem tampouco mediar a que aconselhara junto com a Áustria. Entre julho e novembro de 1824, ocorreram, em Londres, as únicas negociações diretas havidas entre Brasil e Portugal para o reconhecimento da Independência, um total de seis conferências. Delas participaram os plenipotenciários, o português, Conde de Vila Real, os brasileiros, Caldeira Brant e Gameiro Pessoa, o encarregado de negócios da Áustria, Barão de Neumann, e o próprio Ministro inglês dos Negócios Estrangeiros, George Canning.

Os primeiros encontros criaram mal-estar entre os brasileiros. Como na missão Rio Maior, o negociador português em Londres não trazia instruções nem autorização para tratar do essencial, que era o reconhecimento da Independência do Brasil. Jogou, sobre a mesa, outros temas, de interesse de Portugal, como a cessação das hostilidades, o restabelecimento do comércio e a restituição ou indenização pelos navios e propriedades apreendidos pelos brasileiros durante a guerra. Gameiro Pessoa e Brant haviam recebido instruções claras, ostensivas e secretas, datadas de janeiro de 1824, e não tinham dúvidas a respeito de sua missão.[13]

---

[13] Carvalho e Melo a Brant e Gameiro, instruções, Rio de Janeiro, 3 jan. 1824, *Arquivo Diplomático da Independência,* 1922, v. I, p. 46–53.

Tão impaciente estava Brant que, não satisfeito com o desempenho de Canning, escreveu ao próprio Ministro português dos Negócios Estrangeiros, Duque de Palmela, solicitando explicações. Nesse momento, Portugal estava em situação de caos político e D. João não aceitava sequer ouvir falar de perda da parte americana de seu reino. Fez saber que a questão principal era a da sucessão ao trono, uma vez que o Imperador do Brasil, seu filho, era legítimo herdeiro da coroa portuguesa. Em suma, se, para os brasileiros, se tratava do reconhecimento puro e simples da Independência, para a Corte portuguesa eram a cessão da soberania e a questão da sucessão ao trono que estavam em jogo. O representante brasileiro em Viena, Teles da Silva, confirmava tal percepção, que auferira de suas conversas com Metternich: o princípio da legitimidade impregnava a cabeça dos monarcas conservadores da Europa.

Os negociadores portugueses em Londres recorriam a táticas protelatórias ante a indecisão de Lisboa. D. João VI de Portugal e Fernando VII de Espanha apoiavam-se e ajudavam-se reciprocamente, por estarem em situação similar e nutrirem ambos a disposição de não reconhecer as independências da América Latina, apesar de estarem derrotados sobre o terreno. Em 1824, enquanto se desenrolavam as negociações em Londres, os dois soberanos ainda negociavam expedições conjuntas de reconquista. Em Londres, contudo, a percepção de que Portugal e Espanha se isolavam e de que as potências européias não eram mais inimigas do Brasil devolvia as esperanças aos negociadores brasileiros. Foram as pressões inglesas e austríacas para que aceitassem os fatos, bem como a neutralidade de França e Rússia, que haveriam, enfim, de demover os soberanos ibéricos de seus intentos de reconquista e forçá-los a entrar em negociações com as nações independentes da América.[14]

Os negociadores brasileiros deram-se conta, aos poucos, de que Portugal pretendia ganhar tempo e despachavam preocupa-

[14] MOREIRA, 1976, p. 98–110.

ções para o Rio de Janeiro: não se trata, indagava Brant, de estratégia para preparar a expedição contra o Brasil? Estava equivocado, mas a protelação era um fato cuja explicação residia na cabeça confusa de D. João VI, pressionado por Madri, e na falta de instruções a seu plenipotenciário. Na conferência de 2 de agosto, para embaralhar novamente o andamento das negociações, o representante português apresentou pela primeira vez a exigência de compensação pecuniária ou de que o Brasil assumisse parte da dívida pública portuguesa. Se isto significava que Portugal já admitia o reconhecimento, significava também que os portugueses pensavam em forte compensação, o que deixou perplexos, mais uma vez, os negociadores brasileiros.

Tão lentas andavam as negociações que Canning decidiu apresentar projeto de convenção pelo qual a Independência seria reconhecida por inteiro e os dois ramos da casa de Bragança renunciariam a seus direitos sobre o outro lado. Ouvido o Conselho de Estado, D. Pedro aceitou os termos da conciliação propostos por Canning, na expectativa de que Portugal não os rejeitasse em seu todo, e sugeriu pequenas modificações em certos artigos.[15] Lisboa não respondeu de pronto a este projeto. Ao contrário, preparou outro em que ainda insistia sobre o direito de soberania sobre a coroa do Brasil. Entrementes, Canning recebera importante ofício de seu representante no Brasil, Henry Chamberlain. Relatou-lhe, o cônsul britânico no Rio de Janeiro, suas idéias, após longa entrevista que tivera com D. Pedro. O Imperador do Brasil andava curioso para saber porque tanto demorava a obtenção do reconhecimento em Londres, se Canning se empenhava positivamente nesse sentido e sabia que o Brasil estava muito disposto a realizar interesses ingleses. Chamberlain assegurou que a Grã-Bretanha desejava, sinceramente, desfecho favorável, que se dispunha a colaborar com o Brasil, tanto é que concedera um empréstimo e fazia o possível para obstruir a ação da França e da Rússia no sentido de fortalecer Portugal em sua obstinação. Lembrou,

[15] Carvalho e Melo a Brant e Gameiro, despacho, Rio de Janeiro, 30 out. 1824, *Arquivo Diplomático da Independência*, 1922, v. I, p. 104–107.

entretanto, que este país fora, desde muito, o aliado privilegiado da Grã-Bretanha na Europa e seus interesses deveriam ser contemplados na política exterior britânica. Essa percepção de país aberto e cooperativo deixada pela mensagem provavelmente induziu Canning a agregar, enfim, de forma objetiva, os interesses ingleses no próprio processo de reconhecimento da Independência. Recebia, de mãos beijadas, poder de barganha que as circunstâncias não lhe conferiam por certo.

Quando veio, em outubro, sob forma de contraprojeto, a resposta portuguesa ao projeto de Canning, decepcionou a todos. D. João e seu Ministério não estavam dispostos ao reconhecimento formal da Independência e insistiam na permanência da supremacia portuguesa sobre o Brasil. Ante a impossibilidade de negociar, no entender dos brasileiros e do próprio Canning, que qualificou a contraproposta portuguesa de "desarrazoada e inadmissível",[16] e adivinhando a opinião do Gabinete do Rio de Janeiro, que se manifestaria pela rejeição, a 11 de novembro de 1824, encerrava-se a conferência de Londres.[17] Ao se despedir dos plenipotenciários brasileiros, por cujo esforço muita simpatia externava, Canning assegurou-lhes que ficaria neutro no caso do reinício da guerra entre Portugal e Brasil e que consentiria em que seus oficiais servissem à Marinha do Brasil. Estava disposto a entrar diretamente em negociações, mas solicitava a prorrogação, por 1 ano, do tratado de comércio de 1810, até que houvesse condições para negociar um novo.

Tamanho pessimismo contagiou os primeiros diplomatas brasileiros na Europa ante o malogro das negociações com os portugueses, tanto que Brant e Gameiro, em Londres, e Teles da Silva, em Viena, advertiram aos reacionários governos europeus – e isso incluiu o Duque de Wellington, chefe do Gabinete britânico e rival de Canning – acerca de sua má vontade. Deram, aos europeus e ao Rio de Janeiro, conhecimento de suas decisões: "somos de parecer que é

[16] Brant e Gameiro a Carvalho e Melo, ofício, Londres, 7 nov. 1824, *Arquivo Diplomático da Independência*, 1922, v. II, p. 143.

[17] Carvalho e Melo a Brant e Gameiro, despacho, Rio de Janeiro, 10 jan. 1925, *Arquivo Diplomático da Independência*, 1922, v. I, p. 111–112.

mister romper a negociação, renovar as hostilidades e limitar-nos a tratar unicamente com a Inglaterra". Ora, Canning pretendia evitar o reinício da guerra, visto ser ela contrária aos interesses do comércio britânico. Sabedores disso e no intuito de reforçar sua posição junto ao Gabinete, os plenipotenciários lhe acenaram com a renovação, em termos favoráveis, do tratado de comércio de 1810.[18] A tentação surtiria efeito, mesmo porque os Estados Unidos haviam já negociado Tratado de Comércio com a Colômbia. Essas circunstâncias, nas quais teve peso decisivo a atitude firme dos negociadores brasileiros em Londres, induziram Canning a confrontar as cortes européias e tomar uma atitude enérgica em favor das independências. Era preciso andar depressa, mesmo porque, conclui Pandiá Calógeras, "Portugal, potência de categoria inferior, não tinha trajetória própria no firmamento diplomático".[19]

Em janeiro de 1825, Canning tomou as decisões de reconhecer as repúblicas espanholas da América, correndo atrás de seu mercado, e de enviar Charles Stuart ao Brasil, a mesma finalidade. Antes disso, usando de forte pressão, fez que seu embaixador em Portugal impusesse a demissão do gabinete Palmela-Subserra, vulnerável à influência francesa e hostil ao reconhecimento da Independência do Brasil. Limpo o terreno, em sua viagem ao Brasil, Stuart teria de passar por Lisboa: oficialmente, para dar conhecimento de sua missão; de fato, para obter poderes, livremente representar o novo Governo e negociar, no Rio de Janeiro, o desfecho do processo de Independência.[20]

C) A Missão de Charles Stuart

Tendo de negociar a renovação do Tratado de Comércio e Navegação de 1810, George Canning enviou, ao Brasil, Charles Stuart, diplomata que lhe era desafeto, mas que, segundo cálculo

---

[18] Brant e Gameiro a Carvalho e Melo, ofício, Londres, 15 dez. 1823, *Arquivo Diplomático da Independência*, 1922, v. II, p. 178–179.

[19] CALÓGERAS, 1982, p. 11.

[20] RODRIGUES, 1975, v. 5, p. 123–140.

malicioso, por ser prepotente e duro, faria portugueses e brasileiros sujeitarem-se a uma conciliação desagradável a ambos e útil aos ingleses. No diploma que lhe conferiu plenos poderes, selado a 7 de março de 1825, o soberano inglês Jorge IV referia-se a Portugal como "nosso antigo e valioso aliado" e ao Brasil como o Império que D. Pedro se achou obrigado a criar "por força das circunstâncias", dando a entender que a Independência do Brasil era tida, na Corte de Londres, como fato consumado. O documento estabelecia, sob inspiração de Canning, os objetivos da missão: a) provocar o ajuste das diferenças entre Portugal e Brasil; b) estabelecer a harmonia e a boa inteligência entre os dois ramos da casa de Bragança; e c) restabelecer o comércio entre ambos e entre eles e a Grã-Bretanha, de forma permanente e satisfatória.[21]

Stuart recebeu ordens de passar por Lisboa sob o pretexto, como se observou, de dar, ao soberano português, conhecimento de sua missão. Lá chegando, a 25 de março de 1825, encontrou a Corte já disposta a aceitar os conselhos da Inglaterra de reconciliação e mesmo o reconhecimento formal da Independência, tanto mais que já haviam fracassado duas tentativas de negociação levadas a efeito no Rio de Janeiro e em Londres. Em longa exposição ao Conselho de Estado, feita em janeiro de 1824, Ricardo Raimundo Nogueira alinhara, com objetividade, os argumentos pelos quais Portugal haveria de desistir da recuperação do Brasil e de consentir no reconhecimento da Independência: a) a falta absoluta de meios de impor sua vontade; b) a disposição da Grã-Bretanha de manter os benefícios comerciais advindos da Independência; c) a declaração norte-americana contra intervenções de terceiras potências européias nas guerras de independência.[22]

Lisboa deveria reconhecer a Independência do Império por meio de um diploma especial, pensava Canning; de natureza legitimista insistiria Stuart em razão de suas convicções absolutistas ultraconservadoras. Não foi difícil, ao enviado inglês, obter, em Lisboa, os plenos poderes do Governo português, incumbindo-se, assim, de

[21] Jorge IV a Charles Stuart, Plenos Poderes, Londres, 2 mar. 1825, *Arquivo Diplomático da Independência*, 1925, v. VI, p. 61–62.

[22] FRAGOSO, 1997, p. 167.

dupla missão ao Brasil. Na condição de plenipotenciário português, Stuart tornou-se portador de instruções para negociar um tratado de reconhecimento e de três versões de carta régia, que seriam usadas durante as conversações, pelas quais o Governo português traçava os termos da separação. Atitude que criaria, depois, as maiores dificuldades para a negociação, e ainda decorrente daquela visão política dos monarcas legitimistas própria da Europa conservadora de então, estava consignada na primeira carta régia, firmada por D. João VI a 13 de maio: "Tomo e estabeleço para mim e para os meus sucessores o título e a dignidade de Imperador do Brasil (...) e (...) cedo e transfiro já de minha livre vontade o pleno exercício da Soberania do Império do Brasil (...)".[23] De forma mais branda, essa mesma disposição de assumir a soberania do Brasil independente e de transferi-la de livre vontade ao Governo brasileiro figurava nas outras duas cartas régias. A coroa portuguesa pretendia salvar as aparências e apagar a luta e o próprio fato da Independência, rebaixando-a a uma concessão, mas não o fazia sem mirar para as táticas da Santa Aliança. Chocavam-se as concepções do direito divino e da hereditariedade com a da soberania popular, tida nos meios conservadores de então por *demagogia.*[24]

Hildebrando Accioly assim resume os pontos para celebração do tratado de reconhecimento segundo as instruções e os poderes concedidos a Stuart em Lisboa: o estabelecimento, por consenso, da separação administrativa; o fim das hostilidades; a restituição das presas; o levantamento dos seqüestros; a transferência de dívidas ao Brasil; a indenização para os donatários de antigas capitanias no Brasil; e o estabelecimento de princípios para conclusão de um tratado de comércio.[25]

Stuart chegou ao Rio de Janeiro a 17 de julho de 1825, encetando as negociações com três plenipotenciários nomeados por

---

[23] D. João VI, carta régia, Lisboa, 13 maio 1925, *Arquivo Diplomático da Independência*, 1925, v. VI, p. 63–64.

[24] RODRIGUES, 1975, v. 5, p. 143–149.

[25] Hildebrando Accioly, "A Missão Stuart", *In*: *Arquivo Diplomático da Independência*, 1925, v. VI, p. XXII.

D. Pedro para enfrentá-lo: o Ministro dos Negócios Estrangeiros, Carvalho e Melo, homem sem muito brio, o Barão de Santo Amaro e o Ministro da Marinha, Francisco Vilela Barbosa. No diploma de concessão de plenos poderes, D. Pedro limitou-se a autorizá-los a negociar tratado ou convenção, sem passar-lhes instruções precisas, porque preferia liberá-las em pequenas doses, à medida que as conversações avançassem. Era seu modo autoritário de manter o processo sob controle.[26] Esteve sempre ao lado dos negociadores brasileiros, assistindo-os e opinando sobre tudo, Luís Moutinho, Oficial Maior da Secretaria brasileira dos Negócios Estrangeiros, embora à sombra de Carvalho e Melo, que, por vezes, apresentava como próprias as idéias do auxiliar.

As negociações iniciaram no dia 25 e logo seriam travadas pela questão do título, mas, sobretudo, pela cessão da soberania. Nenhuma das três versões da carta régia convinha aos negociadores brasileiros, preocupados em não anular a Independência por uma fórmula negociada. Mas Stuart não abria mão da exigência de cessão da soberania por parte de D. João VI ao Brasil na pessoa de seu filho e herdeiro do trono português. Ora, segundo a percepção brasileira como um todo, a soberania que exercia D. Pedro adveio da aclamação popular e era precisamente isso que repugnava aos princípios legitimistas de Stuart. Como nenhuma das partes estava propensa a recuar de sua posição e para não emperrar a negociação, essas questões foram deixadas para mais tarde e os outros pontos do tratado passaram, então, a figurar sobre a mesa.

2.3 O Tratado de Paz e Aliança, de 29 de agosto de 1825

Foram necessárias 14 conferências para se chegar à assinatura do Tratado, a 29 de agosto de 1925. Após se haver cogitado em vão, em uma convenção prévia, a suspensão das hostilidades

[26] D. Pedro a Carvalho e Melo, Santo Amaro e Vilela Barbosa, plenos poderes, Rio de Janeiro, 24 jul. 1825, *Arquivo Diplomático da Independência*, 1925, v. VI, p. 73–74.

durante as negociações – o que pareceu supérfluo em virtude de elas não mais existirem entre Brasil e Portugal –, Moutinho foi solicitado pelos negociadores brasileiros, a 3 de agosto, sem mais explicações, para redigir uma minuta de tratado de paz. Era um desafio, como outros que se lhe confiaram durante as negociações. Investido de grande responsabilidade, como a confecção de pareceres e minutas, sem, contudo, ter o direito de assistir às conferências, Moutinho manifestava dificuldades, conforme registram seus apontamentos, em "compreender a metafísica das idéias dos plenipotenciários brasileiros".[27] Assim mesmo, sua engenhosa minuta iria prevalecer no Tratado, de tal sorte que se salvasse a honra brasileira pelo prévio reconhecimento da Independência por parte do soberano português, o qual, depois, no texto, salvando seu próprio decoro, cedia espontaneamente a soberania a seu filho, mas – revertendo-se à honra brasileira – este anuía a que o pai assumisse o título de imperador.

Durante as conversações, a atitude do Governo brasileiro abrandou-se, portanto. Stuart rejeitou, para o preâmbulo, a expressão "por unânime aclamação dos povos" que designava a origem da soberania do Império. Tanto o preâmbulo como o artigo primeiro do Tratado revelam que os negociadores brasileiros, sob inspiração de D. Pedro, acabaram por ceder diante das exigências de cunho absolutista do plenipotenciário inglês, que, aliás, agradavam ao caráter conservador do Governo então existente no Brasil. D. João assumiu, efetivamente, o título de Imperador, com anuência de seu Filho, e cedeu a soberania a D. Pedro, no momento em que reconheceu a Independência do Brasil. Essa intrincada manobra jurídica arquitetada em homenagem ao sagrado princípio da legitimidade monárquica desagradou, contudo, tanto a portugueses quanto a brasileiros.[28]

27 Luiz Moutinho, apontamento, Rio de janeiro 3 ago. 1825, *Arquivo Diplomático da Independencia*, 1925, v. VI, p. 88.

28 Luiz Moutinho, minuta de tratado, Rio de Janeiro, 4 de ago. 1825, *Arquivo Diplomático da Independência*, 1925, v. VI, p. 89–92.

O Tratado de 29 de agosto de 1825 é confuso em sua filosofia política. Denominou-se Tratado de *Paz e Aliança* e não de *reconhecimento* da Independência, que seu preâmbulo afirma se haver consumado por meio da carta régia firmada por D. João a 13 de maio de 1825. Contudo, pelo artigo I, reconhece-a novamente. Essa ambigüidade servia para disfarçar os verdadeiros objetivos que os negociadores traziam da Europa e que correspondiam à disposição de enquadrar, por regulação explícita, o jovem país independente a seus interesses estratégicos, políticos e econômicos em uma situação de indisfarçada dependência e subordinação, recompensando-o, por essas concessões sem reciprocidade, com uma referência qualquer ao reconhecimento da Independência. Acrescenta, esse mesmo artigo I, que D. João cede a soberania ao Brasil e, por outro lado, toma para si o título de Imperador, ao que retruca o artigo II com a anuência de D. Pedro a essa decisão de seu pai.

Pelo artigo III, o soberano brasileiro "promete não aceitar proposições de quaisquer colônias portuguesas para se reunirem ao Império do Brasil". O artigo IV estabelece "paz e aliança e a mais perfeita amizade", acrescentando "com total esquecimento das desavenças passadas entre os povos respectivos". O artigo V define os direitos de que gozariam os súditos no outro país, onde eram equiparados ao da nação mais favorecida e permaneciam na posse pacífica de seus bens. O artigo VI e o VII determinam a restituição ou a indenização de todos os bens móveis, imóveis, ações e rendimentos passados, como também de embarcações e fornecimentos, seqüestrados ou confiscados durante a guerra de Independência. Os procedimentos por meio dos quais essa matéria seria examinada e tomadas as decisões figuram no artigo VIII. Uma comissão mista paritária acolheria, pelo tempo de 1 ano desde sua criação, as reclamações dos súditos de ambas as nações, com o fim de deliberar acerca de sua legitimidade. Havendo empate nos votos dos comissários, o representante do governo mediador no Rio de Janeiro decide e os governos indicam, então, os fundos para pagar as indenizações por esse modo liquidadas. Quanto às reclamações de governo a governo por perdas e danos durante a mesma guerra, o artigo IX prevê uma convenção especial em que o ajuste se faria. Restabelece-se, pelo artigo X, o comércio bilateral à base de 15% *ad valorem* sobre todas as mercadorias. Enfim, o artigo XI dispõe sobre a ratificação.

A Comissão Mista bilateral criada pelo artigo VIII com a finalidade de julgar as reclamações dos particulares instalou-se a 8 de outubro de 1827, mas as dificuldades para liquidar capitais e haveres exigiram novas negociações, de que resultaram outro ajuste, em 1836, e outra convenção, em 1840, e deliberações que se prolongaram por décadas afora, como adiante se verá. Melhor sorte obtiveram, ao que parecia, as reclamações de governo a governo, reguladas por soma certa e definitiva pela Convenção Pecuniária que foi firmada na mesma ocasião, como se fosse um anexo ao Tratado de 29 de agosto de 1825, porém mantida secreta para o público até a abertura da Assembléia Legislativa em 1826. Mera ilusão: os governos foram forçados a retomar essas negociações e a firmar nova convenção em 1842, estendendo as deliberações por um tempo ainda mais dilatado do século XIX.

A chamada Convenção Pecuniária estabeleceu, pelo artigo I, o pagamento, por parte do Brasil, de 2 milhões de libras a título de reclamações do Governo português. Estas incluíam 250 mil libras relativas às propriedades particulares deixadas por D. João VI no Brasil, indenizações de embarcações e indenizações aos donatários portugueses de capitanias e às pessoas que tinham ofício no Brasil e que acompanharam D. João quando de seu regresso a Portugal em 1821, sendo que estas últimas seriam liquidadas pelo soberano português por conta do empréstimo que havia levantado em Londres em 1823, cujos encargos eram, nos termos da Convenção, transferidos à responsabilidade do Brasil. O pagamento se faria, portanto, em duas partes, conforme determinava o artigo II da Convenção: 600 mil libras seriam encaminhadas diretamente no prazo de 1 ano após a ratificação e as restantes 1 milhão e 400 mil sob a forma de transferência, ao tesouro brasileiro, dos encargos do empréstimo londrino. Nenhuma indenização por perdas e danos estabeleceu-se a favor do Governo do Brasil.

A Convenção Pecuniária, também dita Adicional, liquidava todas as reclamações do Governo português, mas o artigo III previu a criação de outra Comissão Mista, cujo funcionamento foi regulado pelo artigo VIII do Tratado, com a finalidade de ressarcir os particulares por prejuízos havidos com o transporte e o fornecimento de cargas e embarcações para as tropas durante as operações de guerra. Destarte, a "quantia certa" de 2 milhões de esterlinos, prevista no artigo I, poderia ampliar-se em favor de novas reclamações portuguesas, e os particulares brasileiros também haveriam de encaminhar as suas reclamações.[29]

Nos documentos que Stuart apresentou após a assinatura da Convenção, havia avaliações de técnicos portugueses sobre os elementos que compunham as reclamações do Governo português e que serviram de base de cálculo para o negociador inglês: a situação da dívida portuguesa em Londres, as propriedades ou dotes de pessoas da família real portuguesa localizados no Brasil, os bens de 9 antepassados donatários que haviam sido incorporados ao patrimônio da coroa e a lista dos navios portugueses que ficaram no Brasil após o retorno de D. João (7 naus, 9 fragatas, 12 corvetas, 16 brigues, 8 escunas, 4 charruas, 5 correios). Os negociadores brasileiros muito relutaram em ascender à soma dos 2 milhões de libras para liquidar todas estas reclamações, contrapondo-lhe, por exemplo, os custos da guerra de Independência, mas chegaram a um acerto sob grande pressão de Stuart e aquiescência de D. Pedro.[30]

O conjunto das decisões resultantes da missão Stuart, ratificadas por D. Pedro a 30 de agosto e pelo Governo português a 15 de novembro de 1825, quando foram trocadas em Lisboa as ratificações do Tratado e da Convenção Adicional, inaugurando sua vigência, teve o mérito de restabelecer a paz e o comércio entre Brasil e Portugal, mas foi além, ao garantir os interesses financeiros da Grã-Bretanha e os interesses coloniais de Portugal na África. Induziu, ademais, grandes descontentamentos. Para evitar reclamações por parte das potências européias, Canning desa-

---

29 PINTO, 1980, v. I, p. 189–214.

30 Stuart a Carvalho e Melo, nota e anexos, Rio de Janeiro, 15 set. 1825, *Arquivo Diplomático da Independência*, 1925, v. VI, p. 146–152. Ver as atas das conferências dos dias 8, 11, 16 e 19 de agosto, *ibidem*, p. 129–132.

conselhou D. João a assumir o título de Imperador e não foi ouvido. A opinião portuguesa revoltou-se por ter sido, o Tratado, ditado por uma potência estrangeira e porque D. Pedro anuiu a que o Rei adotasse o título de Imperador. Os partidários de futura união censuraram, ao Tratado, o fato de não haver regulamentado a sucessão; os absolutistas ficaram descontentes por não se haverem extintos os direitos de D. Pedro, perigoso monarca constitucional, à coroa portuguesa.

No Brasil, há de se distinguir a roda oficial, em que se respirava com alívio e satisfação, e o sentimento dos meios liberais, aos quais repugnou a concessão da soberania após ter sido o poder outorgado por aclamação popular. A crítica mais azeda ao Tratado viria, contudo, de Bordéus, onde se exilara José Bonifácio, e do Parlamento, aberto em 1826. Foi sobretudo a Convenção Pecuniária, quando chegou ao conhecimento do público, que revoltou a opinião. Uma polêmica a tal respeito se estenderia por muito tempo, considerando alguns uma espécie de ignomínia a "compra da Independência" após havê-la, a nação, conquistado pelas armas e outros julgando natural a indenização a um governo que é privado de parte de seu território. Tem-se por certo que a dissolução da Constituinte, o exílio de José Bonifácio de Andrada e Silva e, depois, essa Convenção foram fatos que comprometeram o prestígio de D. Pedro junto à opinião popular e junto às lideranças nacionais e prepararam sua inevitável abdicação ao trono brasileiro em 1831. Os constantes desentendimentos dos comissários que integravam as duas comissões mistas exigiram novas negociações entre os governos. Desentendimentos e negociações prolongaram-se para além dos meados do século XIX em razão das dificuldades de aplicação do artigo VIII do Tratado e do artigo III da Convenção de 29 de agosto, resultando novos ajustes e convenções acerca das reclamações particulares e de governo, o que, por certo, em nada contribuía para clima de concórdia da opinião pública. Embora fossem bem conduzidas essas negociações, como também aquelas entabuladas ao ensejo do Tratado de Comércio não ratificado de 1836, acabavam por revolver ressentimentos antigos e desmentir o "total esquecimento das desavenças passadas".

Após a instalação do Parlamento no Brasil, em 1826, a Câmara dos Deputados julgou o Tratado com extrema severidade. Considerou-o o primeiro e o ponto de partida de uma série de tratados desiguais – o chamado sistema dos tratados – com que o Governo brasileiro sujeitou os interesses da nação às potências estrangeiras. Com efeito, em hábil manobra diplomática, o negociador inglês e plenipotenciário português, Charles Stuart, inserira, no Tratado, a tarifa de 15% *ad valorem*, sabendo que seria estendida à Grã-Bretanha em seu futuro tratado, como foi também aos demais que, por tal meio, reconheceram a Independência, em razão da cláusula de nação mais favorecida então vigente na política internacional européia. As concessões feitas em cerca de duas dezenas de pretensos tratados de reconhecimento conformaram as decisões internas à política de portas abertas então aplicada pela Europa à periferia do mundo capitalista, sustando o desenvolvimento da indústria e da navegação, provocando o déficit da balança do comércio exterior, o endividamento e a transferência de renda, o aprofundamento da economia agrícola de exportação e do regime de trabalho escravo.[31]

"Talvez que um dos motivos – dizia o deputado Francisco de Paula Souza e Melo a 12 de maio de 1828 – por que deve ser acusado o transacto ministério seja a baixeza com que mendigou o reconhecimento da nossa Independência (...) contra a qual se tem feito tratados tão indignos." A política de reconhecimento mediante tratados negociados com as potências estrangeiras, feita de concessões desnecessárias e sem contrapartida, além de prejudicar a nação em seus interesses econômicos, feriu sua soberania e sua dignidade:

> São Domingos – afirmou o deputado José Lino Coutinho, na mesma sessão da Câmara, com a experiência de quem freqüentara as Cortes portuguesas e observara o comportamento dos europeus – uma república de homens de cor, soube sustentar o seu caráter e não andou pedindo como por esmola que a França

[31] CERVO, 1981, p. 20–29.

> o reconhecesse como o vasto, rico e poderoso império do Brasil, que neste fato mostrou-se muito pobre, muito mesquinho e muito sem vergonha, não por culpa dos seus cidadãos, mas por culpa de um governo fraco, que parecia desmaiar com falsos receios de que a nossa Independência não fosse reconhecida.

Os "fabricadores de tratados" não alcançavam mais defensores na Câmara, em 1828, quando a palavra corria solta, sem temor de que se repetisse o golpe desfechado por D. Pedro contra a Assembléia Constituinte em 1823.

> O que nos importa – acrescentava José Custódio Dias – que não fôssemos reconhecidos pelas outras nações? Não temos visto os Estados Unidos passarem muito tempo sem este reconhecimento? (...) Era necessário que mandássemos por ministros, daqui enviados, mendigar o reconhecimento das nações estrangeiras? (...) Prouvera a Deus que não houvesse tratados; talvez fôssemos mais felizes!.

Holanda Cavalcanti de Albuquerque reivindicou, desde então, para a Câmara, o direito de examinar e aprovar os tratados antes da ratificação, uma faculdade que a Constituição de 1824 não lhe concedia, mas que seria alcançada em 1831, após a abdicação de D. Pedro, por meio da lei que fixou a competência dos regentes.[32]

Quais foram as conseqüências políticas e comerciais do Tratado de 29 de agosto de 1825 para as relações bilaterais?

Não regulamentar a sucessão à coroa portuguesa foi uma das falhas graves do Tratado, a provocar dificuldades para os governos de ambos os lados. Esta situação, todavia, abriu espaço para que o monarca brasileiro interviesse em Portugal, restabelecendo paradoxalmente o movimento revolucionário e contribuindo para a gestação das instituições modernas. D. João VI tinha, pelo seu filho no Brasil, a predileção e os melhores planos. Antes de mor-

[32] *Anais da Câmara dos Deputados*, sessões de 10 e 12 de maio de 1828, v. I, p. 43–62.

rer, em março de 1826, nomeou um Conselho de Regência, presidido pela infanta D. Isabel Maria, que deveria durar até que o legítimo herdeiro do trono e sucessor tomasse as providências. E este era, precisamente, D. Pedro, filho primogênito, mas imperador de uma potência estrangeira. Na impossibilidade de este assumir, recolheria a herança o segundo filho, D. Miguel, expulso do país em 1824? A infanta agiu rapidamente, após a morte de D. João, determinando que leis e demais decisões fossem passadas em nome de D. Pedro, Rei de Portugal e dos Algarves. Estaria em curso a velha política do finado monarca de restabelecer a unidade de Brasil e Portugal?

A Independência do Brasil tão arraigada se fizera que despia a hipótese da união das coroas de todo fundamento. Logo após a morte de seu pai, em carta régia exarada no Rio de Janeiro a 2 de maio de 1826 em favor de sua filha Maria da Glória, D. Pedro renunciou à coroa portuguesa, para não agravar as desconfianças que sobre ele alimentavam os meios políticos brasileiros. Embora esta decisão se revestisse de magno significado para a tranqüilidade das relações luso-brasileiras, o imbróglio da sucessão persistiria. Entre 20 de março e 12 de julho de 1826 – apenas nesta data o ato de abdicação foi publicado em Lisboa –, D. Pedro foi Rei de Portugal com o título de D. Pedro IV. E governou: confirmou a Regência, outorgou uma Constituição à monarquia portuguesa e só depois abdicou em favor de sua filha que, assim, perdia a oportunidade de congregar Brasil e Portugal, mas que herdava, com a coroa, o liberalismo político brasileiro, repassado à velha metrópole pela constituição elaborada no Brasil, quase uma cópia da constituição brasileira outorgada em março de 1824. Por um instante, D. João fora Imperador do Brasil, legando a seu filho o título e a coroa; por outro momento, D. Pedro fora Rei de Portugal, legando a sua filha o título e a coroa: eram arranjos que, se por um lado, agradavam ao pensamento legitimista em moda à época da Santa Aliança, por outro, não deixavam de se acomodar à coerção da modernidade política, e que mantinham, por fim, a mesma cepa nas duas casas reais e a independência das duas nações. Filhos de Pedro I, Pedro II e Maria II seriam, no futuro, monarcas constitucionais que consolidariam, em seus longos reinados, as instituições liberais e governariam, irmãos que eram, as duas nações irmãs.

2.4 A Intervenção de D. Pedro em Portugal

Envolta em graves dificuldades econômicas e sociais, dificuldades que fizeram sucumbir o efêmero liberalismo da revolução de 1820, a opinião política portuguesa aprofundou a cisão entre o partido liberal, conduzido por D. Pedro, e o partido tradicionalista e absolutista, conduzido, então, pelo irmão D. Miguel. Empenhou-se, o Imperador do Brasil, como Rei de Portugal, em isolar o irmão dos negócios portugueses. Deu-lhe ordem de seguir para o Brasil, com evidente intenção que as cortes européias, também envolvidas na sucessão portuguesa, logo perceberam. Malograda esta tentativa, o controle sobre o rebelde e pretencioso irmão far-se-ia por meio da infanta-regente que lhe ofereceu, a conselho de D. Pedro, cargos e casamento com a futura rainha. A chegada do líder da reação a Portugal, em 1828, desencadeou o triunfo das forças opostas à constituição positivista "brasileira". Proclamado Rei, D. Miguel anulou a Constituição de 1826 e todos os demais atos praticados por D. Pedro, convocou as antigas Cortes e restabeleceu, assim, pela segunda vez em tão breves anos, o absolutismo.[33] A guerra civil entre liberais e absolutistas estender-se-ia por todo o reinado de D. Miguel, até 1834. As lideranças liberais exaltaram-se e, desde França e Inglaterra, onde se haviam refugiado muitos, moviam-se no sentido de repor as instituições que o despotismo desfizera.

Que poderia fazer D. Pedro se um pacto fora estabelecido entre ele e o Parlamento brasileiro no sentido de não envolver o Brasil em aventuras portuguesas e interesses quaisquer do Império na guerra do outro lado? Com cautela, contudo, não deixou de usar a diplomacia para seus fins lusitanos. Em 1830, com aprovação do Senado, enviou o Marquês de Santo Amaro às cortes de

[33] LIMA, 1925.

Inglaterra e França com o fim de articular o apoio para uma ação antimiguelina. Tudo apresentava-se contrário a seus propósitos, estando, os governos reacionários da Europa, incluindo o de Metternich, dispostos a reforçar o usurpador absolutista do Reino português. A sorte começou a mudar com a revolução em Paris e a substituição de Aberdeen por Palmerston no Gabinete britânico. O absolutismo caiu no conceito geral e regimes constitucionais, como o que asseguraria D. Pedro ao reino de sua filha, eram, agora, tomados em consideração pelas esferas políticas franco-britânicas.[34]

As circunstâncias favoreceram a determinação de D. Pedro de intervir na sorte de Portugal e revertê-la aos princípios liberais e a seu controle, com uma ação que a abdicação do trono brasileiro, a 7 de abril de 1831, tornou possível. Suas intenções, que levantavam certa desconfiança entre liberais mais exaltados, principiaram pelo restabelecimento do poder da Rainha sua filha, D. Maria II, e pela intenção de tornar-se regente durante sua menoridade. Assim sucedeu. Ao retirar-se para a Europa, D. Pedro dirigiu-se a Londres, onde muitos exilados portugueses havia. Tomaram-se as providências para organizar a esquadra que partiu da costa francesa, na Bretanha, em fevereiro de 1832, rumo à ilha Terceira, nos Açores, onde sobrevivera um foco de resistência a D. Miguel. Ao chegar, no mês seguinte, D. Pedro, então Duque de Bragança, proclamou-se Regente, com mandato a ser confirmado pelas Cortes Constitucionais quando se pudessem reunir, e constituiu governo tirado dentre os liberais moderados.

Em meados de 1832, partiu, a expedição, para Portugal, desembarcando ao norte e ocupando o Porto. D. Miguel contava com um exército de 80.000 homens para enfrentar o exército invasor de apenas 8.500. O cerco do Porto durou cerca de 1 ano, ao termo do qual a resistência liberal parecia soçobrar. Duas vitórias liberais no Algarves, uma em terra outra no mar, feriram, todavia, de morte, o moral das hostes absolutistas e prepararam o caminho para Lisboa. D. Miguel perdia prestígio, terreno e apoio

[34] CALÓGERAS, 1989, v. II, p. 466–484.

internacional. Alguns governos que o haviam reconhecido já cediam a uma bem sucedida ofensiva diplomática de D. Pedro. Um tratado foi firmado, a 22 de abril de 1834, pelos reis de França e Inglaterra e pelas rainhas de Portugal e Espanha, nos termos do qual os dois monarcas absolutistas ibéricos, D. Miguel e D. Carlos, seriam afastados do cenário político. Seguiu-se a convenção firmada entre os contendores portugueses em maio, a qual reconheceu a derrota de D. Miguel, que partiu para o exílio, ao tempo em que D. Pedro promulgava anistia generosa a beneficiar os membros do extinto Governo e do exército. O Regente organizou eleições para as Cortes, de acordo com a Carta Constitucional de 1826, que ele mesmo outorgara e que era, então, restabelecida. Realizadas as eleições, as Cortes reuniram-se em agosto de 1834 e referendaram o cargo de Regente que D. Pedro se atribuíra, mas o *rei-soldado*, já muito adoentado, morreria no mês seguinte. A Rainha foi então proclamada maior e deu início a um Governo de restauração liberal que lhe pusera em mãos o ex-imperador constitucional do Brasil, seu pai.

A guerra entre os irmãos não opunha apenas concepções políticas. Por trás do miguelismo tradicionalista, agregavam-se as forças de uma sociedade e de uma economia que, em Portugal, andavam ainda presas ao antigo regime, mas que haviam sido desfalcadas do grande comércio colonial com o Brasil.

A Independência do Brasil provocou menor efeito negativo sobre a economia portuguesa do que o colapso de 1808–1810. Deu apenas continuidade à crise que o fim do sistema colonial introduzira; entre suas manifestações, sobressaía o afastamento comercial do Brasil. Entre 1822 e 1830, as exportações portuguesas para o Brasil situaram-se em cerca de 50% dos valores registrados entre 1815 e 1821, mas, ainda assim, bem abaixo daqueles registrados entre 1808 e 1813. Naqueles anos após a Independência, os produtos brasileiros representavam a quinta parte das exportações totais de Portugal, esgotando-se, quase, a função de comércio transitário dos portos portugueses. Jorge Pedreira julga exagerada a opinião de Joel Serrão, segundo a qual a guerra civil portuguesa advinha da crise provocada pela Independência do Brasil, segundo ele a mais grave que enfrentara Portugal nos últimos três séculos.[35] Tanto é que, mesmo aceita a Independência, os meios mercantis de Portugal sonhavam com uma relação comercial privilegiada com o Brasil e cobraram, da diplomacia, ao longo do século XIX, instrumentos operacionais, como um adequado tratado de comércio, aliás previsto no Tratado de 29 de agosto. No Rio de Janeiro, um grupo de comerciantes também sugeriria ao Governo que estabelecesse privilégios para o comércio luso-brasileiro, em razão de serem duas nações em pé de igualdade, a buscar o interesse das partes e a evitar a natural opressão do comércio entre duas potências desiguais. A possibilidade de reanimar o esquema do comércio transitário, depois de convertido em moderno comércio triangular, estava obviamente por trás dessas reivindicações, contra as quais se erguiam os interesses ingleses e a instabilidade política que seguiu à morte de D. João em Portugal.

Jorge Pedreira dialoga igualmente com o historiador português Valentim Alexandre, para quem o fim do sistema colonial e a separação do Brasil teriam provocado impacto negativo sobre o processo de desenvolvimento auto-sustentado da economia portuguesa; como se tais rupturas houvessem posto Portugal a caminho do subdesenvolvimento. Argumentando que a macroeconomia do comércio transitário sequer havia engendrado tal processo, à semelhança do ocorrido nos países posicionados no limiar de seu curso (França, Holanda, Suíça), estima a perda econômica representada pelo fim do Império luso-brasileiro em cerca de 8% do produto bruto português, uma perda, é bem verdade, mais importante em relação ao que teria representado para a Espanha a perda das colônias americanas (entre 2,3% e 5,6%), mas não de monte a explicar o bloqueio do processo. Em 1825, certamente, a economia portuguesa estava em crise e em piores condições de desenvolvimento auto-sustentado, mas não convém trabalhar com a hipótese de que, se mantido o modelo anterior, melhor destino estaria reservado ao país. Por trás desse debate da historiografia portuguesa, vêm à luz as variáveis e as possibilidades do pro-

[35] PEDREIRA, 1994, p. 355 e seguintes. Joel Serrão, *In*: MOTA, 1972, p. 53.

gresso econômico, particularmente da industrialização, como também sua condicionalidade ante as relações com o Brasil.

A partir do início dos anos 1830, o Brasil perdeu peso na história portuguesa, sem dúvida, mas ainda mais na historiografia portuguesa, tanto a que desvenda a evolução interna quando a que acompanha o movimento da diplomacia. A recente obra de condensação dos estudos históricos em oito volumes dirigida por José Mattoso[36] e as publicações relativas à história diplomática levam a tal constatação. Raros são os juízos que, como o de Antônio José Telo, ainda iriam vincular, ao Brasil, a dinâmica da história de Portugal no século XIX.[37]

[36] MATTOSO, 1997.
[37] TELO,1994.

Capítulo 3

A Imigração Portuguesa para o Brasil entre 1825 e 1889

3.1 O Ambiente Político das Relações Bilaterais no Século XIX

Após a Independência, as relações entre Brasil e Portugal enfrentaram uma década de manifestações contraditórias. Bem maiores e vitais eram os interesses portugueses no Brasil do que os do Brasil em Portugal, tanto no que diz respeito ao comércio de exportação, quanto no domínio das finanças e da imigração. Em virtude da Convenção Pecuniária anexa ao Tratado de 1825, o Brasil ficou devendo a Portugal a soma de 2 milhões de libras esterlinas e, por força das comissões mistas instituídas naqueles acordos, haveria de contrair obrigações financeiras perante o Estado e os cidadãos em soma muito superior à devida por Portugal ao Brasil. A dignidade nacional fará que, no Brasil, as autoridades reconheçam, no futuro, tais responsabilidades e consintam em seu cumprimento, mas a negociação do tratado e suas estipulações serão freqüentemente consideradas nos meios políticos como decisões impróprias e impatrióticas. Os governos portugueses que se seguiram à morte de D. João em 1826 lembravam "o grande interesse que o Brasil tem em estreitar as suas relações com Portugal", mas, ao expressar-se de tal forma, faziam-no com o pensamento de garantir aqueles benefícios unilaterais.[1]

---

[1] Francisco de Almeida a Carlos Matias Pereira, despacho, Lisboa, 5 abr. 1827, Arquivo da Torre do Tombo, Livro de Registro de Correspondência, v. 593, Legação Portuguesa no Rio, p. 44.

A guerra movida por D. Miguel contra a filha de D. Pedro, de quem o trono usurpara em 1828, provocou a quase paralisação das relações bilaterais e, depois do reconhecimento, pelo Brasil, da Regência da Ilha Terceira, em 1832, a ruptura entre Rio de Janeiro e Lisboa até o desfecho de 1834. O Parlamento brasileiro elogiou o fato de D. Pedro não sacrificar interesses brasileiros aos de sua filha na guerra de sucessão portuguesa, mas prestou apoio à sua decisão de não reconhecer o "intruso".[2] O Conselho de Estado, por sua vez, recomendou-lhe não dar ouvidos às cortes européias que exigiam sua intervenção na questão sucessória.[3] Em tais circunstâncias, as representações de ambos os lados, no Rio de Janeiro e em Lisboa, foram postas no ostracismo e instruídas a permanecer em silêncio.[4] Na realidade, a diplomacia brasileira não se manteve neutra na guerra, pois autorizou D. Pedro, após sua abdicação, em 1831, a utilizar recursos a deduzir das obrigações que contratara em Londres pela Convenção Pecuniária anexa ao Tratado de 1825, o que lhe permitiu não somente armar uma esquadra como também auxiliar na manutenção da Regência da Ilha Terceira.

Nova fase das relações bilaterais abriu-se, pois, em 1834. O Ministro brasileiro em Londres, Araújo Ribeiro, recebeu a incumbência de deslocar-se à Lisboa para cumprimentar a Rainha pelo triunfo de sua causa. Revelavam-se, assim, os desejos brasileiros de estabelecer, com Portugal, "relações que tanto convêm ao interesse recíproco das duas nações", reconhecia o Ministro luso de Estrangeiros, Conde de Vila Real.[5] Existia, sem dúvida, boa vontade aparente por parte de Lisboa de "aplanar todas as questões pendentes com o Brasil", na expressão deste último. Mas

[2] *Anais da Câmara dos Deputados*, sessão de 11 de maio de 1829, v. 2, p. 40–41.

[3] *Atas do Conselho de Estado*, sessão de 12 de março de 1830, v. 2, p. 101–102.

[4] Visconde de Santarém a João Loureiro, despacho, Lisboa, 3 out. 1832, Arquivo da Torre do Tombo, Livro de Registro de Correspondência, v. 593, Legação Portuguesa no Rio, p. 69–69v.

[5] Conde de Vila Real a Joaquim Barroso Pereira, despacho, Lisboa, 10 nov. 1834, Arquivo da Torre do Tombo, Livro de Registro de Correspondência, v. 593, Legação Portuguesa no Rio, p. 97v.

o fardo de pesados incômodos criados pelas negociações de que resultou o Tratado de 1825 tornaria difícil trilhar o caminho de percalços, tais como as reclamações de particulares por perdas, o ressarcimento das dívidas de governo, a repressão ao tráfico de escravos, a negociação do tratado de comércio e o controle das migrações clandestinas.[6] O novo escolhido para o Rio de Janeiro, Joaquim Antônio de Magalhães, recebeu instruções cuidadosas que deveria seguir no trato de tão difíceis questões. O Ministro português de Estrangeiros, Duque de Palmela, que as redigiu, recomendou-lhe assentar sobre os laços de família – D. Pedro II, então herdeiro do trono brasileiro, e D. Maria II, soberana portuguesa, eram irmãos – e dos povos essa nova fase de "relações íntimas e duradouras".[7]

Palmela estava imbuído de sentimentos muito vivos que repassava ao representante no Rio de Janeiro com o intuito de obter, além do Tratado de Comércio e Navegação, outro tratado especial e único que fixasse "os direitos de que ficarão gozando reciprocamente os cidadãos das duas nações que antes formavam uma só e cuja língua, costumes e comunidade de interesses devem conservar entre elas por muito tempo relações íntimas que convêm de ser definidas e fixadas".[8] O profético tratado de igualdade de direitos não vingaria a não ser mais de um século depois, mas o espírito diplomático que o presidiu foi lançado pelo Duque de Palmela e contagiou o ambiente das relações bilaterais desde a solução da questão sucessória portuguesa em 1834, esfriando, aos poucos, ressentimentos sombrios e enfraquecendo certos estereótipos negativos produzidos à época da Independência.

[6] Conde de Vila Real a Joaquim Barroso Pereira, despacho, Lisboa, 22 nov. 1834, Arquivo da Torre do Tombo, Livro de Registro de Correspondência, v. 593, Legação Portuguesa no Rio, p. 98v.–100v. *Relatório*, 1835, p. 3.

[7] Duque de Palmela a Joaquim Antônio de Magalhães, despacho, Lisboa, 22 nov. 1834, Arquivo da Torre do Tombo, Livro de Registro de Correspondência, v. 593, Legação Portuguesa no Rio, p. 124v.–130.

[8] Duque de Palmela a Joaquim Antônio de Magalhães, instruções, Lisboa, 6 jul. 1835, Arquivo da Torre do Tombo, Livro de Registro de Correspondência, v. 593, Legação Portuguesa no Rio, p. 130–146.

O Governo português ordenou, aos seus representantes junto à Comissão Mista incumbida de processar as reclamações por perdas durante a guerra de independência, extrema severidade, para não dar margem a pedidos não-respaldados no estrito direito conveniado, mas sua intenção era a de fazer arrefecer sentimentos hostis no povo e indisposições no Governo do Brasil.[9]

Preservar o bom relacionamento bilateral era diretriz de conduta constantemente lembrada pelo Ministério português dos Negócios Estrangeiros ao chefe da legação do Rio de Janeiro. Para tanto, deveria ele manter neutralidade nas lutas partidárias, abster-se de qualquer ingerência nos negócios internos, preservar a melhor inteligência com as pessoas que formavam o Governo, não confrontar autoridades ou retrucar a provocações da imprensa.[10]

Esses parâmetros de conduta presidiram à ação dos representantes portugueses no Brasil ao longo do século e foram úteis para administrar relações bilaterais que envolviam delicados assuntos. Do lado brasileiro, três temas com potencial de agravamento eram comunicados à diplomacia portuguesa, exigindo reações por vezes desconfortáveis: 1) o envolvimento da bandeira portuguesa no tráfico de escravos da costa da África para o Brasil; 2) a fabricação e o tráfico de moeda falsa; e 3) as reclamações examinadas no seio das duas comissões mistas bilaterais encarregadas de liquidar os prejuízos da guerra de independência. Do lado português, os reclamos veiculados pela diplomacia eram menos graves e se concentravam em quatro temas principais: 1) o provimento de recursos para ressarcir tais perdas; 2) as providências do Governo brasileiro para coibir a emigração clandestina de portugueses para o Brasil; 3) a exigência de severas medidas para punir responsáveis por distúrbios que provocavam vítimas entre os cidadãos lusos residentes no Brasil; e, enfim,

---

9 Duque de Palmela a Comissão Mista, instruções, Lisboa, 8 jul. 1835, Arquivo da Torre do Tombo, Livro de Registro de Correspondência, v. 593, Legação Portuguesa no Rio, p. 147–150.

10 José Joaquim Gomes de Castro a José de Vasconcelos e Sousa, despacho, Lisboa, 6 maio 1844, Arquivo da Torre do Tombo, Livro de Registro de Correspondência, v. 595, Legação Portuguesa no Rio, p. 78v.–79v.

4) o desejo de arrecadar e administrar as heranças de súditos portugueses falecidos no Brasil. Havia uma espécie de retaguarda psicológica entre os diplomatas de ambos os países a traçar limites de tensão, acima dos quais intervinham os fatores culturais e de parentesco comunitário com capacidade dissuasória de conflitos bilaterais.

Prevenindo-se diante das conseqüências da guerra que o Brasil movia no Prata, desde 1864, primeiro contra o Governo uruguaio e, depois de firmada a Tríplice Aliança, contra o Governo de Solano Lopes, do Paraguai, como procediam outras potências européias, Portugal enviou, à zona conflagrada, divisão naval composta das corvetas Bartolomeo Dias, Estefania e Infante D. João, com ordens de manter estrita neutralidade diante do conflito e apenas intervir caso exigisse a proteção de seus súditos. Quando o general Neto invadiu o Uruguai com as tropas sediadas no Rio Grande do Sul e coagiu portugueses residentes naquela República a tomar em armas e acompanhá-lo, a reação do Governo português foi apenas o protesto diplomático.[11] A esse e a outros protestos não deu ouvidos o Governo imperial que prosseguiu, durante a longa guerra, a recrutar súditos portugueses, obrigando-os, por vezes, a engajar-se no exército e na armada em operação no Paraguai.[12] Exigiu, Sá da Bandeira, satisfação pela invasão do consulado português em Assunção, pelo arrombamento do cofre de ferro que continha documentos oficiais e pelo saque da residência do Cônsul, Francisco José Correa Madruga, arbitrariedades cometidas pelas tropas brasileiras quando tomaram a capital.[13]

[11] Duque de Loulé a José de Vasconcelos e Sousa, despachos, Lisboa, 13 jan., 8 fev. e 24 abr. 1865, Arquivo Histórico Diplomático, Livro de Registro de Correspondência, série 1, v. 30, Legação Portuguesa no Rio, p. 191–205.

[12] Duque de Loulé a José de Vasconcelos e Sousa, despachos, Lisboa, 9 fev., 8 maio, 27 jul. e 5 ago. 1865, Arquivo Histórico Diplomático, Livro de Registro de Correspondência, série 1, v. 30, Legação Portuguesa no Rio, p. 136.

[13] Sá da Bandeira a Fausto de Queirós Guedes, despachos, Lisboa, 11 jun. e 14 set. 1869, Arquivo Histórico Diplomático, Livro de Registro de Correspondência, série 1, v. 31, Legação Portuguesa no Rio, p. 141–154.

A melhor demonstração de confiança no Governo português adveio da mediação por ele graciosamente oferecida quando o Brasil rompeu, em 1863, as relações diplomáticas com a Grã-Bretanha, em conseqüência de atitude prepotente do representante deste país no Rio de Janeiro, William Christie. A mediação realizou-se em Londres por meio de negociações entre o Conde de Lavradio, Ministro português, e o titular do Foreign Office, Lord Russell. Tinha por si, segundo Lavradio, o fato de serem ambos os países os aliados privilegiados de Portugal: "nutro as mais sinceras e fervorosas esperanças de que os bons ofícios do meu Augusto Soberano consigam a reconciliação de dois soberanos, os mais íntimos aliados de Portugal".[14] Assim mesmo, as negociações foram muito difíceis, porque travadas ainda sob vigência do Governo palmerstoniano, cuja diplomacia, reconhecidamente prepotente e feita de golpes imperialistas de força, enfrentava o Governo monárquico brasileiro ao tempo de seu maior fulgor e força de vontade. Chegaram a ser suspensas, não estando as partes dispostas a ceder de seus pontos de vista e só produziram o resultado esperado em meados de 1865 com a colaboração do Rei dos belgas. Ao agradecer, diante do Parlamento brasileiro, a mediação do Conde de Lavradio, o Ministro brasileiro dos Negócios Estrangeiros, José Antônio Saraiva, qualificou-a de "tão benevolamente oferecida" e "tão hábil e imparcialmente praticada", colocando à disposição dos legisladores, na exposição anual que lhes fazia da atuação da Chancelaria, 64 páginas de documentos que comprovavam sua percepção.[15]

Durante o século XIX, com base no argumento expresso pelo Conde de Lavradio nessa ocasião, "os mais íntimos aliados", em

---

[14] Conde de Lavradio a Conde Russell, carta, Londres, 26 jun. 1863, *Relatório*, 1866, Anexo 1, p. 3.

[15] *Relatório,* 1866, Anexo 1, p. 1–64. Ver Duque de Loulé a José de Vasconcelos e Sousa, despachos, Lisboa, 11 ago. 1864, 9 fev., 8 maio, 27 jul. e 5 ago. 1865, Arquivo Histórico Diplomático, Livro de Registro de Correspondência, série 1, v. 30, Legação Portuguesa no Rio, p. 168 e segs. *Relatório*, 1864, p. 1; 1865, p. 43.

quatro momentos de ruptura, a mediação foi exercida pela outra parte: o Governo inglês reconciliou portugueses e brasileiros, em 1825, ao término da guerra de independência e, em 1894, quando da ruptura das relações diplomáticas durante a Revolta da Armada; o português reconciliou ingleses e brasileiros após a ruptura das relações diplomáticas em 1865 e obteve a devolução da Ilha de Trindade, tomada pelos ingleses em 1895.

Com o avançar da segunda metade do século XIX, havendo-se o comércio bilateral acomodado às prescrições que o regiam e cessada a atuação das Comissões Mistas, as relações bilaterais perdiam substância, ocupando-se a diplomacia com o fluxo migratório e com esporádicos incidentes. A política exterior do Brasil acionava suas linhas de força para os eixos Buenos Aires, Londres e Washington, pelos quais circulavam seus interesses comerciais e geopolíticos. Portugal estabelecia, segundo circular de seu Ministro de Estrangeiros, Casal Ribeiro, três princípios de conduta para sua diplomacia, que mereceram a aprovação das duas casas legislativas: 1) a prioridade na defesa de seus interesses econômicos; 2) a neutralidade nos conflitos intereuropeus que se prenunciavam; e 3) o estreitamento das relações com a vizinha Espanha.[16] Brasil e Portugal quase não se cruzavam mais pelos caminhos da política internacional e seus interesses bilaterais, afora a imigração, eram exíguos.

3.2 O Envolvimento Português no Tráfico de Escravos para o Brasil

A imigração portuguesa para o Brasil, no século XIX, inseriu-se no contexto geral da política migratória que visava, neste País, a fomentar a imigração livre, vista pelo Parlamento e pelo Governo, desde a Independência, como a alternativa para o su-

[16] Casal Ribeiro a Frederico Francisco de Figanière, circular, Lisboa, 29 maio,1866, Arquivo Histórico Diplomático, Livro de Registro de Correspondência, série 1, v. 31, Legação Portuguesa no Rio, p. 42v.–43v.

primento de mão-de-obra a cargo do tráfico de escravos. Toda a primeira metade do século assistiu a longo embate entre os dois fenômenos, seja na efervescência da opinião seja nas curvas da estatística, da imigração e do tráfico de escravos. Como extinguir este último sem antes promover aquela? A extinção do tráfico foi estabelecida pela Convenção de 26 de novembro de 1826 entre o Brasil e a Inglaterra e pela Lei nacional de 7 de novembro de 1831; o fomento à imigração livre, pela lei de 23 de outubro de 1832 e pela importante Lei de Terras Devolutas e Colonização, de 18 de setembro de 1850. No entender de todos, e sob pressão dos produtores rurais, o tráfico somente poderia declinar ou extinguir-se quando a imigração livre fosse alcançada em proporção a atender às necessidades da lavoura. Tais percepções provocariam atitudes diplomáticas ferozes do lado da Inglaterra, perante a qual o Brasil se comprometera a extinguir o tráfico, e desavenças diplomáticas com Portugal, que estava livre de compromissos jurídicos para fazer o tráfico ao sul do Equador. Por ser o comércio de escravos necessidade nacional decorrente do funcionamento do sistema produtivo, as autoridades brasileiras tinham dificuldade em aplicar o rigor das leis, tanto mais que o crime era feito sobretudo à sombra da bandeira portuguesa. Este fato permitia-lhe, aliás, tomar iniciativas diplomáticas aparentemente coerentes com seus compromissos internacionais.

Desde 1826, empenhou-se, o Governo brasileiro, no sentido de obter a autorização para nomear um cônsul em Angola, com as finalidades de cuidar do comércio e, sobretudo, de obstar ao tráfico de escravos. As autoridades portuguesas recusaram-se, durante décadas, a atender a tal reclamo, considerando a iniciativa brasileira "um fato bem desagradável (...) e que pode ter maus resultados para Portugal".[17]

O *Relatório* da Chancelaria brasileira de 1834 informa o Parlamento acerca do movimento de navios que deixavam os portos

[17] Francisco de Almeida a Carlos Matias Pereira, despacho, Lisboa, 5 abr. 1827, Arquivo da Torre do Tombo, Livro de Registro de Correspondência, v. 593, Legação Portuguesa no Rio, p. 44–45.

do país sob pretexto de carregarem na costa da África marfim, cera, azeite e outros artigos, porém, encobertos com a bandeira portuguesa, com a intenção de trazer africanos. Despachos dessa Chancelaria à legação portuguesa no Rio de Janeiro e ao Governo inglês insistiam para que se proibisse o tráfico de escravos nas colônias portuguesas, interrompendo as saídas para o Brasil, ou, ao menos, para que se procedesse ao apresamento de tais navios e a sua condenação pela Comissão Mista brasileiro-inglesa criada pela Convenção de 1826.[18] As medidas não eram tomadas. No ano seguinte, na mesma exposição anual diante da Assembléia, após nomear sete embarcações sob bandeira portuguesa presas nas costas do Brasil transportando escravos, o Ministro de Estrangeiros refere-se a outras iniciativas diplomáticas brasileiras, sugerindo, aos Estados Unidos e à Grã-Bretanha, a reexportação dos africanos encontrados nos navios e propondo convenções com inúmeros governos com a finalidade de coibir o tráfico de escravos.[19] Embora as negociações a tal respeito fossem aceitas por Portugal, o Governo brasileiro promulgou um decreto destinado precisamente a coibir o uso da bandeira portuguesa no comércio de escravos.[20]

A opinião no Brasil tornava-se desfavorável a Portugal, tido por vilão e irresponsável na questão do uso da bandeira portuguesa para encobrir o tráfico. Tanto mais que seu Governo protestava diante do brasileiro quando as autoridades apreendiam navios portugueses nas costas do Brasil e recusava a competência da Comissão Mista brasileiro-inglesa para julgá-los.[21] À vista de constantes pressões brasileiras e inglesas sobre o Governo português para que tomasse providências, embora este alegasse seu direito de fazer o comércio de escravos ao sul do Equador em

[18] *Relatório*, 1834, p. 5.

[19] *Relatório*, 1836, p. 3–4.

[20] *Relatório*, 1837, p. 5.

[21] Conde de Vila Real a Joaquim Antônio de Magalhães, despacho, Lisboa, 21 jun. 1836, Arquivo da Torre do Tombo, Livro de Registro de Correspondência, v. 593, Legação Portuguesa no Rio, p. 184–185.

razão do Tratado de 22 de janeiro de 1815, o Conde de Vila Real, Ministro português de Estrangeiros, deu ordens a seu representante no Rio de Janeiro, Joaquim Antônio Magalhães, e ao cônsul português na mesma cidade, para não conceder ou legalizar despachos às embarcações destinadas ao tráfico de escravos, como faziam até então.[22] Logo depois, baixou, o Governo português, o Decreto de 10 de dezembro de 1836, abolindo, em todos os domínios, o tráfico de escravos e estabelecendo medidas destinadas a impedir a saída de escravos das colônias africanas, já que leis brasileiras e o tratado anglo-brasileiro haviam extinto esse tráfico.

O Decreto português não produziu, contudo, os efeitos esperados. Em 1838, Antônio Peregrino Maciel Monteiro, Ministro brasileiro de Estrangeiros, denunciou, ao Parlamento, o fato de que quase todos os navios ocupados com o contrabando de escravos pertenciam aos súditos da nação portuguesa, que ignoravam o Decreto e apelavam ao Tratado de 1815 em seu favor.[23] As pressões sobre Portugal recrudesceram ao ponto de provocar desfecho favorável em 1839. Nesse ano, seu Governo solicitou que as negociações para uma convenção com o Brasil fossem efetivamente levadas a cabo em Lisboa e ordenou, aos governadores de Angola, Cabo Verde e Moçambique, que dessem rigoroso cumprimento ao Decreto de 10 de dezembro de 1836, obstruindo as saídas para o Brasil. Ademais, o Governo britânico concertou-se com o brasileiro para submeter a julgamento, na respectiva Comissão Mista, os navios de portugueses residentes no Brasil que fossem empregados no comércio de escravos e, por fim, fez passar, no Parlamento, lei que autorizava os cruzadores britânicos a capturar e confiscar todos os navios portugueses utilizados no tráfico ao sul do Equador, a despeito de direitos conveniados na Convenção Adicional de 28 de julho

---

[22] Conde de Vila Real a Joaquim Antônio de Magalhães, despacho, Lisboa, 9 ago. 1836, Arquivo da Torre do Tombo, Livro de Registro de Correspondência, v. 593, Legação Portuguesa no Rio, p. 199–199v.

[23] *Relatório*, 1838, p. 13.

de 1817 ao Tratado de 1815.[24] Os protestos do Governo português contra o projeto de Palmerston que o Parlamento britânico converteu em lei, "a violação mais flagrante do direito das gentes e o ataque mais direto à soberania", na expressão do Ministro Ribeira de Sabrosa, de nada serviram. Assim mesmo, o acintoso envolvimento de comerciantes portugueses no transporte de escravos para o Brasil, contrariando as leis deste País, prosseguiria por mais 1 década.[25]

Desde a instalação da Comissão Mista brasileiro-inglesa decorrente da Convenção de 1826 até setembro de 1845, as embarcações portuguesas capturadas por navios brasileiros ou ingleses e entregues ao julgamento daquela Comissão haviam sido 8 brigues, 2 escunas, 2 barcas, 1 patacho e 1 suma, 14 no total. Até as medidas de 1839 acima referidas, cascos, proprietários e tripulação de nacionalidade portuguesa eram soltos, em respeito ao direito português, e os escravos libertos, em respeito às leis brasileiras. Após essa data, em razão das novas decisões anglo-brasileiras, os escravos eram libertos, pessoas e propriedades condenadas por sentença da Comissão.[26]

Há freqüentes alusões, na correspondência diplomática, de conivência de autoridades consulares portuguesas com os traficantes. Sabe-se, também, que autoridades brasileiras eram suspeitas. Os governos de Portugal e do Brasil demoraram muito para enfrentar com determinação a extinção do tráfico. A Lei Palmerston, de 1839, contra os navios portugueses assim como a Lei Aberdeen, de 1845, contra os brasileiros pouco contribuiriam, apesar do poderio dos cruzadores britânicos, enquanto os dois governos não se decidissem a impor penas severas e a fazer cum-

---

[24] Sá da Bandeira a Joaquim Antônio de Magalhães, despacho, Lisboa, 29 ago. 1838, Arquivo da Torre do Tombo, Livro de Registro de Correspondência, v. 594, Legação Portuguesa no Rio, p. 39–39v. Cf. despachos de 9 mar. e 27 jul. 1839 a Joaquim C. de Figanière e Mourão, *ibidem*, p. 47v–51 e 63–65.

[25] Barão da Ribeira de Sabrosa a Joaquim C. de Figanière e Mourão, despacho, Lisboa, 19 ago. 1839, Arquivo da Torre do Tombo, Livro de Registro de Correspondência, v. 594, Legação Portuguesa no Rio, p. 68–71.

[26] *Relatório*, 1846, p. 3–4.

prir a lei. Com efeito, o tráfico estava proibido, no Brasil, por lei de 1831 e, em Portugal, por decreto de 1836, porém, seu fluxo elevou-se da média anual de 36.000 entre 1836 e 1845 para cerca de 51.000, entre 1846 e 1850, sob a vigência das duas leis inglesas e das duas leis brasileiras. Foi necessário aguardar a nova Lei brasileira de 4 de setembro de 1850 e sua rigorosa execução pelas autoridades do País para fazê-lo desaparecer.

Grande mal-estar estabeleceu-se nas relações entre os três países, em decorrência da lastimável questão do tráfico. Os portugueses protestavam contra supostas arbitrariedades de ingleses e brasileiros – e havia – que apresavam, nas costas e no alto mar, navios lusos e os submetiam ao julgamento da Comissão Mista bilateral, que, de fato, não tinha essa jurisdição. Desde que Portugal passou a tomar providências em suas colônias, nos anos 1840, demonstrando força de vontade para agir, não hesitou em capturar e julgar embarcações de nacionalidade brasileira, revertendo-se então os protestos diante de eventuais abusos.[27] Os três países não cessavam de alardear a própria vontade de extinguir o tráfico e de fulminar os abusos e a prepotência dos outros. Em tais circunstâncias, para exultação dos envolvidos em tão rendoso quanto criminoso comércio, a cooperação entre eles tornava-se muito difícil de articular, em especial entre Inglaterra e Portugal após a Lei Palmerston, entre Inglaterra e Brasil após a Lei Aberdeen, entre Brasil e Portugal o tempo todo. Esse estado do sentimento político foi assim expresso pelo Ministro dos Negócios Estrangeiros português, Conde de Bonfim, a seu representante do Rio de Janeiro:

> V.S. terá no mesmo tempo todo o cuidado de fazer sentir a esse Governo, que o Governo de Sua Majestade quer e tem efetivamente proibido o tráfico da escravatura, mas que a injustiça e violência com que os Governos brasileiro e britânico se têm arrogado o direito de julgar na sua dita Comissão, sem prévia autorização nem consentimento de Sua Majestade, os navios encontrados com a bandeira de Portugal privam os mesmos Governos da

[27] Ildefonso Leopoldo Bayard a José de Vasconcelos e Sousa, despacho, Lisboa, 22 jul. 1847, Arquivo da Torre do Tombo, Livro de Registro de Correspondência, v. 595, Legação Portuguesa no Rio, p. 146–146v.

> legítima e espontânea cooperação que Sua Majestade lhes quereria dar em tal objeto e a qual, pelas mencionadas violências, se vê na necessidade de lhes denegar, porque o decoro e a independência da Sua Real Coroa têm sido gravemente ofendidos com tais procedimentos dos dois preditos governos.[28]

Dez anos após a extinção definitiva do tráfico de escravos, o Ministro brasileiro em Lisboa, cumprindo ordens de seu Governo, que encaminhava reclamações dos respectivos proprietários, ainda se ocupava com inúmeros casos de embarcações brasileiras que haviam sido capturadas por navios de guerra de Portugal na África, e os julgamentos deles ainda pendiam. As indenizações por conduta arbitrária da esquadra portuguesa haveriam, contudo, de ser deduzidas de quantias que o Governo brasileiro devesse ao português por reclamações de governo a governo liquidadas pela respectiva Comissão Mista bilateral.[29] Quase trinta anos depois, quando os fatos já se perdiam no tempo, sem as providências esperadas, o Ministro brasileiro em Lisboa ainda insistia sobre cinco casos de embarcações brasileiras, ainda pendentes de solução.[30]

3.3 A Imigração Portuguesa para o Brasil

Inicialmente, deve-se observar que, em relação ao título acima, os documentos portugueses porque usam sempre o termo "emigração" sublinham o aspecto da saída, ao passo que, para as

---

[28] Conde do Bonfim a Joaquim C. de Figanière e Mourão, despacho, Lisboa, 2 nov. 1839, Arquivo da Torre do Tombo, Livro de Registro de Correspondência, v. 594, Legação Portuguesa no Rio, p. 112–114v.

[29] Duque da Terceira a Conde de Tomar, despacho, Lisboa, 6 ago. 1859, Arquivo Histórico Diplomático, Livro de Registro de Correspondência, série I, v. 29, Legação Portuguesa no Rio, p. 217v.–219.

[30] Marquês de Ávila e Bolama a Visconde de Borges de Castro, despacho, Lisboa, 8 jan. 1878, Arquivo Histórico Diplomático, Livro de Registro de Correspondência, série I, v. 31, Legação Portuguesa no Rio, p. 226–235.

autoridades brasileiras, importava a chegada, pelo que se referiam ao mesmo fenômeno com o termo "imigração". São ênfases que traduzem, no século XIX, duas visões distintas da dimensão demográfica e humana das relações bilaterais. A imigração portuguesa para o Brasil não teve à época, neste País, tratamento legal ou diretriz política especial. Por uma década, após a Independência, ela foi objeto de resguardado silêncio oficial, nos diversos órgãos dos governos dos dois países. Convinha, com efeito, não tocar no assunto, enquanto ressentimentos acumulados pelas lutas da Independência perduravam, enquanto a questão crucial permanecia como a adaptação e a integração pacífica dos portugueses que haviam permanecido no Brasil, mormente daqueles que se dedicavam ao comércio miúdo e contra os quais freqüentes agitações populares despertavam os sentimentos patrióticos de lado a lado. Para tal silêncio também contribuíam a má qualidade das relações diplomáticas bilaterais, ao tempo das lutas fratricidas pela definição institucional do Estado português e do processo brasileiro de consolidação do Estado nacional que se verifica durante o período da Regência, após a abdicação do Imperador D. Pedro I em 1831. Havia, da parte de Portugal, o interesse em desviar os excedentes demográficos para as colônias africanas, onde se sonhava erigir, ao modo antigo, um "outro Brasil" colonial.

Não havia, pois, diretriz política para a imigração, aliás nunca houve no Brasil do século XIX, que ensaiou várias e sucessivas experiências. Entre estas, a contratação de tropas européias para apaziguar revoltas regionais e a posterior distribuição de terras aos soldados, o direcionamento dos imigrantes para a formação de colônias autônomas, excluída a escravidão, a substituição dos escravos por imigrantes em regime de parceria nas fazendas de café, a contratação dos serviços de imigrantes nas lavouras, impelindo a substituição do trabalho escravo pelo assalariado. Para o europeu que buscava o acesso à terra, as leis brasileiras não criaram as facilidades das norte-americanas. A lei de 23 de outubro de 1832, ao simplificar a naturalização de estrangeiros, tinha por fim atrair "gente branca e industriosa", porém reconheceu-se que os agentes brasileiros na Europa, incumbidos do recrutamento, ficavam a observar as levas de colonos partir para os Estados Unidos.

A diplomacia brasileira na Europa lidava com dificuldades que resultavam da imagem de uma sociedade escravocrata, do tipo de atividade reservada ao imigrante, das campanhas de difamação das companhias que operavam o grande movimento migratório para os Estados Unidos e colônias européias, dos relatórios desfavoráveis de agentes oficiais no Brasil e da proibição esporádica da imigração para este País. Assim, o governo brasileiro reconhecia que era mister prover fundos para a imigração e criar facilidades para a distribuição de terras. Com esse empenho enviou, ao Parlamento, projeto de terras devolutas e colonização, o qual, após anos de longo debate, converteu-se na Lei de 1850, que não satisfez a quesito algum daqueles dois quesitos.[31] As correntes de imigração em massa somente alcançariam o Brasil na década de 1880.

As estatísticas brasileiras de longo prazo conferem, aos portugueses, entre 1820 e 1968, o primeiro lugar entre os imigrantes. Teriam chegado ao Brasil, nesse período, 1.769.986 portugueses, 1.607.888 italianos, 783.853 espanhóis, 295.669 alemães, 247.312 japoneses e outros 960.974, um total de 5.603.682.[32] Até 1880, cerca de 15 milhões de europeus cruzaram o Atlântico e o Brasil ocupou o terceiro lugar como país de atração, após Estados Unidos e Canadá. Entre 1881 e 1915, quando os vapores haviam substituído por completo os veleiros, a emigração européia em massa para a América passou pelo seu fluxo mais intenso, atingindo cerca de 31 milhões, que se dirigiam, em ordem numérica, a Estados Unidos, Argentina, Brasil e Canadá, os principais receptores. Cerca de metade regressou após acumular uma poupança básica, a finalidade principal que movia os migrantes. Os europeus partiam de quase todas as regiões, primeiramente do

31 *Relatório*, 1835, p. 12. CERVO, 1981, p. 75–76.

32 Ver as fontes e os debates acerca das estatísticas em, Amado Luiz Cervo, *As relações históricas entre o Brasil e a Itália; o papel da diplomacia,* Brasília, EdUnB, 1992, p. 70, nota 2.

norte e centro, depois do sul e leste. Assim como os britânicos e irlandeses dirigiam-se para a América do Norte, os portugueses tomavam o caminho do Brasil, em cerca de 80%, e os restantes, o dos Estados Unidos, perfazendo a quase totalidade dos que partiam. Toda sorte de preconceitos existiam contra esses imigrantes, porém, aqueles que se estabeleceram nos países de destino acabaram por configurar suas sociedades e culturas tanto quanto os autóctones.[33]

Entre 1820 e 1836, as estatísticas brasileiras não registram imigração portuguesa. Mas ela se fazia, embora em pequena escala. O pequeno fluxo mantém-se até por volta de 1855, por razões diversas, entre as quais convém referir a campanha antiportuguesa. Entre 1855 e 1887, calcula-se um mínimo anual de 4.000 e um máximo de 10.000, mas, em 1888, são 18.289, decaindo com a proclamação da República em 1889.[34] Entre 1855 e 1914, teriam aportado, no Brasil, cerca de 1 milhão e 300 mil portugueses, segundo as estatísticas portuguesas. O contexto que fornece inteligibilidade às variações desse fluxo migratório é complexo: obstrução da emigração pela diplomacia portuguesa, necessidade de braços no Brasil, transição do trabalho escravo para o trabalho livre, abusos do período de transição pelos transportadores e empregadores, degradação social do imigrante, possibilidades de fazer uma poupança e auxiliar familiares em Portugal ou regressar.

Havia condição legal definida para o emigrante em Portugal. A Constituição de 1838 garantiu a liberdade de partir, mas as leis de 1855 e 1863 estabeleceram requisitos para concessão do passaporte de saída. Um dos obstáculos, para os homens, que constituíam a grande massa de emigrantes, provinha das obrigações militares, que o Estado exigia para não permitir o esvaziamento de suas forças. A prática era, contudo, aberta, sobretudo a partir dos anos 1870, quando as remessas de dinheiro a Portugal já pesavam sobre a economia do país como um todo. Se o imigrante

---

33 Herbert S. Klein, "Migração internacional na História das Américas", *In*: FAUSTO (org.), 1999, p. 13–31.

34 Ver estatísticas de Nuno Simões, citadas por REGO.

era objeto de preconceitos no destino, na origem contribuía para o sentimento de decadência do país. Os engajadores complicavam essa apreciação, ao enaltecer a imagem de destino e as chances de fazer fortuna, enquanto o Estado fazia uma propaganda negativa. O crescimento do volume da correspondência, sobretudo a partir de 1877, quando o Brasil aderiu à União Postal Universal, contribuía para informações mais objetivas sobre os salários e outros meios de vida. Eram boas tais informações. Segundo Joaquim da Costa Leite, um português no Rio de Janeiro poderia até triplicar o salário que receberia pelo mesmo ofício em sua terra. Deduzidas as despesas de existência, sua poupança facilmente atingia o equivalente ao salário de Portugal. Há coincidência entre essas possibilidades e a estrutura dos grupos portugueses de emigração. O mais importante e persistente compunha-se, precisamente, de jovens do sexo masculino, alfabetizados e ávidos por um ofício. Tinham a emigração como carreira. O segundo grupo, que buscava o complemento de renda para a família, reunia artesãos, adultos, geralmente casados. O terceiro, constituído por grupos de familiares, fugia de crises e da pobreza local levando toda a família. Obviamente, a idéia de progresso e ascensão social acompanhava a todos. Todos também embarcavam na aventura de "fazer a América", em movimento espontâneo, que correspondia ao grande exercício europeu de liberdade do século XIX.[35]

O novo clima favorável para as relações bilaterais que se passou a respirar após a consolidação do trono de D. Maria II, em 1834, não encorajou a emigração portuguesa para o Brasil, como revelam as estatísticas. Nas instruções que o Duque de Palmela confiou, no ano seguinte, ao novo Ministro português no Rio de Janeiro, Joaquim Antônio de Magalhães, eram outras as preocupações e não há uma palavra sobre emigração. Devia, sim, o Ministro recém-chegado, "proteger os súditos portugueses contra as vexações e perseguições a que desgraçadamente se acham expos-

[35] Joaquim da Costa Leite, "O Brasil e a emigração portuguesa, 1855–1914", *In*: FAUSTO (org.), 1999, p. 177–200.

tos naquele país e de tanto têm sido vítimas principalmente nas províncias do norte". Para cumprir com tal incumbência, duas embarcações de guerra foram postas à disposição do Ministro português nas costas do Brasil e seus comandantes eram instados a "se abster cuidadosamente de toda a ingerência nas questões internas do Brasil, limitando-se a dar asilo e proteção, quando seja indispensável, aos súditos de S.M.F.".[36]

Os portugueses que desejavam emigrar não obedeciam às diretrizes e aos comandos do Governo. Joaquim Antônio de Magalhães, desde o Rio de Janeiro, o vice-cônsul da Bahia, o de Pernambuco e o encarregado de negócios nos Estados Unidos informavam, por volta de 1836, acerca da chegada de imigrantes portugueses e das facilidades com que as autoridades locais lhes havia expedido passaporte nas ilhas dos Açores e nas províncias do norte:

> Um negócio de semelhante ponderação – respondia-lhes o Conde de Vila Real, Ministro dos Negócios Estrangeiros – não pode deixar de merecer a atenção do Governo de S. M. que se ocupa há tempos em dar providências para coibir da maneira que for possível, ou pelo menos restringir em limites razoáveis a emigração dos súditos portugueses.[37]

As autoridades consulares e diplomáticas portuguesas no Brasil eram instruídas a exercer, a respeito de portugueses, duas funções: aquela proteção em caso de distúrbios a que nos referimos e a assistência para a transmissão de heranças de súditos falecidos no País. O corpo de agentes, de lado a lado, era bem numeroso, comparativamente a outras representações. Em 1847, o corpo diplomático brasileiro residente em Portugal era composto de cinco pessoas e o corpo consular, incluindo os domínios, vinte e uma; o corpo diplomático português residente no Brasil, três pessoas, e o consular, vinte e oito. Havia, ao que parece, mais

---

[36] Duque de Palmela a Joaquim Antônio de Magalhães, despacho, Lisboa, 6 jul. 1835, Arquivo da Torre do Tombo, Livro de Registro de Correspondência, v. 593, Legação Portuguesa no Rio, p. 124v.–130.

[37] Conde de Vila Real a Joaquim Antônio de Magalhães, despacho, Lisboa, 19 maio 1836, Arquivo da Torre do Tombo, Livro de Registro de Correspondência, v. 593, Legação Portuguesa no Rio, p. 177–178.

problemas do lado português que do brasileiro. Tanto é verdade que o Ministério português dos Negócios Estrangeiros recomendava, a seu representante no Rio de Janeiro, recorrer, embora com cuidado, a ameaças de represálias nos casos de expulsões sumárias ou de negligências em conceder indenizações por perdas e danos sofridos por ocasião de tumultos sociais.[38]

Entre as providências para coibir a emigração a outros países, portarias portuguesas, de 19 de agosto e 9 de dezembro de 1842, do Ministério da Marinha e Ultramar dispunham sobre o aliciamento nos portos do Reino e, sobretudo, nas ilhas atlânticas. Apesar de instruções que recebiam os agentes portugueses nas Américas, no sentido de lhes prestar apoio e assistência, essas medidas, a preferência em orientá-los para a África, como também o desinteresse dos agentes no Brasil e até mesmo sua má vontade, deixavam os imigrantes lusos desamparados e mal tratados.

O Ministro brasileiro em Lisboa, Anônio de Menezes Vasconcelos de Drummond, temia que a emigração portuguesa para o Brasil viesse a extinguir-se. Zeloso pelo que supunha ser o interesse do País que representava, cogitou em estimulá-la e redigiu, no início de 1842, as bases de um tratado de emigração entre Portugal e Brasil, avançando a profética tese da igualdade de direitos entre brasileiros e portugueses, somente consagrada cento e trinta anos depois. Guiou-se pelo exemplo das relações entre Inglaterra e Estados Unidos após a Independência destes últimos, alegando as facilidades jurídicas de que usufruíam os britânicos para motivarem-se a emigrar em massa para a América. A proposta, por envolver matéria de tamanha relevância, foi encaminhada pelo Ministro brasileiro dos Negócios Estrangeiros, Aureliano de Souza e Oliveira Coutinho, à consideração do Procurador da Coroa e, depois, com o parecer deste, à Seção dos Negócios Estrangeiros do Conselho de Estado. Em sua Consulta de 27 de maio de 1842, a Seção manifestou-se desfavoravelmente à proposta do diplomata brasileiro, afirmando:

[38] Manuel de Castro Pereira a João Baptista Moreira, despacho, Lisboa, 17 out. 1837, Arquivo da Torre do Tombo, Livro de Registro de Correspondência, v. 594, Legação Portuguesa no Rio, p. 10–14v.

> Tudo o que ele diz da posição dos portugueses neste Império é aplicável a todos os outros estrangeiros, ou se dediquem ao comércio, ou a qualquer outra indústria: o maior número de uns não é a razão para que os seus direitos e obrigações civis sejam diferentes dos direitos e obrigações dos outros (...).

O exemplo dos Estados Unidos, ponderavam os conselheiros, não convinha ao Brasil, cujo espírito público e cuja Constituição previam a igualdade de direitos entre os estrangeiros, não permitindo que se lhes aplicassem distintas legislações de naturalização ou um tratado de imigração privilegiado. Exauriu-se, assim, a possibilidade de os portugueses usufruírem de condição jurídica especial, sendo igualados, como os demais estrangeiros, aos franceses, nos direitos de que gozavam estes pelos artigos perpétuos do Tratado de 1826.[39]

A arrecadação e a administração das heranças, em razão do grande número de portugueses residentes no Brasil, converteramse em uma das questões diplomáticas de maior relevo durante todo o século XIX. Não apenas o Governo português, mas igualmente outros governos europeus, movidos pelos preconceitos que nutriam acerca da inferioridade de outros povos, não permitiam que suas autoridades regulamentassem o espólio ou interferissem em seu gerenciamento. A base jurídica da reivindicação portuguesa assentava na combinação do artigo V do Tratado de 29 de agosto de 1825 com os *artigos perpétuos* do Tratado entre o Brasil e a França do ano subseqüente. Se os cônsules franceses eram competentes para arrecadar e administrar as heranças jacentes de seus súditos, pelo mesmo modo deveriam sê-lo os portugueses, cujos súditos eram considerados e tratados como os da nação mais favorecida. Dessa forma, entende-se o protesto da legação portuguesa no Rio de Janeiro contra as disposições do Decreto de 9 de maio de 1842, pelo qual o Governo brasileiro, guiado então pela determinação de erradicar privilégios estran-

---

[39] Conselho de Estado, *Consultas da Seção dos Negócios Estrangeiros*, consulta de 27 de maio de 1842, Brasília, Câmara dos Deputados, 1978, v. 1, p. 85–91.

geiros, só reconhecia a legitimidade daquela ingerência quando constasse explicitamente em tratados.

Os argumentos jurídicos do Ministro português no Rio de Janeiro, Ildefonso L. Bayard, tinham, por base, a situação social dos parentes dos imigrantes, freqüentemente herdeiros ausentes do país, os quais teriam de passar por constrangimentos burocráticos ou ver seus bens caírem no tesouro do Império e de lá não mais serem arrancados, caso se aplicassem os dispositivos do regulamento em vigor. Ademais, a prática de confiar, aos cônsules, a arrecadação e a administração das heranças de seus respectivos súditos era seguida pela maioria dos países e pelo próprio Governo português a respeito de súditos brasileiros falecidos em seus domínios. Caso a reclamação do representante português no Rio de Janeiro não fosse atendida, tinha ordens de seu governo, desde 1844, para notificar as autoridades brasileiras que cessariam, também em Portugal, os privilégios da nação mais favorecida que a tal respeito eram aplicados aos súditos brasileiros.

A controvérsia jurídica acerca da arrecadação e administração de heranças estender-se-ia anos afora. A gritaria dos diplomatas estrangeiros no Rio de Janeiro contra o regulamento de 1842 foi geral e a reivindicação para que o Governo repusesse tudo no estado em que estava anteriormente, uníssona. Em 1845, parecia que os lados estavam prestes a uma solução de equilíbrio, já praticada nas relações entre outras potências, ficando, os agentes consulares, com a responsabilidade da arrecadação e administração, porém acompanhados do respectivo juiz do distrito, que zelaria pelo direito dos herdeiros nacionais ou residentes no País e do fisco na distribuição dos bens. Embrenhado nessas boas perspectivas de conciliação, recebeu, o novo Ministro português no Rio de Janeiro, José de Vasconcelos e Sousa, instruções de seu Governo no sentido de sustar a retaliação que ainda guardava de reserva e de propor ajuste ou convenção a ser firmada por troca de notas.

Nos embates entre autoridades brasileiras e estrangeiras acerca do delicado assunto das heranças, novos fatores vinham à tona, além dos legítimos interesses dos familiares e parentes envolvidos. O sistema vigente no Brasil por força dos tratados desiguais da época da Independência revelara sua fraqueza, ao confiar inteira responsabilidade aos cônsules no gerenciamento das fortunas. Estes prevaricavam. Por outro lado, as autoridades locais, ao desempenhar ação exclusiva, também davam azo a sua própria cobiça. Por tais razões, convinha encontrar o meio termo, em que uns vigiassem o comportamento dos outros, como se havia, de modo geral, estabelecido nos ajustes entre governos europeus. As disposições do Governo brasileiro encaminhavam-se nesse sentido, cinco a seis anos após o regulamento nacionalista de 1842, e novos instrumentos legais eram esperados em cumprimento ao princípio exposto pelo Ministro brasileiro de Estrangeiros à Assembléia Nacional, segundo o qual "todos os atos desde a arrecadação até a liquidação das heranças devem ser feitos pelas autoridades do país com assistência dos respectivos cônsules". Caso isso ocorresse, o Governo português se conformaria, à condição de nenhum país obter tratamento especial, que obviamente seria reivindicado em nome do decoro diplomático.[40]

Enquanto não se chegava a novo acordo sobre a matéria, Antônio Paulino Limpo de Abreu, Ministro dos Negócios Estrangeiros, rebatia, com firmeza, os argumentos portugueses, em 1848. As seções da Fazenda e dos Estrangeiros, bem como o pleno do Conselho de Estado, em várias oportunidades, haviam examinado o assunto, recomendando precisamente os regulamentos que foram exarados por decreto legislativo. Os conselheiros, embora sem unanimidade, mas em sua maioria, consideraram erroneamente assentadas em dois tratados rotos de direito, o francês de 1826 e o português de 1825, as notas dirigidas ao Ministério dos Negócios Estrangeiros pelo plenipotenciário português no Rio de

[40] José Joaquim Gomes de Castro a Ildefonso Leopoldo Bayard, despacho, Lisboa, 1 out. 1843, Arquivo da Torre do Tombo, Livro de Registro de Correspondência, v. 595, Legação Portuguesa no Rio, p. 33–35. José Joaquim Gomes de Castro a José de Vasconcelos e Sousa, despachos, Lisboa, 12 jun. e 30 dez. 1844, 25 ago. e 17 de nov. 1845 e 21 jun. 1847, Arquivo da Torre do Tombo, Livro de Registro de Correspondência, v. 595, Legação Portuguesa no Rio, p. 81–82, 97–98, 106v.–108, 110v.–111, 141v.–143.

Janeiro. Limpo de Abreu afirmou-lhe que fora o próprio Portugal, por meio de medidas que contrariavam vários de seus artigos, que anulou o tratado de 1825. Ademais, negava-se a admitir cônsules brasileiros em suas possessões coloniais. Não havia porque invocá-lo para frustrar-se aos dispositivos das leis brasileiras e julgar-se com direito a tratamento favorecido. As questões das heranças, concluía, antes administradas pelos cônsules, passaram e permaneceriam sob a responsabilidade do juiz brasileiro, cabendo, aos cônsules, a intervenção que o decreto de 1842, alterado pelo de 27 de junho de 1845, lhes facultasse.[41] Em tais circunstâncias, poder-se-ia prever que o problema persistiria nas relações bilaterais, como efetivamente veio a constatar-se, permanecendo, o Ministro português no Rio de Janeiro, em estado de alerta, para tanto instigado pelo seu Governo, "a respeito de um negócio que tanto interessa a Portugal".[42]

Novas medidas legislativas adviriam, contudo, e sobre elas se derramavam as pressões dos governos estrangeiros, tanto em sua fase de encaminhamento como durante a tramitação nas câmaras da Assembléia.[43] O Decreto de 9 de maio de 1842 foi, assim, reformulado pelo de 8 de novembro de 1851. O Legislativo manteve, contudo, a exigência de estrita reciprocidade de tratamento para a eventual negociação de convenções consulares que o Executivo viesse a entabular. Essa reciprocidade foi estabelecida pelo Decreto português de 10 de março de 1852, que mandou observar, para com os agentes consulares e os súditos brasileiros em terras lusas, as disposições do regulamento de 8 de novembro de 1851.[44]

---

[41] *Relatório*, 1848, p. 17. *Consultas da Seção dos Negócios Estrangeiros*, sessão de outubro de 1845, *op. cit.*, v. 2, p. 432–442. *Atas do Conselho de Estado*, sessão de 6 ago. 1846, *op. cit.*, v. 3, p. 152–154.

[42] Conde de Tojal a José de Vasconcelos e Sousa, despachos, Lisboa, 7 dez. 1850 e 13 maio 1851, Arquivo Histórico Diplomático, Livro de Registro de Correspondência, série I, v. 29, Legação Portuguesa no Rio, p. 22–23 e 31.

[43] Antônio Aloísio Jerves de Atouguia a José de Vasconcelos e Sousa, despacho, Lisboa, 9 out. 1851, Arquivo Histórico Diplomático, Livro de Registro de Correspondência, série I, v. 29, Legação Portuguesa no Rio, p. 39v.

[44] *Relatório*, 1855, p. XIX e Anexo C, p. 11; 1856, p. 12.

Inúmeros países europeus, entre os quais França, Suíça, Itália, Espanha e Portugal, negociaram suas convenções consulares com o Brasil, com a dupla finalidade de estabelecer as imunidades dos agentes consulares e sua competência em matéria de arrecadação e administração de heranças. Contra elas, insurgiu-se freqüentemente a Câmara dos Deputados, que acusava o Ministério dos Negócios Estrangeiros de haver-se excedido na concessão de direitos aos cônsules em detrimento das leis nacionais.[45] A Convenção Consular entre Portugal e Brasil foi obtida por troca de notas de 4 de abril de 1863 e modificada a 23 de maio de 1867 em razão de desinteligências na interpretação de certas cláusulas.[46]

Em 1874, todas as convenções consulares cessaram, já que o Governo brasileiro as denunciou conjuntamente, abrindo-se, contudo, à possibilidade de substituí-las por outras mediante negociação. As cortes européias articularam-se no sentido de conduzir uma negociação coletiva, mas essa tática com que suas diplomacias pressionavam o Governo do Brasil não veio a demovê-lo de sua vontade de conformar as convenções às leis nacionais de transmissão de herança. Portugal muito empenhou-se em fazer passar seu projeto. Depois de longa e laboriosa negociação, chegou-se à conclusão de nova convenção consular, a 25 de fevereiro de 1876, de vida curta, porquanto novamente a denunciaria o Governo brasileiro por nota de 21 de maio de 1883, acrescentando que não era mais de sua intenção entrar futuramente em negociações a tal respeito. Essa resistência do lado brasileiro em manter vigentes as convenções consulares e, desde então, a firmar novas, deviase, por um lado, à forte oposição que lhes movia o Parlamento e, por outro, aos abusos a que dava lugar o exercício da função consular. Ao comunicar, à Assembléia, a denúncia da convenção

[45] CERVO, 1981, p. 92.

[46] Duque de Loulé a José de Vasconcelos e Sousa, despacho, Lisboa, 28 jan. 1863, Arquivo Histórico Diplomático, Livro de Registro de Correspondência, série I, v. 30, Legação Portuguesa no Rio, p. 111–111v. Casal Ribeiro a José de Vasconcelos e Sousa, despacho, 27 nov. 1866, *ibidem*, p. 48–52. *Relatório*, 1868, p. 13.

portuguesa, o Ministro de Estrangeiros, Francisco de Carvalho Soares Brandão, apresentou os motivos de sua decisão: por um lado, as constantes violações na parte relativa às sucessões de súditos lusos falecidos no Brasil, furtando-se os cônsules à ação que competia às autoridades territoriais e, por outro, o desequilíbrio dos benefícios auferidos pela convenção, uma vez que se aplicava aos numerosos portugueses residentes no Brasil e a muito poucos brasileiros em Portugal. De comum acordo, passou, a matéria, novamente, a reger-se pelo Decreto de 8 de novembro de 1851, mas o Governo brasileiro não resistiu aos apelos emocionados do lado de Portugal e aceitou rever sua decisão de não mais entrar em negociações. De nada serviu essa demonstração de boa vontade, porquanto a República, que logo adviria, aplicaria aos estrangeiros leis de naturalização sem barganha.[47]

Nos termos da convenção de 1876, o inventário, a arrecadação e a administração da herança correriam normalmente pelas autoridades nacionais, segundo as leis do País, mas em casos específicos, em que concorressem herdeiros portugueses e brasileiros, menores, ausentes ou incapazes, haveria administração conjunta. A liquidação dos bens conformar-se-ia, por outra parte, quando conviesse, à legislação do país a que o súdito pertencia. João Andrade Corvo, Ministro português dos Negócios Estrangeiros, expressou, com estas palavras, o espírito com que se firmou a convenção: fazer "cessar os freqüentes conflitos de jurisdição entre os funcionários consulares e as autoridades territoriais e assegurando a conveniente proteção aos interesses dos súditos de cada um dos dois países, residentes no território do outro".[48]

Debate de vários anos no Parlamento brasileiro acerca do fornecimento externo de mão-de-obra precedeu a aprovação da Lei de Terras Devolutas e Colonização de 18 de setembro de 1850.

[47] *Relatório*, 1884, p. 21; 1885, p. 11.

[48] A correspondência diplomática relativa à negociação da Convenção de 1876 bem como seu texto foram reunidos pelo Ministério português dos Negócios Estrangeiros nos *Documentos Apresentados às Cortes* para a sessão legislativa de 1877, p. 15–122.

Durante os dez anos posteriores à Lei, o debate prosseguiu com a mesma intensidade, a evidenciar a importância que tinha a imigração para os representantes da nação. O otimismo foi cedendo, aos poucos, à vista da frustração que se observou em conseqüência dos minguados resultados numéricos que a Lei proporcionou. Em 1856, o Parlamento destinou 6.000 contos na Lei do orçamento para financiar a viagem dos colonos europeus. A Associação Central de Colonização incumbia-se de gerenciar a política imigratória. Ela apoiava os três sistemas que muito dividiam a opinião pública: o trabalho assalariado, o sistema de parceria e a pequena propriedade em núcleos de imigrantes. Embora fosse freqüentemente levantada a questão, talvez central, para estimular a imigração de massa, que era o acesso facilitado à terra, não se avançava nesse sentido, visto que a lei de 1850 previa a venda das terras públicas, mediante leilão. Em conseqüência, os emigrantes europeus seguiam o rumo da América do Norte e da Austrália, sendo o Brasil atrativo quase unicamente aos emigrantes portugueses.[49]

Nos meados do século XIX, três constatações diziam respeito à emigração portuguesa para o Brasil: portugueses desejavam tomar esse destino em escala numérica apreciável; seu Governo, querendo mantê-los no Reino ou orientá-los para a África, baixava medidas de dissuasão; e no Brasil, havia apoio oficial à sua vinda, que se dava de modo desordenado e sem controle.

A 10 de janeiro de 1855, com vistas em estimular a ocupação do interior do País, baixou, o Governo brasileiro, Decreto que dispensava o colono do controle consular respectivo na chegada e da obrigação de registrar sua residência, exigindo-lhe apenas o visto das autoridades brasileiras no passaporte. A legação portuguesa no Rio de Janeiro reclamou de pronto, alegando que o Decreto impedia que se cumprisse a legislação portuguesa que exigia dos emigrantes registro na repartição consular de chegada e declaração de residência. O Ministro português dos Negócios Estrangeiros temia que tal medida resultasse no incremento da

[49] CERVO, 1981, p. 171–189.

emigração em grande escala e exigiu a derrogação dos dispositivos que dispensavam seus agentes de proceder aos controles da emigração. Fê-lo em vão. Desde o término do sistema dos tratados da época da independência, o Governo brasileiro muito dificilmente atendia a reclamações diplomáticas relativas à legislação interna.[50] A impossibilidade de cooperar na esfera legislativa causava, às autoridades portuguesas, outro constrangimento, que era o aumento da emigração clandestina, que pretendiam combater por "todo e qualquer meio que porventura se oferecer".[51]

Além da dificuldade de cooperar no domínio propriamente dito das migrações, dois outros campos que afetavam indiretamente a questão eram, nos meados do século XIX, objeto de confronto diplomático a exigir convenção reguladora: a forma como se haveria de proceder na arrecadação e administração de heranças de súditos residentes na outra parte, já examinada, e a extradição de criminosos, particularmente em razão do gravíssimo delito da falsificação da moeda, como adiante se verá. Nessas condições, por volta de 1860, a emigração portuguesa para o Brasil saía, em ambos os países, da restrita e inacessível correspondência diplomática e consular para as páginas da imprensa e para os debates públicos das câmaras legislativas. Entre junho e agosto de 1858, o Senado brasileiro dedicou inúmeras sessões ao diagnóstico do fenômeno imigratório e à análise da política migratória. No entendimento desses legisladores, entre os quais tomavam assento os mais experientes homens de Estado, a corrente migratória de origem portuguesa não constituía, aliás nunca constituíra, prioridade. A opinião pública dividia-se a tal respeito. Controvérsia instalou-se nos debates acerca da moralização da

[50] Visconde de Atouguia a João Gomes de Oliveira, despacho, Lisboa, 17 mar. 1855, Arquivo Histórico Diplomático, Livro de Registro de Correspondência, série I, v. 29, Legação Portuguesa no Rio, p. 116–116v. Marquês de Loulé a José de Vasconcelos e Sousa, despacho, Lisboa, 13 jul. 1858, *ibidem*, p. 193. *Relatório*, 1856, p. 47.

[51] Marquês de Loulé a José de Vasconcelos e Sousa, despacho, Lisboa, 12 fev. 1859, Arquivo Histórico Diplomático, Livro de Registro de Correspondência, série I, v. 29, Legação Portuguesa no Rio, p. 204–205.

sociedade, esperada da vinda de colonos europeus do centro e do norte após a cessação do tráfico de escravos. Preconceitos atingiam certas categorias e certas nacionalidades, por vezes a portuguesa, denominadas por alguns de *escória social*, cuja vinda seria indesejável.

A defesa da mais numerosa imigração que então chegava ao Brasil foi feita pelo Visconde de Albuquerque, Antônio Francisco de Paula e Holanda Cavalcanti de Albuquerque: "Essa Europa que não é culta, que é Portugal, vá nos mandando os seus colonos; alguma gente boa que nos tem vindo e que nos auxilia com seu trabalho são os portugueses".[52] O presidente da Associação Central de Colonização, senador Cândido Borges Monteiro, com a experiência e o conhecimento do importante cargo, não alimentava preconceitos contra os portugueses, mas reconhecia que eram mais úteis à expansão da indústria e da produção agrícola os colonos de outras procedências européias, propensos ao trabalho da lavoura cafeeira, ao desbravamento das florestas e implantação de núcleos e a outras atividades produtivas, que não eram o inchaço do comércio nas cidades, onde boa parte dos portugueses se fixava mesmo por razões de parentesco. O sucesso do sistema de parceria em São Paulo e dos núcleos coloniais do sul era, segundo aquela autoridade, a resposta às críticas que a Assembléia e a imprensa portuguesas moviam contra a emigração para o Brasil.[53]

Com efeito, azeda e hostil fazia-se então, a opinião portuguesa, retratada em despacho do Ministro de Estrangeiros ao chefe da legação no Rio de Janeiro: "Nas Câmaras Legislativas e pela imprensa periódica largas considerações têm sido feitas, como S.Sª não ignora, acerca dos inconvenientes da emigração para o Brasil e sobre a deplorável sorte dos colonos portugueses naquele Império.". Em conseqüência dessa avaliação, o Legislativo português aprovou a Lei de 20 de julho de 1855, os Ministérios do Reino e da Marinha tomaram medidas para obstar à emigra-

52 *Anais do Senado,* sessão de 16 de junho de 1859, v. 1, p. 131.
53 *Anais do Senado*, sessão de 22 de agosto de 1859, v. 3, p. 149–156.

ção para o Brasil e o de Estrangeiros solicitou acordo destinado a coibir os abusos brasileiros contra os colonos portugueses.[54]

As autoridades e a opinião pública pareciam querer ignorar propositadamente o que o outro lado tinha a dizer a respeito da emigração-imigração. Assim, no Senado brasileiro, ouvia-se: "E por que vêm esses portugueses, senhores? É porque têm aqui seus parentes, porque esta terra não lhes é estranha, porque aqui têm grandes favores; não são obrigados aos ônus nacionais, e têm aqui essas vantagens. Eles hão de continuar a vir.".[55] Instigado pelo seu chefe, o Ministro português de Estrangeiros, Conde de Tomar, responsável pela legação no Rio de Janeiro, endereçou nota ao Governo brasileiro, acusando-o de conivente com a "escravidão branca" que se fazia ao embarcar, transportar, desembarcar e coagir os colonos a aceitar um determinado senhor no País. A acusação teve resposta pública de João Lins Vieira Cansanção de Sinimbu, Ministro brasileiro dos Negócios Estrangeiros, encaminhada em seu *Relatório* de 1860 ao Parlamento:

> Julguei também dever declarar-lhe [ao plenipotenciário português] que não achava fundamento suficiente para ser taxada de comércio de escravos brancos a introdução de emigrantes no Império, ainda quando deixem eles clandestinamente o seu país (...) O europeu que demanda as plagas do Brasil, com a intenção de aqui fixar-se, praticava incontestavelmente um ato espontâneo, provado mesmo pelos esforços que ele fazia para iludir as leis de seu país, afrontando as dificuldades que se lhe opõem à saída, e das quais resultam os embarques clandestinos (...) Chegados ao Brasil, são senhores de tomar a profissão que melhor lhes convém, sob a proteção e garantia das leis do país (...) Desgostosos da condição em que vivem no seu país natal, de moto próprio o abandonam, para virem domiciliar-se no Brasil, onde encontram uma nova pátria.[56]

---

[54] Duque da Terceira a Conde de Tomar, despacho, Lisboa, 6 ago. 1859, Arquivo Histórico Diplomático, Livro de Registro de Correspondência, série I, v. 29, Legação Portuguesa no Rio, p. 219v.–220.

[55] *Anais do Senado*, sessão de 16 de junho de 1859, v. 1, p. 131.

[56] *Relatório*, 1860, p. 63–65.

No fundo, a controvérsia que se espalhara sobre a opinião pública em Portugal e no Brasil alimentava-se do confronto das políticas migratórias: um governo disposto à contenção e outro, ao apoio à imigração de portugueses para o Brasil.

As legislações de ambos os países continham dispositivos inconciliáveis. Com apoio de seu Governo, o Cônsul Geral no Rio de Janeiro obrigava os capitães de navios portugueses que trouxessem imigrantes ao Brasil a entregar, às autoridades consulares, a relação e a documentação de origem dos colonos, contrariando os regulamentos brasileiros.[57] Os pronunciamentos dos Ministros de Negócios Estrangeiros eram contraditórios e espelhavam o nervosismo dos governos ao baixar medidas e revogá-las sob pressão. Em seu *Relatório* de 1860 à Assembléia, Cansanção de Sinimbu afirmou que haviam sido removidos os obstáculos portugueses à emigração para o Brasil, criados em virtude de informações infundadas que já se haviam desvanecido, ao que retrucou seu colega do outro lado: "não consta nesta Secretaria de Estado que por ordem do Governo se tenha facilitado a emigração, mas antes se cuida em evitá-la pelos meios possíveis".[58] No ano seguinte, a exposição do Chanceler à Assembléia confirmava o desmentido português, ao referir-se a recentes portarias "prescrevendo novas medidas tendentes a realizar o empenho, há muito manifestado pelo Governo de Sua Majestade Fidelíssima, de impedir o curso natural da emigração daquele Reino para o Império".[59]

As queixas mais freqüentes das autoridades portuguesas diziam respeito aos maus tratos dispensados, pelas brasileiras, aos colonos portugueses, e à tolerância que manifestavam para com os capitães de navios de ambas as bandeiras que transportavam migrantes, infringindo medidas regulamentares quanto ao recruta-

---

[57] Duque da Terceira a Conde de Tomar, despacho, Lisboa, 9 mar.1860, Arquivo Histórico Diplomático, Livro de Registro de Correspondência, série I, v. 30, Legação Portuguesa no Rio, p. 15.

[58] Antônio José d'Ávila a Conde de Tomar, despacho, Lisboa, 1 ago. 1860, Arquivo Histórico Diplomático, Livro de Registro de Correspondência, série I, v. 30, Legação Portuguesa no Rio, p. 32v.–33.

[59] *Relatório*, 1861, p. 51.

mento, transporte, desembarque e condições de salubridade. O Ministro português no Rio de Janeiro, Conde de Tomar, chegou ao ponto de indagar, a Lisboa, se o Estado não poderia arcar com os custos do repatriamento de portugueses encontrados em desgraça no Brasil. Tal procedimento de forma alguma poderia ser adotado, segundo o Ministério luso dos Negócios Estrangeiros, porque seus efeitos seriam contraproducentes, ao estimular ainda mais a emigração "que o governo tencionava conter por todos os modos".[60] Ademais, agentes consulares portugueses no Brasil eram por vezes acusados de conivência com os infratores, tendo sido denunciado pelo *Jornal do Commercio* o próprio Cônsul Geral no Rio de Janeiro, removido, logo depois, de seu cargo.[61]

As autoridades brasileiras, a seu turno, afirmavam, a todo momento, que as queixas eram inexatas e se dispunham a negociar a harmonização das leis e até mesmo a convenção bilateral de colonização. O Ministro de Estrangeiros, Cansanção de Sinimbu, perdendo a paciência com reclamações do chefe da legação portuguesa no Rio de Janeiro – que exigia, das autoridades brasileiras, medidas de coerção contra os comandantes de navios que transportavam imigrantes clandestinos – respondia com arrogância:

> E este fato [a acusação contra um navio brasileiro chamado Harmonia] prova pelo menos a grande dificuldade com que luta o Governo de S. M. Fidelíssima em contrariar a tendência natural que tem a população do Reino para abandonar a terra natal e vir ao Brasil em busca de melhoramento de sorte, sendo que, para a realização desse desejo, não hesita a mesma população em transgredir as leis do seu país, e iludir a vigilância das suas autoridades, correndo os maiores riscos e privações, para, através de escabrosos rochedos, alcançar as praias e efetuar o embarque.[62]

[60] Antônio José d'Ávila a Conde de Tomar, despacho, Lisboa, 27 set. 1860, Arquivo Histórico Diplomático, Livro de Registro de Correspondência, série I, v. 30, Legação Portuguesa no Rio, p. 38–38v.

[61] Antônio José d'Ávila a Conde de Tomar, despacho, Lisboa, 13 jul. 1861, Arquivo Histórico Diplomático, Livro de Registro de Correspondência, série I, v. 30, Legação Portuguesa no Rio, p. 64–66.

[62] João Lins Vieira Cansanção de Sinimbu a Conde de Tomar, nota, Rio de Janeiro, 20 ago. 1860, *Relatório*, 1861, p. 230–231.

Para o Chanceler brasileiro, cabia, às autoridades portuguesas, a prevenção e o controle da emigração clandestina, na origem e, não, às autoridades brasileiras, no destino. Cansanção de Sinimbu reagiu ao que considerou "um lapso" do Ministro dos Negócios Estrangeiros português, que afirmara subsistirem os embaraços ao fomento da emigração. Diante do Senado, insistiu no fato de se haver posto em entendimento com o plenipotenciário português no Rio de Janeiro, Conde de Tomar: "chegamos a um acordo sobre o princípio de que é tão conveniente a Portugal como ao Brasil que a população daquele Reino, que queira transportar-se para este Império, possa fazê-lo com toda liberdade". E acrescentava: "O digno Ministro a que me refiro informou-me de que mandara ao seu Governo um projeto de convenção, no sentido acordado, e que espera a cada momento instruções para levar ao cabo esta negociação, na qual, torno a dizer, o Governo imperial toma o mais vivo interesse".[63]

A morte de alguns imigrantes portugueses no Rio de Janeiro em 1860, devido a uma epidemia de febre amarela, provocou nova reação de parte a parte, havendo-se ordenado, em Portugal, aos párocos, que fizessem a leitura das listas de falecidos preparada pelo Ministério dos Negócios Estrangeiros, por dois domingos seguidos. A resposta do Ministro brasileiro veio no *Relatório* de 1861 ao Parlamento: o Governo lamenta esses episódios, toma providências para assistir aos enfermos e, com isso, mantém a mortalidade do Rio de Janeiro na metade daquela de Lisboa, igual ou inferior à de outras capitais européias.[64]

A controvérsia acerca da vinda de imigrantes portugueses, que refletia o choque das opiniões e alimentava o confronto na linguagem diplomática, não era distinta da que se passava então entre o Brasil e os demais países europeus de emigração. Conjugavam-se os interesses das companhias de transporte que tinham seus fluxos regulares voltados para outros destinos, a guerra de imagens fomentada pelas diplomacias dos países receptores e a

---

[63] *Anais do Senado*, sessão de 3 de setembro de 1860, v. 4, p. 375–376.
[64] *Relatório*, 1861, p. 51.

divergência das políticas migratórias dos governos. Em longa exposição que fez ao Senado em 1861, o Barão de Quaraim, Pedro Rodrigues Fernandes Chaves, expôs correto diagnóstico do que se passava quanto à imigração portuguesa. A propaganda que havia em Portugal contra essa corrente migratória tirava sua força da política governamental. Esta tinha, por fim, povoar as colônias da costa da África, mas o Brasil atraía os emigrantes e essa contradição explicava as campanhas de difamação. Quaraim julgava a imigração portuguesa a que mais convinha ao Brasil, em razão das afinidades de língua, costumes, religião e da capacidade de adaptação. Ante tais fatos, instava o Governo português a desistir de sua campanha obstrutora que era contrária aos interesses do povo que representava. Ela era, aliás, um malogro. A emigração de massa de portugueses para o Brasil, segundo dados do senador brasileiro, já estava em marcha: entre 1857 e o primeiro trimestre de 1861, haviam entrado 31.595, calculando-se em 4.000 contos anuais a soma das remessas desses colonos para Portugal.[65]

O último dado exibido no Senado brasileiro, as remessas, acabaria por dobrar a histórica indisposição do Governo português para com a emigração para o Brasil e criar novo poder de barganha para a diplomacia deste País. A Chancelaria brasileira sentiu-se forte ao ponto de subordinar a negociação de uma convenção literária, de grande interesse para a proteção dos autores portugueses no Brasil, à aprovação prévia da convenção de colonização, e voltou a afirmar, de público, em 1863, que "as falsas impressões do Brasil em Portugal já quase se desvaneceram e aquele país não mais obsta à espontânea emigração para o Brasil".[66]

As estatísticas apresentadas por Antônio José Telo registram o aumento da emigração portuguesa a partir de 1871. A média anual de imigrantes passou de 5.177 na década de 1860 para

[65] *Anais do Senado*, sessão de 3 de agosto de 1861, v. 3, p. 20–25.

[66] *Relatório*, 1863, p. 41. Duque de Loulé a José de Vasconcelos e Sousa, despacho, Lisboa, 9 out. 1863, Arquivo Histórico Diplomático, Livro de Registro de Correspondência, série I, v. 30, Legação Portuguesa no Rio, p. 138–138v.

12.912 na de 1870, alcançando 18.323 entre 1880–1890. Esse incremento introduziu uma variável nova nas relações bilaterais, deslocando a importância do fluxo comercial entre os dois países para o fluxo financeiro em sentido único, do Brasil para Portugal. Com efeito, com a imigração, crescem as remessas a Lisboa, por Londres. Embora não tenham sido inventariadas com precisão, é certo que tais remessas tendem a corresponder a valores importantes nas finanças portuguesas: entre 8.000 e 12.000 contos anuais na década de 1880, montante suficiente para cobrir o déficit da balança portuguesa de comércio exterior no período.

Por duas vezes, durante a fase da história portuguesa conhecida por Regeneração (1850–1890), que sucedeu ao meio século de invasões, instabilidade política e combates fratricidas (1807–1850), foram os capitais oriundos do Brasil que permitiram a chamada "revolução verde", antecedendo a revolução industrial portuguesa, a partir de 1890. Nesses quarenta anos em que a modernização de Portugal avançou por meio de um vasto programa de infra-estrutura física de transportes e comunicações e de progresso agrícola, foram os capitais dos negreiros brasileiros que afluíram no início, capitais ingleses no entremeio e remessas de trabalhadores emigrados para o Brasil ao final que forneceram o suporte financeiro de base sobre o qual se firmou o modelo econômico. Em vez de "um novo Brasil na África", o sonho dos homens de Estado de Portugal, foi o mesmo Brasil que prosseguiu condicionando a sorte socioeconômica de Portugal durante o século XIX.[67]

A maioria dos emigrantes portugueses originava-se do norte da metrópole e dos Açores. Os fatores de expulsão eram os mesmos quc pressionavam as saídas em toda a Europa de então: a superpopulação no campo, o progresso tecnológico que dispensava braços, a escassez de terra e as crises ocasionais que aceleravam o fluxo, como a carestia e a fome que assolaram Portugal em 1855. Ao chegar, orientavam-se para o trabalho na agricultura, atuando muitas vezes ao lado dos escravos e sendo mais maltratados porque sua perda não significava a perda de um capital

[67] TELO, 1994, p. 25–38.

(entre 1.500 e 2.000 réis cada escravo). Por isso, os agentes consulares no Brasil apontavam os abusos de que eram vítimas esses trabalhadores estrangeiros.

Os colonos portugueses eram recrutados na origem e assalariados à chegada por engajadores gananciosos; às vezes, eram rejeitados quando desembarcavam. Os cônsules pouco podiam fazer. Os barcos geralmente chegavam à noite e o Decreto brasileiro de 10 de janeiro de 1855 exigia, primeiro, a visita dos agentes locais, para verificação da alfândega, saúde e polícia, o que ocorria no dia seguinte, quando parte do desembarque já fora consumado. Depois, entravam nos navios os agentes consulares. Ora, os emigrantes tinham dívidas de viagem, seja com os engajadores em Portugal, seja com os capitães de transporte, seja com os engajadores brasileiros, que podiam descontar depois dos salários. Esse esquema de controle aplicava-se também aos clandestinos. Os emigrantes europeus que aportavam eram como que leiloados à chegada, como acontecia com os escravos. A procura era grande. As autoridades brasileiras pouco se importavam e rebatiam as críticas por maus tratamentos dizendo que a sorte dos imigrantes era melhor no Brasil. Alguns governos europeus mandavam inspecionar e a Prússia, por exemplo, proibiu a emigração para o Brasil por algum tempo. Em 1874, publicou-se, em Portugal, o primeiro *Livro Branco*, sobre a emigração portuguesa. A querela sobre as condições de vida dos colonos não confrontava apenas as autoridades brasileiras com os relatórios consulares, mas, como se observou, dividia também a opinião em Portugal. O escritor Mendes Leal publicava, para a revista *A América,* artigos favoráveis e Rodrigues de Matos dele discordava, apontando os horrores por que passavam os imigrantes. Como reagiriam as autoridades se, das remessas desses emigrados, passaram a depender as finanças públicas desde a década de 1870? Em vez de providências para contê-la, como haviam tomado até então, manifestavam apreensão com a emigração de massa de outras procedências nos anos 1880.[68]

[68] REGO, 1966, p. 20–29.

Além das condições de vida inerentes à fase de transição do trabalho escravo para o assalariado nas lavouras ou de abertura de colônias agrícolas, nativismo e nacionalismo influíam na configuração do ambiente de chegada dos imigrantes portugueses. A guerra de independência provocou ressentimentos que perduraram durante décadas. Eles eram repostos em qualquer situação de conflito de interesses. Ademais, os portugueses eram fiéis a suas origens, dominavam o comércio no início, portanto tinham ascendência sobre a economia, alguns abusavam dessas funções. Essas causas minúsculas provocavam manifestações antiportuguesas que, pela dimensão relativa do fenômeno, não têm a importância que a historiografia tradicional, sob influência daquele sentimentalismo, quis lhe atribuir.

Os tumultos que repercutiram com maior gravidade no Brasil e em Portugal foram os de 1848 em Pernambuco e de 1873–1874 no Pará. Os distúrbios de 26 e 27 de julho em Pernambuco ocorreram quando era pública uma memória escrita por Simão José da Luz Soriano, que fazia a apologia da emigração dos portugueses do Brasil para Angola. Pareciam provocados para estimular a partida, que efetivamente ocorreu, de algumas levas. Mas esse abandono do velho pelo novo Brasil nos meados do século, embora a gosto do projeto colonial português, concluiu-se em malogro, e novas levas não se ergueriam por ocasião de futuros distúrbios.

Entre as manifestações antiportuguesas do século XIX, as mais graves verificaram-se na província do Pará nos anos de 1873 e 1874. As primeiras ocorrências verificaram-se na cidade de Campina, durante uma cerimônia religiosa na igreja do Rosário, a 1º de fevereiro de 1873. Estando várias bandeiras hasteadas, um grupo arriou ostensivamente a portuguesa. As perseguições, desacatos e insultos que se seguiram foram relatados a Lisboa no mês seguinte por Matias de Carvalho e Vasconcelos, plenipotenciário português no Rio de Janeiro. A questão religiosa que resultou na prisão do bispo da diocese de Belém, D. Antônio de Macedo e Costa, envolvendo alguns portugueses que incluíram seus nomes em uma lista de protesto contra as autoridades governamentais, não parece ter influído sobre as ocorrências posteriores.

A correspondência trocada pelo cônsul português em Belém, Joaquim Baptista Moreira, com o Ministro português no Rio de Janeiro, Matias de Carvalho e Vasconcelos, e deste com os Ministros de Estrangeiros de Portugal e do Brasil, João de Andrade Corvo e Visconde de Caravelas, como ainda entre as autoridades do Governo central no Rio de Janeiro e do Governo provincial do Pará, foi reunida em grande parte pelos Ministros de Estrangeiros e encaminhada para conhecimento das respectivas assembléias legislativas, nos relatórios de 1875.[69] Durante mais de 1 ano em que os distúrbios se repetiram no Pará, as autoridades de ambos os países mantiveram contatos permanentes, facilitados pelo telégrafo, que jamais denotaram desentendimento algum, ao contrário, leal e franca colaboração para pôr termo aos delitos e punir os culpados. Ao cobrar empenho, nesse sentido, das autoridades brasileiras, o Ministro português de Estrangeiros referiu-se de leve à possibilidade de as Cortes virem a decretar a proibição da emigração para o Brasil.

A causa que todos identificaram na origem dos distúrbios foi a série de artigos ultrajantes contra os portugueses publicada de longa data pela *Tribuna*, um periódico de Belém. Não era difícil para seus autores revolver velhos ressentimentos, uma herança incômoda do passado, caso tivessem, como realmente tinham, a intenção de provocar arruaças. Ao solicitarem providências contra o jornal, o consulado e a legação de Portugal no Brasil frustraram-se com a negativa, por parte das autoridades, de tomar medidas administrativas, que a lei lhes vedava em nome da liberdade de imprensa. O jornal foi processado com base nas leis vigentes, porém a sentença foi branda, mesmo porque se tratava de um caso isolado de hostilidade da imprensa brasileira contra os portugueses e porque era difícil estabelecer a causalidade entre seus escritos e os tumultos.

Nem todos os casos em que portugueses eram vítimas de assaltos ou violências poderiam ser classificados como efeito do

[69] Ver *Documentos Apresentados às Cortes*, sessão legislativa de 1875, p. 115–184, e *Relatório*, 1875, Anexo I, p. 301–333, este com 18 documentos.

nativismo ou nacionalismo brasileiro. Em outros termos, poderiam ocorrer independentemente de sua linhagem, o que não invalida, todavia, o caráter de conflito de nacionalidade que se atribuiu aos tumultos do Pará. O levantamento dos fatos revela que várias localidades da Província foram atingidas por uma onda de manifestações. No cômputo geral, embora os levantamentos seguros não estejam disponíveis, as arbitrariedades e violências resultaram em ofensa à bandeira, três assassinatos (dois dos quais motivados por roubo), três espancamentos, um mau trato e um roubo. A celeuma que provocaram em ambos os países foi tanta que o próprio plenipotenciário português no Rio de Janeiro, em ofício de 28 de novembro de 1874 ao Ministério de Lisboa, se viu na obrigação de acalmar os ânimos: "Dos esclarecimentos e informações constantes da minha correspondência, relativamente ao que nos últimos tempos tem ocorrido na Província do Pará, resulta que nas notícias telegráficas transmitidas, tanto para Lisboa como para esta Corte, há exageração e inexatidão.". Segundo informações transmitidas pelo Visconde de Caravelas, Carlos Carneiro de Campos, a justiça brasileira, cuja conduta as autoridades portuguesas elogiavam, indiciou em crimes apenas seis indivíduos. A dimensão psicossocial dos tumultos parecia exceder os fatos, deixando a população portuguesa da Província atemorizada.

O Governo português agiu corretamente diante dos distúrbios, por um lado cobrando providências das autoridades brasileiras e acompanhando de perto as iniciativas e, por outro, enviando, ao porto de Belém, a corveta Sagres, para dar a necessária proteção a seus súditos. O comandante da belonave, predisposto a intimar os diretores da *Tribuna*, foi advertido de que permanecesse subordinado ao Cônsul local e em perfeita harmonia com as autoridades provinciais.

Os efeitos dos distúrbios do Pará foram compatíveis com sua pequena dimensão real. O comércio português sofreu alguma perturbação em Belém. Cogitou-se, sem sucesso, em deslocar algumas centenas de portugueses para Angola. As autoridades de Luanda, consultadas por Lisboa, opinaram desfavoravelmente, em razão do malogro de transferências anteriores. Ao final, cerca de quinze foram embarcados para a África e dez repatriados para

Portugal. O cônsul em Belém recebera instruções de Lisboa para custear a passagem, por conta do tesouro, de quem se julgasse em perigo e o solicitasse, mas esses eram necessitados que buscavam melhor destino, antes de estar fugindo de alguma perseguição.[70]

Um balanço dos acontecimentos do Pará permite concluir positivamente quanto aos resultados das diligências brasileiras levadas a cabo tanto para punir os criminosos quanto para assegurar proteção à vida e à propriedade dos portugueses: a) o Governo imperial satisfez ao português que reconheceu a ação das autoridades como adequada; b) as provocações da *Tribuna* e os crimes cometidos no Pará foram condenados pela opinião pública de todo o País, como atos que "repugnam ao caráter dos brasileiros e aos sentimentos de amizade que os ligam aos portugueses" na expressão de Caravelas; c) o restabelecimento, ao final, da confiança entre os dois governos; d) as cuidadosas investigações e as severas penas aplicadas aos culpados serviram de parâmetro para dissuadir a repetição de tais fatos em outras províncias; e e) a circunscrição do distúrbio do Pará, assim mesmo, aos limites de pequena manifestação hostil, em que de fato consistira.[71]

À medida que o fluxo de imigrantes portugueses crescia, adquiria importância, nas relações bilaterais, o tema da naturalização de estrangeiros de que dependia a transferência de renda de um país a outro. A naturalização, ou seja, a concessão da cidadania aos estrangeiros, era concebida, pelo Governo brasileiro no século XIX, como instrumento destinado a acelerar a integração social e política dos imigrantes. Após a Lei de 23 de outubro de 1832, elaborada com o fim de atrair imigrantes livres, a Lei de 30 de agosto de 1843 regulamentou a naturalização de modo liberal e a contento dos governos estrangeiros: estabeleceu o requerimento por parte do interessado, dois anos de residência, o reco-

[70] REGO, 1966, p. 29–36. Este autor discorda de José Honório Rodrigues que, em *Brasil e África: outro horizonte* (Rio de Janeiro: Civilização Brasileira, 1961), afirma que as relações bilaterais durante o século XIX foram exclusivamente favoráveis a Portugal.

[71] Ver esta avaliação feita pelo Visconde de Caravelas no *Relatório* de 1875, p. 22.

lhimento de uma taxa e a faculdade de concedê-la, atribuída ao Governo. No caso de dispensa do prazo, o Legislativo deveria examinar o requerimento e decidir. Fê-lo de forma generosa, a ponto de converter-se, na expressão do deputado Miguel Joaquim de Araújo, "em uma máquina de fabricar cidadãos brasileiros".[72]

Os numerosos pedidos de redução ou dispensa de prazo que inundavam o Parlamento provinham, em sua quase totalidade, de portugueses desejosos de habilitar-se aos cargos públicos, para os quais a nacionalidade era exigida. Os parlamentares ocuparam-se com inúmeros projetos de lei, cujas finalidades eram desburocratizar o processo de naturalização e estimular a imigração. No fundo, todavia, desejavam, os homens públicos da época da Monarquia, o que somente a República teria coragem de fazer: provocar a naturalização em massa com o objetivo de forçar a assimilação social do imigrante e promover o ideal da integração cultural e política no seio da nação. Antes da República, vigoraria, com pequenas modificações, a lei de 1843, mas é sintomático o projeto encaminhado em 1887 pelo Senador Alfredo d'Escragnolle Taunay, porque rompia com o conceito de naturalização individual e prenunciava a naturalização coletiva decretada em dezembro de 1889, um mês após a mudança do regime político.

[72] *Anais da Câmara dos Deputados*, sessão de 15 de junho de 1860, v. 1, p. 211.

Capítulo 4

Comércio e Finanças nas Relações Bilaterais entre 1825 e 1889

4.1 O Comércio Bilateral

O Tratado de Paz e Aliança, de 29 de agosto de 1825, ao restabelecer as relações comerciais entre Brasil e Portugal, fixou, em 15% *ad valorem,* a alíquota a ser aplicada nas alfândegas para todas as mercadorias e introduziu o tratamento de nação mais favorecida quanto aos direitos sobre o comércio e a navegação.

Na verdade, este Tratado não regulamentou o comércio e a navegação a contento dos interesses de ambos os lados. Tanto é que, na condição de plenipotenciário português, Charles Stuart encetou, nesse ano, a negociação de um Tratado de Comércio e Navegação, previsto pelo de Paz e Aliança, mas a morte de D. João VI, em 1826, e a instabilidade política em Portugal impediram que esses entendimentos prosperassem. O ambiente das relações bilaterais nos anos que sucederam à penosa e desagradável negociação do reconhecimento não era cordial. "Quanto porém ao Tratado de comércio, sou de parecer que por hora nenhum passo deve ser dado.", escreveu o Ministro de Estrangeiros ao representante português no Rio de Janeiro em 1827, reconhecendo a impossibilidade das negociações, em uma situação esdrúxula em que se encontravam ambos os países: "Posto que Portugal e o Brasil tenham presentemente o mesmo Soberano, nunca se devem confundir as duas Nações que são perfeitamente separadas, e cujos interesses políticos são diversíssimos.". A reivindicação brasileira de nomear um cônsul para Angola com o intuito de zelar pelo comércio que se fazia entre a costa da África e o Brasil foi qualificada pelo Ministro português de "um fato bem desagradável (...) que pode ter maus resultados".[1]

A notável melhoria no ambiente das relações bilaterais que ocorreu após 1834 com a resolução da questão sucessória portuguesa, na qual, com apoio financeiro do próprio Governo brasileiro, se empenhou D. Pedro ao deixar o Brasil, acendeu as esperanças de relações comerciais privilegiadas entre os dois países, as quais o círculo luso dos negócios sempre alimentara. O novo enviado português ao Rio de Janeiro trouxe, em 1835, instruções para negociar o esperado tratado decorrente daquele de 1825. Joaquim Antônio de Magalhães apresentou seus plenos poderes e expôs idéias otimistas que o Governo de seu país nutria, então, acerca do comércio, da navegação e das pendências financeiras. As bases sobre as quais o Duque de Palmela sugeria deverem assentar-se as negociações eram as de colocar "reciprocamente os comerciantes de ambos os países sobre um pé mais vantajoso do que os de qualquer outra nação". Às demais nações, persistiria o tratamento da mais favorecida, sem que lhes coubesse reivindicar os privilégios dos países desmembrados da mesma família.

A grande pretensão portuguesa que transparecia nessas diretrizes de negociação consistia em reduzir, talvez pela metade, os direitos sobre todo o intercâmbio de mercadorias, mas, caso não se obtivesse a norma geral, conviria aplicar privilégios de redução de direitos aos vinhos, ao sal e às manufaturas portuguesas, em contrapartida ao tabaco, ao açúcar, ao algodão e aos couros brasileiros. Dois outros privilégios eram sugeridos nas instruções para o negociador português: a participação da outra bandeira no comércio de cabotagem e a exclusividade no transporte de mercadorias com direitos reduzidos aos navios de ambas as nacionalidades. Nos portos, navios brasileiros e portugueses seriam equi-

[1] Francisco de Almeida a Carlos Matias Pereira, despacho, Lisboa, 5 abr. 1827, Arquivo da Torre do Tombo, Livro de Registro de Correspondência, v. 593, Legação Portuguesa no Rio, p. 44–45.

parados aos nacionais para efeito de taxas de ancoragem.[2] Mas a África portuguesa, cujos portos permaneciam fechados ao comércio dos estrangeiros, era intocável, frustrando-se, mais uma vez, o desejo brasileiro de nomear um cônsul para Angola, a menos que o Brasil viesse a aderir à convenção de repressão ao tráfico que negociavam então Portugal e Grã-Bretanha.[3]

Durante as negociações, o otimismo e as propostas arrojadas do Governo português foram sendo atenuados com as mudanças no Ministério dos Negócios Estrangeiros e, por outro lado, esbarraram na frieza do Ministro brasileiro de Estrangeiros. O princípio de um comércio bilateral a ser estabelecido mediante privilégios não reconhecidos à nação mais favorecida pareceu inexeqüível.[4] A 19 de maio de 1836, o Tratado de Comércio foi firmado por Joaquim Antônio de Magalhães e pelo Ministro dos Negócios do Império e interino dos Negócios Estrangeiros, José Inácio Borges. O Tratado manteve o princípio dos privilégios superiores aos da nação mais favorecida, ao estipular redução de 5% *ad valorem* sobre o comércio de terceiros que, no Brasil, pagavam todos 15%. Regulamentou o comércio e a navegação com base nos princípios da liberdade de mercado e do tratamento de nação mais favorecida e fixou normas para o exercício das funções diplomáticas e consulares, tão relevantes sobretudo para Portugal, em virtude de grande número de cidadãos daquele país residirem no Brasil. Má sorte estaria, contudo, reservada ao Tratado português.

Com base na Lei de 1831 que fixava as responsabilidades da Regência, o Parlamento brasileiro detinha o poder de examinar

---

[2] Duque de Palmela a Joaquim Antônio de Magalhães, instruções, Lisboa, 6 jul. 1835, Arquivo da Torre do Tombo, Livro de Registro de Correspondência, v. 593, Legação Portuguesa no Rio, p.130–146.

[3] Marquês de Loulé a J. Barroso Pereira, despacho, Lisboa, 20 nov. 1835, Arquivo da Torre do Tombo, Livro de Registro de Correspondência, v. 593, Legação Portuguesa no Rio, p. 167v.–168.

[4] Conde de Vila Real a Joaquim Antônio de Magalhães, despacho, Lisboa, 6 jul. 1836, Arquivo da Torre do Tombo, Livro de Registro de Correspondência, v. 593, Legação Portuguesa no Rio, p. 189–193.

os tratados e condicionar, a sua decisão, a ratificação pelo Governo. Com esta arma, equipou-se o poder legislativo em reação ao Tratado de Comércio e Navegação, concluído com a Inglaterra em 1827, e ao sistema dos tratados da época da independência – cerca de duas dezenas –, que ele e os sucessivos gabinetes consideraram, desde 1828, altamente lesivos aos interesses nacionais. A renovação do Tratado de 1827 com a Áustria fora rejeitada por unanimidade pelo Senado, após ter sido aprovada pela Câmara, que não viu inconveniente em sua renovação, visto que expiraria junto com o Tratado inglês, em 1842. A Câmara ficou, contudo, impressionada com a votação do Senado, a traduzir a hostilidade de seus membros: "a querer-se que o enterro do tratado seja feito com mais solenidade, então se espere pela ocasião em que o Ministro possa comparecer (...)", ironizava, durante os debates, o influente senador Nicolau Pereira de Campos Vergueiro.[5]

Quando baixou, à Câmara dos Deputados, o tratado negociado com o plenipotenciário português, o Governo levou a sério a ironia do Parlamento. O Ministro dos Negócios Estrangeiros empenhou-se em convencer os representantes da nação da singularidade do tratado e das relações com Portugal e afirmou que também concordava que expirasse com o tratado inglês. Deu, porém, a entender que fora obra conjunta, envolvendo todo o Gabinete, e que sua rejeição seria tomada como um voto de censura e poderia provocar a queda do Governo. Invocou ainda o parecer favorável da Comissão de Diplomacia.

Os argumentos contrários ao Tratado levantados pelos deputados brasileiros eram uma mescla de ressentimentos remanescentes contra os portugueses e de determinação de se opor a qualquer novo tratado de comércio. A redução de 5% de direitos recíprocos centralizou os debates a favor e contra a aprovação do Tratado. Os que se lhe opunham – Francisco de Souza Martins, Bernardo José da Gama e Francisco Gonçalves Martins, entre outros – consideravam-na privilégio injusto por excluir outros

[5] CERVO, 1981, p. 25.

produtores e favorecer os comerciantes portugueses no Brasil, impolítico por motivar reclamações de outros governos e ruinoso por prejudicar a receita pública. A defesa do Tratado, a cargo de Antônio Peregrino Maciel Monteiro, Honório Hermeto Carneiro Leão, Miguel Calmon du Pin e Almeida e Antônio Paulino Limpo de Abreu (Ministro de Estrangeiros), entre outros, procurou dirimir as críticas e elevar a Câmara acima daqueles ressentimentos antiportugueses. Não convenceu a maioria: por 45 votos contra 37, a Câmara dos Deputados rejeitou o parecer da Comissão de Diplomacia e a vontade do Gabinete, negando autorização ao tratado, que sequer foi examinado pelo Senado.

A rejeição do tratado de comércio com Portugal assentou definitivamente a diretriz do Parlamento brasileiro que seria mantida invariável pela diplomacia até o fim do período monárquico, em 1889: não renovar os tratados vigentes desde a época da independência e não mais firmar tratados de comércio com as grandes potências, visto que elas não observavam o princípio da reciprocidade e que faziam valer as estipulações apenas a seu favor.[6]

No fundo, o tratado com Portugal, embora por pouco, foi vítima dessa nova linha de força da diplomacia brasileira, que amadureceu durante a Regência e estendeu-se pelo Segundo Reinado, expressa, com clareza, em 1847, pelo Ministro dos Negócios Estrangeiros do Brasil, o Barão de Cairu, Bento da Silva Lisboa, em sua exposição à Assembléia:

> Os maus efeitos dos tratados que o Brasil, alguns anos depois de sua emancipação política, celebrou com várias potências, pelos embates que de contínuo neles encontravam os verdadeiros interesses do país, as questões e mesmo complicações que sobrevieram nas relações com vários governos, o futuro embaraçoso que nos legaram certos compromissos que ainda hoje subsistem, estes e outros motivos trouxeram a crença de que os tratados não são os melhores meios de estreitar os vínculos que ligam as nações entre si; que o Império, tendo por

6 *Anais da Câmara dos Deputados*, sessões de 19, 20, 22 e 23 de agosto de 1836, v. 2, p. 187–207.

> via deles atravessado uma época de contínuo constrangimento para seu desenvolvimento social, deve ser hoje cauteloso, nada conceder em absoluto que não seja a aplicação de princípios que tenham merecido o assenso de todos os povos cultos, abandonar tudo o mais às fases que forem apresentando os acontecimentos e as conveniências sociais, e assim regular a sua marcha política e comercial com as outras nações.[7]

A rejeição do tratado pela Câmara dos Deputados provocou, em Portugal, grande desalento. O Ministro dos Negócios Estrangeiros Sá da Bandeira não se deu por vencido e instruiu seu representante no Rio de Janeiro a solicitar que o Gabinete, cujo empenho em aprová-lo elogiou, apresentasse novamente a proposta ao Legislativo. Solicitou – tamanha era sua esperança – que fosse alterado o artigo 20, transformando o tratado, cuja vigência se previa por seis anos, em tratado por tempo indeterminado, para durar muito mais. Invocou, o Ministro português, quatro razões a serem exploradas no Rio de Janeiro por seu representante, a quem remetia novamente os plenos poderes de negociação "para conseguir um resultado feliz nesse negócio": a) o Tratado é o único, entre tantos firmados pelo Brasil, a estabelecer verdadeira reciprocidade; b) os que se opuseram na Câmara não haviam disposto de tempo para consultar a opinião das províncias do Império; c) a rejeição se dera por escassa maioria; e d) Portugal e Brasil devem-se mutuamente tratamento privilegiado sobre os demais fluxos de comércio por serem nações vinculadas de modo único e exclusivo.[8]

Enquanto tentava reintroduzir a negociação do tratado com o Brasil, o Governo português buscou outros mercados, sobretudo na Inglaterra e nos Estados Unidos. Reforçou, por outro lado, seu projeto colonial, tendo em vista substituir produtos brasileiros por africanos. Nesse sentido, ordenou, ao representante no Rio

[7] *Relatório*, 1847, p. 23.

[8] Sá da Bandeira a João Baptista Moreira, despacho, Lisboa, 22 dez. 1837, Arquivo da Torre do Tombo, Livro de Registro de Correspondência, v. 594, Legação Portuguesa no Rio, p. 25–28v.

de Janeiro, a contratação de técnicos e o envio de plantas de chá para iniciar grande cultura do produto em Angola.[9] Uma das conseqüências do malogro da negociação com o Brasil registrou-se na esfera da ação diplomática: as transações bilaterais tendiam a perturbar a vida dos representantes de governo no outro país, a toda hora chamados a insistir por alguma vantagem na importação e a reclamar contra medidas consideradas prejudiciais à exportação dos produtos nacionais. Rasteando a correspondência diplomática, percebe-se que, desde 1836, a principal reclamação de Portugal dizia respeito ao comércio de seus vinhos,[10] ao passo que o Brasil protestava, em geral, contra alterações na pauta portuguesa da alfândega e contra a negativa em autorizar um cônsul para Angola.[11]

Tanto no Brasil quanto em Portugal persistiriam esforços de comerciantes e políticos no sentido de retomar as negociações acerca do comércio. O Ministro português residente no Rio de Janeiro em 1839, Joaquim César de Figanière e Mourão, recebeu ordens de Sá da Bandeira para solicitar, mais uma vez, ao Gabinete, que reapresentasse, ao Legislativo, o Tratado de Comércio de 19 de maio de 1836.[12] Fê-lo em vão. Assim, o espírito do Tratado de 1825 diluía-se com o tempo, diante da impossibilidade de novas negociações chegarem a termo entre os dois Estados.

O ponto sensível português era os vinhos. Elevação de 50% dos direitos nas alfândegas brasileiras determinada pelo Decreto de 6 maio de 1839 sobre a importação de bebidas de todas as procedências provocou manifestação de nervosismo do Ministro dos Negócios Estrangeiros português, que traduzia o eco das representações das câmaras municipais junto às Cortes:

---

9 Sá da Bandeira a João Baptista Moreira, despacho, Lisboa, 29 ago. 1838, Arquivo da Torre do Tombo, Livro de Registro de Correspondência, v. 594, Legação Portuguesa no Rio, p. 39v.

10 Conde de Vila Real a Joaquim Antônio de Magalhães, despacho, Lisboa, 26 maio 1835, Arquivo da Torre do Tombo, Livro de Registro de Correspondência, v. 593, Legação Portuguesa no Rio, p.182–183.

11 *Relatório*, 1837, p. 9.

12 Sá da Bandeira a Joaquim C. de Figanière e Mourão, instruções, Lisboa, 9 mar. 1839, Arquivo da Torre do Tombo, Livro de Registro de Correspondência, v. 594, Legação Portuguesa no Rio, p. 48v.–49.

> O Governo de S. M. viu não só com surpresa mas com muita mágoa, que no meio dos perigosos lances por que ambos os países têm passado depois do Tratado da separação, seja esta a primeira vez que se possa presumir que a boa inteligência e fraternas relações venham a ser interrompidas entre ambos os países, porque o Decreto de 6 de maio (...) parece um ato de refletida hostilidadde.[13]

Exigiu modificação do Decreto para salvaguardar os direitos portugueses e ameaçou com retaliações contra o comércio brasileiro na costa da África. Desvaneciam-se as esperanças portuguesas de tratamento preferencial com que tanto se sonhara por ocasião da negociação do tratado de 1836.[14]

Uma das últimas manifestações do espírito de conciliação de 1825 sobre as perspectivas do comércio bilateral verificar-se-ia em 1840, quando o Governo português nomeou para o Brasil o experiente diplomata Ildefonso Leopoldo Bayard com a incumbência de alcançar o desejado acordo e, para tanto, oferecer tratamento preferencial aos produtos brasileiros nos portos portugueses. Tão empenhado estava então o Duque de Palmela em chegar a resultados do lado do Brasil que condicionou a ratificação de importante acordo comercial já firmado com os Estados Unidos nesse mesmo ano àquele que porventura viesse a ser concluído com o Brasil, país ao qual o Governo português pretendia conceder tratamento preferencial, por sobre o princípio de nação mais favorecida.[15] Mas a relutância brasileira em assinar tratados, aliada, nesse início da década de 1840, à emergência do pensamento industrialista e protecionista, frustrou mais uma vez a iniciativa portuguesa.

---

13 Barão da Ribeira de Sabrosa a Joaquim C. de Figanière e Mourão, despacho, Lisboa, 27 jul. 1839, Arquivo da Torre do Tombo, Livro de Registro de Correspondência, v. 594, Legação Portuguesa no Rio, p. 63v. Ver despacho do Conde do Bonfim de 24 dez., *ibidem*, p. 117v.–118

14 Sá da Bandeira a Joaquim C. de Figanière e Mourão, despachos, Lisboa, 29 jul. e 12 ago. 1839, Arquivo da Torre do Tombo, Livro de Registro de Correspondência, v. 594, Legação Portuguesa no Rio, p. 61v.–65.

15 MAGALHÃES, 1997, p. 24–26.

O Governo português já havia elevado os direitos sobre as aguardentes e outros produtos brasileiros, dando provas de que as pressões sobre tratamento preferencial não se convertiam, necessariamente, em regulações. Recentemente, havia ainda elevado as taxas sobre navios brasileiros acima daquelas cobradas de países com os quais mantinha tratado especial – Estados Unidos, Inglaterra, Prússia e outros Estados do Zollverein. Após a lei de 5 de junho de 1844, que admitiu agentes consulares nos portos de suas possessões ultramarinas abertos ao comércio estrangeiro, apesar de consentir na presença de cônsules ingleses, com o argumento de combater o tráfico de escravos, opusera-se à nomeação de cônsules brasileiros na África, o que se fazia necessário dado o grande movimento de embarcações que para lá se dirigiam. Esses atritos e medidas tinham origem em ambos os lados, em um regime de grande instabilidade de regras. Assim, os vinhos e o sal português teriam novamente tratamento especial na nova pauta da alfândega brasileira em 1844 e a questão do tratado de comércio voltaria à pauta das propostas portuguesas.[16] Mas a autorização para nomeação de cônsules nas possessões africanas, apesar de veemente insistência, permanecia, até 1847, um trunfo que a diplomacia portuguesa jogava sobre a mesa para obter seja o Tratado de Comércio, seja outras vantagens, mesmo o tratamento de nação mais favorecida que já se lhe negava.[17]

Em seu *Relatório* de 1847 à Assembléia, o Ministro de Estrangeiros, Bento da Silva Lisboa, alertou para os efeitos prejudiciais, ao comércio brasileiro, das recentes medidas de proteção à bandeira portuguesa. Reconheceu que a ausência de um tratado ensejara acréscimo de dificuldades. No ano seguinte, seu sucessor, Antônio Paulino Limpo de Abreu, na mesma exposição aos

[16] José Joaquim Gomes de Castro a José de Vasconcelos e Sousa, despachos, Lisboa, 22 jun. e 20 jul. 1844, Arquivo da Torre do Tombo, Livro de Registro de Correspondência, v. 595, Legação Portuguesa no Rio, p. 83v.–84 e 89–90.

[17] Ildefonso Leopoldo Bayard a José de Vasconcelos e Sousa, despachos, Lisboa, 21 jun. e 9 ago. 1847, Arquivo da Torre do Tombo, Livro de Registro de Correspondência, v. 595, Legação Portuguesa no Rio, p. 143v.144v. e 147v.–148v.

representantes da nação, reconheceu que as relações comerciais com Portugal se haviam modificado nos últimos anos por efeito de decisões tomadas de lado a lado, situando-se em estado distinto daquele acordado após a Independência. Declarou que se havia extinto o espírito do Tratado de 29 de agosto de 1825 e deu conhecimento de uma nota que o Governo brasileiro encaminhara ao representante português no Rio de Janeiro, José de Vasconcelos e Sousa, em 1847, declarando insubsistentes o artigo 10 (tarifas de 15%) e o 5 (princípio da nação mais favorecida). Isso feito, elevou os direitos sobre os vinhos portugueses, sobre os quais, em vez de tratamento privilegiado, viriam a incidir direitos até superiores aos de outras procedências. Em Lisboa, o Ministro brasileiro foi instruído a não protestar contra a discriminação feita aos navios brasileiros, visto que estava no direito português dar por terminados aqueles artigos do tratado de 1825.[18] Mas, em maio de 1848, uma troca de notas entre os governos revela que, nesse ano, os navios de ambas as nações haviam sido novamente assimilados aos nacionais para efeito de encargos, medida que veio aliviar a crescente dificuldade em administrar as relações econômicas bilaterais.[19]

A legislação brasileira relativa ao comércio e à navegação, após a extinção dos tratados da época da independência, fazia-se por decretos, cujo conteúdo era encaminhado às legações no exterior, com o intuito de buscar a reciprocidade. O Decreto de 1º de outubro de 1847 estabeleceu os direitos diferenciais e a possibilidade de exceções nas alfândegas com a finalidade de retaliar ou favorecer, com base na reciprocidade, os governos que tratassem bem ou mal o comércio e os navios do Brasil. Em maio do ano seguinte, produziu seus efeitos nas transações com Portugal. Estas haviam-se agravado por uma medida do Governador de Angola, que elevara, em 1847, enormemente, os direitos alfandegários, isentando, dessa medida, Inglaterra e Estados Unidos, com os quais Portugal tinha tratado de comércio. Como o Brasil era o

[18] *Relatório*, 1847, p. 15 e 1848, p. 17.
[19] *Relatório*, 1949, p. 23.

principal parceiro do comércio exterior angolano, seus interesses ficaram seriamente abalados ao ponto de prever-se sua eliminação pelos outros dois concorrentes. O incidente de Angola serviu de advertência para os governos, que trataram de harmonizar suas políticas. Mediante decisões tomadas por ambos no ano seguinte, os direitos diferenciais foram eliminados, as pautas da alfândega equiparadas às da nação mais favorecida e os navios tratados como nacionais nos portos do outro lado.[20]

O decreto brasileiro de 1847 foi revogado e substituído pelo de 4 de maio de 1849, de execução mais simples e menos dependente de ajustes com outros governos, visto que considerava nacionais os navios que aportassem ao Brasil de países onde o mesmo tratamento era conferido aos navios brasileiros. Para retaliar contra países cujos governos criassem dificuldades à navegação e ao comércio do Brasil, persistiam os Decretos de 20 de julho e 12 de agosto de 1844.[21]

A admissão de cônsules brasileiros nas possessões africanas persistia ainda sem solução em 1850, apesar das representações que a legação imperial em Lisboa dirigia ao Governo, invocando o princípio da reciprocidade e a conveniência de haver quem cuidasse dos interesses dos súditos brasileiros, até mesmo para acudi-los de eventuais vexames que, por vezes, sofriam das autoridades locais.[22]

Incidente de graves proporções, relacionado com as importações portuguesas no Brasil, ocorreu em 1852. Em ofício ao Rio de Janeiro, o Enviado Extraordinário e Ministro Plenipotenciário em Lisboa, Antônio de Menezes Vasconcelos de Drummond, formulou uma denúncia acerca de alimentos adulterados que eram exportados:

> Como de Portugal se exporte para o Brasil não pequena porção de paios e chouriços anualmente, devo informar a V.Ex., para conhecimento público, que a polícia deste distrito acaba

[20] Antônio de Menezes Vasconcelos de Drummond a Paulino José Soares de Souza, ofícios, Lisboa, 6 dez. 1847 e 24 mar. 1848. *Relatório*, 1850, Anexo, p. 23–24.

[21] *Relatório*, 1850, p. 8.

[22] *Relatório*, 1850, p. 5.

> de descobrir por denúncia uma fábrica destes artigos em Aldeia Galega, onde se cometia toda a espécie de falsificações na manufatura deles, ajuntando-se-lhe à carne de porco, de que são compostos, carne de cão, gato, cabrito, cavalo, e de outros animais mortos por doença ou cansaço. Desconfia-se que até carne humana se lhe ajuntava.[23]

A notícia vazou à imprensa portuguesa e, diante do escândalo das acusações, a bem da verdade fortes e levianas, tidas, aliás, por inverídicas pela Ministério luso de Estrangeiros, o Ministro foi descredenciado pelo Governo português e a correspondência entre este e a legação brasileira em Lisboa, interrompida. Também no Brasil, por imprudência ou açodamento, a notícia repercutiu na imprensa, despertando, no Rio de Janeiro e na Bahia, incitações a assassinato de portugueses. Todo o comércio de alimentos portugueses no Brasil, e este era o item quase único da importação, estava em risco de ser interrompido, caso se perdesse o controle sobre as repercussões do fato.

A posição do Ministro brasileiro em Lisboa tornou-se insustentável, mesmo após apresentar, ao Governo que o credenciara, desculpas e declaração de que a notícia era sigilosa e de que não fora sua intenção colocá-la ao alcance da imprensa. O Ministro dos Negócios Estrangeiros luso, Antônio Aluízio Jervis de Atouguia, com evidente irritação, que até seu estilo literário contaminou, dirigiu-se a seu representante no Rio de Janeiro, José de Vasconcelos e Sousa, desmentindo o fundamento da acusação e simplificando ao extremo o ocorrido:

> o Governo mandou proceder às mais escrupulosas investigações sobre o fato, que o dito ministro asseverou ser incontestável, e não porque se duvidasse de que a asserção era inteiramente falsa, mas porque importava levar à extrema evidência todas as circunstâncias deste negócio, de nenhuma das quais podia o juízo mais prevenido adotar, nem por equívoco, a versão

[23] Antônio de Menezes Vasconcelos de Drummond a Paulino José Soares de Souza, ofício, Lisboa, 1 jul. 1852, *Relatório*, 1853, Anexo B, p. 1–2.

> que se dera a uma ocorrência ordinária, o corromper-se com o tempo uma porção de carnes ensacadas, que à simples inspeção da autoridade técnica seria condenada. Com efeito, não houve outra coisa.[24]

Em nota de 13 de dezembro de 1852, entregue a Paulino José Soares de Souza, Ministro brasileiro dos Estrangeiros, esse representante português no Rio de Janeiro exigiu, em nome de seu Governo, a demissão de Drummond.

Respondeu-lhe Paulino por meio de memorando, em que expôs o modo pelo qual o Governo imperial reagiu à nota portuguesa. A atitude do representante brasileiro em Lisboa foi considerada correta, visto que o apodrecimento de produtos de exportação fora reconhecido pelas autoridades portuguesas. Esse fato, "somado à simples suspeita de falsificação", já seria, segundo Paulino, necessariamente objeto de comunicação ao Governo brasileiro. Drummond fê-lo de boa-fé, ao atribuir a falsificação a algumas fábricas sem comprometer a imagem do sistema luso de produção. Ademais, os prejuízos ao comércio imputados às alegações de Drummond não se elevavam ao montante declarado pelo Governo português. De acordo com os dados expostos por Paulino, a importação para o Brasil, em 1851, não teria alcançado a soma de R$ 30:000,000 em moeda portuguesa e as medidas de controle de qualidade tomadas na chegada do produto ao Brasil haviam restabelecido a confiança da população, não permitindo um declínio considerável das compras. Em suma, se o Ministro brasileiro em Lisboa foi alarmista na redação de seus documentos, fora-o involuntariamente. Por tais razões, o Governo imperial considerou injustificada a interrupção das relações e declarou-se disposto a substituir o Ministro tão logo fosse revogado aquele pedido de demissão.[25]

---

[24] Antônio Aluízio Jervis de Atouguia a José de Vasconcelos e Sousa, despacho, Lisboa, 13 nov. 1852, *Relatório*, 1853, Anexo B, p. 3–4.

[25] Interrupção da correspondência oficial do governo português com a legação imperial em Lisboa: ver a troca de notas entre os governos, *Relatório*, 1853, Anexo B, p. 1–9.

À vista de tais argumentos, revogou o Governo português sua deliberação de interromper as relações com a legação brasileira em Lisboa. Em hábil manobra diplomática, Paulino concedeu a Drummond uma licença para tratar da saúde em Paris e este, ao retirar-se, designou João José Ferreira dos Santos para substituí-lo na condição de Encarregado de Negócios Interino, o qual restabeleceu a correspondência com o Ministério português. À saída de Drummond, a Rainha e seu Ministro dos Negócios Estrangeiros Atouguia convidaram a ambos, o que se despedia e o que substituía, para uma recepção no Paço das Necessidades. Realizou-se o encontro a 27 de junho de 1853, às 12 horas, terminando bem um incidente comercial que se havia transformado em contencioso político. Logo depois, seguiu para Lisboa o novo Enviado Extraordinário e Ministro Plenipotenciário, na pessoa de Antônio Peregrino Maciel Monteiro.[26]

Depois de solucionado, o incidente e seu desfecho foram objeto de requerimento de informações pelo Senado brasileiro, que deles se ocupou em julho de 1853. O Ministro das Relações Exteriores compareceu aos debates para explicar sua atitude, considerada, por alguns, ofensiva à dignidade da diplomacia, já que consentira na retirada de Drummond, imposta por Lisboa. A discussão não deu muita importância ao fato e elevou-se acima dele, estendendo-se sobre as noções de honra, dignidade, proteção aos diplomatas, prudência no exercício da função e responsabilidade política da diplomacia.[27]

A cordialidade, a firmeza e a disposição conciliatória evidenciadas na solução desse incidente certamente contribuíram para remover outra pendência que vinha, desde a Independência, conturbando as relações bilaterais e que consumira enormes esforços da diplomacia brasileira: pelo Decreto de 17 de março de 1854, anuiu, enfim, o governo português, a que o Brasil desig-

---

[26] Antônio Aluízio Jervis de Atouguia a João José Ferreira dos Santos, nota, Lisboa, 21 jun. 1853, *Relatório*, 1854, Anexo I, p. 1–5 e p. xxi.

[27] *Anais do Senado*, sessões de 14, 15, 16, 18, 19, 20 e 21 de julho de 1853, v. 1, p. 384–416.

nasse agentes consulares para as possessões africanas, que haviam sido abertas ao comércio das nações por outro Decreto datado de 5 de junho de 1844, onde já se encontravam agentes consulares de outros países.[28]

Desde meados dos anos 1850, regido pelas leis que fixavam a pauta da alfândega e por outros dispositivos legais nacionais, cuja aceitação, caso necessário, era concertada por troca de notas, o comércio bilateral fluía naturalmente, aliviando a tarefa dos diplomatas. Portugal prosseguiu reclamando melhor tratamento alfandegário a seus vinhos e o Brasil, ao açúcar, tabaco e outros produtos.[29] E nunca desistiu de criticar a rígida determinação do Brasil de não firmar tratado de comércio com as grandes potências e, mesmo que assim fosse, de não abrir exceção a Portugal:

> Julgo conveniente – escreveu Casal Ribeiro a José de Vasconcelos e Sousa, em 1867 – que nas conversações que tiver com os ministros ou com os homens mais importantes e influentes desse Império, V.S. procure demonstrar que o Governo Imperial não pode sustentar a política de obstrução de todas as negociações e reformas comerciais em que têm entrado largamente os países da Europa (...) Por outro lado, as razões que fazem mais peso no ânimo do Governo Imperial e o têm determinado a não celebrar tratado com as grandes potências européias não prevalecem a respeito de Portugal, a quem o Brasil pelo seu direito convencional em vigor pode fazer concessões que não se tornem extensivas a essas potências.[30]

Decreto brasileiro de 23 de outubro de 1875 regulamentou, no País, o direito dos fabricantes e comerciantes de registrar os produtos de sua manufatura e de seu comércio, para beneficiar-se da proteção da lei. Essa garantia de propriedade de marcas de fábrica

[28] *Relatório*, 1854, p. xxii.

[29] Antônio José de Ávila a Conde de Tomar, despacho, Lisboa, 27 out. 1860, Arquivo Histórico Diplomático, Livro de Registro de Correspondência, série I, v. 30, Legação Portuguesa no Rio, p. 42–43.

[30] Casal Ribeiro a José de Vasconcelos e Sousa, despacho, Lisboa, 12 set. 1867, Arquivo Histórico Diplomático, Livro de Registro de Correspondência, série I, v. 31, Legação Portuguesa no Rio, p. 88–88v.

e de comércio estendia-se pelo artigo 17, nos casos de haver explícita reciprocidade firmada por declarações diplomáticas, a brasileiros e estrangeiros situados fora do país, que registrassem suas marcas junto ao Tribunal do Comércio do Rio de Janeiro. Entraram logo no gozo de tais benefícios Alemanha, Bélgica, França, Inglaterra e Itália. Pressionado por exportadores portugueses, o Ministro de Portugal no Brasil, Borges de Castro, solicitou, em novembro de 1877, ao Marquês de Ávila, Ministro dos Negócios Estrangeiros, instruções para concluir a necessária declaração. A resposta veio de seu sucessor, João de Andrade Corvo, o qual, por ignorância de que o Ministro no Rio de Janeiro se desculpou em denunciar, invocou artigos do Tratado de 29 de agosto de 1825 há 32 anos declarados pelo Governo brasileiro insubsistentes e sem vigor (nota de 25 de junho de 1847), considerando aplicar-se, aos portugueses, o artigo 17, em nome do princípio da nação mais favorecida.

As negociações haveriam de encaminhar-se, portanto. Portugal reclamou proteção contra a falsificação do nome dos lugares de procedência de seus vinhos, já que de Hamburgo, Barcelona e de outras cidades européias chegavam ao Brasil vinhos ditos Porto, Lisboa e Madeira. Essa reivindicação foi rejeitada pela Chancelaria brasileira, que não interpretava como falsificação de marca a designação do nome de procedência, conquanto o registro fosse efetivado. Firmou-se, pois, a 29 de outubro de 1879, a Declaração entre Portugal e Brasil para a Proteção das Marcas de Fábrica e de Comércio, em texto enxuto, que não fazia referência aos nomes dos vinhos.[31]

4.2 A Comissão Mista dos Particulares

Inúmeras comissões mistas foram estabelecidas entre o Brasil e outras potências após a Independência, com finalidades

[31] Correspondência, projeto e texto da Declaração nos *Documentos Apresentados às Cortes*, Lisboa, Imprensa Nacional, 1880, p. 81–93. O ato revestiu-se de especial pompa, uma vez que coincidiu com uma exposição de produtos portugueses que se fazia no Rio de Janeiro, em agosto desse ano (*Documentos Apresentados às Cortes*, Lisboa, Imprensa Nacional, 1880, p.11–12).

diversas, o mais das vezes para obter reparações de reclamações de toda sorte. Comissões mistas que atormentaram o tesouro foram aquelas oriundas de apresamentos de navios feitos pela Marinha do Brasil durante o bloqueio decretado a Buenos Aires, entre 1825 e 1828, em conseqüência da guerra da Cisplatina. Pelo fato de algumas nações haverem obtido indenizações, outras se apresentaram, e mesmo a Grã-Bretanha, que havia reconhecido o bloqueio, vendo que poderia alcançar resultados, passou a reclamar indenizações. O montante pago tornou-se tão elevado que estimulava novos pedidos. Para sustar a sangria de divisas, o Conselho de Estado, temendo que alcançassem a quase totalidade da receita das exportações, chamou a si todos os julgamentos, em 1842, e passou a rejeitar sistematicamente as reclamações.

Duas comissões mistas brasileiro-inglesas foram criadas por força da Convenção de 23 de novembro de 1826: uma com sede em Serra Leoa e outra no Rio de Janeiro, para julgar os traficantes e os navios presos por se dedicarem ao comércio ilegal de escravos. Duas outras comissões mistas brasileiro-portuguesas, como já se observou, foram criadas: uma em conseqüência do artigo VIII do Tratado de 29 de agosto de 1825, para liquidar reclamações de particulares, e outra decorrente do artigo III da Convenção Adicional, para as reclamações de governo a governo; o fundamento delas, em ambos os casos, foram perdas e danos sofridos durante a guerra de Independência entre Brasil e Portugal.

A Comissão Mista do artigo VIII, apesar de instalada em 1827, não entrou em ação. Enfrentou anos de dificuldades, seja para reinstalar-se, seja para cumprir a função de julgar e indenizar as vítimas. Dois vogais de cada lado haveriam de proceder aos julgamentos das reclamações. As instruções recebidas pelos comissários previam que os bens de raiz (imóveis), móveis (o que se pode transportar) e ações (títulos de qualquer natureza, tais como ordenados, soldos, pensões, ofícios, serventias) seqüestrados ou confiscados seriam objeto de pronta restituição ou indenização, as embarcações e cargas vindo em segunda prioridade. Os direitos das pessoas que haviam acompanhado D. João VI quando de seu regresso a Portugal tiveram suas indenizações contempladas pela Convenção Pecuniária anexa ao tratado de 1825. No caso de indenizações, contudo, a Comissão Mista detinha apenas o direito de julgar e não fundos em dinheiro a distribuir, já que estes seriam providos pelas respectivas assembléias nacionais na lei do orçamento.[32]

A segunda Comissão Mista brasileiro-portuguesa estava prevista pelo artigo III da Convenção Pecuniária anexa ao tratado de 1825 e destinava-se a liquidar despesas relativas ao transporte de tropas durante a guerra de Independência. Seu funcionamento foi ainda mais precário. Em 1834, a primeira comissão não havia iniciado seus trabalhos e a segunda nem sequer fora instalada. Havia dois motivos para o atraso: por um lado, a instabilidade política em Portugal perturbou o credenciamento dos comissários daquele país, por outro, os brasileiros, apesar de nomeados, estavam insatisfeitos com a gratificação a que julgavam fazer jus e que não recebiam. Na sessão de 16 de março de 1832, o Conselho de Estado rejeitou a indicação de Marcelino José Coelho feita pelo Governo português, por haver a Regência brasileira reconhecido a Regência de Ilha Terceira instalada em nome da Rainha.[33]

Depois que se decidiu a questão portuguesa pelo triunfo das armas e assunção da Rainha D. Maria II, a Comissão Mista dos particulares principiou, enfim, seus trabalhos, a 28 de novembro de 1834, com nove anos de atraso. O novo Governo português, agora simpático ao Brasil, refez suas instruções acerca do procedimento a seguir pelos comissários e insistiu, ao despachar seu novo Enviado Extraordinário e Ministro Plenipotenciário ao Rio de Janeiro, Joaquim Antônio de Magalhães, para que cuidasse pessoalmente dos trabalhos.[34] O Duque de Palmela recomendou aos comissários portugueses evitar receber reclamações pouco

[32] Francisco de Almeida a comissários portugueses no Rio de Janeiro, instruções, Lisboa, 31 mar. 1827, Arquivo da Torre do Tombo, Livro de Registro de Correspondência, v. 593, Legação Portuguesa no Rio de Janeiro, p. 38 v.–43 v.

[33] *Atas do Conselho de Estado*, sessão de 16 mar. 1832, v. 2, p. 211–212.

[34] Duque de Palmela a Joaquim Antônio de Magalhães, instruções, Lisboa, 6 jul. 1835, Arquivo da Torre do Tombo, Livro de Registro de Correspondência, v. 593, Legação Portuguesa no Rio, p. 130–146.

fundadas, sobretudo de proprietários de ofícios que fugiram do Brasil à época da independência, já que tais reclamações desagradavam ao Governo brasileiro. Recomendou, igualmente, atender apenas às reclamações por indenização de ordenados, soldos e similares daqueles que houvessem sido presos ou capturados durante o conflito da independência e deu outras instruções, aconselhando critérios de eliminação de reclamações improcedentes à luz do artigo VIII do Tratado.[35] Apesar desses prudentes conselhos do Ministro luso, as reclamações dos portugueses logo elevaram-se a somas superiores às brasileiras (1.055 contos contra 2.223).

O Ministro brasileiro dos Negócios Estrangeiros, nesse novo clima favorável em que se haviam posto as relações bilaterais, reclamava, desde 1835, do Parlamento, os fundos exigidos pela Comissão. Mas havia pedidos sem causa. Em 1836, os comissários rejeitaram reclamações no montante de 612 contos e receberam novas instruções de procedimento, particularmente quanto ao cálculo e incorporação dos juros devidos pelo atraso nas liquidações. Nesse mesmo ano, o Governo brasileiro ordenou, a seus dois comissários, que compusessem a outra Comissão, a do transporte de tropas, o que foi correspondido pelo lado português, e a primeira reunião dessa outra Comissão Mista teve lugar a 8 de novembro de 1837, portanto com 12 anos de atraso, e fixou o prazo de 1 ano para que os reclamantes se apresentassem.

Longas instruções exaradas pelos respectivos governos para orientar o julgamento dos comissários não eram suficientes para evitar dúvidas sobre questões técnicas. Nessas circunstâncias, a 20 de outubro de 1836, novo Ajuste foi concluído entre o Ministro brasileiro de Estrangeiros, Antônio Paulino Limpo de Abreu, e o enviado português no Rio de Janeiro, Joaquim Antônio Magalhães. Dirimiu dúvidas acerca das indenizações de ofícios, determinando as circunstâncias em que haveriam de ser plenas, parciais ou denegadas. Fixou juros de 4% ao ano para reclamações

[35] Duque de Palmela a Comissão Mista no Rio, despacho, Lisboa, 8 jul. 1835, Arquivo da Torre do Tombo, Livro de Registro de Correspondência, v. 593, Legação Portuguesa no Rio, p. 147–150.

julgadas em moeda portuguesa e 5% em moeda brasileira, excluiu ofícios, tenças e pensões desses juros e determinou que o pagamento se fizesse no Brasil. Estabeleceu, enfim, regras para o provimento e a manipulação dos fundos de liquidação.[36]

Com esse Ajuste, os trabalhos tiveram andamento. Até 17 de março de 1837, foram liquidadas pela Comissão do artigo VIII 19 reclamações brasileiras e 38 portuguesas. Pode-se imaginar a diversidade de dificuldades que os comissários enfrentavam para decidir e, por isso, lhes recomendava, prudentemente, o Ministro português dos Negócios Estrangeiros, Sá da Bandeira, em despacho a seu representante no Rio de Janeiro, João Baptista Moreira:

> Espero que V. Excia. não deixará de fazer compreender aos vogais portugueses que o Governo de S.M.F. deseja que eles, temperando a justiça com a prudência e docilidade para com os vogais brasileiros, compatível em tais casos, contribuam por este modo para aplanar muitas das dificuldades que podem suscitar-se nas discussões, e que ordinariamente se acabam mais por acordo razoável do que pela força de rigorosos princípios.[37]

Em 1838, o total requerido por portugueses elevava-se a 1.208 contos, sendo aceitos apenas 535; quanto aos brasileiros, requeriam 335 contos e foram confirmados apenas 146. Essas cifras comprovam o modo "razoável e prudente" com que atuavam os comissários. Em seu *Relatório* ao Parlamento, o Ministro brasileiro de Estrangeiros, Antônio Peregrino Maciel Monteiro, cobrou, novamente, dos parlamentares, a alocação do respectivo montante. Cabia, ao Governo brasileiro, pagar as reclamações portuguesas e, ao Governo português, as brasileiras, nos termos do Tratado. Em 1839, os montantes elevavam-se a 275 contos

---

[36] Conde de Vila Real a Joaquim Antônio de Magalhães, despacho, Lisboa, 20 jul. 1836, Arquivo da Torre do Tombo, Livro de Registro de Correspondência, v. 593, Legação Portuguesa no Rio, p. 195–196. PINTO, 1980, v. 1, p. 211–212.

[37] Sá da Bandeira a João Baptista Moreira, despacho, Lisboa, 17 dez. 1837, Arquivo da Torre do Tombo, Livro de Registro de Correspondência, v. 594, Legação Portuguesa no Rio de Janeiro, p. 20v.–23.

para brasileiros e 656 para portugueses, mas os recursos ainda não haviam sido votados. Ao novo Encarregado de Negócios de Portugal no Rio de Janeiro, Joaquim C. de Figanière e Mourão, foi recomendado que apressasse a conclusão dos trabalhos da Comissão.[38] Recebeu, para tanto, plenos poderes para tomar decisões relativas às indenizações, com vistas em pressionar o Parlamento a que destinasse os recursos para indenizações dos portugueses, e comunicou, à Chancelaria brasileira, que Portugal somente procederia à liquidação das reclamações brasileiras da mesma forma e com a mesma pontualidade com que o fizesse o Brasil.

Esse esforço português surtiu efeito: desde setembro de 1840, a Assembléia Geral colocou, à disposição do Governo brasileiro, os recursos de sua responsabilidade arbitrados pela Comissão. Com efeito, o clima de cordialidade das relações bilaterais instalara-se no próprio Parlamento brasileiro, onde dizia Costa Ferreira: "é mister que o Governo do Brasil cumpra fielmente as disposições dos tratados"; se rancor ainda houvesse contra Portugal, acrescentava: "os bons brasileiros todos desejam que entre o Brasil e Portugal não exista outro obstáculo senão o oceano que os separa".[39] Julgou-se conveniente negociar nova Convenção sobre o modo de fazer o pagamento dos respectivos súditos, que foi firmada a 4 de dezembro de 1840, por três plenipotenciários, os conselheiros Oliveria Coutinho, e Aureliano de Souza, do lado brasileiro, e Ildefonso Leopoldo Bayard, enviado português. Por força dessa Convenção, o Brasil destinou 844:845$441 réis (844 contos) para liquidação de reclamações de portugueses e Portugal 283:910$617 réis (283 contos) para as reclamações de brasileiros. Esse último montante foi deduzido do primeiro, e cada qual liquidaria as reclamações de seus súditos. A Convenção sabiamente estabeleceu que, seis meses após a troca das ratificações (troca feita a 19 de agosto de 1841), a Comissão Mista findaria

---

[38] Sá da Bandeira a Joaquim C. de Figanière e Mourão, instruções, Lisboa, 9 mar. 1839, Arquivo da Torre do Tombo, Livro de Registro de Correspondência, v. 594, Legação Portuguesa no Rio de Janeiro, p. 47v.–51v.

[39] *Anais do Senado,* sessão de 12 de setembro de 1840, v. 6, p. 228.

seus trabalhos. Se reclamações ainda pendessem de liquidação, seriam pagas pelos mesmos mecanismos definidos na Convenção, após o provimento de fundos pelas Assembléias.[40]

A Comissão Mista pôde, assim, concluir seus trabalhos a 19 de fevereiro de 1842, tendo o Governo brasileiro entregue, ao português, o valor de 557:784$920 (557 contos), por Decreto de 7 de junho de 1843, e o resquício de 2:237$599 (2 contos), último pagamento, em 1846. As indenizações, é forçoso dizer, mais alarde diplomático fizeram do que valores envolveram: esses totais repassados ao Governo português correspondiam a uma cifra equivalente a 1,3% da receita das exportações brasileiras relativas ao exercício financeiro de 1843-1844.[41]

4.3 A Comissão Mista dos Governos

Ao chegar ao Rio de Janeiro em 1835, o novo plenipotenciário português, Joaquim Antônio de Magalhães, trazia instruções para concluir ajuste com o Governo brasileiro acerca das obrigações da Convenção Pecuniária anexa ao tratado de 1825. As obrigações que recaíram sobre o Brasil por efeito da referida Convenção correspondiam aos encargos do empréstimo de 1 milhão e 400 mil libras feito por Lisboa em Londres em 1823, o repasse de 250 mil libras no ato de ratificação e de 350 mil 1 ano depois, perfazendo o montante de 2 milhões. Até o término das guerras de sucessão ao trono português, em 1835, quando se normalizavam as relações bilaterais, o Brasil havia apenas pago a parcela de 250 mil e os juros e amortizações do empréstimo em Londres por dois anos, de tal sorte que este se reduzira a 1.300.000 libras em 1828. Quando Portugal contraiu novo empréstimo em Londres, em 1831, a praça exigiu-lhe os atrasados daquele de 1823, que havia sido repassado ao Brasil. Desse modo, Portugal reconheceu-se devedor diante dos ingleses e agora estava disposto a um acerto com o Brasil, tendo em vista a obrigação

[40] PINTO, 1980, v. 3, p. 15–18.

[41] IBGE, *Estatísticas Históricas do Brasil*, 1987, p. 522.

contratual bilateral. Exigia deste: primeiro, o pagamento do capital, 1 milhão e 300 mil libras; segundo, juros e amortizações desse capital do início de 1828 a 1835; terceiro, as 350 mil libras que não pagou 1 ano depois da ratificação. A tais reclamações, opôs, o Governo brasileiro, o montante que despendeu ao apoiar a intervenção de D. Pedro contra o governo de D. Miguel, custos da embaixada que o ex-imperador do Brasil chefiara em Londres e custos de manutenção da Regência da Terceira.[42] Complicava-se o negócio.

O Governo português foi informado, nesse ano de 1835, de que o enviado brasileiro a Londres recolhia informações e tomava providências para conclusão do ajuste, o que muito o comprazia.[43] Na capital inglesa, chegou-se a firmar um Ajuste entre os plenipotenciários de ambos os países, a 10 de junho de 1837. O Ministro brasileiro dos Negócios Estrangeiros confirmou depois a responsabilidade do tesouro nacional para o acerto de contas com a Rainha de Portugal, mas rejeitou o Ajuste celebrado em Londres entre os comissários das duas coroas e transferiu as negociações para o Rio de Janeiro.[44] Visto que estas demoravam a prosperar, insistiu, o novo Ministro português de Estrangeiros, Sá da Bandeira, em março de 1839, na ratificação do Ajuste de 1837 ou, caso impossível, no reinício, com toda prudência, de tão melindrosa negociação. O Governo português estava disposto a reassumir a dívida diante dos mutuantes londrinos, caso o Brasil se dispusesse a liquidar o montante diretamente junto ao tesouro luso, mediante pagamento único.[45]

---

[42] Duque de Palmela a Joaquim Antônio de Magalhães, instruções, Lisboa, 6 jul. 1835, Arquivo da Torre do Tombo, Livro de Registro de Correspondência, v. 593, Legação Portuguesa no Rio, p. 136–139.

[43] Duque de Palmela a Joaquim Antônio de Magalhães, despachos, Lisboa, 13 jul. e 10 ago. 1835, Arquivo da Torre do Tombo, Livro de Registro de Correspondência, v. 593, Legação Portuguesa no Rio, p. 150v. e 160–161v.

[44] Manuel de Castro Pereira a João Baptista Moreira, despacho, Lisboa, 17 out. 1837, Arquivo da Torre do Tombo, Livro de Registro de Correspondência, v. 594, Legação Portuguesa no Rio, p.10v.–14v. *Relatório*, 1837, p. 9; 1838, p. 13.

[45] Sá da Bandeira a Joaquim C. de Figanière e Mourão, instruções, Lisboa, 9 mar. 1839, Arquivo da Torre do Tombo, Livro de Registro de Correspondência, v. 594, Legação Portuguesa no Rio, p. 48. Ver a minuta de convenção, p. 80–107. Ver despacho do Barão da Ribeira de Sabrosa de 20 set., p. 77v.–79.

O alvitre de renegociação foi acolhido e o Governo imperial designou, logo depois, os conselheiros Caetano Maria Lopes Gama e Manoel do Nascimento Castro e Silva para negociar com o plenipotenciário português, Figanière Mourão, que recebera minuta de convenção com 48 artigos, tão numerosas eram as dúvidas suscitadas pelo Governo português.[46] A Convenção para concluir o ajuste de contas previsto pela Convenção Adicional de 1825 foi, enfim, assinada no Rio de Janeiro a 22 de julho de 1842 e ratificada por Portugal a 3 de novembro do mesmo ano e pelo Brasil a 11 de janeiro de 1843.

Dizia, seu preâmbulo, que as partes resolveram sujeitar a novo exame a liquidação de contas de governo a governo fixada pelo Ajuste londrino de 1837, porque lhe faltaram esclarecimentos sobre transações feitas durante a usurpação do trono português por D. Miguel, sobre adiantamentos de quantias e abonação de certas despesas. Reconheceu, o Governo brasileiro, por esta Convenção de 1842, dever ainda, ao português, a soma de 622.702 libras, 1 shelling e 3 pences entre capital e juros e se comprometeu a pagá-la no espaço de 20 anos em apólices do tesouro circuláveis em Londres. Quanto ao capital do empréstimo português de 1823, obrigava-se o Brasil a amortizá-lo até 1853.[47]

Encerrada em 1842 esta parte das indenizações de governo a governo – que aliás foram apenas indenizações pagas pelo Brasil –, a famigerada Convenção Pecuniária de 1825 ainda iria perturbar as relações bilaterais por muitos anos. Até então, Portugal pressionara o Brasil por todos os modos para alcançar o ajuste, que era de seu exclusivo interesse. A partir de então, será o Governo brasileiro a instar fortemente junto ao português para reinstalar a Comissão Mista do artigo III da Convenção Pecuniária encarregada de julgar as despesas feitas com o transporte de tropas, visto que, pelo menos nesse caso, os brasileiros se apresentariam em vantagem no montante de indenizações requeridas. Era a vez de o Governo português retardar os trabalhos. Seu encarregado de negócios no Rio de Janeiro não recebeu instruções até 1845. Esse assunto tornou-se muito mais

---

46 *Relatório*, 1840, p. 4.

47 PINTO, 1980, v. 3, p. 21–23

complicado do que a solução das reclamações particulares (Comissão do artigo VIII do Tratado), em razão de estar vinculado, nos termos da Convenção Pecuniária de 1825, ao acerto de contas entre os dois governos. Gomes de Castro, Ministro português de Estrangeiros, escreveu, ao representante no Rio de Janeiro, que se tornara muito difícil, tantos anos depois, recolher informações para instruir os comissários em seu julgamento.[48] Tal circunstância os impedia de pôr-se a trabalho, mas a Comissão veio, enfim, a funcionar no ano seguinte, 1846, por insistência do Brasil. A Seção dos Negócios Estrangeiros do Conselho de Estado foi convocada para conduzir as negociações e entender-se com a parte portuguesa.[49] O impasse dizia respeito às reclamações de particulares, aceitando-as a parte brasileira e rejeitando-as a parte portuguesa, e assim a Comissão foi suspensa, passando o problema à alçada dos governos.

O Governo imperial decidiu, então, liquidar as reclamações cujos contratos haviam sido firmados por autoridades brasileiras com particulares e exigiu que a Comissão Mista voltasse a julgar as reclamações de governo a governo. Ela foi reinstalada em 1852 por troca de notas entre Paulino José Soares de Souza, Ministro brasileiro de Estrangeiros, e o Chefe da legação portuguesa no Rio de Janeiro, José de Vasconcelos e Sousa. Mas as discordâncias prosseguiam no seio da Comissão, não tanto a respeito das reclamações de particulares, que estavam sendo julgadas, mas daquelas dirigidas de governo a governo, e cogitava-se recorrer à potência mediadora, Inglaterra, para chegar-se à solução pendente, já que não havia acordo entre as partes quanto ao significado a dar ao artigo III da Convenção Pecuniária adicional ao Tratado de 29 de agosto de 1825.[50] O Governo brasileiro, há muito

---

[48] José Joaquim Gomes de Castro a José de Vasconcelos e Sousa, despacho, Lisboa, 30 dez. 1844, Arquivo da Torre do Tombo, Livro de Registro de Correspondência, v. 595, Legação Portuguesa no Rio de Janeiro, p. 97–98.

[49] Conselho de Estado, *Consultas da Seção dos Negócios Estrangeiros*, consulta de 17 mar. 1846, v. 2, p. 96–100.

[50] Duque da Terceira a Conde de Tomar, despacho, Lisboa, 6 ago. 1859, Arquivo Histórico Diplomático, Livro de Registro de Correspondência, série I, v. 29, Legação Portuguesa no Rio, p. 216v.–218v.

indisposto com o britânico, não aceitaria a intervenção mediadora. Superado, portanto, apenas o impasse que impedia o julgamento das reclamações dos particulares, duas outras questões impediram, por anos a fio, o acordo entre as partes da Comissão, ou seja, entre os respectivos governos: a primeira, relativa à época de que deviam partir as reclamações de governo a governo e a segunda relativa aos gastos com o transporte de tropas portuguesas que haviam permanecido em Montevidéu após a rendição. Acordo mútuo foi solicitado pelo representante brasileiro em Lisboa para dirimir as dúvidas de interpretação e exarar novas instruções aos comissários acerca das reclamações de governo a governo, uma idéia que não teve seqüência. Em dezembro de 1857, os trabalhos foram suspensos novamente e, em 1860, as negociações, fora da Comissão Mista, foram transferidas para Lisboa. A partir de então, cerca de quarenta anos após o ocorrido, os dois pontos de atrito, objeto de troca infindável de correspondência diplomática, não havendo ainda sido resolvidos, as reclamações particulares e de governo a governo pelo transporte e fornecimento de tropas durante a guerra de Independência prosseguiriam sem as devidas indenizações. Parecem haver caído pelo cansaço no esquecimento, após uma última e veemente nota dirigida em 1861 ao Ministro português de Estrangeiros, Antônio José de Ávila, pelo enviado brasileiro, Barão de Itamaracá:

> A necessidade indeclinável de um acordo entre os dois governos tendente a soltar as peias que tolhem o andamento e conclusão das liquidações a cargo da mesma Comissão tem sido repetidamente demonstrada ao Gabinete português em épocas várias, sem que todavia a resolução das questões pendentes haja posto termo aos inconvenientes gravíssimos, que reciprocamente resultam deste funesto estado de coisas.[51]

[51] Barão de Itamaracá a Antônio José de Ávila, nota, Lisboa, 7 out. 1861, *Relatório*, 1862, p. 197–198. Informações e correspondência diplomática anexa a respeito das Comissões Mistas luso-brasileiras encontram-se em vários anos do *Relatório*, particularmente: 1831, p. 8; 1832, p. 2; 1833, p. 2; 1834, p. 4; 1835, p. 3; 1836, p. 3–4; 1837, p. 3–4; 1838, p. 13; 1839, p. 3; 1840, p. 3; 1841, p. 4; 1843, p. 3; 1844, p. 2; 1845, p. 7–9; 1846, p. 3; 1847, p. 7; 1849, p. 9; 1851, p. VIII e Documentos, p. 46–47; 1852, p. X e Documentos, p. 43–45; 1853, p. 7 e Documentos, p. 24–27; 1854, p. IX; 1855, p. XII e Anexo B; 1856, p. 7; 1857, p. 6 e Anexo A; 1858, p. 7 e Anexo A, p. 55; 1859, p. 57; 1860, p. 72; 1861, p. 64.

4.4 A Falsificação da Moeda Brasileira em Portugal

A polícia de Paris descobriu, em 1842, bilhetes do Banco do Brasil e notas portuguesas em mãos de falsificadores que confessaram existir, no Porto, estabelecimento que também as produzia. As chancelarias foram informadas e esta questão, infelizmente, converteu-se em outro assunto a registrar décadas de reclamações e providências a perturbar as relações entre Brasil e Portugal.[52] Com efeito, a moeda falsa produzida em Portugal entrava no Brasil em quantidades crescentes e as autoridades deste País exigiam medidas eficientes de investigação e repressão ao crime.[53]

O Governo brasileiro, por meio de sua representação em Lisboa, solicitou, em 1855, medidas legislativas que modificassem o Código Penal português com vistas na qualificação e na punição dos infratores. Foi-lhe negado esse pedido, mas, em seu lugar, dispôs-se o Governo luso a firmar uma convenção em que viessem consignadas as penas para tais delitos e a extradição dos criminosos.[54] A Convenção para prevenção e repressão do crime de falsificação de moeda e papéis de crédito com curso legal em ambos os países foi firmada em Lisboa, a 12 de janeiro de 1855, aprovada pelos Legislativos dos dois países por modificar leis nacionais, ratificada e sancionada no mesmo ano. Apesar de equiparar o crime àquele cometido contra a moeda nacional para efeito de punição, a Convenção não atendeu à exigência brasileira de modificar o Código Penal em Portugal, sem o que a repressão seria inócua.[55] Por essa razão, prolongaram-se tanto o crime quanto a insuficiência legal portuguesa para reprimi-lo.

---

[52] Rodrigo da Fonseca Magalhães a Idelfonso Leopoldo Bayard, despacho, Lisboa, 7 fev. 1842, Arquivo da Torre do Tombo, Livro de Registro de Correspondência, v. 595, Legação Portuguesa no Rio, p. 2–7.

[53] Conde do Tojal a José de Vasconcelos e Sousa, despacho, Lisboa, 18 nov. 1850, Arquivo Histórico Diplomático, Livro de Registro de Correspondência, série I, v. 29, Legação Portuguesa no Rio p. 21–21v.

[54] *Relatório*, 1855, p. LIX. Visconde de Atouguia a José de Vasconcelos e Sousa, despacho, Lisboa, 12 maio 1855, Arquivo Histórico Diplomático, Livro de Registro de Correspondência, série I, v. 29, Legação Portuguesa no Rio, p. 103v.

[55] PINTO, 1980, v. 3, p. 293–295.

A introdução de notas no Império por navios portugueses avolumou-se tanto que pôs em desequilíbrio o meio circulante. As autoridades do País, sem levar em conta os protestos da legação portuguesa no Rio de Janeiro, deportavam os traficantes sob simples suspeita de envolvimento, antes mesmo que fossem julgados.[56] "Datam de longe – denunciava José Maria da Silva Paranhos ao Parlamento em 1857 – os lamentáveis fatos de falsificação em Portugal do papel-moeda do Brasil."[57]

Os arquivos diplomáticos brasileiros conservam documentos que levantam bem fundadas suspeitas sobre o envolvimento ou pelo menos a conivência de autoridades portuguesas, locais e nacionais, do Ministério da Justiça, por exemplo, com a fabricação e o tráfico. O foco do crime e da corrupção pública era a cidade do Porto. Antônio Peregrino Maciel Monteiro, Ministro brasileiro em Lisboa, irritava-se com a falta de resposta a suas denúncias junto ao responsável pelos Negócios Estrangeiros, algumas muito precisas na indicação das máquinas e dos nomes dos criminosos. Eis um exemplo:

> Não obstante a fama pública, que designa o referido Joaquim Dias da Cunha como um dos mais ousados traficantes de moeda falsa do Brasil, meu espanto só pode ser equiparado à confiança, que deposito em V. Ex., que certo não consentirá que tão extraordinária omissão por parte das autoridades da cidade do Porto, a quem incumbe o conhecimento e processo de tal crime, fique impune, nem que as disposições penais consignadas na Convenção de 12 de janeiro de 1855, ajustada para o fim de reprimir tais imoralidades, deixem jamais de ser da parte dos agentes do Governo Fidelíssimo uma verdade, sejam quais forem as influências nocivas, que por conveniência ou culposa indulgência procurem desviar-lhe a aplicação, ou anular-lhe os efeitos.[58]

---

[56] *Relatório*, 1855, Anexo I, 1857, p. 68. Marquês de Loulé a José de Vasconcelos e Sousa, despacho, Lisboa, 11 set. 1857, Arquivo Histórico Diplomático, Livro de Registro de Correspondência, série I, v. 29, Legação Portuguesa no Rio p. 164v.–167v.

[57] *Relatório*, 1857, p. 68.

[58] Antônio Peregrino Maciel Monteiro a Júlio Gomes da Silva Sanches, nota, Lisboa, 3 jan. 1857, *Relatório*, 1857, Anexo K, p. 32–33.

As denúncias de Paranhos ao Parlamento e da legação em Lisboa ao Governo luso tardaram a produzir efeitos. As medidas de repressão não eram suficientes para debelar o crime. Em 1858, o Ministro brasileiro dos Negócios Estrangeiros, Visconde de Maranguape, Caetano Maria Lopes Gama, endereçou, à Assembléia, novas informações segundo as quais a impunidade persistia em Portugal, particularmente na cidade do Porto, onde várias autoridades civis, cuja substituição fora reclamada pelo Vice-cônsul brasileiro, permaneciam em seus cargos. Novas máquinas de cunhar moeda e de imprimir notas foram apreendidas em Braga e em Lisboa, uma destinada à exportação, no momento em que a França se constituíra em outro ponto de emissão de moedas falsas brasileiras. "O governo imperial – ponderou Maranguape aos representantes da nação – muito sentiria ver-se (...) na rigorosa necessidade de sujeitar ao maior rigor as embarcações procedentes dos portos de Portugal, a bem dos interesses do Império."[59] Os portugueses julgados pelo crime de produção e uso de máquinas de cunhar e imprimir falsa moeda estrangeira eram absolvidos, via de regra, em Lisboa, Braga e Porto, visto que o júri não encontrava base legal em que coubesse o procedimento criminal. Por isso mesmo, insistiu, desde o início da questão, o Governo brasileiro, na necessidade de modificar a legislação portuguesa sobre tais atos.

A Lei portuguesa de 4 de junho de 1859 deu, finalmente, satisfação à exigência brasileira. Entre outras medidas de repressão, seus dispositivos incriminavam os instrumentos destinados à fabricação, declaravam o crime inafiançável e autorizavam a prisão do réu sem culpa formada. Destarte, o Governo luso pôde tomar providências adequadas com resultados concretos.[60] Paranhos fez logo justiça diante da Assembléia, em 1859, na exposição que anualmente se encaminhava acerca da política exterior: "O Governo de S.M.F., atendendo às insistentes e amigáveis solicitações da Legação imperial em Lisboa, mostra-se firmemente disposto a satisfazer nossas antigas reclamações e a adotar medi-

[59] *Relatório*, 1858, p. 53. Ver as notas no Anexo F, p. 32–35.

[60] *Relatório*, 1859, p. 46. Ver as notas no Anexo K, p. 41–43.

das que a experiência provou serem indispensáveis contra a audácia dos moedeiros falsos.".[61] Seu sucessor, João Lins Vieira Cansanção de Sinimbu, confirmou, no ano seguinte, o fato de o Governo português estar adotando, enfim, "medidas enérgicas e cabais para acabar com o crime de falsificação da moeda brasileira". Curiosamente, nesse ano, quando de ambos os lados se reconhecia que o crime era reprimido com eficiência, um jornal de Lisboa, depois processado por abuso de liberdade, acusou o Ministro da Justiça português e os representantes brasileiros em Lisboa e no Porto de conivência com o crime.[62]

Verificou-se, contudo, no Brasil, que a aplicação da Convenção de 1855, secundada de uma legislação adequada e da modificação do Código Penal português, tornava menos grave a falsificação de moedas brasileiras em Portugal, no início dos anos 1860. Novo regulamento destinado a afastar magistrados e autoridades suspeitas foi promulgado e os júris passaram a condenar, aplicando as recentes medidas legislativas. A insistência dos representantes brasileiros em Portugal, particularmente do Ministro em Lisboa e do Vice-cônsul no Porto, junto às autoridades superiores do país, explica, em boa medida, as inovações na lei e sua aplicação. Esclarece, também, os ataques da imprensa a cargo dos falsificadores ou de seus protetores.[63] Na primeira metade dos anos 1860, o *Relatório* brasileiro à Assembléia Nacional informa que não se registraram novos casos de falsificação.[64] As autoridades brasileiras acompanhavam, contudo, os processos contra falsificadores portugueses, já que entre eles havia pessoas importantes, como o Conde de Bolhão e o abridor Moraes e Silva, cuja influência sobre os tribunais superiores poderia levá-los à absolvição.[65] Confiava-se

---

61 *Relatório*, 1859, p. 12.

62 Duque da Terceira a Conde de Tomar, despacho, Lisboa, 1 fev. 1860, Arquivo Histórico Diplomático, Livro de Registro de Correspondência, série I, v. 30, Legação Portuguesa no Rio, p. 8–8v.

63 *Relatório*, 1860, p. 85; 1861, p. 86.

64 *Relatório*, 1861, p. 86; 1863, p. 41.

65 Antônio José de Ávila a Conde de Tomar, despacho, Lisboa, 12 nov. 1860, Arquivo Histórico Diplomático, Livro de Registro de Correspondência, série I, v. 30, Legação Portuguesa no Rio, p. 43. *Relatório*, 1864, p. 29.

na força de vontade e na lisura do Marquês de Loulé, situado, então, no topo do Governo português como Presidente do Conselho de Ministros e Ministro dos Negócios Estrangeiros:

> A adoção de tais medidas e a expedição de ordens que forem necessárias para sua efetiva execução, constituem o objeto da presente reclamação, a qual não poderá deixar de merecer o mais favorável acolhimento por parte do Sr. Marquês de Loulé, cujos princípios e desejos no presente assunto são em tudo conformes aos do abaixo assinado.

escreveu-lhe o Barão do Itamaracá, representante brasileiro em Lisboa.[66]

Não convinha esmorecer na vigilância, com efeito. Em 1865, novos e graves casos repuseram a questão na ordem do dia.[67] Os falsificadores haviam-se sofisticado ao ponto de estarem operando ao abrigo de falhas da lei, como a impossibilidade de extradição, quando o criminoso refugiava-se no país de sua cidadania. Era necessário um tratado de extradição atualizado para fazer face a tais ardis.[68]

Em junho de 1869, iniciaram as negociações para a assinatura do tratado de extradição entre Brasil e Portugal, urgente necessidade segundo se reconhecia de ambos os lados. O Ministro português no Rio de Janeiro, Fausto de Queiroz Guedes, mencionou as quebras fraudulentas e os roubos no Brasil, cujos autores passavam às repúblicas do Prata e de lá demandavam Portugal para gozarem tranqüilos de suas fortunas desonestamente acumuladas. Mas o Barão de Cotegipe, João Maurício Wanderley, Ministro brasileiro de Estrangeiros, justificava o tratado pela necessidade de dirimir pontos duvidosos da Convenção sobre moeda falsa de 1855, com o intuito de torná-la mais operacional e de ampliar suas disposições para outros crimes. Seu projeto

---

[66] Barão de Itamaracá a Marquês de Loulé, nota, Lisboa, 31 mar. 1862, *Relatório*, 1862, p. 198–199.

[67] *Relatório*, 1865, p. 58.

[68] *Relatório*, 1869, p. 14.

enumerava 14 diferentes crimes passíveis de extradição. As negociações estenderam-se por dois anos e examinaram, sob proposta portuguesa, cerca de setenta crimes passíveis de extradição, entre os quais seis crimes contra a religião católica (que eram apenas pecados) e outros dez contra a segurança do Estado (que eram políticos). O Parlamento brasileiro requereu o exame da matéria, mas o Conselho de Estado, que se pronunciou a tal respeito, decidiu que o Executivo estava no direito de concluir o tratado sem aprovação da Assembléia, conquanto não ferisse as leis do País. O Tratado, firmado a 10 de junho de 1872, resultou enxuto e não incluiu religião e política entre os 13 crimes enumerados, mas, de acordo com o desejo original do Brasil, especificou, no inciso 10º do artigo V, mais bem do que qualquer outro tratado de extradição em vigência no País, as diversas implicações do crime da moeda falsa.[69] Com esse instrumento e com a prática das autoridades brasileiras de expulsar estrangeiros por simples medida administrativa, sem processo nem julgamento, quando os considerava ameaças à ordem pública, fechou-se o ciclo do crime da moeda falsa, que tanto perturbou as relações entre Brasil e Portugal na segunda metade do século XIX.

[69] *Relatório e Documentos Apresentados às Cortes*, Lisboa, Imprensa Nacional, 1873, IV – Convenção de Extradição de criminosos entre Portugal e o Brasil, p. 51–92.

Capítulo 5

Impactos da Implantação da República no Brasil sobre as Relações Bilaterais

5.1 As Relações Econômicas Bilaterais no Início da República Brasileira

Os militares que implantaram a República no Brasil, a 15 de novembro de 1889, baniram a família imperial, que se dirigiu a Portugal, onde D. Pedro II foi bem recebido pelo Rei D. Carlos e pelo povo. Má sorte aguardava essa família. Logo após a chegada, a 28 de dezembro, faleceu a imperatriz Teresa Cristina. Abatido, partiu o soberano deposto para Paris onde fixou residência, em gesto de nobreza política, já que não desejava causar transtorno às relações entre o Brasil e Portugal. Veio a falecer a 5 de dezembro de 1891. Apesar do sacrifício do Bragança exilado, o relacionamento bilateral foi perturbado. Em 1894, em desdobramento da Revolta da Armada, houve graves desinteligências e a ruptura das relações diplomáticas.

A Proclamação da República no Brasil afetou as relações luso-brasileiras durante toda a primeira metade dos anos 1890. Nessa época de consolidação do novo regime no Brasil, Portugal também enfrentou um período de instabilidade política resultante do ultimato inglês de 14 de janeiro de 1890 para se retirar da extensa faixa entre Angola e Moçambique que havia assegurado mediante acordos com a França e a Alemanha. O Ministro dos Negócios Estrangeiros, Hintze Ribeiro, que ocupou a pasta na maior parte do período, manteve uma política correta, embora hesitante, com o objetivo de não comprometer as boas relações com o Brasil, mas estas foram, contudo, estremecidas, sob o impacto de três choques repentinos: a) a *grande naturalização* e seus efeitos sobre a sorte da comunidade lusa no Brasil; b) a queda das remessas em dinheiro para Portugal e seus efeitos sobre as condições de vida dos particulares e sobre as finanças públicas; e c) a desastrosa intervenção mediadora portuguesa durante a Revolta da Armada em 1893-1894. A conturbada fase encerrou-se com a ruptura das relações diplomáticas entre ambos os países, seguida, de imediato, por um reatamento emocionado, para não se dizer glorioso.

Embora ainda não se disponha de estatísticas definitivas acerca de seu fluxo, é certo que as remessas dos imigrantes portugueses estabelecidos no Brasil ao tempo da implantação da República compunham elemento essencial do equilíbrio financeiro do país, tanto no que diz respeito ao orçamento doméstico de grande parcela da população, quanto nas flutuações do balanço de pagamentos. Os portugueses enviavam dinheiro para seu país de origem, seja para ir em auxílio de seus familiares, seja para ajudar na construção de escolas, hospitais e outras obras sociais, seja, enfim, para *salvar* parte de sua renda. Este último mecanismo deu origem aos chamados "*brasileiros*", que eram emigrados que regressavam a seu país, onde desfrutariam das benesses de poupanças ganhas durante sua estada no Brasil.

Segundo relatório do Banco de Portugal, as remessas que recebeu este estabelecimento, por Londres, sofreram queda brutal. Havendo-se aproximado da soma de 1 milhão de libras em 1888, baixaram para menos de metade em 1890, para atingir pouco mais de dez por cento daquele montante no ano seguinte. O Banco Nacional Ultramarino no Rio de Janeiro confirma essa arritmia estatística provocada pelo advento da República no Brasil. Suas remessas em moeda brasileira mal chegavam à média de 1.174 contos anuais, entre 1890-1893, mas recuperaram-se bem nos anos a seguir, até atingir os 20.000 contos antes de 1914. Estimou-se em 10.500 contos anuais as remessas entre 1905 e 1909 e 25.000 contos entre 1910 e 1913.[1]

[1] PESCATELLO, 1970, p. 304–305.

A crise provocada pelo decréscimo de cerca de 80% da entrada de divisas do Brasil duplicou o déficit público em Portugal, que passou de 7 para 15 mil contos aproximadamente. A queda das remessas deveu-se não somente à do montante dos valores remetidos, como se observou, mas da combinação dessa variável com uma baixa acentuada do câmbio que desvalorizava a moeda brasileira. Houve, em Portugal, uma corrida aos bancos, a decretação de moratória geral e a suspensão momentânea da conversibilidade da moeda.[2]

Se as finanças públicas portuguesas e a estabilidade monetária dependiam em boa medida do ardiloso esquema *emigração-remessa*, este também comandava o comércio exterior da antiga metrópole. Se, para Portugal, o Brasil vendia apenas 7% de suas exportações totais, para o Brasil Portugal escoava mais de 25%, entre 1889 e 1895. As estatísticas indicam que a proclamação da República não modificou o intercâmbio comercial, crescendo levemente seu montante, com exceção do ano de 1894, e permanecendo o Brasil como primeiro ou segundo importador de produtos portugueses, ao lado da Inglaterra. A balança, também, no período, permaneceu favorável aos portugueses. A comunidade portuguesa no Brasil, ao conservar seus hábitos, apreciava as substâncias alimentícias portuguesas, cerca de 95% das importações brasileiras oriundas de Portugal. O consumo do vinho português no Rio de Janeiro aumentou em mais de 70% durante os primeiros cinco anos da República, sendo o grande responsável pelo crescimento do comércio bilateral e pelo saldo português.

Animado com essas evidências e tendo em vista compensar a perda provocada pela queda das remessas sobre o conjunto da economia, o Governo português ressuscitou a velha idéia do tratado de comércio, que a Monarquia sempre recusara, e nomeou, em julho de 1891, um negociador, cuja missão seria a conclusão de um tratado privilegiado, como dantes se buscara. Sob a presidência do Marechal Deodoro da Fonseca, as negociações avançaram ao ponto de se delinearem os termos do tratado, firmado a

---

2 GONÇALVES, 1995, p. 3–25.

14 de janeiro de 1892, mas a substituição dele pelo Marechal Floriano Peixoto impediria que o tratado avançasse e fosse ratificado pelo Congresso. A opinião no Brasil lhe era desfavorável, porque provocaria pressões de outros países fornecedores de emigrantes, mormente a Itália, que seguiriam Portugal, exigindo redução de tarifas na alfândega para seus produtos. Ademais, os europeus negavam-se a baixar os elevados direitos e impostos com que taxavam a importação e o consumo do café, não havendo razão para lhes fazer concessões comerciais na alfândega do Brasil. Apenas os Estados Unidos davam tratamento privilegiado ao café brasileiro e somente eles obtiveram o tratado de comércio no início da República. Essas circunstâncias fizeram abortar a iniciativa portuguesa.[3]

5.2 O Conflito com a República acerca da *Grande Naturalização* e a Imigração

Apenas trinta dias após a Proclamação da República no Brasil, o Decreto de 14 de dezembro de 1889 surpreendeu a imigração em massa que afluía da Europa ao estabelecer a chamada *grande naturalização*. Todo estrangeiro residente à data da proclamação da República adquiria automaticamente a nacionalidade brasileira, a menos que fizesse uma declaração formal em contrário, no prazo de seis meses. Além do mais, a contar de 15 de novembro desse ano, todo estrangeiro residente no país há dois anos seria considerado cidadão brasileiro, a menos que renunciasse a esse direito com uma declaração em contrário.

A doutrina em que se fundava essa decisão outorgava prevalência ao *ius loci* sobre o *ius sanguinis* e a política que a inspirou tirava força do congraçamento a estabelecer no seio da nação para evitar conflitos de soberania no território. Não se trata, portanto, de simples manifestação do nacionalismo. A gritaria das potências européias foi geral, mas, em vez de dissuadir o novo Governo, reforçou sua posição e a *grande naturalização* tornou-se perma-

[3] GONÇALVES, 1995, p. 26–46. CERVO e BUENO, 1992, p. 153–157.

nente, ao ser inserida na Constituição republicana de 24 de fevereiro de 1891. Seis nações européias endereçaram protestos formais a 22 de maio de 1890, por meio de um memorando de idêntico teor (França, Portugal, Espanha, Grã-Bretanha, Áustria-Hungria e Itália), mas a reação mais virulenta contra a lei brasileira veio da Itália, cujo Governo tinha intenção de manobrar as massas de emigrados em favor de uma política de tardio expansionismo imperialista. Cogitou-se em uma expedição coletiva dessas potências com o intuito de demover a República de sua política por meio da intervenção armada, mas as grandes potências recusaram-se a esta ação imperialista, que não vingou. Mesmo porque os imigrantes pouca importância davam à nacionalidade de origem, preferindo a nova, em razão das facilidades de adaptação social e exercício de direitos políticos no país onde residiam, como prova o baixo número de declarações registradas.

A reclamação dos europeus alegava que a naturalização se pratica por ato positivo, que obriga o indivíduo a refletir com base em motivos favoráveis e contrários à decisão a tomar, ao passo que o Decreto, por atitude passiva, constrangia os súditos de outras nações a romper com a cidadania de origem. Os legisladores brasileiros raciocinavam ao avesso: a naturalização em massa não constrangia porquanto resguardava a liberdade de decisão e favorecia a assimilação do imigrante à nação que abraçara como própria. Em suma, os governos europeus temiam perder seus súditos e o Brasil alimentava o projeto de expansão da cidadania.

Quando o Ministério dos Negócios Estrangeiros português recebeu a notícia do decreto que estabeleceu a naturalização dos estrangeiros, reagiu com brandura e racionalidade, em despacho a seu representante no Rio de Janeiro:

> Seja qual for a resolução que vier a ser tomada pelos governos que se acham aí representados no sentido de uma ação coletiva que dê começo a negociações tendentes a anular os efeitos do citado decreto, cumpre desde já para decoro do país e no interesse dos nossos compatriotas que por temor, ignorância ou desleixo deixem de cumprir as formalidades que lhes garantem conservar a sua nacionalidade primitiva proceder de modo que o maior número possível não quebre os vínculos

> que o ligam à terra que o viu nascer e o prendem pelos laços de sangue a sua família e pelos do sentimento e do dever à pátria portuguesa.[4]

O Governo português instruiu seus representantes no Brasil a dar cumprimento à nova lei, agindo no sentido de facilitar, aos portugueses, a formalidade de conservação da nacionalidade de origem no momento em que a declaração fosse requerida.[5]

Cinco meses depois do Decreto, quando os representantes europeus no Rio de Janeiro já haviam optado por uma ação coletiva pedindo a revogação ou a modificação no sentido de garantir a mudança de nacionalidade apenas aos súditos que expressamente o requeressem, o Ministro dos Negócios Estrangeiros português Hintze Ribeiro ordenou, ao chefe da legação no Rio de Janeiro, que se associasse ao protesto, seja por nota coletiva ou notas idênticas. Disso resultou o aludido memorando de 22 de maio de 1890. Em hipótese alguma, deveria encaminhar um expediente isolado, apesar de Portugal estar mais interessado na questão do que outros países europeus.[6] Ao mesmo tempo, descreveu os procedimentos pelos quais os cônsules deveriam registrar as declarações de nacionalidade. Confessou seu alívio pela prorrogação do prazo para entrega dessas declarações, considerando a nova decisão do governo brasileiro uma disposição de conciliar-se com as nações européias que haviam protestado. Com efeito, enquanto a Assembléia Constituinte elaborava a nova lei fundamental do País, o Governo, na expectativa de sua decisão, prorrogou o prazo para além dos seis meses determinados no Decreto de 14 de novembro.

[4] Hintze Ribeiro a M. Garcia da Rosa, despacho, Lisboa, 31 jan. 1890, Arquivo Histórico Diplomático, Livro de Registro de Correspondência, série II, v. 20, Legação Portuguesa no Rio, p. 21–22.

[5] Hintze Ribeiro a M. Garcia da Rosa, despacho, Lisboa, 22 mar. 1890, Arquivo Histórico Diplomático, Livro de Registro de Correspondência, série II, v. 20, Legação Portuguesa no Rio, p. 23v–24.

[6] Hintze Ribeiro a M. Garcia da Rosa, despacho, Lisboa, 21 maio 1890, Arquivo Histórico Diplomático, Livro de Registro de Correspondência, série II, v. 20, Legação Portuguesa no Rio, p. 24v–25.

A Constituição de 24 de fevereiro de 1891 dilatou-o, enfim, para seis meses após sua promulgação e essa foi a única concessão resultante de todo protesto europeu contra a *grande naturalização.*[7]

O Governo republicano respondeu ao protesto coletivo dos europeus, defendendo sua doutrina e, como se observou, prorrogando o prazo para apresentação das declarações. Mas não cedeu no essencial, que era a admissão do silêncio como norma de mudança de nacionalidade. Ademais, citou a própria lei portuguesa que também consagrava o princípio do silêncio. Por essa razão, o novo Ministro dos Negócios Estrangeiros português, Bocage, viu-se na contingência de prestar esclarecimentos e discordar. Encaminhou, ao Governo brasileiro, memorando, de cujo teor também deu conhecimento aos governos de Itália, Espanha, Áustria e Inglaterra. Era brando e conciliador. Agradecia, ao Governo brasileiro, as facilidades concedidas para encaminhamento das declarações e afirmava que a atitude portuguesa diante da grande naturalização não haveria de perturbar as boas relações bilaterais. Dissuadia, assim, os países europeus mais afoitos, como a Itália, que desejavam aplicar medidas enérgicas, até mesmo coercitivas, com o fim de obter a supressão de dispositivos da lei brasileira. Esperava, contudo, que o Governo brasileiro consentisse na supressão da naturalização pelo silêncio, decorrido o prazo de dois anos de residência no país, alegando que esse princípio, no código português, se aplicava unicamente aos filhos de estrangeiros nascidos no país.[8]

A grande naturalização não sofreu modificações legais. Mais de 1 ano depois de ser estabelecida, quando já era princípio constitucional, a atitude de Portugal também permanecia a mesma que externara desde o primeiro momento: a) reconhecer o direito brasileiro de legislar acerca da cidadania; b) manifestar discordância

---

[7] Hintze Ribeiro a M. Garcia da Rosa, despachos, Lisboa, 17 maio e 30 jun. 1890, Arquivo Histórico Diplomático, Livro de Registro de Correspondência, série II, v. 20, Legação Portuguesa no Rio, p. 25v.–26v.

[8] Bocage a M. Garcia da Rosa, despacho e memorando, Lisboa, 26 nov. 1890, Arquivo Histórico Diplomático, Livro de Registro de Correspondência, série II, v. 20, Legação Portuguesa no Rio, p. 29–30v.

acerca das diretrizes da nova lei, tida por inadequada à luz do direito internacional e dos hábitos das nações civilizadas; c) não formalizar protesto isolado algum; d) concertar-se com os países europeus que comungassem dos mesmos pontos de vista acerca do assunto; e) apoiar qualquer ação coletiva de protesto diplomático tendo, por fim, a supressão ou a modificação da lei; e f) promover, por meio da rede consular espalhada pelo país, o registro das declarações de conservação da nacionalidade portuguesa.[9]

Desde o início, a conduta da Monarquia portuguesa com relação à República brasileira deu-se a conhecer com clareza nas instruções que sua diplomacia vinha despachando e que consolidou em documento endereçado ao Conde de Paço d'Arcos, Carlos Eugênio Correa da Silva, o primeiro representante credenciado perante o novo regime político. Entregue ainda em Lisboa em maio de 1891, no momento de sua partida, esse documento define três diretrizes de política exterior para o Brasil:

1) Preservar os laços entre as nações como se fossem laços familiares. "Embora as relações entre Portugal e a sua antiga colônia sofressem uma profunda alteração com a queda da dinastia imperial, tão proximamente ligada à augusta Casa de Bragança, subsistem contudo entre os dois povos vínculos de sangue, de língua, e de tradições que devem bastar para dar às suas boas relações e ao seu mútuo respeito e estima uma base larga e inabalável.";
2) Não se ingerir em assuntos internos do outro país. "Estreitar esses vínculos, tornar cada vez mais cordiais os laços entre os dois países, respeitar o governo que escolheu o povo brasileiro e obter igual respeito e completa abstenção em relação às instituições políticas de Portugal, eis o primeiro dever que V. Ex. se desvelará por cumprir junto do Governo do Brasil."; e
3) Conservar a colônia portuguesa como um patrimônio nacional. "Não menos importantes são as suas relações com

[9] Valbon a Paço d'Arcos, despacho, Lisboa, 15 set. 1891, Arquivo Histórico Diplomático, Livro de Registro de Correspondência, série II, v. 20, Legação Portuguesa no Rio, p. 43v.–44.

a considerável colônia portuguesa estabelecida naquele país, colônia que pelo seu patriotismo, pelo seu esclarecido zelo, pelos seus cabedais, constitui uma verdadeira força nacional, que muitas vezes tem prestado assinalados serviços e da qual espera a mãe pátria auxílio e cooperação em todos os lances oficiais da sua vida nacional.".

Ao dar cumprimento a esses princípios de conduta, exigia-se, de Paço d'Arcos, ação decidida em favor da coesão e do fortalecimento da comunidade lusa local. Era obrigação do chefe da missão portuguesa no Brasil promover as lideranças e a harmonia entre os membros dessa comunidade, estimular o crescimento de seu patrimônio próprio no Rio de Janeiro e em outras cidades, cujas origens eram as associações já formadas que haviam construído e mantinham vários edifícios destinados a seus estabelecimentos de instrução e caridade. Essa capacidade que tinha a comunidade local de levantar mediante subscrições vultosos recursos deveria também associar-se aos interesses do próprio Estado português. Paço d'Arcos recebeu ordens de averiguar a possibilidade de adquirir, ou construir, um prédio próprio com recursos da comunidade lusa do Rio de Janeiro para sede da legação e do consulado geral. Quanto à emigração portuguesa, haveria de distinguir dois tipos: 1) "a emigração espontânea daqueles que com meios próprios lá vão procurar fortuna"; e 2) "a emigração dos jornaleiros, dos contratados, dos que aí chegam sem mais recursos que os seus braços e já obrigados a dívidas que só poderão remir com os corpos". A primeira, tida como "uma fonte de riqueza pública e um elemento de força nacional", seria apoiada, ao passo que a outra, "um mal e uma vergonha", cumpria evitar e coibir. As providências com respeito ao Decreto da grande naturalização mantinham-se inalteradas, já que eram consideradas as melhores para a preservação da comunidade lusa autônoma e vinculada à pátria mãe.[10]

[10] Bocage a Paço d'Arcos, instruções, Lisboa, 6 maio 1891, Arquivo Histórico Diplomático, Livro de Registro de Correspondência, série II, v. 20, Legação Portuguesa no Rio, p. 37v.–39.

Com o tempo, o protesto e a ação concertada dos europeus diluíram-se sem produzir resultados. Reforçou, então, o Governo português as ordens a sua legação para que coordenasse, de modo prático, a ação dos consulados em todo o Brasil, com o intuito de recolher as declarações de conservação da nacionalidade. "O governo de S. M. – escrevia Hintze a Paço d'Arcos em 1894 – liga o mais alto valor à conservação da numerosa e rica colônia portuguesa no Brasil e deseja vivamente opor os possíveis entraves à desnacionalização de que a vê ameaçada.".[11]

A filosofia política voltada para provocar, de forma autônoma, a coesão e o fortalecimento da comunidade lusa local, que impregnava a ação da diplomacia portuguesa no Brasil, era o inverso daquela que presidiu à decisão da grande naturalização, destinada, segundo seus mentores, a detonar toda e qualquer comunidade étnica, política e cultural criada por estrangeiros, já que sua existência autônoma era considerada, a essa altura, embrião de discórdia ou quisto social. Por um lado, a preservação do *outro Portugal*, a exemplo de como procedia o Governo italiano para a preservação das *altre Italie* oriundas da emigração; por outro lado, a construção de *uma* nação brasileira culturalmente plural e etnicamente heterogênea. Como as diplomacias de então não estavam preparadas para harmonizar essas filosofias, cada qual avançava em seus objetivos até onde suas condições lhe permitissem: os governos europeus, procurando conter o movimento em sua fase prévia, a imigração, o brasileiro, que introduziu, com a república, liberalização das leis e da organização social e familiar, pretendendo alcançar a outra etapa, a colonização que compreendia a integração e a assimilação.

Com efeito, as preocupações da República com respeito à imigração eram fundamentalmente três: 1) manter o fluxo da imigração em massa desencadeado na década de 1880; 2) impedir ou diminuir o retorno dos imigrantes; 3) e fixá-los ao trabalho ou à

---

[11] Hintze a Conde de Paraty, despacho, Lisboa, 14 abr. 1894, Arquivo Histórico Diplomático, Livro de Registro de Correspondência, série II, v. 20, Legação Portuguesa no Rio, p. 77v.–78.

terra. O que menos preocupava os meios políticos era, precisamente, as reações dos governos estrangeiros, cujas atitudes eram avaliadas como pouco pertinentes ou influentes sobre as correntes migratórias. Por isso, as medidas tomadas pelo novo regime e consubstanciadas na Constituição de 24 de fevereiro de 1891 e em outros dispositivos legais apresentaram duas dimensões: a administrativa e a social. O gerenciamento da imigração foi descentralizado, passando, as terras devolutas, aos estados da Federação e reservando-se, à União, apenas as terras destinadas à segurança da fronteira e à futura capital. O governo federal permanecia incumbido da propaganda no exterior, do recrutamento e da distribuição – das relações com os países de origem – e os estados preparavam os projetos e os assentamentos de núcleos coloniais. Na área social, decretou-se o casamento civil, a liberdade de culto e a separação entre o Estado e a Igreja, bem como a grande naturalização, tudo na linha filosófica dos projetos de lei apresentados ainda ao Parlamento do Império pelo senador Alfredo d'Escragnolle Taunay. Os debates travados no seio do Congresso Nacional republicano evidenciavam preparo e conhecimento de causa no trato do fenômeno das migrações internacionais e para o Brasil. Euforia diante dos novos dados estatísticos e desalento por não se elevarem à medida das necessidades de povoamento de tão imenso território.[12]

Pesavam, sem dúvida, no confronto entre a visão dos países exportadores de emigrantes e do receptor, os interesses econômicos que estavam em jogo: para os europeus, as remessas de dinheiro e a arrecadação de espólios de súditos residentes no Brasil, muito importantes no caso de Portugal, como já se observou; para o Brasil, a nacionalização dos bens e capitais acumulados pelos imigrantes. Os interesses econômicos, todavia, não explicam por si sós as atitudes dos governos. Visões e valores cultu-

[12] *Anais da Câmara dos Deputados*, sessões de 17 e 19 de outubro de 1894, v. 6, p. 432–472; sessão de 9 de novembro de 1894, v. 7, p. 163–179; sessão de 7 de junho de 1895, v. 2, p. 139–144; sessão de 12 de junho de 1895, v. 2, p. 228–232.

rais, políticos e antropológicos envolviam-se nessa barganha diplomática e deles dependiam os projetos nacionais de construção da nova América. A reação dos europeus também conformava-se com o tamanho de suas colônias no Brasil, vindo, em primeiro lugar, a portuguesa e, em segundo, a italiana. Já a Grã-Bretanha, por irrelevante que era a sua, pouca importância atribuiu à grande naturalização e a Alemanha, considerando que seus súditos poderiam regressar a qualquer momento no gozo pleno de seus direitos, nem sequer assinou o protesto.

Paço d'Arcos teve dificuldades no cumprimento das instruções que recebeu. Instado a acionar a rede consular para obter as declarações de conservação da nacionalidade, três anos depois do Decreto da grande naturalização, confessava-se desanimado diante dos cerca de 250.000 portugueses que se apresentaram para registrá-las. Estar-se-ia dissolvendo a grande comunidade lusa? As razões dos requerentes não contribuíam para reanimá-lo. A maioria encaminhara-as para fugir dos serviços da guarda nacional, da polícia e do exército ou para deles desviar os filhos nascidos no Brasil.[13]

As dimensões sociológicas da migração portuguesa, na origem e no destino, ajudam a esclarecer os desalentos da diplomacia lusa. Com efeito, um estudo de Ann Marie Pescatello sobre a emigração portuguesa para o Brasil entre 1889 e 1914 descaracteriza alguns estereótipos e assenta novas conclusões a seu respeito. O movimento restringiu-se, fundamentalmente, a um fenômeno socioeconômico. As massas de migrantes não influíram sobre o poder em país algum e, tampouco, sobre as atividades culturais e intelectuais, sendo massas mais estranhas do que intrínsecas a tais esferas de ação.

Para Portugal, o balanço da emigração é negativo: não criou o *mercado brasileiro* para os manufaturados e os *brasileiros* – portugueses abastados que regressavam – não contribuíram significativamente para o desenvolvimento de Portugal em fase de expansão da indústria interna. Se consumiam vinho e outros alimentos no Brasil, mantendo o ritmo da exportação portuguesa,

[13] GONÇALVES, 1995, p. 160–161.

não se vestiam com os têxteis de lá, o elemento propulsor daquela fase da revolução industrial. Ademais, a evasão retardou a urbanização, sobretudo pela perda de jovens, e esse fato retardou, por sua vez, na ausência de pressão social, as reformas econômicas e sociais que o processo de modernização requeria. As massas de emigrantes de pouca valia foram, em suma, para a construção de uma nação avançada, em Portugal.

Para o Brasil, se for permitido tecer juízo de valor, o balanço da imigração apresenta-se pouco melhor. Os portugueses levavam vantagem sobre os demais imigrantes europeus e, por isso, criavam mais numerosas pequenas empresas, entre 15 e 20 operários, e dominavam o comércio. Eram bem sucedidos nesse ramo, mas sua contribuição para o crescimento industrial do País era praticamente nula, porque, sem fundos e sem habilidade, com a indústria não se envolviam.

Essa época, no Brasil, corresponde, na vida política, ao domínio das oligarquias agrárias que se apropriaram do Estado e subordinaram, a seus interesses, o movimento da diplomacia. Sobre tais estruturas, as massas de imigrantes portugueses não influem. O Rio de Janeiro abriu, contudo, para os portugueses, uma exceção. O perfil urbano e cultural dessa cidade, onde as oligarquias não controlavam a sociedade, foi marcado pela presença portuguesa na maneira de vestir, de preparar alimentos, na flexibilidade dos casamentos e em outros costumes, que, da velha capital do país, acabavam por espalhar-se para o conjunto da sociedade brasileira. Os imigrantes portugueses converteram-se de camponeses em urbanos, mas, como outros imigrantes, não estimularam, nessa fase, a mudança do perfil tecnológico e as estruturas de produção. Apesar de as leis quererem nacionalizar os estrangeiros, estes vieram para prolongar, inicialmente, uma inserção internacional de país dependente. Mesmo os portugueses bem sucedidos, e foram muitos os sucessos pessoais, não investiam aqui, pouco servindo à construção de uma nação economicamente avançada.[14]

[14] PESCATELLO, 1970, p. 320–326.

5.3 A Revolta da Armada e a Ruptura das Relações Diplomáticas

Apenas instalara-se no Rio de Janeiro o Ministro português Paço d'Arcos e já foi forçado a lidar com um incômodo centro português de propaganda republicana. Como exigir da República medidas de repressão contra essa associação criada, segundo o Governo português, "com o fim expresso de subverter as instituições por que se rege uma nação amiga", se fora este o caminho trilhado para o triunfo da causa no Brasil? De lado a lado, contudo, as regras da boa diplomacia e o segundo princípio de conduta inerente às instruções dadas ao representante português, de não se ingerir em assuntos internos, norteariam o relacionamento nesse delicado ponto. Apesar de receber ameaças dos portugueses pertencentes a essa associação republicana, Paço d'Arcos manteve-se calmo e fez apenas contatos verbais e oficiosos com o Governo brasileiro, ostentando a disposição de não tolerar a existência, em território luso, de propaganda em favor da restauração monárquica no Brasil.[15]

A Revolta da Armada tinha origem na rivalidade entre o Exército, cujos componentes dirigiram o movimento que implantou a República e se elevaram aos mais altos cargos – presidência do Marechal Deodoro da Fonseca e vice-presidência do Marechal Floriano Peixoto – e a Marinha. Correspondeu, também, a uma crise de consolidação do novo regime desde que Floriano, que substituiu Deodoro, decidiu apoiar o líder republicano no Rio Grande do Sul, Júlio de Castilhos, provocando a Revolução Federalista, comandada por Gaspar Silveira Martins e outros partidários de um sistema de governo menos centralizado. Ademais, como o Presidente foi forçado a renunciar por haver fechado o Congresso, Floriano assumiu o cargo com apoio do Senado até o fim do mandato do primeiro Presidente, embora a Constituição exigisse eleições para o caso de impedimento nos dois primeiros

[15] Valbon a Paço d'Arcos, despacho, Lisboa, 16 nov. 1891, Arquivo Histórico Diplomático, Livro de Registro de Correspondência, série II, v. 20, Legação Portuguesa no Rio, p. 45v–46. Ver despacho de 20 jan. 1892, p. 49.

anos de governo. O Ministro da Marinha, Almirante Custódio de Melo, reunindo em torno de si os descontentes com a apropriação do novo regime pelo Exército, não se conformou com a situação de direito criada pela renúncia e, a ele, juntou-se, posteriormente, o Almirante Saldanha da Gama. As duas revoltas, a Federalista e a da Armada, ensaiaram o contato, visto que se configuraram como reação ao governo autoritário da República, assumindo, esta última, conotação de movimento de restauração da monarquia. Como eram intransigentes as duas alas das Forças Armadas em suas determinações, o conflito no Rio de Janeiro tornou-se violento, estando, o povo, pasmo a assistir, como ocorreu com a queda da Monarquia, a mais uma luta das elites pela posse do Estado.

Continuava, como Ministro de Portugal no Rio de Janeiro, o Conde de Paço d'Arcos, Carlos Eugênio Correa da Silva, o primeiro representante luso acreditado depois da implantação da República em novembro de 1889. Em razão do confronto entre Marinha e Exército e à vista da Revolução Federalista no Rio Grande do Sul, Portugal enviou, ao Rio de Janeiro, navios de guerra para a eventualidade de ter de dar proteção a seus nacionais, como procederam outros países. Lá chegou a corveta *Mindelo*, a 10 de agosto de 1893, sob o comando de Augusto de Castilho, vindo, depois, a ela, juntar-se, a 30 de novembro, a corveta *Afonso de Albuquerque*, comandada por Francisco de Paula Teves. A legação portuguesa tornou-se logo o centro da articulação estrangeira que se operava pela diplomacia e pela esquadra postada na Baía da Guanabara. Foi na casa de Paço d'Arcos que se reuniram, no dia do início da Revolta da Armada, 6 de setembro de 1893, os ministros de Portugal, Inglaterra, Itália, Espanha e Alemanha. Como resultado de intensa comunicação entre seus componentes, o corpo diplomático estrangeiro, a quem se subordinavam os comandantes dos navios de guerra, tomou a liberdade de oferecer seus bons ofícios e de ensaiar uma mediação coletiva entre as duas alas das Forças Armadas com o objetivo imediato de impedir o bombardeio da cidade do Rio de Janeiro pelas belonaves da Marinha brasileira que ocupavam a Baía e as ilhas próximas às margens. Embora essa intervenção européia se declarasse neutra, mal disfarçava sua simpatia pelos revoltosos, tanto é que logo provocou a hostilidade de Floriano e da opinião nacionalista da imprensa.

Paço d'Arcos recebera instruções de Hintze Ribeiro acerca das atitudes a tomar diante do conflito interno brasileiro. Elas apoiavam o esforço de mediação, manifestavam disposições benévolas e até mesmo condescendentes:

> O Governo de Sua Majestade não reputa o Governo brasileiro responsável pelos prejuízos que nas atuais lutas civis circunstâncias de força maior possam trazer aos nossos nacionais residentes no seu território, mas considera empenhada a responsabilidade daquele Governo desde o momento que se não empreguem todos os possíveis esforços para garantir a segurança da vida e bens dos súditos portugueses.[16]

Floriano não apreciava o Ministro português, por várias razões: ele viera reconhecer, em nome de uma dinastia Bragança, o regime que derrubara outra; setores da opinião acusavam-no de ser hostil à jovem República; o Ministro era oficial de carreira da Marinha; tornou-se porta-voz das queixas dos diplomatas e comandantes estrangeiros; recusou-se, enfim, a tomar partido aberto a seu favor junto aos demais representantes estrangeiros desde que espontaneamente passara a exercer certa liderança na mediação do corpo diplomático entre o Governo e os revoltosos. A recíproca parecia também verdadeira.

O corpo diplomático e os comandantes estrangeiros, como se observou, tinham, por objeto de seus esforços, evitar o bombardeio da cidade do Rio de Janeiro. Em ofício de 6 de outubro de 1893 a Hintze Ribeiro, D'Arcos expressava sua suspeita sobre Floriano:

[16] Hintze Ribeiro a Paço d'Arcos, despacho, Lisboa, 23 set. 1893, Arquivo Histórico Diplomático, Livro de Registro de Correspondência, série II, v. 20, Legação Portuguesa no Rio, p. 69v–70.

> Difícil, porém, tem sido a tarefa. Pelo lado do Almirante Melo tem havido sempre proceder por assim dizer correto, e tendo assegurado logo no começo da revolta em seus manifestos que não bombardearia a cidade, reconhece-se que procura sempre evitar essa extremidade bárbara; mas por parte do Governo do Marechal tem havido ao contrário evidentemente o intuito de obrigar o Almirante a esse ato selvagem que lhe acarretaria muito odioso. Por isso lhe tem sempre dirigido provocações com as peças colocadas nos morros e nos cais, constituindo um fingido sistema de defesa, que seria absolutamente inútil contra a esquadra se esta quisesse seriamente atacar a cidade (...).[17]

A paciência de Floriano esgotou-se. Acusou o Ministro Paço d'Arcos de envolver-se com a política interna e deu ordens ao chefe da missão brasileira em Lisboa para que exigisse do Ministro de Estrangeiros sua remoção. Não há por que colocar em dúvida a imparcialidade de Paço d'Arcos no desempenho de sua árdua missão, embora tanto ele quanto outros ministros europeus acreditados no Brasil, expressando o sentimento de seus governos, pouca simpatia devotassem ao novo regime brasileiro, cuja imagem descera ao nível de mais uma *republiqueta* latino-americana, com ditadura, censura, golpe de Estado, fechamento do Congresso e descalabro financeiro. Esta sintonia verificava-se também entre Paço d'Arcos e o Governo monárquico de Portugal, provavelmente. Contudo, este Governo andava menos preocupado com o êxito de uma mediação imparcial do que com o comprometimento das boas relações bilaterais. Tanto é verdade que, dois meses após o início da revolta, a 17 de novembro, sem explicações e sem lhe revelar o motivo – até sua morte nunca soube daquela intromissão de Floriano nas decisões da diplomacia portuguesa – o Chefe do Governo português e Ministro dos Estrangeiros, seu amigo e correligionário Hintze Ribeiro, chamou-o repentinamente a Lisboa. Nesse momento quente e

[17] Conde de Paço d'Arcos a Hintze Ribeiro, ofício, Rio de Janeiro, 6 out. 1893, *Missão Diplomática...*, p. 281.

relevante para a diplomacia portuguesa, em razão da retirada, a legação no Rio de Janeiro foi confiada a um simples secretário.

Hintze Ribeiro e o próprio rei Carlos III não queriam indispor-se com o Governo de Floriano. Por isso, o chefe de Governo português hesitou em várias circunstâncias, expediu ordens dúbias sobre atitudes a tomar e atendeu ao pedido do Rio de Janeiro de afastar Paço d'Arcos. Lisboa parecia contrariada com o papel a que sua diplomacia fora alçada, discordava de protestos enérgicos de seu representante no Rio de Janeiro, que zelava pela proteção de súditos portugueses envoltos sem querer na guerra travada no Rio de Janeiro e no Rio Grande do Sul por forças que se opunham ao governo que consideravam usurpador e autoritário. Os documentos revelam que Ribeiro estava mais propenso a fazer vistas largas e a cooperar com Floriano, na percepção, talvez, de que a República viera para ficar. Sacrificou seu Ministro em nome das boas relações com o Brasil. Tanto é que o substituto de Paço d'Arcos, enviado em fevereiro de 1894 para o Rio de Janeiro, o Conde de Paraty, figura proeminente da maçonaria lusa, foi escolhido a dedo, porque dele se esperava que correspondesse melhor aos interesses dos jovens republicanos em razão de idéias que comungavam.

O comandante Augusto de Castilho, embora se comunicasse amiúde com a legação e com o Governo portugueses, viu-se, freqüentemente, na contingência de ter de tomar decisões próprias antes e depois da chegada de Paraty e fê-lo sempre com acurada ponderação. Recebeu ordens, em fevereiro, de submeter-se ao Ministro recém-chegado, o que tomou como despeito ou crítica, já que isso não lhe fora exigido relativamente ao Ministro anterior. Pediu exoneração de seu cargo, mas o almirantado em Lisboa não anuiu, alegando tratar-se de cargo de confiança em situação de extrema delicadeza, e o comandante, contrariado, permaneceu em seu posto. Floriano parecia avantajar-se com a remoção do Ministro desafeto e a submissão de Castilho. Conseguiu enfraquecer a indesejada mediação dos diplomatas, objeto de campanha hostil por parte da imprensa, sem, contudo, a subestimar, visto que dispunha das esquadras sediadas na baía, ao tempo em que a diplomacia das canhoneiras costumava, por vezes, sobrepor-se às normas da diplomacia convencional. Bem o sabia o Presidente Floriano, porque, das canhonerias estrangeiras, serviu-se deliberadamente para triunfar, obtendo a intervenção direta do comandante americano Beham no conflito, o que traçou, em definitivo e simultaneamente, a sorte dos revoltosos e a consolidação da República por meio de uma intervenção estrangeira. Não parece fundado supor que a liderança portuguesa se exerceu no sentido de influir sobre a mediação coletiva e, tampouco, ao termo do confronto, sobre os comandantes europeus, no sentido de provocar alguma reação, mas é certo que Floriano manobrou com coerência estratégica ao neutralizá-la, ao obter a intervenção isolada dos Estados Unidos e, por fim, ao romper as relações diplomáticas com Portugal.

A revolta iniciada a 6 de setembro tornou-se violenta e as batalhas eram travadas às margens da Baía da Guanabara, sobretudo do lado de Niterói, e já haviam feito cerca de 10.000 mortos. De início, Custódio de Melo era mestre da área e poderia desencadear operações decisivas. Com o tempo e com seu afastamento para o mar, Saldanha da Gama, ao assumir o comando dos revoltosos dentro da baía, sentiu-se cada vez mais acuado e desprovido de meios. Solicitou os bons ofícios a Augusto de Castilho para entendimento com Floriano. Iniciava-se a segunda mediação portuguesa durante a Revolta da Armada.

Foi intensa a atividade do comandante português, decidido a aceitar o convite que lhe dirigiu o chefe dos revoltosos, no sentido de conciliar as partes e mediar o conflito em nome dos demais comandantes das frotas estrangeiras. Com o desenrolar da luta, Floriano foi-se tornando seguro da vitória. Pôde reforçar suas baterias de terra e contar com a frota que, na Bahia, se organizara com o fim de confrontar os revoltosos pelo mar. Em razão dessas circunstâncias a ele favoráveis, não aceitou as condições apresentadas por Augusto de Castilho a 11 de março de 1894 e estabeleceu o prazo de 48 horas para a rendição incondicional dos revoltosos, que seriam provavelmente submetidos a conselho de guerra, pelo que esperavam uma sentença radical. No documento confiado a Castilho para que o fizesse chegar ao Governo, Saldanha da Gama estabeleceu quatro condições para a capitulação:

> 1ª Retirada para o estrangeiro dos oficiais, assim como dos que com eles privam, sob a garantia e guarda da nação portuguesa. 2ª Garantia de vida para os inferiores e praças e bem assim para os voluntários que lhes estão assimilados. 3ª Entrega das fortalezas, navios e mais materiais no pé em que se acham. 4ª Restituição dos prisioneiros, exceto aqueles oficiais prisioneiros que queiram ou prefiram partilhar a sorte dos oficiais de Esquadra.[18]

Às 11 horas da noite, foi Castilho recebido por Floriano, que alegou não poder nada decidir a respeito da capitulação sem antes reunir seu Ministério. Premidos pelo ultimato e temendo sucumbir a uma batalha que consideravam perdida, os revoltosos desistiram de aguardar a decisão acerca da capitulação. O mesmo tenente da Marinha brasileira que viera procurar o comandante português regressou pouco depois com outra incumbência: Saldanha da Gama e seus homens pediam asilo e confiavam-se à proteção da bandeira portuguesa. Alegavam ser cerca de 70 homens, Gama, seus oficiais e dois médicos civis. Não havendo tempo para comunicar-se com a legação que tinha sede em Petrópolis, diante da urgência e para evitar um confronto que teria sido, no dizer de Gama, suicídio coletivo dos revoltosos, Castilho tomou, pessoalmente a decisão de conceder o asilo, com base no Direito Internacional. Mas em vez de 70, a 13 de março, haviam já chegado às duas corvetas cerca de 500 – oficiais, praças e pessoal de serviço – que temiam a mão forte do Marechal, no caso da rendição sem condições. O Conde de Paraty, ao tomar conhecimento dos passos de seu comandante, desaprovou-os. Mas este andava por caminho próprio: após encontrar-se com Floriano, provocou uma reunião no Itamaraty com o Ministro brasileiro das Relações Exteriores, Cassiano do Nascimento, um homem menos intransigente que o Presidente, reunião a que também compareceram os ministros de Portugal, Inglaterra, França e Itália,

[18] Luís Filipe de Saldanha da Gama a Augusto de Castilho, condições de capitulação, Rio de Janeiro, 11 mar. 1894, CASTILHO, 1894, p. 232–234 e 266–267.

os quais, por unanimidade, julgaram as condições de capitulação aceitáveis e deram apoio ao asilo solicitado. Uma vitória do bom senso de Castilho, que conteve a ira do Marechal e evitou, possivelmente, um massacre em meio a paixões que então se derramavam na imprensa brasileira e em parte da opinião portuguesa, achincalhando a conduta do comandante português, quando apoio e simpatia convinha emprestar-lhe.

Nesse momento crucial em que o comandante português, sem instruções, tomava iniciativa e decisões relevantes, Paraty e Hintze Ribeiro hesitavam, expedindo ordens e contra-ordens. Três dias depois de concedido o asilo por Castilho, sem levar em conta a reunião no Itamaraty, Ribeiro solicitou, de seu representante no Rio de Janeiro, que informasse se os representantes de outras nações haviam recebido instruções acerca do asilo a conceder. Como se Portugal, o país europeu mais interessado pelos assuntos brasileiros em razão da proteção a garantir a seus súditos, fosse o único a não dispor de instruções acerca do presumível asilo. O chefe do Governo português estendeu por sete dias, desde o pedido formal de asilo feito a 11 de março, sua hesitação, aceitando-o, enfim, quando se assegurou, formalmente, do apoio dos governos europeus. Mas o pior ainda estava por abater-se sobre esse Governo português dividido entre o consenso europeu e o desejo de não desagradar a República.

Sobrecarregadas, as duas corvetas não podiam aventurar-se à travessia do Atlântico, tanto mais que havia casos de febre amarela a bordo. Por isso, demandaram o Prata, chegando a Buenos Aires a 26 de março. As autoridades argentinas eram favoráveis aos refugiados. O Almirante Custódio de Melo, que, ao final da Revolta, se desentendera com Saldanha da Gama, dirigira-se ao sul com cinco navios de revoltosos que lhe permaneceram fiéis. Entrementes, o Governo português fretou, em Buenos Aires, o vapor Pedro III para levar os brasileiros em condições seguras até a ilha de Ascensão e de lá a Portugal. Mas, na noite de 26 de abril de 1894, diante das duas circunstâncias e da Revolução Federalista no Rio Grande do Sul, estando o Pedro III fundeado próximo a Montevidéu, fugiram em sua maioria para território argentino ou uruguaio. Entre os evadidos estava o Almirante Saldanha da Gama.

Temendo uma reação intempestiva de Floriano, Hintze Ribeiro apressou-se em despir seu gabinete de culpa e em instruir seu representante no Rio de Janeiro sobre o modo de preveni-la, ordenando-lhe que comunicasse, ao Ministério dos Negócios Estrangeiros, os seguintes pontos: a) era impossível, ao Governo português, recusar o pedido de asilo que lhe fora solicitado pelos revoltosos; b) essa decisão mereceu o apoio da opinião pública em Portugal e dos governos europeus; c) em todos os lances do conflito e após a concessão do asilo, o Governo português manteve absoluta neutralidade; d) cópias de todos os documentos produzidos pela comunicação entre a Ministério dos Negócios Estrangeiros português, sua legação no Rio de Janeiro e os comandantes das corvetas eram entregues ao governo brasileiro, comprovando o alegado anteriormente; e) a fuga deu-se por circunstâncias que ainda não foram esclarecidas e não envolveu responsabilidade do Governo português; f) contudo, os comandantes das duas corvetas foram exonerados e convocados a apresentarem-se para processo diante de conselho de guerra.[19]

As gestões de Paraty junto ao Ministro brasileiro das Relações Exteriores não apaziguaram o ânimo do Marechal-Presidente. Sob o argumento de que o comandante português tivera responsabilidade na fuga dos asilados e não os conduzira a território português como assegurara, Floriano rompeu, em maio, as relações diplomáticas com Portugal. A nota de ruptura, dirigida pelo Ministro brasileiro das Relações Exteriores, Cassiano Nunes, ao Conde de Paraty reconheceu que não houve intenção de contrariar as regras do asilo por parte do comandante Castilho, porém alegou sua responsabilidade com a falta de vigilância.

O Congresso Nacional não podia furtar-se à manifestação acerca da política exterior de Floriano. A Câmara dos Deputados aplaudiu uma moção de apoio à decisão de romper com Portugal, mas acabou por não votá-la, tamanha era a repugnância que sentiam, nesse momento, os deputados, por estarem, mediante tal

[19] Hintze Ribeiro a Paraty, despacho, Lisboa, maio 1894, Arquivo Histórico Diplomático, Livro de Registro de Correspondência, série II, v. 20, Legação Portuguesa no Rio, p. 79–81.

procedimento, ressuscitando o parlamentarismo da época monárquica, que consideravam nocivo ao regime presidencialista.[20]

Castilho desembarcou em Lisboa a 28 de maio de 1894, foi preso, julgado e solenemente absolvido, com elogios do tribunal e apoio da opinião portuguesa que, a esta altura, reconhecia a coragem e a nobreza de seu gesto: fez o possível, apoiado no Direito Internacional, com anuência do Governo português e assentimento do Governo inglês, para levar em segurança os refugiados ao destino que lhes indicavam as regras do asilo político. Esse desfecho apresenta certa semelhança com o conflito brasileiro entre o Exército e a Marinha, que, em Portugal, se traduzia em mal-estar entre os homens do mar e o Gabinete de Hintze Ribeiro, por não haver, este, secundado os passos do comandante e havê-lo imolado em um julgamento feito por conveniências meramente políticas.[21]

Entre 13 de maio de 1894 e 16 de março de 1895, as relações diplomáticas entre Brasil e Portugal estiveram cortadas. O plenipotenciário inglês no Rio de Janeiro e o americano em Lisboa representaram os interesses do outro lado. A entrega dos interesses portugueses aos cuidados do Ministro inglês provocou, em Portugal, o repúdio tanto dos republicanos quanto dos monarquistas. Mas o Gabinete de Hintze Ribeiro manobrava por meio de seu representante em Londres, sob pressão do Governo inglês, desejoso este, por meio de um gesto de boa vontade e de um rápido resultado vivamente aguardado por toda a opinião lusa, de resgatar a simpatia e, assim, restaurar a tradicional aliança entre os dois países, desfeita pelo ultimato de 1890. Floriano interpôs inúmeras dificuldades ao mediador inglês, de tal sorte que a pendência permaneceu sem solução até o termo de seu mandato presidencial e somente se chegou ao reatamento no início da Presidência de Prudente de Morais.

---

20 *Anais da Câmara dos Deputados*, sessão de 19 de maio de 1894, p. 168–174.

21 REGO, 1966, p. 39–43. GONÇALVES, 1995, p. 167–177. Abundante documentação de arquivo relativa ao papel da diplomacia portuguesa e do comando naval português no Rio de Janeiro foi publicada nos volumes *Missão Diplomática*, 1974, e CASTILHO, 1894.

Capítulo 6

As Relações Culturais ao Longo do Século XIX*

Tania Maria Tavares Bessone da Cruz Ferreira
Lúcia Maria Bastos Pereira das Neves

Em 1872, no Prefácio a *Sonhos d'ouro*, José de Alencar indagava se o povo que chupa o caju, a manga, o cambucá e a jabuticaba pode falar uma língua com igual pronúncia e o mesmo espírito do povo que sorve o figo, a pera, o damasco e a nêspera?

Nesta pergunta, percebe-se, com clareza, o dilema das elites brasileiras do século XIX. Elas encontravam-se divididas entre a fidelidade ao universo da tradição e da cultura portuguesas, em que se tinham formado – e que a herança colonial havia profundamente enraizado no cotidiano e nas instituições brasileiras – e a necessidade de construir identidade própria para o novo país independente, que só poderia ser alcançada mediante a negação de tudo aquilo que tinha origem em Portugal. Dessa duplicidade decorreu, no fundamental, o caráter das relações culturais entre as duas nações no período.

De fato, até 1822, as relações luso-brasileiras fizeram-se sentir por meio de um processo de quase completa identidade cultural e que tinha, na metrópole, o principal pólo de atração. A sociedade brasileira conservara-se basicamente rural, presa de tradições imemoriais, reforçadas pela presença da escravidão, desestimulando

* Projeto financiado pelo CNPq.

a difusão da palavra escrita, sobre a qual a Europa, do Renascimento à Ilustração, tinha erigido nova concepção de mundo. Como resultado, segundo Capistrano de Abreu, três séculos após o descobrimento, o Brasil não passava de uma coleção de cinco regiões etnograficamente distintas, em que apenas a língua, a religião, o entusiasmo pelas riquezas naturais da terra e uma certa "aversão ou desprezo" pelo português atuavam no sentido de uma aproximação. Pouco mais tarde, além da língua e da religião, a tradição portuguesa faria, do Brasil, sede de uma monarquia e, alguns anos depois, emprestar-lhe-ia o primeiro imperador. Desprovida de tipografia, até 1808, e de instituições de ensino superior, até 1827, a elite intelectual brasileira movia-se na esfera do pensamento e da cultura de Portugal, indo buscar, em Coimbra, a única universidade do império, os graus com que se distinguia. Segundo levantamento de Francisco de Morais, entre 1701 e 1822, foram quase 2,5 mil brasileiros que para lá se dirigiram. E, sobretudo após a reforma pombalina de 1772, a Universidade de Coimbra exerceu um papel poderoso de homogeneização em relação aos valores e padrões de comportamento dos indivíduos que pertenciam à elite, fosse em Portugal, fosse no Brasil.[1]

No final do século XVIII, o ilustrado Rodrigo de Souza Coutinho, Secretário da Marinha e Ultramar (1796–1801) – e, posteriormente, Presidente do Real Erário (1801–1803) e Ministro dos Estrangeiros e Guerra (1808–1812) – insistia em que "o português, nascido nas quatro partes do mundo", se julgasse "somente português e não mais do que português", não se lembrando "senão da glória e da grandeza da monarquia a que tem a fortuna de pertencer".[2] Nessa concepção bastante original, e que influenciou decisivamente a geração de intelectuais e homens públicos que fizeram a Independência, Portugal e Brasil faziam parte do

---

1 Francisco de Morais, "Estudantes da Universidade de Coimbra nascidos no Brasil". *Brasília*, Coimbra, ano 4 (suplemento) n. 1, p. 599, 1949.

2 Para as citações, ver Andrée Mansuy D. Silva (Int. e dir). *D. Rodrigo de Souza Coutinho. Textos políticos, económicos e financeiros (1783–1811)*. Lisboa: Banco de Portugal, 1993. p. 49, v. 2.

mesmo todo, indivisível, constituído pela comunidade dos portugueses espalhada pelo mundo, dotada do mesmo espírito, dos mesmos costumes, da mesma língua e da mesma religião. Vislumbrava-se, assim, a constituição de uma ideologia secular, fundada na história de um passado comum, que está na base da moderna idéia de nação.

Após 1822, no entanto, o processo de autonomização do Brasil não podia deixar de acentuar, entre brasileiros e portugueses, aquele espírito de aversão recíproca, de que falava Capistrano. À antiga rivalidade colonial – muito evidente em determinados momentos, como na revolta de 1817 em Pernambuco –, logo se sobrepôs o medo quanto à presença dos lusitanos na órbita da Corte no Rio de Janeiro. Essa ojeriza não decorria do temor de uma "recolonização", como freqüentemente foi interpretado, mas, sim, da avaliação de que a presença portuguesa constituía uma ameaça à organização do novo País, por causa da influência que poderia exercer, junto ao imperador, com idéias de um governo mais centralizado e absolutista, e também por causa da concorrência a que poderia dar origem, tanto nos empregos públicos e nos cargos da administração, quanto no mercado de trabalho de baixa remuneração. Essa nova percepção decorria, em grande parte, de uma fratura no seio da elite, que a sede da monarquia no Brasil tinha contribuído para estabelecer. Enquanto aqueles de seus membros, mais maduros e cosmopolitas, que haviam passado por Coimbra e adquirido experiência da vida pública no império luso-brasileiro durante a longa regência do futuro D. João VI (1792–1816) tendiam a conservar a identificação com as tradições lusas, indivíduos mais jovens, dispondo de horizontes mais circunscritos à realidade do Brasil – pois tinham encontrado suas oportunidades de profissionalização e de ascensão social junto à Corte no Rio de Janeiro –, buscavam conservar os privilégios recém-conquistados e, com mais facilidade, cultivavam a rejeição dos valores portugueses. Essa oposição entre *coimbrãos* e *brasilienses* não resultava de culturas políticas diferentes, já que ambos os grupos eram herdeiros da peculiar Ilustração ibérica, mas, sim, de interesses privados e de sensibilidades diferentes em relação ao antigo colonizador, elaborada e desenvolvida em círculos de solidariedade social também diversos: talvez mais próximos da esfera cortesã, no caso dos primeiros; e, no dos irrequietos brasilienses, mais inseridos no ambiente da camada média urbana, que se formara na cidade do Rio de Janeiro, após 1808.

Nada surpreendentemente, foi no bojo dessas susceptibilidades ofendidas, após 1822, que emergiu, na linguagem política, o sentido moderno da palavra *brasileiro*, com uma conotação de identidade coletiva, quer social, política ou cultural. Fazendo eco a essa novidade, afirmava, o deputado Carneiro de Campos, na Assembléia Constituinte, em 19 de junho de 1823, que o nome "brasileiro" deixava de indicar apenas o local de nascimento e passava a significar "qualidade na esfera política".[3] Na ausência, porém, de tradição cultural própria, distinta da herança lusa, que emprestasse consistência a essa percepção, a única forma de definir o brasileiro era pelo que o termo excluía. E, naquela conjuntura que se seguiu à Independência, dominada pelas atitudes contraditórias de Pedro I – em particular após a morte de seu pai, em 1826, quando se deixou envolver cada vez mais pelas questões da antiga metrópole – nenhuma idéia se oferecia com maior facilidade para exercer este papel do que a de *ser português*. Nesse momento, o português transformou-se justamente no *outro*, isto é, no estrangeiro com o qual havia a possibilidade de conflito, e que se convertia, por conseguinte, no *inimigo*. Ao adquirir essa nova dimensão, politicamente produzida, à antiga aversão dos tempos coloniais, somou-se a identificação do português com o passado e o atraso, dando origem a um antilusitanismo particular, misto de desprezo e galhofa, que persistiria por todo o Império, mas que também agiria no sentido de gerar, por negação, certa noção de identidade.

Sob esse aspecto, algumas trajetórias individuais são emblemáticas. Em primeiro lugar, a de Francisco Adolfo de Varnhagen, o historiador. Nascido em Sorocaba (1816), onde seu pai – alemão técnico em metalurgia, casado com uma portuguesa – tinha

[3] *Diário da Assembléia Geral Constituinte e Legislativa Brasileira do Brasil*, sessão de 19 junho 1823, Brasília, Senado Federal, 1973, p. 244 (fac-símile).

assumido a administração da Fábrica de Ferro de São João de Ipanema, Varnhagen recebeu sua formação acadêmica em Portugal, para onde sua família retornara após a volta de D. João VI. No final do período regencial, com base em alguns trabalhos históricos que realizara sobre o início da colonização do Brasil, solicitou o ingresso no Instituto Histórico e Geográfico Brasileiro, fundado em 1838, e a cidadania brasileira, que obteve em 1841, iniciando, então, sua carreira como diplomata do Império. Seus trabalhos, em particular a *História Geral do Brasil antes de sua separação e independência de Portugal* (2 volumes, aparecidos em 1854 e 1857), inauguraram a moderna escrita da História no país. Contudo, herdeiro tardio da tradição coimbrã, Varnhagen, em suas obras, adotou a perspectiva do colonizador português, enfatizando a sua influência civilizadora sobre o novo país nos trópicos. Dessa forma, ressaltou a continuidade entre o Brasil e a antiga metrópole, ao mesmo tempo em que contrariou o investimento que, desde as Regências, a elite começara a fazer nos habitantes naturais da América, para neles identificar o fundamento da nação brasileira; investimento este que floresceria com a literatura indigenista, a partir do final da década de 1840. Enfraquecia, assim, a frágil identidade, conseguida a partir dos últimos anos do Primeiro Reinado e, sobretudo, após a Abdicação de 7 de abril de 1831, construída sobre a rejeição ao português, como representante do atraso e do passado. Em função disso, a intelectualidade brasileira, embora não pudesse desqualificar o rigor metodológico da obra, foi incapaz de reconhecer a importância de Varnhagen, mantendo-o em uma espécie de limbo – de que só Pedro II o resgatou, fazendo-o Barão e depois Visconde de Porto Seguro – e sufocando os estudos históricos no País, que se conservaram por muitas décadas, com raras exceções, mais o cultivo de uma memória nacional do que uma investigação no sentido moderno.

Segunda trajetória emblemática foi a de Francisco Ramos Paz, imigrante português que chegou ao Rio de Janeiro em 1850. Em depoimentos posteriores, alegou, com insistência, que não deixara o Porto por motivo de penúria, em uma tentativa de eliminar o estigma de imigrante, mas, *malgré lui*, não deixou de sê-lo, tendo passado por numerosas vicissitudes típicas: freqüentes mudanças de emprego, vexações em função da posição social inferior atribuída aos caixeiros e dificuldades sem conta para dedicar-se a atividades intelectuais. Em 1855, começou a ascender socialmente, ao vincular-se a uma casa de comissões [comercial? comissários?] em Petrópolis, dando início a uma bem sucedida carreira de homem de negócio e passando, ao mesmo tempo, a colaborar na imprensa local. Participou, em seguida, da tradução do *Brasil Pitoresco,* de Charles Ribeyrolles, e, mais tarde, teve importante atuação em sociedades culturais, como O Retiro Literário Português e o Gabinete Português de Leitura, em que incentivou os membros a tomar parte em debates, conferências e outras modalidades de convívio que representavam novas formas de sociabilidade. Essas preocupações, o círculo de amigos que formou e a extraordinária biblioteca que reuniu ao longo da vida fizeram de Ramos Paz importante figura aglutinadora da vida cultural do Rio de Janeiro, onde, porém, junto com os outros homens de negócio portugueses, continuou servindo como interlocutor nas relações oficiais entre Brasil e Portugal.

Nascido no Maranhão, em 1855, filho de um funcionário consular português, Arthur Azevedo já se inscreve em uma outra perspectiva e temporalidade. Sendo legal e constitucionalmente cidadão português, pois possuía dupla nacionalidade, teve sua formação realizada exclusivamente no Brasil. Amigo de portugueses ilustres, entrou, muitas vezes, em conflito com a colônia lusa do Rio de Janeiro, por meio de seus escritos na imprensa e de suas peças teatrais. Embora afirmasse apreciar as glórias de Portugal e admirar sua literatura, incluía, em seus contos e comédias, a figura do português, fazendo-lhe críticas, ainda que veladas, e proclamando-se, antes de tudo, brasileiro e florianista.

A essa altura, a Proclamação da República e o crescimento da emigração lusa para o Brasil (ver mais adiante) tinham feito renascer a discussão acerca da nacionalidade brasileira, intensificando os debates sobre o papel da cultura portuguesa na formação da sociedade brasileira. Filiados a um movimento político e social de caráter nacionalista, que se originara no Governo de Floriano Peixoto e que buscava consolidar o novo regime, combatendo as influências estrangeiras, conhecido como *jacobinismo* –

e de que Lima Barreto haveria de traçar o perfil em *Policarpo Quaresma* –, um grupo de intelectuais insistia em atribuir a falta de consolidação da *brasilidade* ao atraso representado pela colonização lusa e à persistência dos laços culturais com Portugal, por meio das colônias de imigrantes no Brasil. Inúmeros escritos em periódicos como *A Bomba*, *O Jacobino*, dirigido por Deoclecyano Martyr, *O Nacional*, cujo editor era Aníbal Mascarenhas, *Brazilea*, sob a direção de Álvaro Bomilcar, Álvaro Damasceno Vieira e Jackson de Figueiredo (1917–1918), e *Gil Blas*, dirigido por Alcebíades Delamare (1919–1923), empenharam-se em criticar as influências consideradas nefastas da cultura lusitana, destacando o "sebastianismo tacanho", "o clericalismo tartufo" e o "estrangeirismo maléfico" como inimigos do Brasil e obstáculos para que se alcançasse o progresso e a democracia no País. A esses nomes, associavam-se outros intelectuais como Sílvio Romero, Euclides da Cunha, João Ribeiro, Alberto Torres e Manoel Bonfim, considerados, igualmente, como defensores da nacionalidade brasileira.

No campo oposto, havia outros veículos que procuravam resgatar a importância da cultura portuguesa na formação da identidade brasileira, de que participavam escritores como João do Rio, Medeiros e Albuquerque e Afrânio Peixoto. Alguns eram dirigidos especialmente à colônia portuguesa, como o *Portugal Moderno*, (1904–1913), o *Diário Português* (1909) e a *Alma Lusitana* (1919); mas outros faziam parte da grande imprensa carioca da época, que contava com forte presença portuguesa nos quadros de direção, como o *Jornal do Commercio*, *O Paiz* (1884–1934) e *A Noite* (1911–1964).

Nesse último meio, teve importante atuação Carlos Malheiro Dias (1875–1941), a última dessas trajetórias a destacar, que se tornou o principal intelectual e porta-voz da elite portuguesa no Rio de Janeiro, no início do século XX. Em 1896, publicara o romance *A Mulata*, de forte cunho naturalista, em que retratava a prostituição e o vício no Rio de Janeiro e em que atribuía à personagem central – a mulata Honorina – "o sangue mau da raça negra". Os jacobinos acusaram o livro de denegrir a imagem do Brasil e do governo republicano, reacendendo-se a polêmica em

1912, quando Malheiro Dias retornou ao Brasil, na condição de exilado, em virtude da instauração da República portuguesa em 1910. Foi sócio da Academia Brasileira de Letras e proprietário de várias publicações, participando até mesmo da fundação da revista *O Cruzeiro* (1928). Entre 1921 e 1924, dirigiu e publicou a *História da Colonização Portuguesa no Brasil*, uma obra em três grandes volumes fartamente ilustrados e amplamente divulgada, comemorativa do centenário da Independência, mas voltada, primordialmente, para a defesa e o resgate da importância da presença portuguesa no Brasil.

De Varnhagen a Azevedo e de Ramos Paz a Malheiro Dias, são duas linhas de força que se destacam: de um lado, a busca de uma *brasilidade* por meio da rejeição, cada vez mais generalizada e intensa, da herança portuguesa por setores da elite, na tradição dos *brasilienses* da época da Independência; de outro, a constante presença do elemento português no cenário nacional, que se soube desdobrar, a partir de fins do século passado, em um espírito associativo, como estratégia para a reafirmação dos valores lusitanos e que ganhou força com as comemorações do centenário da Independência. De fato, foi sobretudo após 1922 que começou a ser gerada a política de relações fraternais entre Brasil e Portugal, que passaria a permear as relações oficiais luso-brasileiras daí em diante, fundada no sentimento de pertencimento a uma tradição histórica e cultural comum, visando à minimização dos conflitos e das divergências. A partir de então, e apesar da reafirmação nacionalista que representou, nesse mesmo momento, o movimento modernista, Brasil e Portugal voltavam a se ver como pátrias irmãs, unidas pela língua, pelas tradições e representações comuns e, desse processo, alguns intelectuais brasileiros importantes, como Gilberto Freyre e Sergio Buarque de Holanda, não deixaram de participar.

Em 1933, Gilberto Freyre publicava *Casa Grande e Senzala*, um livro que marcou, como salienta Antônio Cândido, o ambiente intelectual brasileiro da época, ao combinar a antropologia social norte-americana com um estilo livre e original, diretamente inspirado do Modernismo, para analisar a formação do Brasil. Ainda mais significativo, Freyre propunha, em oposição à tendência nacionalista lusófoba – presente, por exemplo, na obra de Oliveira Vianna –, reavaliação da colonização portuguesa, destacando a contribuição da escravidão africana e da mestiçagem como traços positivos da cultura brasileira, graças à atuação do português como "procriador europeu nos trópicos", capaz de amar "com gosto as mulheres de cor", e valorizando, por conseguinte, a "plasticidade" e a "democracia social" de nossa herança ibérica. A mestiçagem passava a ser considerada "o fato central da história da colonização portuguesa", entendida como a "rápida e generalizada mistura de raças e culturas", explicitando suas derivações culturais o caráter singular e superior da colonização portuguesa nos trópicos, quando comparada às demais iniciativas semelhantes européias. Tal processo teria resultado na construção de nova civilização – a luso-tropical –, constituída pelos luso-descendentes, estabelecidos nos quatro continentes, e viria a servir para embasar a idéia de fraternidade, que continuou presente nas relações entre Brasil e Portugal até os dias de hoje, apesar de certas atitudes posteriores de Freyre terem-no feito ficar mal-visto por uma parcela da intelectualidade brasileira.

Na linha de Varnhagen e Capistrano, três anos mais tarde, Sérgio Buarque de Holanda também voltava a reexaminar, em *Raízes do Brasil*, a colonização portuguesa, comparando-a com a espanhola. Segundo ele – reforçando, de outro ponto de vista, a argumentação de Freyre –, apesar do "contato e mistura com raças indígenas ou adventícias", a cultura brasileira não se fez tão diferente dos "nossos avós de além-mar", como muitas vezes "gostaríamos de sê-lo". Por isso, a despeito de tudo que separava a cultura brasileira de Portugal, nas raízes do Brasil, isto é, na herança portuguesa, encontrava-se "tradição longa", bastante "viva até hoje", capaz de nutrir uma "alma comum", que associava o País na América à antiga metrópole européia, pois foi "de lá [que] nos veio a forma atual de nossa cultura"; "o resto foi matéria que se sujeitou mal ou bem a essa forma".

* * * * * * * * * *

Como já foi assinalado, o Brasil da época da Independência carecia de produção intelectual que refletisse personalidade própria. Predominavam, por influência das pragmáticas Luzes portuguesas, os conhecimentos úteis, voltados para a agricultura e a racionalização da vida material, com o intuito de promover o progresso, e os estudos de Direito. A oratória sacra, presente em todas as solenidades e festividades, conservava sua importância, indicando o lugar central ainda ocupado pela religião, como instrumento privilegiado para dar sentido ao mundo em relação à grande maioria da população, e, por conseqüência, o pequeno grau de secularização do pensamento. Em termos literários, permanecia a tradição do arcadismo, a essa altura, esgotado e reduzido a fórmulas já consagradas, com pouquíssimas exceções.

Na realidade, a partir da década de 1840, após as tensões e conflitos do período regencial, que tinham colocado em perigo a unidade do País, a tarefa de elaborar, positivamente, uma imagem do Brasil e dos brasileiros caberia ao Romantismo. Nova sensibilidade, que fora gerada na Europa pós-Revolução Francesa, em oposição às Luzes frias da Razão ilustrada, voltadas para o futuro, o Romantismo valorizava os sentimentos e buscava, no passado, as tradições que definiam o presente. Para os intelectuais brasileiros de meados do século XIX, essa nova sensibilidade chegou pela França e, em especial, pela atividade de Ferdinand Denis, um comerciante que atuou no Brasil entre 1816 e 1819 e que, ao retornar à Europa, se tornou contato e referência fundamental para os brasileiros no velho continente, até sua morte, nonagenário, em 1890. Sob a influência de Denis, mas olhando com desprezo a cultura portuguesa, por força da forma como fora conduzido o processo de Independência, os membros do Instituto Histórico e Geográfico Brasileiro e alguns literatos recorreram, então, ao que o Brasil tinha de mais específico para criar a tradição romântica nacional: a luxuriante natureza tropical e seus habitantes, os indígenas. Rompiam-se, assim – aparentemente –, os laços intelectuais do novo império com a antiga metrópole portuguesa. Sobretudo, com Gonçalves Dias e José de Alencar, como salienta José Guilherme Merquior, instaurava-se uma língua literária original, que deixava de coincidir com a portuguesa: continuava falando-se o português, mas já não se escrevia mais *à portuguesa.*[4]

[4] José Guilherme Merquior, *De Anchieta a Euclides: breve história da literatura brasileira*, Rio de Janeiro, José Olympio, 1977, p. 55–56.

Apesar dessas iniciativas, no entanto, as relações culturais entre o Brasil e Portugal não desapareceram. A maioria dos escritores nacionais continuava sensível à influência e ao prestígio das letras portuguesas, buscando, nos autores consagrados de Portugal, como Almeida Garrett (1799–1854) e Alexandre Herculano (1810–1877), a aprovação para suas obras. Em Lisboa, a *Revista Contemporânea de Portugal e Brasil*, em atividade até 1865, supunha a existência de um público literário ultramarino, ao qual estava direcionada. Além da chamada "classe caixeiral", inúmeros autores portugueses, mais ou menos desconhecidos, transferiam-se para o Rio de Janeiro, atrás de uma carreira literária ou de oportunidades no jornalismo. Camilo Castelo Branco (1825–1890) dedicou várias páginas de sua obra a imagens do Brasil, dos brasileiros e dos emigrados, incluindo dois romances, *Os brilhantes do Brasil* (1869) e *A brasileira de Prazins* (1882), além de ter publicado *Agulha em palheiro* (1863), em folhetins, na revista *O Futuro* do Rio de Janeiro. Em 1872, o próprio monarca brasileiro visitou o romancista no Porto, que imediatamente correspondeu, dedicando o *Livro da Consolação* "A Sua Majestade / o senhor Pedro II / Imperador do Brasil".[5]

Contudo, as crescentes diferenças na literatura dos dois países não deixaram de provocar polêmicas, incluindo as filológicas, entre autores de ambos os lados do Atlântico. Em 1879, o mesmo Camilo publicou *O cancioneiro alegre de poetas portugueses e brasileiros*, em que criticava o uso do exótico na escrita *à brasileira* e condenava qualquer liberdade na sintaxe. Referindo-se a Fagundes Varela, ele afirmava que, em "poesia, um sabiá não substitui a sintaxe, e as flores do ingá que rescendem no jequitibá não disfarçam a corocova dum solecismo". Em resposta, Carlos de Laet, encarregado da "Crônica Literária" na *Revista Brasileira*, assinalou, com alguns exemplos, que também a prosa de Castelo Branco não estava isenta de solecismos, considerando o episódio mais um traço da arrogância portuguesa em relação ao

[5] *Apud* João Alves das Neves, *As relações literárias de Portugal com Brasil*, Lisboa, Instituto de Cultura e Língua Portuguesa, 1992, p. 125.

Brasil. O livro não constituía crítica sensata e imparcial, mas "longo e picante libelo contra brasileiros", nutrindo "o Sr. Castelo Branco (...), como boa parte dos seus compatriotas, grande cópia de preconceitos relativos à literatura e modo de viver dos brasileiros".[6]

Em 1871, o humor mordaz de Eça de Queirós e de Ramalho Ortigão, em *As Farpas*, transformou a viagem do Imperador a Portugal, de acordo com Paulo Cavalcanti, "num grotesco espetáculo de circo, caricaturando tudo aquilo que Dom Pedro fizera ou dissera, como primeiro viajante de sua pátria", e provocando grande escândalo no Brasil.[7] No Recife, no ano seguinte, José Soares Pinto Correia ripostou com *Os Farpões* ou *Os Bandarilheiros de Portugal*, ridicularizando, por sua vez, os habitantes da antiga metrópole. A contenda literária reacendeu velhas rivalidades, particularmente intensas em Pernambuco, servindo de pretexto para incidentes de rua e atos de violência contra lojas em Goiâna de propriedade de portugueses, com o intuito de reafirmar a antiga bandeira da nacionalização do comércio no Brasil.

Menos de dez anos depois, porém, o tricentenário da morte de Luís de Camões, em 1880, voltava a irmanar portugueses e brasileiros nas celebrações, que consistiram em festas, prêmios – sob a forma de obras completas do poeta em belíssimas embalagens de veludo –, regatas, representações teatrais, espetáculos musicais nas ruas e de uma rica exposição, na Biblioteca Nacional, organizada, em conjunto, por intelectuais, colecionadores e bibliófilos portugueses, ou de origem lusa, e brasileiros. Na mesma ocasião, foi lançada a pedra fundamental do novo edifício do Gabinete Português de Leitura do Rio de Janeiro, e um jornal da cidade publicou, em edição popular e gratuita, *Os Lusíadas*, com tiragem de 30 mil exemplares, para que fossem distribuídos entre assinantes e leitores habituais. Casas editoras, como J. Villeneuve, H. Garnier, Maximino & Cia, Tipografia Nacional e Tipografia

---

[6] Carlos de Laet, *Revista Brasileira*, Rio de Janeiro, n. 1, p. 215–220, 1879.

[7] Paulo Cavalcanti, "Eça de Queirós, agitador no Brasil", p. 35–36. *Apud* Wilson Martins, *História da inteligência brasileira, 1855–1877*, São Paulo, Cultrix/Edusp, 1977, p. 395, v. 3.

Andrade Mello, esta última de São Paulo, todas se associaram às comemorações. Aliás, já em 1856, o jovem Casimiro de Abreu (1839–1860), filho de rico negociante português e um dos futuros expoentes do Romantismo brasileiro, decalcava de Garrett e fazia representar, em Lisboa, onde se encontrava, uma peça intitulada *Camões e o Jaú*, em que descrevia o amor do poeta por Catalina de Ataíde, tema que também foi abordado por Machado de Assis, confirmando o apreço em que era tido pelos brasileiros o grande autor português.

De fato, com a chamada *Geração de 1870*, como observa Eulália Lobo, as trocas entre Brasil e Portugal intensificaram-se. Eça de Queirós (1845–1900) e Fialho de Almeida (1857–1911) passaram a escrever em jornais do Brasil, enquanto alguns livros de Ramalho Ortigão (1836–1915) foram inicialmente publicados na *Gazeta de Notícias* do Rio de Janeiro. O poeta Gonçalves Crespo (1846–1883), nascido no Rio, de mãe negra, radicou-se em Portugal, onde se casou com a também escritora Maria Amália Vaz de Carvalho (1842–1921), cuja obra, em boa parte, se constituiu de colaborações à imprensa carioca. Faustino Xavier de Novaes (1820–1869), um poeta satírico, emigrou para o Rio de Janeiro, passando a colaborar em jornais, e fundou a revista luso-brasileira *O Futuro* (1862), que teve, desde logo, entre seus colaboradores, Machado de Assis, que viria a desposar a irmã de seu editor, a célebre Carolina, *née* Novaes.[8]

Da mesma forma, a publicação, em 1989, das obras completas de Antero de Quental (1842–1891) revelou, por meio de suas cartas, a presença brasileira na vida e na obra deste poeta. Em missiva dirigida a Joaquim Saldanha Marinho, parlamentar brasileiro que assinou o Manifesto Republicano de 1870, Antero o convidava para associar-se, como redator ou colaborador, à *Revista Ocidental*, pois o considerava um dos propagadores mais notáveis das idéias democráticas no Brasil. Reconhecendo que,

[8] Eulália Maria Lahmayer Lobo, *Portugueses en Brasil en el Siglo XX*, Madrid, Mapfre, 1994, p. 78–89.

em Portugal, apenas cinco ou seis escritores brasileiros eram conhecidos, o autor das *Conferências democráticas* esforçou-se por conhecê-los e divulgá-los. Em 1883, incluiu Gonçalves Dias, Junqueire Freire, Machado de Assis, Fagundes Varela, Casimiro de Abreu e Álvares de Azevedo no *Tesouro poético da infância*, uma coleção de poesias recolhidas nos romanceiros e cancioneiros populares portugueses e produzida por poetas contemporâneos. No Prefácio, afirmava, Antero, que abria, no trabalho, "um lugar de hospitalidade franca e fraternal aos poetas brasileiros", pois a poesia do Brasil deveria ser considerada como "expressão eloqüente de uma invidualidade nacional", que possuía "originalidade e vigor bastantes para não se confundir com a portuguesa". Ela não era, entretanto, uma "estrangeira", devendo ser considerada uma "irmã" e "mais estimada", porque "flor exótica desabrochada num ramo do velho tronco peninsular, transplantado noutro clima e noutro mundo," mas em que se sentia, "inteira e vivaz, se bem com aroma diverso, a seiva primitiva".[9]

O próprio Eça de Queirós conservou sempre freqüentes e importantes contatos com o Brasil, como revela *O Brasil na vida de Eça de Queirós*, de Heitor Lyra. Filho de pai nascido na antiga colônia e tendo uma ama de Pernambuco, que acompanhou a família de volta a Portugal, o menino José Maria partilhou, em sua infância, a convivência com brasileiros. Na Universidade de Coimbra, ligou-se novamente a eles, em especial a Eduardo Prado, com quem conviveu em Paris, durante o exílio. Além de contribuir regularmente para a imprensa periódica do Brasil, manteve correspondência com Domício da Gama, José Maria da Silva Paranhos (o Barão do Rio Branco), Joaquim Nabuco e Olavo Bilac, entre outros. Com este último, encetou, a quatro mãos, um drama inacabado sobre Inês de Castro. Entre Eça e Machado, embora o diálogo tenha sido "quase mudo", não deixou de realizar-se por meio de amigos comuns, particularmente Domício da Gama e Magalhães de Azeredo. Finalmente, o Realismo português,

[9] *Apud* João Alves Neves, *op. cit.*, p. 175–181.

em especial *O primo Basílio* (1876), juntamente com a divulgação da obra de Émile Zola, marcou profundamente a escola naturalista no Brasil. Em *O mulato*, de Aluísio de Azevedo (1857–1913), por exemplo, uma análise crítica da sociedade brasileira, revelando a corrupção e a falta de moral que o sistema escravista impunha, são evidentes os traços de influência do mestre português, como o anticlericalismo e o antiburguesismo de caricatura, chegando Sílvio Romero a considerar o Naturalismo brasileiro, antes de tudo, um plágio transoceânico.

Ainda que tenha sido no varejo de secos e molhados que a atividade do imigrante português no Brasil tenha deixado sua marca mais característica, a presença de comerciantes lusos era muito mais ampla e incluía a distribuição de bens culturais, podendo-se encontrar, nos armazéns do início do século XIX, junto com objetos de luxo e diversas quinquilharias, livros e publicações. Nos grandes centros, como Salvador e Rio de Janeiro, já havia livrarias especializadas, mas a venda de livros em conjunto com outras mercadorias continuou prática comum até poucas décadas atrás. Estes "tratantes de livros" – como "livreiro" era definido pelo *Dicionário* de Antonio Morais e Silva em 1813 –, na sua maioria, constituídos de portugueses, embora logo secundados por franceses, foram os responsáveis pela introdução, no Brasil, de inúmeras obras, incluindo aquelas proibidas. Nas licenças pedidas ao Desembargo do Paço, para importação e despacho de livros nas Alfândegas da Corte, e também nos anúncios estampados nos jornais, ao lado de livros franceses, podem ser encontrados diversos autores portugueses, como Camões e Bocage, e textos de caráter utilitário, como as *Ordenações do Reino* e o *Manual de Apelação ou Dedução sistemática, fundamentada nas Leis do Reino.*[10]

Após a Independência, as livrarias, gráficas e editoras na Corte do Rio de Janeiro expandiram-se, favorecidas, a partir de 1839, pelo estabelecimento do transporte regular por vapores ao

[10] Lúcia M. Bastos P. Neves; Tania Maria Bessone da C. Ferreira, "O medo dos abomináveis princípios franceses: a censura dos livros nos inícios do século XIX no Brasil", *Acervo*, Rio de Janeiro, ano 4, n. 1, p. 113–119, jan.–jun. 1989.

longo do litoral do País, que lhes abriu os mercados das províncias, e pela ausência de legislação sobre os direitos autorais, como aponta Laurence Hallewell. Surgiram contrafações em grande número, sobretudo dos autores portugueses preferidos pelos leitores brasileiros, como Antônio Feliciano de Castilho (1800–1875), Almeida Garrett, Alexandre Herculano e Camilo Castelo Branco, constando, os três últimos, sem pejo algum, dos catálogos da Editora Laemmert, fundada em 1838. Nos jornais da cidade, anunciavam-se, com freqüência, obras portuguesas editadas no Rio de Janeiro e 90% dos anúncios de livros do *Jornal do Commercio* referiam-se à literatura lusa. Os mesmos autores citados acima, junto com Camões, Felinto Elísio e Bocage, constavam em abundância, segundo os inventários, das bibliotecas de médicos e advogados da Corte durante o período e, nos catálogos dos leilões divulgados pelos jornais, também se revela a preferência literária por autores portugueses.

A produção dessas contrafações alcançou tal nível que começaram a surgir denúncias, até por parte de catedráticos da Universidade de Coimbra, contra a impressão não-autorizada de obras literárias e de manuais escolares. Em janeiro de 1854, uma nota da Representação portuguesa, dirigida ao Ministro dos Negócios Estrangeiros do Brasil, reclamava de um livreiro estabelecido no Pará, um dos locais de maior presença lusa, que fizera por sua conta a reimpressão do *Manual enciclopédico para uso das escolas de instrução primária* e do *Método facílimo para aprender a ler e escrever a gramática francesa teórica e prática*, com "grave prejuízo de seu autor, o súdito português Emílio Aquiles Monteverde". Solicitava, ainda, que o governo imperial tomasse enérgicas providências para obrigar o livreiro a não continuar em seu intento, "sustando a venda dos exemplares das referidas obras, que porventura se achem impressos".[11]

Na realidade, apesar da manutenção, por alguns lustros após a Independência, das tradicionais práticas de censura e repressão do

[11] Portugal, ofícios e correspondências, 19 jan. 1854, Arquivo Histórico do Itamaraty, Representações Diplomáticas Estrangeiras no Brasil.

período colonial, as autoridades brasileiras, a partir da consolidação do Império, tinham fraco controle sobre o processo de impressão e divulgação de livros, sendo necessária longa negociação, ao longo do século XIX, para que se alcançasse relativa proteção aos direitos autorais no Brasil. Desde o Tratado luso-brasileiro de 29 de agosto de 1825, no qual se reconhecia a Independência do novo País, estava estabelecido que os direitos e propriedades dos súditos portugueses seriam guardados e protegidos. Publicado em fins de 1830, o Código Criminal do Império, em seu artigo 261, já definia como crime "imprimir, gravar, litografar ou introduzir quaisquer escritos ou estampas que tivessem sido feitos, compostos ou traduzidos por cidadãos brasileiros, enquanto estes viverem e dez anos depois de sua morte, se deixarem herdeiros".[12] Contudo, nessa época, ainda faltava definir a idéia de propriedade literária, e a lei não foi aplicada. Duas décadas depois, em Portugal, continuava a discutir-se se um autor detinha a propriedade sobre a sua obra, manifestando-se ninguém menos do que Alexandre Herculano contrário à idéia, sob os argumentos de que pensamentos e palavras contidas nos livros não podiam ser propriedade de ninguém e de que os direitos do autor freqüentemente vinculavam sua obra a descendentes poucos aptos a zelar por sua herança literária.

Foi somente na década de 1850 que surgiram as primeiras tentativas no sentido de negociar as questões autorais implicadas no Tratado de 1825, de modo a evitar "reclamações recíprocas". Em fevereiro de 1851, iniciaram-se as negociações entre os dois governos, visando à celebração de um acordo. Nessa ocasião, o cônsul no Rio, Conde de Tojal, afirmava, a seus superiores em Lisboa, que contestar os direitos dos autores "seria negar a propriedade em si, no que ela tem de mais individual, de mais elevado, de mais filiado na origem legítima por excelência: o trabalho".[13] Os contatos prosseguiram

[12] Para 1825, cf. *Tratados e actos internacionais: Brasil–Portugal*. Lisboa, Serpro, 1992. p. 43–45. Para a citação, cf. L. Hallewell Laurence, *O livro no Brasil: sua história*, São Paulo, T. A. Queiroz/Edusp, 1985, p. 171.

[13] Lisboa, 14 fev. 1851, Arquivo Histórico Diplomático, Livro de Correspondência, série I, v. 29, Legação Portuguesa no Rio de Janeiro, p. 24v.

em 1853, conduzidos pelo Visconde de Atouguia, em nome do Governo português, que pretendia "obstar, por todos os meios ao seu alcance, ao manifesto e escandaloso roubo da propriedade literária de autores portugueses, que nesse país se está praticando, dando assim os brasileiros ao mundo inteiro uma bem triste idéia da capacidade dos seus escritores", e que, por isso, propunha, "ao Governo Imperial, um projeto de convenção literária fundada no princípio de uma perfeita reciprocidade", semelhante àquelas que já tinham sido assinadas com a Espanha e a França e em via de ser concluída com a Bélgica. A argumentação portuguesa fundamentava-se, por conseguinte, na questão de que a propriedade literária deveria ser respeitada como a propriedade em geral, em benefício de seus detentores, fossem brasileiros ou portugueses, "impedindo-se reciprocamente que nos respectivos estados se publicassem ou imprimissem obras de outra nação, sem prévio consentimento de seus autores ou legítimos donos".[14] No entanto, a falta de critérios e a lentidão dos negociadores brasileiros exasperaram os colegas europeus, interrompendo-se as discussões. A questão dos direitos autorais continuou pendente, recrudescendo no final dos anos 60 e início dos 70, o que levou, em 9 de setembro de 1889, à assinatura de um *Acordo para a proteção das obras literárias e artísticas*, pelo qual o Governo de Sua Magestade, o Imperador do Brasil, e o Governo de Sua Magestade, El Rei de Portugal e Algarves, concordavam "em que os autores de obras literárias, escritas em português, e das artísticas de cada um deles, gozem no outro, em relação a essas obras, do mesmo direito de propriedade que as leis aí vigentes, ou as que forem promulgadas, concedem, ou concederem, aos autores nacionais".[15] Contudo, somente em 1922 ficou estabelecida uma convenção especial sobre a propriedade literária e artística entre Brasil e Portugal, regulamentando definitivamente a matéria.

[14] Lisboa, 13 dez. 1853, Arquivo Histórico Diplomático, Livro de Correspondência. 13 dez. 1853. Série I, v. 29, Legação Portuguesa no Rio de Janeiro. p. 88v–89v.

[15] Correspondência Diplomática Brasileira, Arquivo Histórico do Itamaraty, 9 set. 1889, Convenção Literária Brasil–Portugal.

Essas dificuldades apontam para a ausência de uma política cultural sistemática entre Brasil e Portugal durante o século XIX, limitando-se, os Estados respectivos, quase exclusivamente a proteger, ou incentivar, relações culturais espontâneas, que comerciantes, artistas e intelectuais desenvolviam por conta própria. Verificadas as atividades da Legação Imperial do Brasil em Lisboa, por meio da correspondência diária com a Corte no Rio de Janeiro, constata-se que as preocupações predominantes nas relações entre Brasil e Portugal desse período se relacionavam a reclamações e indenizações, assuntos comerciais e protocolares, como punição de falsários, problemas do Direito internacional, público e privado, heranças e questões de sucessão e, enfim, a emigração portuguesa para o Brasil. Não havendo uma atenção específica e sistemática às questões culturais, estas ficavam limitadas a assinaturas de jornais pertinentes à vida diplomática e a numerosas remessas de obras literárias, ou profissionais, e de livros para as bibliotecas públicas dos dois países. Em 1838, o Governo do Brasil ofereceu dez exemplares da *Flora fluminenese,* do brasileiro frei Mariano José da Conceição Veloso –, concluída em Lisboa na década de 1790, mas cuja publicação só se iniciara em 1825 –, para serem distribuídos entre a Academia Real das Ciências, a Biblioteca Pública de Lisboa e a Biblioteca da Universidade de Coimbra.[16] Em troca, a primeira instituição, desejosa de "estreitar cada vez mais os vínculos que unem as nossas duas Nações", ofereceu, à Biblioteca Imperial do Rio de Janeiro, em 1840, as obras que estava publicando, consistindo de 76 títulos, que incluíam a *Coleção dos principais autores da História portuguesa*, a *Coleção de livros inéditos de História portuguesa*, o *Ensaio econômico sobre o comércio de Portugal e suas colônias* e o *Índice cronológico remissivo da legislação portuguesa.*[17]

[16] Ofícios, Lisboa, 17 dez. 1838, Arquivo Histórico do Itamaraty, Missões Diplomáticas Brasileiras.

[17] Ofícios, Lisboa, 10 jul. 1840, Arquivo Histórico do Itamaraty, Missões Diplomáticas Brasileiras.

Nessas condições, as relações culturais continuaram dependendo de ações privadas, mas, a partir de meados do século XIX, incorporaram, de maneira cada vez mais intensa, nova variável, que se tornaria decisiva: o fluxo de imigrantes. Embora se acreditasse, com a consolidação do Império, que a tradição portuguesa estava superada, graças à definição de uma alma nacional por intermédio do movimento romântico indigenista, o contínuo movimento da corrente migratória de portugueses para o Brasil iria criar um impulso cada vez mais intenso de influência cultural lusa, assumindo, os particulares, papel fundamental nesse processo.

Em função das condições internas adversas de Portugal e da expansão econômica, no Brasil, propiciada pelo café, o fluxo migratório ampliou-se acentuadamente a partir da segunda metade do século XIX, intensificando-se de forma marcante na última década do século, até o início da Primeira Grande Guerra. Segundo dados de historiadores portugueses, entre 1855 e 1890, saíram de Portugal cerca de 406 mil pessoas com passaporte – às quais se deve acrescentar mais 10 a 13% de imigrantes ilegais –, atraindo, o Brasil, perto de 85% desse total, por força da "miragem brasileira", estimulada pelos engajadores e "brasileiros" de torna-viagem, em contraste com a alta dos preços dos alimentos básicos, com a dificuldade de acesso à propriedade fundiária e com os baixos salários que caracterizavam a conjuntura econômica portuguesa. Esse índice subiu para aproximadamente 95% a partir de 1890, quando a média anual de emigrantes salta de 33,5 mil para 45 mil, em 1895; para 40 mil, ao redor de 1907; alcançando 89 mil, em 1912, para declinar em seguida. Tratava-se de um fenômeno essencialmente masculino – até 1890 a proporção das mulheres não atingia 10% – particularmente intenso na região de Entre Douro e Minho, na Beira Litoral, nos distritos de Viseu e de Lisboa e nas ilhas, e recaindo sobre a população mais jovem e mais apta. Nos anos oitenta do século XIX, cerca da metade dos emigrantes originava-se do setor agrícola, fossem lavradores ou trabalhadores por jornada; cerca de 10% provinham das atividades comerciais, sendo numerosos os caixeiros; em torno de 5%, da construção civil; e o restante, de um leque variado de profissões e ocupações. A presença dos emigrados converteu o Brasil em uma inestimável âncora às finanças de Portugal, seja como mercado para seus produtos, seja como receptor das remessas para as famílias na Europa de "réis móveis" daqueles que eram chamados de "brasileiros".[18]

Em sua maioria, os portugueses radicaram-se nos principais centros urbanos, pontilhando o País com sua presença. Além de reafirmarem o monopólio tradicional nas atividades típicas do pequeno comércio urbano, eles ingressaram na massa operária, que se constituía no Rio de Janeiro e em São Paulo, passando a concorrer com a mão-de-obra nacional no restrito mercado de trabalho dessas cidades. Essa situação tendeu a gerar duas imagens divergentes do imigrante português: de um lado, propalada pela imprensa antilusitana, a do português ignorante, analfabeto, oportunista, adulterador de pesos e medidas; de outro, a do português obediente, trabalhador e apolítico, ideal para o ordem social vigente, cuja idealização foi elaborada, em parte, pela elite da própria colônia lusitana, que também destacava o papel do emigrante na manutenção dos laços econômicos, culturais e afetivos com o Brasil, considerado a maior obra realizada por Portugal.

De fato, a colônia portuguesa que se constituiu no Brasil, em particular na cidade do Rio de Janeiro, então capital do Império, não era homogênea em sua composição social e econômica. Se, na base, a massa permanecia destituída, vivendo de expedientes, no topo, situavam-se indivíduos de posses, que tinham adquirido fortunas consideráveis nas atividades mercantis e ampliado seus negócios com investimentos de capital em instituições financeiras, tanto no Brasil quanto em Portugal; na indústria do fumo; e no setor têxtil nascente – em que despontavam as fábricas América Fabril, Progresso Industrial, Confiança, Aliança e Corcovado. Ainda que os interesses dessa elite nem sempre coincidissem com os da massa, ela procurou elaborar um discurso em que

[18] Robert Rowland, "O problema da emigração: dinâmicas e modelos", *In*: F. Bethencourt; K. Chaudhuri, *História da expansão portuguesa*, Navarra, Círculo de Leitores, 1998, p. 304–323, v. 4. Eulália Maria L. Lobo, *op. cit.*, p.13–39. Joel Serrão, *A emigração portuguesa*, Lisboa, Livros Horizonte, 1982, p. 30–41.

todos surgiam como expatriados, cujas diferenças deviam ser ultrapassadas com laços de solidariedade decorrentes da nacionalidade comum, dando origem a numerosas formas de sociabilidade no interior da colônia, capazes de projetar uma imagem do imigrante português pautada no tripé filantropia, honestidade e trabalho, e criando, igualmente, poderosos mecanismos de poder. Foi esse grupo de capitalistas, secundados por intelectuais, que criou uma série de instituições até hoje presentes no Rio de Janeiro e que, diante da ausência de uma política cultural do governo português e do brasileiro, assumiram a função de realizar as trocas culturais efetivas entre os dois povos.

Entre elas, cabe destacar, em primeiro lugar, o Gabinete Português de Leitura. Fundado em 1837, em uma casa particular, logo obteve o apoio de membros destacados da colônia portuguesa e estabeleceu-se como uma das mais destacadas sociedades literárias existentes no Império, cuja biblioteca rivalizava, pelo acervo e pela atividade, com a Biblioteca Nacional, exigindo várias mudanças de endereço, à medida que crescia: da rua São Pedro para a rua da Quitanda; daí para a dos Beneditinos e, por fim, graças a subscrições públicas e doações, para a rua Luís de Camões, onde se instalou, definitivamente, em 1880, em um prédio de estilo manuelino, especialmente construído para abrigá-lo. Sem falar das consultas à biblioteca, ao promover sessões literárias e comemorativas, congressos e encontros artísticos, o Gabinete facilitou e estimulou o conhecimento sobre Portugal e ampliou as relações culturais luso-brasileiras de uma maneira até então inédita.

Da mesma forma, o Retiro Literário Português, estabelecido em 30 de junho de 1849, possuía uma biblioteca que somava 4 mil volumes em 1882 e publicava uma revista mensal. Para seus associados – tanto portugueses quanto pessoas de qualquer outra nacionalidade –, mantinha aulas de português e francês, de caligrafia e de escrituração mercantil e, semanalmente, às quintas-feiras, realizava sessões literárias, nas quais se liam produções de seus membros e se discutiam teses de história, de filosofia e outros temas, segundo escolha previamente definida.

Em 1868, um número diminuto de portugueses, "querendo cooperar para mais difundir o ensino ao povo, especialmente aos deserdados da fortuna, que empregam todo o dia no trabalho, tiveram a louvável idéia de fundar (...) o Liceu Literário Português (...) e nele instituir cursos noturnos gratuitos de instrução primária e secundária, sem distinção de classes e nacionalidades".[19] Até 1885, em suas aulas, matricularam-se 6 mil alunos, o que, dado o elevado analfabetismo entre brasileiros e portugueses na época, significava uma contribuição de vulto. Posteriormente, a diversificação de disciplinas permitiu, também, cursos livres de Náutica e de Astronomia. Em cerimônia comemorativa de suas atividades, em 1884, confirmando a estratégia existente por trás dessas iniciativas, considerou-se que o Liceu constituía "mais um padrão glorioso levantado por iniciativa de heróicos pugnadores da colônia portuguesa, como documento eterno de consagüinidade luso-brasileira e da ligação com que a Natureza há de prender sempre Portugal ao Brasil, por laços que os diplomatas podem infelizmente afrouxar, mas que nenhuma tempestade política, que nenhum tufão social jamais poderá romper".[20]

Além dessas obras de caráter essencialmente cultural, os problemas urbanos do Rio de Janeiro, agravados pelo aumento contínuo da população, propiciaram a oportunidade de outras formas de intervenção da colônia portuguesa na cidade, ligadas à saúde pública, que se tornava calamitosa por ocasião das freqüentes epidemias de febre amarela, de febre tifóide e outras. Durante essas crises, as instalações hospitalares, já precárias, tornavam-se então insuficientes diante da demanda multiplicada, sendo, os imigrantes recém-chegados, carecendo de moradia, emprego e amparo, os mais necessitados. Em função disso, a elite portuguesa passou a constituir e apoiar associações filantrópicas que prestassem atendimento a toda colônia, assim como já dispunham os imigrantes de outras nacionalidades. A Beneficência Portuguesa, por exemplo, foi fundada no ano de 1840, por iniciativa de Francisco João Muniz, que não só era Secretário do Gabinete Português de Leitura, como também Encarregado do Consulado Geral

[19] *O Lyceu Literário Portuguez (1868–1884)*. Rio de Janeiro, 1884, p. 18–19.
[20] *Ibidem*. p. 82.

de Portugal. Apoiados pela instituição, ficaram, também, o Hospital São João de Deus e o Hospital para Senhoras. Logo a Beneficência tornou-se a mais sólida e renomada dessas associações, passando a servir de padrão para constituição de outras, nas demais cidades do Brasil em que havia uma expressiva concentração de imigrantes portugueses, como Pelotas, Recife, Belém, Manaus, Porto Alegre, Santos e Salvador.

Com o aumento da imigração clandestina, as demandas da comunidade portuguesa no Brasil aumentaram, multiplicando-se também as iniciativas filantrópicas, em especial, a partir da década de 1880, quando a implantação da lei das sociedades anônimas fez surgir, só no Rio de Janeiro, cerca de vinte novas associações. Anteriormente, já haviam sido criadas a Caixa de Socorros D. Pedro V e a Real Associação de Artistas Portugueses, ambas em 1863. A primeira, que reuniu sólido patrimônio e prossegue em suas atividades até o dia de hoje, apesar das vicissitudes econômicas por que o País passou, compunha-se exclusivamente de portugueses e suas esposas, mas sua ação beneficente estendia-se tanto a portugueses como a outros imigrantes e a brasileiros. Distribuía esmolas nos casos mais urgentes, auxiliava aqueles que as autoridades tinham expatriado, amparava viúvas e órfãos e prestava assistência médica a todos que dela necessitavam. A criação da Real Associação de Artistas Portugueses indica o lugar de relevo que os artistas portugueses ocupavam nos espetáculos teatrais e musicais da cidade e converteu-se, em 1871, na Associação Beneficente dos Artistas Portugueses. Ela promovia espetáculos teatrais com fins caritativos e seus objetivos consistiam em auxiliar financeiramente os associados nos casos de doenças e invalidez, providenciar o deslocamento de sócios que, por estarem enfermos, precisassem de se ausentar do Rio de Janeiro ou de outro local qualquer, conceder pensão para as famílias dos sócios falecidos e financiar as despesas de funerais. Da leitura dos estatutos e relatórios dessas associações, que conseguiram reunir numerosos sócios, fica evidente que, mais do que simples entidades de socorros mútuos, se transformaram em sólidas instituições de previdência, de assistência médica e de apoio aos carentes. Mais ainda, constituíram instrumento de reação à lusofobia predominante, favorecida pela endogamia praticada pela colônia de imigrantes portugueses no Brasil, que passava uma idéia de rejeição da população nativa do país adotado, e contribuíram decisivamente para o esforço de fixar uma imagem positiva do imigrante e da cultura portuguesa.

A força da imigração portuguesa para o Brasil, durante a segunda metade do século XIX, combinada com o crescimento urbano, em particular do Rio de Janeiro, onde se concentrava a maior colônia de imigrados, afetou as relações sociais no País e ultrapassou os limites das relações culturais, mais ou menos formais. Embora, no período, tenha sido a influência francesa aquela que mais alcançou as camadas da sociedade distinguidas seja pela riqueza, seja pelo conhecimento e saber formal, a presença do imigrante português esteve sobretudo ligada às camadas mais baixas – até pelo virtual domínio que exerciam sobre o comércio varejista –, levando à difusão de hábitos de sociabilidade, e até de alimentação inéditos que alteraram a vida quotidiana. Mesmo para os estratos intermediários, alguns indícios revelam que o contato com a cultura portuguesa não foi desprezível. Muito divulgado pelos jornais da época, o *Código do bom-tom ou Regras da civilidade e de bem viver no século XIX*, de autoria do cônego J. I. Roquette, publicado pela primeira vez em Portugal, em 1845, com várias edições posteriores, pelo menos até 1875, instruía dois jovens portugueses, educados em França, a adaptar seus hábitos sociais às tradições portuguesas para que se enquadrassem na "boa sociedade". Explicava, assim, regras de asseio e higiene, formas de comportamentos à mesa, em festas, missas, batizados e casamentos, bem como as diferentes atitudes sociais que se exigiam de homens e mulheres em Portugal e no Brasil, contribuindo para difundir as normas de civilidade que passaram a caracterizar a vida no meio urbano moderno.

De maneira equivalente, a influência portuguesa espraiou-se por outros domínios igualmente prosaicos. Até a chegada da Corte, em 1808, a população colonial praticamente desconhecia o uso do pão, substituído pelo milho e sobretudo pela farinha de mandioca. A partir de então, o hábito difundiu-se e, apenas entre 1853 e 1860, o número de padarias no Rio de Janeiro mais que duplicou, passando de 70 para 157. Em 1884, das 439 padarias registradas, quase a metade pertencia a portugueses, que tinham nesse ramo uma de suas atuações comerciais mais fortes.[21] Junto com o pão, outros hábitos alimentares foram introduzidos pela imigração lusa, destacando-se, nos jornais, os anúncios colocando à venda "sementes de Portugal", que incluíam cebolas, coentro, couve, couve de folhas largas, brócolis, espinafre, chicória, alface, acelga e até avelãs e tâmaras, consideradas frutas novas no País.[22]

Juntamente com as instituições culturais e filantrópicas, o estímulo ao espírito associativo do imigrante favoreceu ainda a formação de orfeãos, bandas e clubes que desempenharam importante papel na sua integração e adaptação ao meio urbano e contribuíram para conservar os laços com Portugal. Em 1868, criou-se o Clube Ginástico Português, no Rio de Janeiro, que passou a desenvolver intensa atividade social, artística e também desportiva. Em suas instalações, havia um departamento de educação física e uma escola dramática e, nelas, realizavam-se concertos, espetáculos de *ballet* e teatro, além de cursos de trabalhos manuais e de primeiros socorros. Por fim, a influência dos imigrantes fez-se sentir nos festejos populares, em particular, a Festa da Penha, que atingiu o apogeu na virada do século, seguindo o padrão de outras similares em Portugal, misturando as procissões religiosas com quermesses e folguedos.

* * * * * * * * * *

Ao final do século XIX, os portugueses, no Brasil, distribuíam-se por uma larga escala social, que se estendia do operário e do caixeiro, na base, ao comerciante e ao banqueiro, no topo. Hábitos e costumes lusos difundiam-se imperceptivelmente pela sociedade brasileira. A elite da comunidade criara instituições associativas e promovia atividades filantrópicas que pretendiam solidificar os laços

---

[21] Luiz Felipe de Alencastro, "Caras e modos dos migrantes e imigrantes", *In*: *Império: a corte e a modernidade nacional*, São Paulo, Companhia das Letras, 1997, p. 304–306 (Col. *História da vida privada*, v. 2).

[22] Rio de Janeiro, *Gazeta do Rio de Janeiro*, n. 89, 1814.

entre todos os seus membros e estabelecer uma imagem positiva de Portugal e de sua cultura. No entanto, o estereótipo do português permanecia identificado ao estrangeiro desonesto, usurário e explorador. Apesar do prestígio dos autores portugueses e dos contatos que mantinham com a intelectualidade brasileira, a cultura portuguesa continuava incapaz de desvencilhar-se do estigma que a sensibilidade *brasiliense* da época da Independência lhe havia dado, associando-a ao passado e ao atraso. Nesse processo, nem o Estado brasileiro nem o português procuraram intervir, direcionando, ou estimulando, as relações culturais entre os dois povos. Tudo decorreu da iniciativa privada, ou semiprivada, e esta, embora sem força para desmontar os estereótipos e os preconceitos, soube redespertar, diante do influxo crescente de imigrantes, a tradição lusa enraizada desde os tempos coloniais, elaborando nova concepção da importância de Portugal para o Brasil e o ideal de uma fraternidade, baseado na língua, na religião e nos costumes comuns, que iria presidir as relações diplomáticas dos dois países doravante e que um discurso, pronunciado recentemente por ocasião da Semana da Comunidade Luso-Brasileira, expressa com clareza:

> Forja-se uma civilização nos trópicos – a única, por sinal, que vai dar certo (...) e o português está sempre presente (...). É a partilha e é a comunidade em desdobramentos permanentes, comunidade que irá persistir depois, com a independência do Brasil, na saga da emigração. E aqui estão os altares da Pátria, representados por essas dezenas e dezenas de associações luso-brasileiras, espalhadas por todo o território nacional, a congregarem brasileiros e portugueses e a mostrarem-nos da forma mais simples e direta que não valeriam de nada os acordos diplomáticos, os arranjos dos governos, os textos dos tratados, se não existissem diuturnamente esta troca, esta convivência, esta fraternidade que os une.[23]

De outro lado, o sucesso da delegação portuguesa na IX Bienal Internacional do Livro, no Rio de Janeiro, em 1999, levou o

[23] "Discurso do Dr. Gomes da Costa na Casa das Beiras". *Portugal Moderno,* ano 39, n. 18, p. 15, 30 abr. 1997.

colunista Prado Coelho a afirmar que, pela primeira vez, estava "convencido de uma real aproximação de nossas culturas".[24] Talvez, quando se ultimam as comemorações para os 500 anos do descobrimento do Brasil por Portugal, tenha chegado o momento de superar a retórica e estabelecer, efetivamente, o modelo de relações culturais entre os dois países, sublimando, enfim, os desencontros a que as necessidades do processo de independência nos conduziram.

[24] "Sucesso faz Brasil e Portugal rirem juntos no final". *O Globo,* maio de 1998.

II Parte - O Século XX

José Calvet de Magalhães

Capítulo 7

As Relações Brasil-Portugal de 1895 a 1953

7.1 O Clima de Relacionamento entre a República do Brasil e a Monarquia Portuguesa

Restabelecidas as relações diplomáticas entre estes dois países e, apesar de diferença de regimes políticos e de algumas manifestações antiportuguesas de núcleos nativistas, ambos os governos procuraram restaurar o clima de entendimento e confiança existente entre eles antes da ruptura de relações. O rompimento não fora, aliás, motivado por sério conflito de interesses algum entre os dois governos, nem por tentativa alguma, do Governo português, de interferir nos assuntos internos do Brasil. Resultou, apenas, de gesto infeliz de solidariedade da marinha portuguesa para com a marinha brasileira revoltada contra o seu Governo. No seu discurso de apresentação de credenciais ao Rei D. Carlos I, Joaquim Francisco de Assis Brasil, primeiro representante diplomático brasileiro após o restabelecimento de relações, afirmou:

> As relações oficiais entre Portugal e Brasil sofreram uma crise passageira; fossem quais fossem, porém, as razões que levaram o Governo brasileiro a julgar do seu dever declarar o rompimento, ele pôs sempre o maior empenho em demonstrar por fatos que apenas escrúpulos de caráter diplomático ou doutrinário estavam em questão e nunca a profunda estima com a qual a natureza, mais do que a vontade dos homens, vinculou os dois povos na mais estreita solidariedade.

Na sua resposta, o monarca português aludiu ao "incidente passageiro e felizmente liquidado sem deixar vestígios que alterassem a harmonia e amizade que naturalmente existem e convém cimentar entre Portugal e o Brasil".[1]

Em uma atitude de particular deferência para com o Brasil, o Governo de Lisboa acreditou, como Ministro junto ao Governo do Rio de Janeiro, uma personalidade de grande prestígio nos meios intelectuais e políticos de Portugal: o poeta Tomás Ribeiro. Tomás Ribeiro Ferreira foi várias vezes Ministro em governos regeneradores e era autor de vasta obra poética em que se destacava o poema *D. Jaime*, muito popular em Portugal e no próprio Brasil. Foi designado Ministro no Brasil por carta régia de 17 de março de 1895, chegando ao Rio de Janeiro a 19 de maio do mesmo ano. Permaneceu no Brasil até 10 de janeiro de 1896.[2]

O novo representante diplomático português foi cordialmente recebido pelas autoridades brasileiras e pelo povo brasileiro em geral. Em 28 de maio de 1895, informando Lisboa de que entregaria as suas credenciais ao Presidente da República Brasileira no dia 30 seguinte, dizia: "Agora que as relações políticas entre Portugal e o Brasil vão ser definitivamente restabelecidas, deixe-me informar a V. Ex.ª que o são aqui muito a contento de todos os portugueses e, certamente, de quase todos os brasileiros.".[3]

Tomás Ribeiro ficou, no entanto, bastante magoado com o ataque, de que foi alvo, dirigido pelo deputado nativista Érico Coelho contra o seu próprio Governo por ter aceito, como representante diplomático de Portugal, o autor de uns poemetos consagrados à família imperial brasileira quando foi deposta e banida, nos quais teria insultado a República e as mulheres brasileiras.[4] O Presidente brasileiro, Prudente de Morais, apressou-se a

---

[1] *Jornal de Notícias*, Porto, n. 113, 12 maio 1895.

[2] *Anuário Diplomático e Consular Português*, 1895, 1896.

[3] Correspondência da Legação no Rio de Janeiro para a Secretaria de Estado, ofício, 28 maio 1895, Arquivo Histórico e Diplomático do Ministério dos Negócios Estrangeiros.

[4] Correspondência da Legação no Rio de Janeiro para a Secretaria de Estado, segundo ofício, 28 maio 1895, Arquivo Histórico e Diplomático do Ministério dos Negócios Estrangeiros.

declarar, no parlamento, no meio do aplauso geral, que a acusação era injustificada e absurda. O incidente foi considerado encerrado pelo Governo português e Tomás Ribeiro apresentou as suas credenciais no aprazado dia 30 de maio.

Para um homem como Tomás Ribeiro, político com a sensibilidade de um poeta e sem a capacidade de encaixe dada pela experiência diplomática, algumas exageradas e injustas acusações contra os portugueses do Brasil tornaram a sua missão um tanto penosa, partindo em licença para Lisboa em princípios de 1896, para não mais regressar ao Brasil. Em uma longa nota enviada ao Ministro das Relações Exteriores, Carlos Augusto de Carvalho, a propósito da questão da emigração clandestina de menores, Tomás Ribeiro queixava-se, amargamente, de como alguns escritores nativistas brasileiros se referiam aos portugueses ("hóspedes inoportunos e praga de gafanhotos").[5]

Por seu lado, o Governo brasileiro acreditou, junto ao Governo português, também uma figura de elevado prestígio intelectual e político: Joaquim Francisco de Assis Brasil. Tratava-se de um jornalista e escritor, que fora deputado e governador do Rio Grande, e que já exercera funções de Ministro em Buenos Aires e na China.

Assis Brasil foi recebido em Portugal com excepcionais manifestações de apreço e simpatia. Apresentou as suas credenciais ao Rei D. Carlos I em 11 de maio de 1895 e, na noite desse mesmo dia, foi homenageado com uma recita de gala no teatro D. Amélia; no dia 13, foi novamente homenageado com um banquete que teve lugar no Teatro São Carlos, especialmente decorado pelo artista Rafael Bordalo Pinheiro; seguiu-se, no dia 15, um espetáculo em sua honra no Coliseu, a que assistiu o rei D. Carlos.[6]

---

5 Correspondência da Legação no Rio de Janeiro para a Secretaria de Estado, ofício, 12 jan. 1896. Nota remetida pelo ofício de 20 ago. 1895, Arquivo Histórico e Diplomático do Ministério dos Negócios Estrangeiros.

6 *Ocidente*, 15 maio 1895; *Jornal de Notícias*, 12 maio 1895, Eduardo Cândido Cordeiro Gonçalves, *Ressonâncias em Portugal da Implantação da República no Brasil* (1889–1895), Porto, p. 179–180. Arquivo Histórico e Diplomático do Ministério dos Negócios Estrangeiros.

Para substituir Tomás Ribeiro, designou, o Governo português, como encarregado de negócios, distinto funcionário diplomático de carreira, João de Oliveira Camelo Lampreia, que chegou ao Rio de Janeiro em 21 de janeiro de 1896, vindo a permanecer no Brasil longos anos, desempenhando, em diversas situações oficiais, papel extremamente relevante no estreitamento dos laços políticos luso-brasileiros.

Pouco tempo após ter iniciado as suas funções, à testa da legação de Portugal no Rio de Janeiro, Camelo Lampreia teve a oportunidade de se ocupar do processo de bons ofícios, oferecidos por Portugal para dirimir o conflito que surgira entre o Brasil e a Grã-Bretanha, a propósito da ocupação britânica da ilha da Trindade.

Em 1895, a Companhia Telegráfica Britânica, que explorava o cabo submarino para o Uruguai e a Argentina, atravessando partes do território brasileiro, propôs, ao Ministro britânico dos Negócios Estrangeiros, Lorde Kimberley, a ocupação da pequena ilha da Trindade, a 20 graus de latitude sul, ao largo da costa do estado do Espírito Santo, visto se encontrar desocupada, de longa data, e poder ser considerada *res nullius*, instalando, nela, uma estação de cabo submarino. Tendo essa ocupação sido feita por forças navais britânicas, o Governo brasileiro enviou logo um firme protesto ao Governo de Londres, declarando que a ilha era parte integrante do território do Brasil e a ocupação britânica constitui violação da sua soberania. Lorde Salisbury, que, entretanto, regressara à chefia do Governo britânico e ocupava a pasta dos Negócios Estrangeiros, propôs, ao Governo brasileiro, que a questão fosse submetida à arbitragem internacional. O Governo do Rio de Janeiro, em nota que enviou ao Governo de Londres em 7 de janeiro de 1896, recusou essa proposta, considerando que o território da ilha lhe pertencia incontestavelmente, como se provava por documentos existentes nos arquivos de Portugal, Brasil, Espanha e da própria Grã-Bretanha.[7]

7 Correspondência da Legação no Rio de Janeiro para a Secretaria de Estado, ofício, 12 jan. 1896; *Times*, de Londres, 13 ago. 1896.

Quando Camelo Lampreia assumiu a gerência da legação portuguesa no Rio de Janeiro, a pendência anglo-brasileira atingira uma fase de impasse. Em 20 de setembro de 1895, assumira a pasta dos Negócios Estrangeiros em Portugal Luís Pinto de Soveral, mais tarde Marquês de Soveral, que exercera as funções de Ministro em Londres durante vários anos, onde adquirira grande prestígio em virtude das relações pessoais que manteve com o príncipe de Gales, o futuro Eduardo VII. Para Portugal, as relações com o Brasil e a Grã-Bretanha eram de primordial importância e, precisamente com esses dois países, Portugal havia atravessado recentemente duas sérias crises: o ultimato britânico de 1890 e o corte de relações com o Brasil de 1895. Soveral apercebeu-se logo de que uma forma de reforçar os laços de Portugal com ambos os países seria oferecer os bons ofícios do Governo português para pôr termo ao conflito entre as duas nações suas amigas.

Em 1º de maio de 1896, Luís de Soveral enviou uma nota à legação britânica em Lisboa oferecendo formalmente os bons ofícios de Portugal para tentar resolver o litígio anglo-brasileiro acerca da ilha da Trindade.[8] Camelo Lampreia foi instruído para apresentar idêntica proposta ao Governo brasileiro. Ambas as partes aceitaram a oferta portuguesa e, em despacho de 27 de julho de 1896 para a legação de Portugal em Londres, para comunicação ao Governo britânico, o Governo português expôs longamente as razões históricas e jurídicas pelas quais considerava fora de dúvida pertencer a ilha da Trindade ao Brasil. Comunicadas estas razões a Lorde Salisbury, este instruiu o Ministro britânico em Lisboa para informar o Governo português de que, em virtude das razões alegadas por Portugal, o Governo britânico decidira desocupar a ilha da Trindade. Em 5 de agosto, Camelo Lampreia transmitiu, ao Governo brasileiro, a decisão do Governo de Londres de reconhecer a soberania brasileira sobre a ilha da Trindade, retirando as forças que aí

[8] Correspondência da Secretaria de Estado para a Legação Britânica em Lisboa, nota, 1 maio 1896, Arquivo Histórico e Diplomático do Ministério dos Negócios Estrangeiros.

colocara. No dia imediato, o Presidente da República do Brasil, Prudente de Morais, por meio do Ministro das Relações Exteriores, Carlos de Carvalho, agradeceu a atuação amiga e eficaz do Governo português, agradecimento que, também na mesma data, foi feito por uma moção aprovada no Senado Brasileiro. Na Câmara de Deputados, um dos seus membros de tendências nativistas, apresentou uma moção de felicitações ao Governo brasileiro, sem referência alguma à intervenção portuguesa, o que motivou várias manifestações de protesto, entre elas um discurso do deputado, líder da maioria, Francisco Glicério, prestando justa homenagem à contribuição portuguesa para a solução do diferendo anglo-brasileiro.[9]

As comemorações preparadas no Brasil para assinalar o IV Centenário do descobrimento do Brasil constituíram uma oportunidade para recordar e acentuar os especiais laços existentes entre Brasil e Portugal. A Associação do 4º Centenário do Descobrimento do Brasil, criada em 1897, designou, como seus presidentes de honra, o Presidente dos Estados Unidos do Brasil e o rei de Portugal, D. Carlos I. Em 3 de maio desse mesmo ano, a Associação promoveu o lançamento da primeira pedra do monumento a Pedro Álvares Cabral a erigir no Rio de Janeiro, cerimônia em que foi atribuído um papel de relevo ao representante diplomático português, Camelo Lampreia.[10]

O Governo de Lisboa designou, em 3 de abril de 1900, uma delegação especial, presidida pelo General Francisco Maria da Cunha, vice-presidente da Câmara dos Pares, e o mais antigo General de Divisão do exército português, que chegou ao Rio de Janeiro em 1º de maio, a bordo do cruzador *D. Carlos I*. Foi publicada uma portaria assinalando o acontecimento e determinando

---

9 Correspondência da Legação de Portugal no Rio de Janeiro para a Secretaria de Estado, ofício, 9 ago. 1896, Arquivo Histórico e Diplomático do Ministério dos Negócios Estrangeiros.

10 Correspondência da Legação de Portugal no Rio de Janeiro para a Secretaria de Estado, ofício, 7 maio 1897, Arquivo Histórico e Diplomático do Ministério dos Negócios Estrangeiros.

que o dia 5 de maio de 1900 fosse considerado como "de grande gala para todos os efeitos legais e de estilo".[11]

7.2 As Comemorações do Centenário da Abertura dos Portos do Brasil; a Visita Projetada do Rei D. Carlos I ao Brasil

O Governo brasileiro decidiu celebrar, com uma grande exposição internacional, o primeiro centenário da abertura dos portos do Brasil ao comércio mundial, decretada por D. João VI em 28 de janeiro de 1808.

Camelo Lampreia, que fora alçado à condição de Ministro de Portugal no Brasil em 1900,[12] concebeu logo o plano de promover a visita oficial do Rei D. Carlos I ao Brasil por ocasião das celebrações. Nas suas *Memórias* inéditas, afirma: "O Senhor D. Carlos, desde a primeira vez que em tal lhe falei, mostrou-se muito desejoso de fazer tal viagem e concordava plenamente nas suas altíssimas vantagens. Não pensavam da mesma forma os chefes dos dois grandes partidos políticos, Hintze Ribeiro e José Luciano de Castro.".[13] Em 1906, assume a chefia do Governo português João Franco, e Camelo Lampreia partiu logo para Lisboa com a esperança de que o novo Chefe do Governo apoiasse o seu projeto. Não se enganou, pois João Franco apoiou logo a idéia sem reservas. Regressando ao Brasil, informou logo o Barão do Rio Branco, Ministro das Relações Exteriores, que, igualmente, aceitou o projeto com grande satisfação. O Congresso brasileiro votou um crédito ilimitado para cobrir as despesas com a recepção

[11] Correspondência da Legação de Portugal no Rio de Janeiro para a Secretaria de Estado, ofícios, 12 fev., 5 mar., 9 maio, 5 e 7 jun., 16 jul. e 20 dez.1900, Arquivo Histórico e Diplomático do Ministério dos Negócios Estrangeiros.

[12] *Anuário Diplomático e Consular Português*, 1900; a nomeação foi feita por decreto de 8 de setembro de 1900.

[13] Rodrigues Cavalheiro, *D. Carlos e o Brasil,* Lisboa, 1957 (separata de *Diário da Manhã*). Este historiador teve acesso a algumas das páginas das *Memórias* inéditas de Camelo Lampreia (p. 10).

do monarca português e o Governo brasileiro iniciou logo os preparativos para instalar o soberano lusitano e a sua comitiva. De acordo com esses preparativos, em estreita colaboração com o Ministro de Portugal, o Rei D. Carlos deveria chegar ao Rio de Janeiro a 7 de junho de 1908, a bordo de um paquete português, escoltado por alguns barcos de guerra. Apesar do agravamento da situação política em Portugal, que levara João Franco a governar em regime de ditadura, e apesar do ceticismo manifestado pelo Conde de Arnoso, secretário do Rei, na sua correspondência com Camelo Lampreia, a visita ficou definitivamente assente no mês de maio de 1907. Ao ser comunicado, oficialmente, ao público, o acordo de ambos os governos sobre a visita real, a imprensa brasileira manifestou largamente a satisfação do povo brasileiro com o acontecimento.[14]

O Rei D. Carlos atribuía uma enorme importância à sua viagem ao Brasil, conforme se exprimiu na carta que escreveu à Duquesa de Uzés, em 12 de dezembro de 1907, dizendo tratar-se de "uma viagem infinitamente política e de uma importância capital para a minha obra".[15]

O assassinato do Rei e do Príncipe Real em 1º de fevereiro de 1908 pôs um termo trágico ao projeto de viagem de que Camelo Lampreia se ocupou com tanto interesse e tanto empenho. A morte do soberano de quem era amigo pessoal foi certamente para ele um duro golpe, seguido da sua transferência para a legação de Haia, motivada por razões políticas, dada a sua conhecida ligação com João Franco, destituído e perseguido pelo novo Governo. Foi substituído pelo Conde de Selir, que foi quem representou

---

[14] Vejam-se os seguintes jornais: *Correio da Manhã*, 4 e 6 maio 1907; *A Notícia*, 3 maio; *A Tribuna*; *O Jornal do Commercio*; *Jornal do Brasil*; *Diário de Notícias*; *Gazeta de Notícias*; *Portugal Moderno*, 4 maio; *União Portugueza*, 5 maio, e o *Paiz*, 7 maio.

[15] Rodrigues Cavalheiro, *op. cit.*, p. 20; carta publicada no jornal *Figaro* logo após o atentado de 1º de fevereiro de 1908. Veja-se a comunicação de Eugénio de Andrea da Cunha e Freitas, "O Conselheiro Camelo Lampreia, diplomata. Um espólio valioso" *In*: *A diplomacia na história de Portugal*, Academia Portuguesa da História, Lisboa, 1990, p. 311 e segs.

Portugal nas comemorações do centenário da abertura dos portos do Brasil.[16]

7.3 A Proclamação da República Portuguesa

O Presidente eleito do Brasil, Marechal Hermes da Fonseca, na sua viagem pela Europa, antes de assumir as suas funções, chegou a Lisboa no dia 1º de outubro de 1910, a bordo do couraçado *São Paulo*. A convite do Governo português, demorou-se alguns dias na capital, ficando instalado no Palácio de Belém.

O Rei D. Manuel II ofereceu um banquete em sua honra, no dia 2, que teve lugar na sala do risco do Arsenal e, no dia imediato, o Presidente eleito ofereceu, no Palácio de Belém, um banquete em honra do soberano de Portugal.

Na madrugada do dia 4, eclodiu, na capital, movimento revolucionário e o Marechal, de acordo com os arranjos já anteriormente feitos, embarcou nessa tarde no couraçado *São Paulo* que, na manhã seguinte, deixou o porto de Lisboa. Nessa mesma manhã, a República Portuguesa foi proclamada das janelas da Câmara Municipal de Lisboa.

A primeira reação oficial brasileira à implantação do regime republicano em Portugal consistiu na comunicação feita oralmente ao Governo Provisório pelo Ministro do Brasil, José Pereira da Costa Mota, de que o reconhecimento formal do novo regime se efetuaria quando o Governo brasileiro tivesse conhecimento de que a maioria do povo português aceitava o regime republicano, atitude idêntica à assumida pelo Governo dos Estados Unidos. A 22 de outubro, porém, o Ministro brasileiro, por instruções recebidas do seu Governo, comunicou, ao Governo Provisório, o reconhecimento formal brasileiro da República Portuguesa.[17]

---

[16] Correspondência da Legação de Portugal no Rio de Janeiro para a Secretaria de Estado, ofício, 1 set. 1908, Arquivo Histórico e Diplomático do Ministério dos Negócios Estrangeiros.

[17] Correspondência da Secretaria de Estado para a Legação de Portugal no Rio de Janeiro, telegrama, 23 out. 1910, Arquivo Histórico e Diplomático do Ministério dos Negócios Estrangeiros.

A nova atitude brasileira resultou, certamente, do conhecimento que teve de que o Governo argentino iria proceder a esse reconhecimento naquela data, recordando provavelmente o fato de ter sido Portugal o primeiro país a reconhecer a Independência da Argentina.[18] Na seqüência do reconhecimento do novo regime, o Ministro do Brasil, Costa Mota, em 26 de outubro, acusou a recepção da nota do Ministério dos Negócios Estrangeiros de 5 de outubro anunciando a Proclamação da República Portuguesa e a formação do Governo Provisório.[19]

O Governo da República Portuguesa manifestou logo a sua intenção de intensificar e consolidar as relações luso-brasileiras e, com esse intuito, no princípio de 1911, designou, como Ministro de Portugal no Rio de Janeiro, Antônio Luís Gomes, importante figura do Partido Republicano Português que fizera parte do Governo Provisório, o qual chegou à capital brasileira em 6 de fevereiro desse ano. O primeiro representante diplomático da República Portuguesa no Brasil foi acolhido com imensa simpatia pelas autoridades brasileiras e importantes setores do povo brasileiro. A vasta colônia portuguesa no Brasil achava-se, todavia, dividida. Existia forte núcleo de republicanos, organizados à volta do Grêmio Republicano Português, com sede em São Paulo, que preparou calorosa recepção a Antônio Luís Gomes. Mas um setor importante da colônia, saudosista da monarquia, por meio de alguns jornais conservadores, desenvolveu forte campanha contra a jovem República Portuguesa, que se intensificou com as notícias dos primeiros conflitos que surgiram entre o novo regime e a Igreja Católica e, ainda, com a ida para o Brasil de vários exilados monárquicos que foram engrossar as alas anti-republicanas da colônia portuguesa. Estas divisões entre portugueses, se criaram dificuldades aos representantes do regime republicano

---

[18] Simon Planas Suarez, *Notas históricas y diplomáticas*, Buenos Aires, Imprenta Lopez, 1961.

[19] Correspondência da Legação do Brasil para a Secretaria de Estado, nota, 26 out. 1910, Arquivo Histórico e Diplomático do Ministério dos Negócios Estrangeiros.

português, durante os primeiros anos, não afetaram, porém, as relações entre os governos de Lisboa e do Rio de Janeiro.[20]

Em julho de 1912, Antônio Luís Gomes foi substituído por outra figura importante do regime republicano português, Bernardino Machado Guimarães, nascido no Brasil, mas educado em Portugal, formando-se em Filosofia na Universidade de Coimbra, onde foi professor, fora Ministro dos Negócios Estrangeiros do Governo Provisório. No intuito de estreitar ainda mais as relações entre os dois países, os Governos de Lisboa e do Rio de Janeiro resolveram elevar as suas representações diplomáticas ao nível de embaixada, respectivamente em 1913 e 1914.[21] Durante pouco mais de dez anos, a representação diplomática da República Portuguesa no Brasil foi a única missão diplomática portuguesa com a categoria de embaixada.

Bernardino Machado, elevado à categoria de embaixador em 1º de novembro de 1913, em virtude de ter sido eleito deputado, regressou a Portugal em janeiro de 1914, vindo a assumir a chefia do Governo português em fevereiro desse ano.

As relações da jovem República Portuguesa com o Brasil sofreram novo impulso com a visita, a Portugal, em 1919, do Presidente eleito do Brasil, Epitácio Pessoa. Por sugestão de Afonso Costa, a figura mais destacada do regime republicano, que se encontrava em Paris chefiando a delegação portuguesa para as negociações do tratado de paz, Epitácio Pessoa, que chefiava igualmente a delegação brasileira nas mesmas negociações e que, entrementes, fora eleito Presidente da República do Brasil, foi

---

[20] Correspondência da Legação no Rio de Janeiro para a Secretaria de Estado, ofícios, 13 fev., 11 abr., 12, 18 e 28 jun., 4 e 5 jul., 28 ago. e 9 out. 1911, Arquivo Histórico e Diplomático do Ministério dos Negócios Estrangeiros.

[21] *Anuário Diplomático e Consular Português*, 1913–1914, p. 163, Lei de 10 de julho de 1913 autorizando o Governo Português a elevar, à categoria de Embaixada, a Legação de Portugal no Rio de Janeiro; decreto de 1º de novembro de 1913, dando execução a esta lei. O parlamento brasileiro procedeu de igual forma, autorizando o Governo brasileiro a elevar a Legação do Brasil em Lisboa à categoria de Embaixada, o que foi sancionado pelo Decreto de 7 de janeiro de 1914. O primeiro Embaixador do Brasil em Lisboa foi F. Régis de Oliveira, designado em 22 de abril de 1914.

convidado pelo Presidente português, Almirante Canto e Castro, em 11 de maio de 1919, a visitar Portugal na sua viagem de regresso ao Brasil.

Como Epitácio Pessoa desejava visitar igualmente a Grã-Bretanha e os Estados Unidos, o Governo francês, o britânico e o americano puseram, à sua disposição, diversos navios de guerra que permitiram resolver os problemas logísticos com as diversas viagens do Presidente eleito. Visitou, primeiramente, Londres, de onde partiu para Lisboa a bordo do couraçado *Renown*, chegando à capital portuguesa a 8 de junho. Foi largamente homenageado pelas autoridades portuguesas, recebido no Parlamento, onde pronunciou notável discurso de saudação ao povo português, e recebido igualmente, com grande entusiasmo, na Universidade de Coimbra.[22]

7.4 O Centenário da Independência do Brasil

As comemorações projetadas no Brasil para celebrar o primeiro centenário da proclamação da sua Independência suscitaram dois acontecimentos de natureza bem diversa que contribuíram para intensificação dos laços que ligavam o povo brasileiro e o português. O primeiro acontecimento, de iniciativa particular, foi a travessia aérea do Atlântico Sul pelos aviadores portugueses Gago Coutinho e Sacadura Cabral. O outro, de iniciativa oficial, foi a visita, ao Brasil, do Presidente da República Portuguesa, Antônio José de Almeida, por ocasião daquelas comemorações.

A repercussão causada pela viagem do Presidente eleito Epitácio Pessoa a Portugal, em 1919, e o seu apelo a uma maior aproximação entre Brasil e Portugal, assim como a proximidade da celebração do primeiro centenário da Independência do Brasil, levaram o oficial de marinha e piloto aviador Artur Sacadura Cabral a conceber o projeto de uma travessia aérea do Atlântico

[22] H. da Silva Rego, *Relações Luso-Brasileiras* (1822–1953), Lisboa, Edições Panorama, 1965.

Sul, levada a cabo por portugueses. Era uma proposta arrojada em uma época em que a aviação civil estava ainda nos seus primórdios, exigindo não só grande perícia de pilotagem como profundo conhecimento em matéria de navegação aérea. Para este último efeito, Sacadura Cabral recorreu à colaboração do seu camarada Carlos Gago Coutinho, um geógrafo notável, que havia feito laboriosas investigações sobre a aplicação à navegação aérea do sextante de nível.

Obtida a autorização e os fundos necessários do Ministério da Marinha, foi encomendada a construção de um hidroavião à firma inglesa Fairey, equipado com um motor Rolls-Royce Eagle 150 hp. O percurso inicialmente previsto para a viagem iria de Lisboa a Las Palmas e depois Porto-Praia, em São Vicente do Cabo Verde, de onde se iniciaria a travessia do Atlântico com destino à ilha brasileira de Fernando de Noronha. Seriam cobertas 4.350 milhas náuticas, equivalentes a 8.050 quilômetros. Três navios de guerra foram preparados para dar apoio logístico aos aviadores: o cruzador *Republica*; o aviso *5 de outubro*; e a canhoneira *Bengo*. Estes navios partiram em 25 de março de 1922 para os seus respectivos destinos que compreendiam Las Palmas, São Vicente de Cabo Verde e Fernando de Noronha. No dia 30, o pequeno hidroavião Fairey, crismado de *Lusitania*, partiu, pela alvorada, com destino a Las Palmas, onde chegou após cerca de nove horas de vôo. A 5.de abril, o *Lusitania* largou para São Vicente onde chegou após dez horas de vôo. Sacadura Cabral verificou que o consumo exagerado de gasolina do aparelho não permitiria certamente efetuar a etapa prevista de Cabo Verde para Fernando de Noronha, mesmo largando de Porto-Praia (Santiago), com um encurtamento do percurso de 170 milhas. Devido a dificuldades atmosféricas, os aviadores mantiveram-se em São Vicente até 17 de abril, largando nesse dia para Porto-Praia. Decidem, então, em vez de se dirigirem a Fernando de Noronha, apontar para os penedos de São Pedro, território brasileiro um pouco mais perto.

Na madrugada do dia 18, o *Lusitania* decolou em direção aos referidos penedos, para onde haviam solicitado a próxima presença do *Republica*, que os aguardava em Fernando de Noronha.

Depois de um pouco mais de dez horas de vôo, com o combustível quase esgotado, chegaram aos penedos de São Pedro. Ao tentarem amarar, a vaga muito alta fez afocinhar o ligeiro hidroavião que ficou praticamente destruído. O percurso que tinham feito sobre o mar fora de 1.700 quilômetros, uma proeza até então não alcançada.

Os dois aviadores, recolhidos pelo *Republica*, aguardaram, na ilha Fernando de Noronha, que um segundo aparelho, igual ao primeiro, lhes fosse enviado pelas autoridades portuguesas. Recebido o novo hidroavião, a 10 de maio, decidiram retomar o seu trajeto, voando de Fernando de Noronha para os penedos de São Pedro para daí prosseguirem a viagem até à costa brasileira. Nesse pequeno percurso, o aparelho avariou-se e os aviadores foram forçados a amarar em alto mar, vindo a ser recolhidos pelo cargueiro inglês *Paris City*, que os levou para Fernando de Noronha. No Brasil e em Portugal, procedeu-se a uma subscrição pública para adquirir um novo aparelho que chegou a Fernando de Noronha a 2 de junho, a bordo do cruzador *Carvalho Araújo*. O hidroavião, agora com o nome de *Santa Cruz*, partiu, finalmente, a 5 de junho, com destino ao Recife, seguindo depois para a Bahia, Porto Seguro, Vitória e Rio de Janeiro, amarando na Baía da Guanabara pelas 14 horas e meia do dia 17 de junho. Os dois aviadores foram recebidos, naturalmente, com grandes manifestações populares.

Apesar dos contratempos verificados durante o seu longo percurso, a viagem constituiu notável sucesso, revelando a excepcional perícia de pilotagem de Sacadura Cabral e de navegação aérea de Gago Coutinho. O acontecimento produziu uma explosão de patriotismo luso-brasileiro, cujos ecos perduraram por longo tempo na memória de brasileiros e portugueses.

Sacadura Cabral, que era um homem muito empreendedor e cheio de espírito de aventura, concebeu logo o projeto grandioso de efetuar uma viagem de circunavegação aérea do globo, com o apoio do Governo brasileiro. Este, porém, em virtude do elevado custo do empreendimento, declinou participar do projeto, o que levou Sacadura Cabral a solicitar o apoio do Governo espanhol, que se mostrou interessado em participar, pela voz do próprio rei

Afonso XIII. A viagem de circunavegação aérea foi inicialmente prevista para se iniciar na Primavera de 1924 e Sacadura Cabral chegou, em meados de 1923, a encomendar, na Holanda, cinco hidroaviões Fokker. Em uma viagem que fez desse país para Lisboa, pilotando um aparelho Fokker T III, desapareceu no Mar do Norte, sem que jamais se tenham conhecido as causas do acidente que, prematuramente, o vitimou.[23]

Para celebrar o primeiro centenário da proclamação da Independência do Brasil, o Governo brasileiro decidiu promover grande exposição internacional que seria solenemente inaugurada em 7 de setembro de 1922, com a presença das delegações oficiais de um largo número de países, não só do continente americano, mas igualmente de outras partes do Mundo. A convite do Presidente Epitácio Pessoa, o Presidente da República Portuguesa, Antônio José de Almeida, decidiu chefiar a delegação oficial que o Governo português designou para representar Portugal nos festejos que teriam lugar no Brasil. Era a primeira vez que um chefe de Estado português – falhada que fora a visita projetada do Rei D. Carlos – visitava o Brasil. Tratava-se, por conseguinte, de um acontecimento de alto alcance político que, infelizmente, não foi preparado com o cuidado necessário. Além do Ministro dos Negócios Estrangeiros, José Maria Barbosa de Magalhães, faziam parte da comitiva presidencial, entre outras personalidades, Antônio Luís Gomes, reitor da Universidade de Coimbra, que fora o primeiro representante diplomático da República Portuguesa no Rio de Janeiro; Jaime Cortesão, diretor da Biblioteca Nacional de Lisboa; Francisco Antônio Correia, antigo Ministro dos Negócios Estrangeiros e diretor do Instituto Superior de

[23] Gago Coutinho e Sacadura Cabral, *Relatório da viagem aérea Lisboa–Rio de Janeiro*, Centro de Estudos da Marinha, 1972; *Viagens aeronáuticas dos portugueses*, Comissão Nacional para as Comemorações dos Descobrimentos Portugueses; Correspondência da Legação no Rio de Janeiro, telegramas, 28 maio e 25 jun. 1923; Correspondência da Legação em Madrid, ofício, 31 ago. 1923, Arquivo Histórico e Diplomático do Ministério dos Negócios Estrangeiros.

Comércio; e João de Barros, secretário-geral do Ministério da Instrução Pública.

A delegação portuguesa embarcou em Lisboa, no dia 28 de agosto, no paquete *Porto*, pertencente aos Transportes Marítimos do Estado, que, em virtude de vários contratempos, em lugar de chegar ao Rio de Janeiro antes do dia 7 de setembro, chegou apenas a 17 desse mês. Além de várias avarias, verificou-se depois da partida que o carvão fornecido ao navio era de inferior qualidade, não permitindo que ele atingisse a velocidade necessária e prevista para chegar à capital brasileira a tempo da inauguração solene das comemorações. O paquete *Porto* era um dos navios alemães que as autoridades portuguesas haviam apresado após a declaração de guerra da Alemanha que, juntamente com outros navios apresados, constituíram a frota mercante que foi entregue à empresa estatal Transportes Marítimos do Estado, cuja má administração levou à sua falência fraudulenta, originando um dos escândalos políticos que abalou a primeira República.[24] O involuntário atraso da chegada do Presidente português ao Rio de Janeiro constituiu, no entanto, uma circunstância favorável para que a sua recepção, pelas autoridades brasileiras, tivesse caráter muito particular e caloroso. Dada a ausência de outras representações estrangeiras, as atenções oficiais e do público em geral concentraram-se na pessoa de Antônio José de Almeida, cujas qualidades de orador brilhante empolgaram todos aqueles que o ouviram em sessões reservadas ou públicas. Em dez dias que permaneceu no Brasil, o Presidente português proferiu dezesseis discursos. Ele foi particularmente ovacionado na sessão solene do Senado e da Câmara dos Deputados do Brasil, que teve lugar no dia 20 de setembro de 1922.

A missão que acompanhava o Presidente português tencionava negociar alguns convênios com as autoridades brasileiras, mas o único acordo que foi firmado, preparado por Jaime Cortesão e João de Barros, dois homens de letras consagrados, foi a Convenção

[24] *Viagem do Presidente António José de Almeida ao Brasil*, 3ºP, A 18, M 13, Arquivo Histórico e Diplomático do Ministério dos Negócios Estrangeiros.

sobre Propriedade Literária e Artística, de 22 de setembro, que só viria a ser ratificada em 4 de abril de 1924, durante a presidência de Teixeira Gomes. O economista Francisco Antônio Correia teve vários encontros com personalidades importantes do mundo econômico e tentou preparar as bases para um acordo comercial. Nada de consistente foi, no entanto, conseguido neste e em outros domínios em que a missão portuguesa se empenhou. O mandato presidencial de Epitácio Pessoa terminava a 15 de novembro seguinte, a escassos dois meses da visita do Presidente português, e a administração brasileira não estava, naturalmente, interessada em assumir na altura quaisquer compromissos.

Em Portugal, tentou-se, mais uma vez, procurar negociar com o Brasil um acordo comercial, apresentando, o Governo, ao parlamento, em 7 de dezembro de 1923, uma proposta de lei autorizando-o a negociar com o Brasil um acordo contendo várias reduções tarifárias em favor de produtos brasileiros importados em Portugal. Esta tentativa não teve, porém, resultado prático algum em virtude de novas disposições protecionistas introduzidas na pauta brasileira.

A maratona oratória de Antônio José de Almeida deixou, no Brasil, uma onda de renovada simpatia por Portugal, mas, dela, não se pode dizer que tenham resultado quaisquer benefícios imediatos para ambos os países. Foi, sobretudo, um triunfo pessoal do político português que, por decreto de 18 de outubro de 1922, assinado pelo Presidente Epitácio Pessoa, recebeu as honras de cidadania brasileira, sendo, o Governo brasileiro, autorizado, pelo mesmo decreto, a erigir, no Rio de Janeiro, monumento comemorativo da sua visita.[25]

7.5 Acordos e Tratados, 1895–1952

A partir de 1930, com o advento, à presidência brasileira, de Getúlio Vargas, iniciou-se uma época de grande aproximação entre Brasil e Portugal, mais propícia à negociação de acordos. Getúlio

[25] *Idem*, 3º P, A 18, M 13; *Tratados e actos internacionais – Brasil–Portugal,* Lisboa, 1962, p. 303.

Vargas ocupou a presidência do Brasil de 1930 a 1945 e, depois, de 1951 a 1954. O clima de aproximação luso-brasileiro manteve-se igualmente durante a presidência de Juscelino Kubitshek de Oliveira, de 1956 a 1961.

Com o novo ambiente político criado, foi possível, ao embaixador de Portugal, Martinho Nobre de Melo, negociar, em 1933, com o Ministro das Relações Exteriores, Afrânio de Mello Franco, um tratado de comércio que foi assinado, no Rio de Janeiro, em 26 de agosto desse ano.[26] Foi necessário, portanto, mais de um século para afastar a tradicional relutância brasileira em firmar acordos comerciais e, devido sobretudo ao pragmatismo de Getúlio Vargas, assinar e ratificar um tratado de comércio entre o Brasil e Portugal.

O tratado baseava-se nos princípios da liberdade do comércio e navegação, na reciprocidade e no tratamento da nação mais favorecida. O seu artigo primeiro estabelecia, com efeito, que "haverá inteira liberdade de comércio e navegação entre os nacionais das duas Partes Contratantes" e que "os privilégios, imunidades e outros quaisquer favores de que gozarem, em matéria de comércio e indústria, em uma das Partes Contratantes, os nacionais de qualquer outro país, serão imediatamente, e sem compensação, concedidos aos nacionais da outra Parte Contratante". E o artigo segundo estipulava ainda que "as Partes Contratantes concordaram em se conceder, reciprocamente, o tratamento incondicional e ilimitado da nação mais favorecida, em relação aos direitos alfandegários e a todos os direitos acessórios".

O tratado previa a criação de uma *zona franca* no território de cada um dos países e consagrava, igualmente, a proteção das marcas e designações que interessavam ao Brasil (como *Café do Brasil*, *Tipo Santos*, *Tipo Sul de Minas* e *Tipo Rio*) e a Portugal (como *Porto*, *Madeira*, *Moscatel de Setúbal*, *Carcavelos* e *Estremadura*).

A profunda crise econômica mundial que surgiu em 1930 acabou por suscitar, em breve, uma vaga de protecionismo que se foi alastrando pelo Mundo, tornando ineficazes os acordos

[26] *Tratados e Actos Internacionais*, p. 165–168.

comerciais baseados no princípio da liberdade do comércio. O Governo de Getúlio Vargas não escapou a esta onda protecionista, tornando ineficaz o acordo luso-brasileiro de 1933, cujos magros resultados foram atribuídos à falta de iniciativa dos exportadores portugueses o que, só em parte, era verdadeiro. Perante a estagnação das trocas comerciais entre Brasil e Portugal, o Governo português enviou, ao Brasil, em 1938, importante delegação de estudo para recomendar medidas que pudessem estimular o dito intercâmbio comercial. Como resultado desta missão, foi assinado, em Lisboa, em 21 de julho de 1941, um protocolo adicional ao tratado de comércio de 1933, estabelecendo a obrigação de não elevar os direitos aduaneiros e as taxas conexas quanto à importação dos produtos contidos em listas anexas, interessando um e outro país.[27] Era uma medida de defesa contra a vaga protecionista crescente.

O protocolo tinha uma duração curta, pois caducava em junho do ano seguinte, e os seus resultados foram bastante magros. Embora no período do pós-guerra tenha surgido uma renovada onda de liberalismo comercial, baseada nos princípios consagrados pelo GATT, a política comercial brasileira manteve-se altamente protecionista, o que levou à celebração de novo acordo comercial luso-brasileiro, assinado no Rio de Janeiro, em 9 de novembro de 1949, baseado no sistema de quotas das mercadorias trocadas e no sistema de pagamentos por meio de contas *clearing* mantidas pelos respectivos bancos centrais.[28] Quando o Ministro dos Negócios Estrangeiros de Portugal, Paulo Cunha, visitou o Brasil, em 1954, foi assinado, em 14 de setembro, novo acordo introduzindo diversos ajustes ao acordo de 1949, mantendo-se, porém, o mesmo sistema de quotas e de *clearing*, revendo-se apenas as listas dos produtos abrangidos.[29]

O Brasil, com a sua política de desenvolvimento e as suas dificuldades de balança de pagamentos, manteve uma constante

[27] *Idem*, p. 172–175.
[28] *Idem*, p. 214–218.
[29] *Idem*, p. 242–249.

política de elevado protecionismo, que o seu vasto mercado interno lhe permitia, criando-lhe dificuldades com o Banco Mundial e o Fundo Monetário Internacional. Portugal, por outro lado, a partir de 1948, ligado ao Plano Marshall, adotou uma política de larga liberalização do comércio que lhe era favorável, em virtude da exigüidade do seu mercado interno e da necessidade de expandir as suas exportações. Os acordos de quotas celebrados com Brasil a partir de 1941 não reduziram os obstáculos postos à expansão das trocas comerciais entre Brasil e Portugal, em virtude de razões estruturais que impediram que o desenvolvimento econômico entre ambos os países se fizesse unicamente por meio da simples troca de produtos. Seria necessário encontrar outros caminhos e isso só se tornou possível após as negociações comerciais que culminaram com a assinatura do novo acordo comercial em 1966, como se verá melhor mais adiante.

O ambiente favorável a uma maior aproximação luso-brasileira a partir da presidência de Getúlio Vargas permitiu, igualmente, que fossem negociados vários acordos na área cultural. Em 30 de abril de 1931, a Academia das Ciências de Lisboa e a Academia Brasileira de Letras assinaram, simultaneamente em Lisboa e no Rio de Janeiro, um Acordo Ortográfico, com o objetivo de preservar a unidade e promover a expansão da língua portuguesa. Este Acordo foi oficializado pelo Governo português, em portaria de 27 de maio de 1931, e pelo Governo brasileiro, no Decreto nº 20.108, de 15 de junho de 1931, e 23.028, de 2 de agosto de 1933. Sem ter em conta estas disposições, a Constituição Brasileira de 1934 foi redigida na ortografia em que fora redigida a Constituição de 1891. Após o golpe de Estado de 1937, Getúlio Vargas repôs em vigor o Acordo de 1931, pelo Decreto-Lei 292, de 23 de fevereiro de 1938.

A execução do acordo acadêmico não seguiu, todavia, o mesmo caminho nos dois países, o que levou ambos os governos a decidir negociar uma convenção destinada a regular, de um modo estável, os respectivos sistemas ortográficos. Dessa negociação, resultou a Convenção Ortográfica Luso-Brasileira, assinada em Lisboa em 21 de dezembro de 1943.[30] Apesar das disposições desta convenção, man-

[30] *Idem*, p. 181–183.

tiveram-se, na prática, certas divergências na sua aplicação, não coincidindo, nomeadamente, a ortografia do Vocabulário Ortográfico da Língua Portuguesa, publicado em 1940 pela Academia das Ciências de Lisboa, e a ortografia do Vocabulário Ortográfico que a Academia Brasileira de Letras publicou em 1943. Para procurar conciliar estas divergências, visitou Portugal, em 1945, uma delegação brasileira composta por Pedro Calmon, Rui Ribeiro Couto, Olegário Mariano e José de Sá Nunes, que se reuniu com uma delegação portuguesa composta por Gustavo Cordeiro Ramos, José Maria de Queirós Veloso, Luís da Cunha Gonçalves e Francisco Rebelo Gonçalves. Das negociações entre estas duas delegações acadêmicas resultou a Convenção Ortográfica Luso-Brasileira, assinada em Lisboa, em 8 de dezembro de 1945.[31]

Os acontecimentos políticos no Brasil iriam impedir, no entanto, a entrada em vigor desta convenção. Após o golpe militar de 29 de outubro de 1945, novas eleições levaram à Presidência do Brasil o Marechal Eurico Gaspar Dutra, e o Governo brasileiro informou, à embaixada portuguesa no Rio de Janeiro, que, tendo os dois acordos ortográficos de 1943 e 1945 sido aprovados por decretos governamentais, seria necessário submetê-los à aprovação do Congresso Brasileiro. Apesar da intervenção de Getúlio Vargas, regressado, entretanto, ao poder, o parlamento brasileiro não aprovou o Acordo de 1945.[32]

Por ocasião da visita a Portugal do Chanceler brasileiro, Raul Fernandes, foi assinado, em Lisboa, em 6 de dezembro de 1948, um Acordo de Cooperação Intelectual entre o Brasil e Portugal.[33]

---

[31] *Idem*, p. 184–201.

[32] *Idem*, p. 323; telegrama da Embaixada no Rio de Janeiro para a Secretaria de Estado, 13 out. 1951, Arquivo Histórico e Diplomático do Ministério dos Negócios Estrangeiros.

[33] *Idem*, p. 211–213.

Capítulo 8

Do Tratado de Amizade e Consulta à Revolução Portuguesa de 1974

8.1 O Tratado de Amizade e Consulta, de 1953

A idéia da institucionalização da comunidade natural entre o povo brasileiro e o povo português existiu sempre no espírito de muitos intelectuais e políticos, brasileiros e portugueses, desde os tempos da independência brasileira, não obstante as correntes nativistas e antiportuguesas que sempre se manifestaram no Brasil através dos tempos.

No preâmbulo do Tratado de Amizade e Aliança de 1825, que consagrou a Independência do Brasil, o rei D. João VI manifestava o "vivo desejo" de "restabelecer a paz, amizade e boa harmonia entre povos irmãos, que os vínculos mais sagrados devem conciliar e unir em perpétua aliança". Dentro deste espírito, o Ministro dos Negócios Estrangeiros, Silvestre Pinheiro Ferreira, publicou um *Parecer sobre um projeto de pacto federativo entre o Império do Brasil e o Reino de Portugal.*

A idéia, sempre latente, de formalizar uma comunidade luso-brasileira só principiou, no entanto, a tomar corpo, no princípio do século. Em 1908, Coelho de Carvalho, em uma conferência que pronunciou na Academia das Ciências de Lisboa, propôs a criação de um sistema político unindo Portugal e Brasil. No ano seguinte, Zófimo Consiglieri Pedroso e Escragnolle Dória, em uma conferência que pronunciaram na mesma Academia, propuseram um sistema semelhante. Em 1917, Antônio Maria de Bettencourt Rodrigues, que veio mais tarde a ser Ministro dos Negócios Estrangeiros (1926–1928), defendeu, publicamente, a criação de uma confederação luso-brasileira.

Não tardou muito, todavia, que, em abril de 1919, se constituísse, no Rio de Janeiro, uma sociedade nacionalista chamada "Propaganda Nativista", com o objetivo declarado nos seus estatutos de "combater a projetada Confederação Luso-Brasileira".

Com as comemorações do centenário da Independência do Brasil, em 1922, a visita bem-sucedida, ao Brasil, do Presidente português Antônio José de Almeida e o feito aéreo de Sacadura Cabral e Gago Coutinho, desenvolveu-se novo clima favorável a qualquer forma de união entre Brasil e Portugal. A idéia comunitária recebeu um particular impulso pela obra notável de Gilberto Freyre, a partir de 1934, com a publicação da sua *Casa Grande e Senzala*, seguida, em 1940, pelo *Mundo que o português criou*. A obra de Gilberto Freyre pôs, em evidência, o papel de Portugal na formação do Brasil, contestando muitas críticas deprimentes para a ação dos portugueses, até então difundidas por muitos intelectuais brasileiros. O sociólogo brasileiro concebia uma comunidade luso-brasileira baseada no que ele chamava "luso-tropicalismo", a condição original que tinha levado o povo português a promover a interpenetração racial, lingüística e cultural, combinando a cultura européia com a cultura tropical.[1]

Com as celebrações da independência portuguesa, em 1940, robusteceram-se as correntes pró-comunitárias no Brasil e em Portugal. Para retribuir a presença de uma delegação oficial brasileira nas cerimônias que tiveram lugar em Lisboa, o Governo português enviou ao Brasil, em 1941, uma importante missão de agradecimento. Nessa ocasião, o professor brasileiro Barreto Campelo pronunciou, no Gabinete Português de Leitura, uma conferência sobre a "Dupla Nacionalidade dos Portugueses no Brasil" que esteve na origem do projeto de lei apresentado pelo

---

[1] José Flávio Sombra Saraiva, "Do silêncio à afirmação: as relações do Brasil com a África", *In*: Amado Luiz Cervo (org.), *O desafio internacional: a política exterior do Brasil de 1930 a nossos dias*, Brasília, EdUnb, 1994, p. 285.

Governo brasileiro em 1943 sobre o estatuto especial dos portugueses no Brasil que, todavia, não teve seguimento.

De 1943 a 1945, exerceu as funções de embaixador do Brasil em Lisboa João Neves da Fontoura, um convicto defensor de forte aproximação luso-brasileira. Para ele, havia duas constantes fundamentais da política externa brasileira: o culto do pan-americanismo e a estreita vinculação a Portugal. Em 5 de maio de 1944, Neves da Fontoura submeteu, à apreciação do Governo português, um projeto de diploma a publicar no Brasil concedendo um estatuto especial aos portugueses no Brasil. O projeto concedia a livre entrada dos portugueses no Brasil, a concessão dos direitos públicos e privados atribuídos aos brasileiros, com as restrições impostas pela lei constitucional, e a facilitação e estímulo à naturalização.

Em outubro seguinte, o Governo português comunicou, ao embaixador brasileiro em Lisboa, que preferiria que o assunto fosse objeto de uma convenção a negociar entre os dois países, contemplando os direitos dos portugueses no Brasil e dos brasileiros em Portugal. Respondendo às autoridades portuguesas, o embaixador do Brasil exprimiu a sua concordância com a proposta portuguesa, notando, porém, que as disposições constitucionais no Brasil não permitiriam acolher a referida proposta na forma apresentada, remetendo contraproposta na qual a equiparação de brasileiros e portugueses ficaria limitada àquilo que não contrariasse as respectivas normas constitucionais. Como as restrições aplicadas aos estrangeiros na Constituição brasileira eram numerosas e importantes, o Governo português manifestou, então, a sua preferência pelo tratamento da questão por legislação interna de ambos os países. A fim de conciliar as diferentes posições a que se chegara, a embaixada brasileira em Lisboa e o Ministério dos Negócios Estrangeiros procuraram preparar um projeto conjunto de convenção a apresentar à consideração dos dois Governos.

O golpe militar de 29 de outubro de 1945, que depôs o Presidente Vargas, interrompeu as negociações em curso sobre a questão que, durante a presidência do Marechal Eurico Gaspar Dutra (1946–1951), nunca foram retomadas. Com o regresso de Getúlio Vargas ao poder, em janeiro de 1951, e com Neves da Fontoura ocupando a pasta das Relações Exteriores, as negociações foram reatadas, agora com mais determinação. Em julho desse ano, o Itamaraty entregou, ao embaixador de Portugal no Rio de Janeiro, projeto que fora elaborado pelo embaixador do Brasil em Lisboa, Samuel de Sousa Leão Gracie. Este projeto continha duas inovações importantes: embora mantendo as restrições constitucionais, estas agora eram muito menores visto que a Constituição promulgada em 1946 havia eliminado muitas das restrições aplicadas aos cidadãos estrangeiros contidas na anterior Constituição de 1937; por outro lado, o projeto continha uma cláusula prevendo a consulta mútua sobre as questões internacionais de interesse comum.

Em junho de 1952, o Governo português enviou, ao Governo brasileiro, um contraprojeto de Tratado de Amizade e Consulta não divergindo muito do projeto brasileiro, sendo este contraprojeto aceito pelo lado brasileiro com ligeiras alterações. O Tratado veio a ser, finalmente, assinado, no Rio de Janeiro, em 16 de novembro de 1953, sendo os instrumentos de ratificação trocados em Lisboa, em 4 de janeiro de 1955.[2]

O Tratado consagrava uma série de princípios fundamentais, entre os quais os seguintes:

1º Os governos de ambos os países deveriam consultar-se sempre "sobre os problemas internacionais de seu manifesto interesse comum";

2º Os portugueses e brasileiros seriam equiparados aos respectivos nacionais "em tudo que, de outro modo, não estiver diretamente regulado nas disposições constitucionais das duas nações";

3º Portugueses e brasileiros poderiam circular e estabelecer-se livremente nos dois países, com as únicas limitações impostas pela segurança nacional e pela saúde pública; e

4º O tratamento da nação mais favorecida será aplicado aos cidadãos de ambos os países.

Em "notas interpretativas" trocadas na altura da assinatura do Tratado, a sua aplicação foi restringida, todavia, ao território

---

[2] *Tratados e Actos Internacionais*, p. 228–230.

continental português e arquipélagos da Madeira e dos Açores. A este propósito, comenta o diplomata português Manuel de Sá Machado, conhecedor profundo das relações luso-brasileiras:

> Essas Notas Interpretativas reduziram – ato de falta de grandeza dir-se-ia antagônica ao próprio espírito do Tratado – o território português à área Continental e aos arquipélagos da Madeira e Açores (...) Foi o Governo Português que expressamente solicitou ao Governo Brasileiro que o termo "Portugal" usado para determinar a área de aplicação do Tratado fosse interpretado como referindo-se ao Portugal metropolitano, mostrando neste episódio uma evidente falta de convicção no alcance de ato diplomático tão transcendente. E, não obstante o revelar essa falta de largueza e visão, mostrou-se oportunista quando cinco anos mais tarde, sob pressão do debate nascente nas Nações Unidas, solicitou ao Governo Brasileiro que se desse à expressão "Portugal", interpretação mais lata, no sentido de abranger as Províncias Ultramarinas.[3]

Semelhantemente, o deputado brasileiro Cardoso de Miranda, como relator da Comissão de Economia da Câmara dos Deputados, ao propor a aprovação do Tratado, não deixou de observar que as

> notas interpretativas reduziram o território português à área continental e aos arquipélagos da Madeira e dos Açores (...) Quer dizer, em todo o território do Brasil (que é contínuo), os portugueses serão equiparados aos nacionais, mas os brasileiros (turistas, suponhamos, ou viajantes comerciais) serão estrangeiros desabrigados de tratamento especial nas Ilhas de Cabo Verde, na Guiné, em São Tomé e Príncipe, na Luanda, em Moçambique, em Goa, Macau e Timor – além de escaparem esses territórios e suas populações, seus portos, suas bases, sua produção agrícola e industrial a qualquer aplicação

[3] Manuel de Sá Machado, *Para uma Comunidade Luso-Brasileira*, Sociedade de Geografia de Lisboa, 1973, p. 67–68.

> dos outros artigos do Tratado, inutilizando substancialmente as vantagens dos artigos 1, 3, 4, 5 e 6 e opondo-se à magnífica plenitude moral do Art. 8º.[4]

A infeliz exclusão dos brasileiros de uma equiparação aos nacionais nos territórios ultramarinos portugueses proveio de política de exclusivismo colonial teimosamente prosseguida, através dos tempos, pelos sucessivos governos portugueses e que se manteve inalterável até a revolução de abril de 1974. Já em 1861, o Conde de Lavradio, Francisco de Almeida, um experimentado diplomata e político, advertia, nas suas *Memórias,* que seria impossível a Portugal manter grande parte de África inculta e vedada às outras nações e que se o país não emendasse os seus erros "há de dentro de muito pouco tempo perder todas as suas colônias".[5] Embora o notável político João de Andrade Corvo, enquanto foi Ministro dos Negócios Estrangeiros e também da Marinha e Ultramar, tentasse pôr um termo a essa cega política exclusivista, que tantos prejuízos causou ao desenvolvimento econômico do país, acabou, neste seu intento, por ser vencido pelos grandes interesses monopolistas ligados à África.[6]

8.2 Visitas Presidenciais: Craveiro Lopes e Juscelino Kubitschek de Oliveira

De 1954 a 1960, tiveram lugar diversas visitas presidenciais ao Brasil e a Portugal: em 1954, o Presidente brasileiro Café Filho visitou Portugal; em 1955, o Presidente eleito do Brasil Juscelino Kubitschek de Oliveira também visitou Portugal; em 1957,

---

[4] *Tratados e Actos Internacionais*, p. 327.

[5] *Memórias do Conde do Lavradio*, 1932–1943, vol. VIII, p. 72.

[6] José Calvet de Magalhães, *Breve história diplomática de Portugal*, Lisboa, Europa-América, 1990, p.182–187; José Calvet de Magalhães, *História das relações diplomáticas entre Portugal e os Estados Unidos da América*, Lisboa, Europa-América, 1991, p. 233–252; José Calvet de Magalhães, *Portugal na Europa: o caminho certo*, Lisboa, Bertrand, p.14–16.

coube a vez ao Presidente português Craveiro Lopes de visitar o Brasil; e, principalmente, em 1960, visitou novamente Portugal o Presidente brasileiro Juscelino Kubitschek. Tiveram particular importância as visitas do Presidente Craveiro Lopes em 1957 e do Presidente Juscelino Kubitschek em 1960.

Durante a presidência de Juscelino Kubitschek, visitou oficialmente o Brasil (em junho de 1957) o Presidente da República Portuguesa Francisco Higino Craveiro Lopes. O Presidente português viajou em um avião *Constellation* para Salvador da Bahia, onde se encontrou com o Ministro dos Negócios Estrangeiros, Paulo Cunha, que viajara no paquete *Vera Cruz*, embarcando, ambos e a comitiva presidencial, no cruzador brasileiro *Almirante Barroso*, que, escoltado por uma flotilha naval brasileira, chegou ao Rio de Janeiro em 7 de junho de 1957. Acompanhado pelo Ministro Paulo Cunha, o Presidente Craveiro Lopes visitou os estados de Minas Gerais, São Paulo, Paraná, Amazonas, Pará, Ceará e Pernambuco. Visitou, igualmente, as obras da nova capital Brasília, regressando a Portugal em 25 de junho.

Esta visita, em virtude do particular caráter da recepção excepcional preparada pelo Presidente Juscelino Kubitschek e pela longa digressão feita pelo Presidente Craveiro Lopes por terras brasileiras, teve enorme repercussão no Brasil e deu lugar à assinatura, por ambos os presidentes, no dia 11 de junho, no palácio do Itamaraty, no Rio de Janeiro, de uma Declaração Conjunta regulamentando o Tratado de Amizade e Consulta de 1953. Nesta declaração, afirma-se:

> O Tratado de Amizade e Consulta, marco de partida para um novo rumo nas relações entre os dois países, já não representa tão-somente a forma jurídica que enquadra a situação especial que, de fato e desde sempre, portugueses e brasileiros têm usufruído, respectivamente, no Brasil e em Portugal; nem constitui tão-só documento diplomático que consubstancia as razões da Comunidade luso-brasileira, condensando-as em uma fórmula em que cabem os imperativos do sangue, da língua e de todos os índices espirituais que irmanam as duas Nações: o Tratado de Amizade e Consulta já vai tendo a sua projeção prática e criadora, determinando uma colaboração mais fecunda

> e íntima dos dois governos na esfera de sua política externa, estreitando sempre mais os laços tradicionais que os unem e os interesses solidários do vasto mundo de língua portuguesa". Afirma-se ainda que ambos os países "tomam posição, de mãos dadas, na política mundial" e que se consideram "unidos na sua fidelidade aos princípios fundamentais da civilização ocidental cristãs.[7]

No mês de janeiro de 1956, antes de tomar posse das suas funções presidenciais, Juscelino Kubitschek fizera curta viagem de cortesia a Lisboa, onde chegou a 25 de janeiro. Foi-lhe dispensada calorosa recepção, em grande parte motivada pela expectativa do continuado apoio à causa portuguesa no diferendo que então confrontava Portugal e a União Indiana a propósito do Estado da Índia Portuguesa. Interpelado pelos jornalistas sobre esta questão, Kubitschek declarou que a política do Brasil não sofreria, a esse respeito, alteração alguma.[8]

Em agosto de 1960, antes de terminar o seu mandato presidencial, Juscelino Kubitschek fez uma visita oficial a Portugal para participar, como co-anfitrião, juntamente com o Presidente de Portugal Américo Tomás, nas cerimônias de comemoração do quinto centenário da morte do infante D. Henrique. A oportunidade desta visita foi muito discutida no Brasil e o Presidente brasileiro teve de vencer consideráveis obstáculos para empreender esta viagem. Tinha tido lugar o episódio do asilo do General Humberto Delgado na embaixada do Brasil em Lisboa, a que faremos alusão mais adiante, e o antigo embaixador em Lisboa, Álvaro Lins, agitou o assunto na imprensa brasileira com particular calor. Álvaro Lins, após ter deixado a embaixada do Brasil em Lisboa e rompido com o Presidente Kubitschek, em uma série de artigos publicados no jornal *Diário de Notícias*, do Rio de Janeiro, considerou aquela viagem como desprestigiante para o Brasil e revelou, também, o protesto que um grupo de intelectuais

---

[7] *Tratados e Actos Internacionais*, p. 250–251.

[8] *Vinte anos de defesa do Estado Português da Índia*, Ministério dos Negócios Estrangeiros, vol. III, p. 83.

portugueses dirigiu ao Presidente brasileiro, convidando-o a ir depor uma coroa de flores no túmulo do último Presidente de Portugal do regime democrático deposto pelo movimento militar de 1926.[9]

A visita constituiu, em Portugal, notável sucesso, tendo, o Presidente brasileiro, sido rodeado de especiais atenções. A fim de procurar dar maior substância ao Tratado de Amizade e Consulta, os Ministros dos Negócios Estrangeiros Horácio Lafer e Marcelo Mathias assinaram, em 9 de agosto, uma série de acordos. Além de uma Declaração sobre relações econômicas e um Acordo por troca de notas sobre vistos que, pela sua natureza, não necessitavam de ratificação, foram assinadas as Convenções sobre dupla nacionalidade, sobre representação diplomática e consular e sobre a assistência judiciária gratuita e um Tratado de extradição e um Acordo de turismo. Como o mandato presidencial de Juscelino Kubitschek terminou em janeiro de 1961, estes últimos cinco convênios nunca vieram a ser ratificados, dada a mudança da política externa brasileira operada no Brasil com a eleição para a Presidência da República de Jânio Quadros.[10]

8.3 O Caso Delgado

No dia 12 de janeiro de 1959, apresentou-se, na chancelaria da embaixada do Brasil em Lisboa, o General na reserva Humberto Delgado, solicitando asilo político em virtude de considerar iminente a sua prisão por motivos políticos. O General tinha sido candidato da oposição governamental nas recentes eleições presidenciais e, quando o Governo português anunciou a vitória do candidato governamental, contestou a validade do processo eleitoral, fazendo em seguida várias declarações públicas atacando o regime vigente, o que levou à aplicação de sanções disciplinares e à sua exclusão das Forças Armadas Portuguesas.

[9] Álvaro Lins, *Missão em Portugal*, p. 36 e segs.

[10] *Tratados e Actos Internacionais*, p. 254–278.

Exercia, na altura, as funções de embaixador do Brasil em Lisboa o crítico, ensaísta, professor e jornalista Álvaro Lins, que apresentara as suas credenciais em 20 de dezembro de 1956. Estivera antes em Portugal, de 1952 a 1954, lecionando um curso de estudos brasileiros na Faculdade de Filosofia e Letras da Universidade de Lisboa, e antes de ocupar o seu cargo diplomático em Portugal exercera as funções de Chefe da Casa Civil do Presidente Kubitschek, de quem era amigo e fervoroso colaborador político. Sem mesmo consultar o seu Governo, Álvaro Lins concedeu logo asilo político ao General e informou, oralmente, do fato, o Ministro dos Negócios Estrangeiros, Marcelo Mathias.

O embaixador Lins desempenhara um papel importante na visita oficial, ao Brasil, do Presidente Craveiro Lopes. Durante essa viagem, e talvez mesmo antes, tinha-se apercebido da existência de uma certa frieza entre o Presidente e o Chefe do Governo Salazar. No tempo em que lecionara na Universidade de Lisboa, teve ocasião, por outro lado, de criar relações com diversos intelectuais portugueses, na sua maior parte adversários do regime salazarista. Como embaixador, embora procurasse manter sempre uma atitude diplomaticamente correta com as autoridades portuguesas, a sua hostilidade ao regime de Salazar começou a revelar-se na sua correspondência com o Itamaraty a partir de meados de 1957, e era conhecida nos meios políticos e intelectuais da capital portuguesa.

Não obstante existir, no Itamaraty, importante corrente lusófila, o Governo brasileiro não ousou desautorizar o seu embaixador em Lisboa e o asilo político concedido ao General Delgado foi superiormente sancionado. Até 20 de abril, desenrolou-se, então, uma viva discussão entre o embaixador brasileiro e o Governo português sobre a forma de resolver a situação criada com a presença do General Delgado na residência do embaixador, para onde, entretanto, transitara. Álvaro Lins exigiu sempre, com vigor e persistência, a concessão de um salvo conduto ao General, para que, sob proteção diplomática, pudesse embarcar com destino ao Brasil. Da parte portuguesa, argumentava-se que não se aceitava o asilo, visto Portugal nunca ter acedido a qualquer convenção internacional contemplando esse instituto jurídico; que, não estando o General sob qualquer ameaça de prisão, poderia sair livremente da embaixada e embarcar para o Brasil, cumprindo todas as formalidades exigidas a qualquer outro cidadão português.

O embaixador Lins insistiu, porém, que o General só poderia deixar a embaixada sob proteção diplomática, visto o asilo político lhe ter sido concedido pelo Governo brasileiro e as convenções internacionais subscritas pelo Brasil assim o determinarem. Durante semanas seguidas, desenvolveu-se uma discussão interminável na qual Álvaro Lins recorreu não só à argumentação jurídica baseada nas convenções assinadas pelo Brasil, como a alguns precedentes em que a embaixada de Portugal no Rio de Janeiro havia concedido asilo político a brasileiros, como acontecera na altura da deposição do Presidente Washington Luís em 1930 e do assalto ao palácio de Guanabara em 1938.

Durante o debate, o pessoal diplomático da embaixada mostrou-se sempre solidário com a atitude firme do embaixador. No Brasil, porém, desenvolveu-se uma acesa discussão pública sobre a questão, sendo Álvaro Lins apoiado pelos meios esquerdistas e nacionalistas e atacado pelos meios lusófilos tradicionais. O senador Lourival Fontoura, antigo diretor do Departamento de Imprensa e Propaganda do Brasil, declarou publicamente que não via justificação alguma para conceder asilo político ao General Delgado. O poderoso empresário brasileiro Assis Chateaubriand, proprietário da cadeia dos *Diários Associados* e, naquela altura, embaixador do Brasil em Londres, de passagem por Lisboa, em fevereiro de 1959, tentou, sem resultado, resolver o impasse a que se havia chegado. Regressando ao Brasil, desencadeou uma violenta campanha contra Álvaro Lins e em defesa do Governo português. No seu diário *O Jornal*, escrevia, em 22 de março: "Portugal não pode ceder a Delgado e o Brasil não pode oferecer cumplicidade aberta à vitória a um grupo de 'energúmenos' que poderiam merecer tudo menos humilhar Portugal".[11] Por outro lado, no Congresso brasileiro, o prestigioso senador Afonso Arinos de Mello Franco defendeu a concessão do asilo, mas pôs re-

[11] Fernando Morais, *Chatô – o rei do Brasil*, São Paulo, Companhia das Letras, 1995, p. 611–612.

servas quanto à forma como o embaixador Lins conduziu o diferendo com as autoridades portuguesas.[12]

A questão parecia eternizar-se, pondo em perigo as boas relações existentes entre o Governo português e o brasileiro. A diplomacia portuguesa movimentou-se, entretanto, procurando mobilizar as forças políticas brasileiras mais favoráveis aos pontos de vista do Governo de Lisboa e à desdramatização do incidente. Aproximava-se a celebração do quinto centenário da morte do infante D. Henrique e o Presidente Kubitschek foi convidado pelo Presidente português a ser co-anfitrião na presidência das cerimônias comemorativas que teriam lugar em Lisboa no verão de 1960. Quer o Presidente brasileiro, quer o seu Chanceler, Neves da Fontoura, entenderam que era tempo para encontrar uma solução de compromisso que permitisse retirar da embaixada em Lisboa o incômodo hóspede, General Delgado. Álvaro Lins recebe então instruções do Itamaraty para transigir e aceitar uma fórmula de compromisso que pusesse termo ao impasse a que se chegava, o que implicaria abandonar a exigência de um salvo-conduto a conceder ao General.

Para tornar possível uma tal solução, foi enviado a Lisboa o secretário-geral do Itamaraty, embaixador Mendes Viana, que, após consulta com o pessoal diplomático da embaixada, assentou, com as autoridades portuguesas, as seguintes condições para a saída do General da embaixada: o General viajaria com um passaporte português comum, seria transportado para o aeroporto em um automóvel da embaixada e, a título de cortesia para com o Brasil, seria acompanhado por um funcionário diplomático brasileiro, cumprindo-se todas as formalidades legais exigidas em Portugal.

Sentindo-se desprestigiado, Álvaro Lins pediu a sua demissão, sendo logo substituído pelo embaixador Negrão de Lima que, até então, exercia funções de Ministro das Relações Exteriores. De regresso ao Brasil, Álvaro Lins escreveu uma carta ao Presidente

---

[12] Williams da Silva Gonçalves, *O Realismo da fraternidade – as relações Brasil–Portugal no Governo Kubitschek*, São Paulo, Universidade de São Paulo, 1994, p. 343–360.

Kubitschek, rompendo com ele as suas relações políticas e pessoais. Nessa carta acerba, dizia: "Fui traído pela sua conduta para com os sentimentos democráticos da nossa opinião pública e a dignidade da representação diplomática do nosso País no estrangeiro". Em sucessivos artigos, anônimos, publicados no *Diário de Notícias* do Rio de Janeiro, dirigiu violentos ataques contra o regime político português, o Presidente Kubitschek, especialmente contra a sua visita a Portugal. Talvez o caráter excessivamente pessoal que imprimiu ao tratamento do "caso Delgado" lhe tenha retirado força, evitando uma repercussão política que não chegou a atingir as relações entre Brasil e Portugal.[13]

8.4 O Brasil e o Problema Colonial Português

Ao terminar a Segunda Guerra Mundial, surgiu um forte movimento no sentido de conceder a independência política a muitos territórios e povos, especialmente da Ásia e da África, que até então se achavam sob o domínio de algumas potências européias e dos Estados Unidos. Harold Macmillan, Chefe do Governo do maior império colonial do mundo, em um discurso famoso que pronunciou na Cidade do Cabo, em fevereiro de 1960, apelidou este movimento, que considerou irresistível, "ventos da História".

Portugal, detentor de um vasto império colonial, herdado do tempo dos descobrimentos marítimos, não poderia deixar de ser afetado por um tal movimento, que encontrou, na ONU (Organização das Nações Unidas), o seu principal palco de atuação e que obteve o apoio, embora por razões diferentes, das duas grandes potências protagonistas da Guerra Fria – os Estados Unidos da América e a União Soviética.

Em 1946, os Estados Unidos concederam, espontaneamente, a independência às Filipinas e, logo em 1947, a Grã-Bretanha foi forçada a reconhecer a independência da União Indiana e do Paquistão.[14]

[13] Álvaro Lins, *Missão em Portugal*, p. 361 e segs.

Quando, em 15 de agosto de 1947, a União Indiana se constituiu em Estado independente, declarou logo que os territórios sob administração estrangeira situados no subcontinente indiano deveriam ser incorporados à União. O Governo português contestou esta posição, sustentando que os territórios do chamado "Estado Português da Índia" constituíam parte integrante do Estado português, desenvolvendo-se, então, longa disputa diplomática entre os governos de Lisboa e de Nova Delhi sobre esta questão que durou catorze anos.[15]

A pendência entre Portugal e a União Indiana agravou-se com a ocupação, em 20 de julho de 1954, por mil e duzentos "voluntários", dos pequenos enclaves de Dadrá e Nagar-Aveli, dependentes do distrito de Damão, impedindo, as autoridades indianas, a passagem pelo território indiano de quaisquer autoridades portuguesas para repor a ordem naqueles enclaves.

Em 27 de julho do mesmo ano, o Itamaraty enviou, à imprensa, comunicado alusivo à visita do embaixador de Portugal ao secretário-geral do Ministério das Relações Exteriores, narrando os acontecimentos, no qual se dizia:

> O secretário-geral do Ministério das Relações Exteriores, embaixador Vasco Leitão da Cunha, na ausência do Ministro de Estado Professor Vicente Ráo, reiterou ao embaixador de Portugal os sentimentos de solidariedade do Brasil para com Portugal e manifestou o vivo empenho do Governo Brasileiro de ver resolvida por meios pacíficos a presente situação.[16]

O Itamaraty desenvolveu, logo a seguir, uma larga atividade de apoio à causa portuguesa junto a um grande número de Estados com que o Brasil mantinha relações diplomáticas.[17] O Ministro dos

---

[14] José Calvet de Magalhães, *Portugal e as Nações Unidas – a questão colonial* (1955–1974), Lisboa, IEEI, 1996.

[15] *Vinte anos de defesa do Estado Português da Índia*, Ministério dos Negócios Estrangeiros, 1968, 4 volumes.

[16] *Idem*, vol. II, p. 3.

[17] *Idem*, p. 184. Esses países incluíram, nomeadamente, o Líbano, China Nacionalista, Síria, Israel, Finlândia, Jugoslávia, Austrália, Colômbia, Costa Rica, Honduras, Haiti, Cuba, Nicarágua, Peru, Paraguai, Guatemala, Bolívia, Equador, Salvador e Irã.

Negócios Estrangeiros, Paulo Cunha, tinha projetado uma visita oficial ao Brasil naquela altura, que foi forçado a adiar em virtude da crise que surgiu com a União Indiana. A visita veio, no entanto, a ter lugar em princípios de setembro, quando ocupava as funções de Chanceler Raul Fernandes. No banquete de homenagem que ofereceu ao colega português, em 9 de setembro, o Ministro brasileiro declarou:

> Em um gesto de cortesia, que apreciamos, também V.Ex.ª entendeu dar à sua presença entre nós o significado de um agradecimento do Governo Português pela espontaneidade com que este país se pôs ao seu lado na questão suscitada recentemente em torno dos territórios portugueses na Índia. A atitude do Brasil inspirava-se, decerto, nos sentimentos unânimes do povo brasileiro em relação a tudo quanto respeita a Portugal, sentimentos que derivam de uma amizade assente em laços de sangue e cimentada através dos anos por atos de grande sabedoria política. Entretanto, por feliz coincidência, aquela atitude inspirava-se, por outro lado, na convicção de que a causa de Portugal encontrava amparo não só nos seus direitos históricos, senão também nos princípios de conduta internacional inscritos na Carta das Nações Unidas para aplicação *Erga Omnes* (...) Quanto ao Brasil, no partilhar das justas apreensões do Governo Português ao concitar o ilustrado Governo da Índia a proceder no caso dos territórios portugueses, com espírito de moderação e de boa-vontade, este país fê-lo na esperança de que aquele Governo, representando um povo de vocação pacifista, não desouvirá o seu apelo (...) Falamos como país que viveu três séculos de vida comum com Portugal, que é a obra-prima do seu gênio colonizador, do qual herdou o direito, a religião e a língua, fatores de civilização e segredo da sua acuidade no tempo; e que, havendo conquistado a independência quando as leis da fatalidade histórica a tornaram possível, permanece, não obstante, fiel às suas origens.[18]

Na impossibilidade de recorrer à força e estando-lhe vedado o recurso ao Tribunal Internacional de Justiça pelo fato de Portugal,

[18] *Idem*, p. 237–238.

na altura, não ser membro da ONU, o Governo português, após ter denunciado a ocupação dos pequenos territórios sob a sua administração, lançou uma vasta campanha internacional contra a União Indiana, acusando-a de violar o direito internacional. A reação do Governo indiano foi a de solicitar, em 25 de julho de 1955, o encerramento da legação de Portugal em Nova Delhi a partir de 8 de agosto.[19] Naquela mesma data, o Governo português solicitou, ao Governo brasileiro, que assumisse a representação dos interesses portugueses na União Indiana, encargo que o Governo brasileiro aceitou prontamente.[20]

Em 23 de dezembro de 1955, a Assembléia Geral da ONU votou a admissão de Portugal na organização e logo, no dia imediato, o Governo português apresentou no Tribunal Internacional de Justiça, em Haia, uma queixa contra a União Indiana pela ocupação ilegal de Dadrá e Nagar-Aveli e a recusa em admitir o direito de passagem às autoridades portuguesas para se dirigirem àqueles territórios. A disputa entre Portugal e a União Indiana transferiu-se, em grande parte, para o palco da ONU, em que os representantes indianos organizaram uma forte campanha contra a política ultramarina portuguesa. Logo após a admissão de Portugal na organização, o seu secretário-geral enviou uma nota ao Governo português inquirindo se, nos termos do artigo 73 da Carta, administrava alguns territórios não-autônomos a que se aplicasse aquele preceito. A resposta portuguesa foi negativa, ou seja, de que Portugal não administrava territórios não-autônomos ou colônias, e que os territórios ultramarinos portugueses faziam parte integrante do Estado português, de acordo com a sua Constituição política. O grupo dos países afro-asiáticos, apoiado pelo bloco soviético, contestou veementemente esta posição portuguesa.

Durante os governos dos Presidentes Getúlio Vargas, Café Filho e Kubitschek, os representantes brasileiros na ONU se declararam sempre solidários com a posição portuguesa. Em janeiro de 1957, quando o representante do Iraque na Quarta Comissão

[19] *Idem*, p. 444–445.
[20] *Idem*, p. 447–449.

(em que se travava, sobretudo, a batalha contra as posições portuguesas) propôs que o Governo português prestasse informações sobre as suas colônias, como requeria o artigo 73 da Carta, o representante brasileiro, Donatello Grieco, afirmando que "tocar em Portugal era tocar no Brasil", declarou que Portugal não possuía colônias mas sim províncias ultramarinas e defendeu, em termos eloqüentes, a missão civilizadora dos portugueses na América, na Ásia e na África.[21] Essa posição foi mantida na sessão seguinte da Assembléia Geral das Nações Unidas (XII) e, na sessão de 1958 (XIII), o Brasil votou contra a prestação de informações relativas aos territórios ultramarinos portugueses. Na sessão da Assembléia Geral de 1960 (XV), o Brasil, embora tivesse votado favoravelmente a Resolução 1514, que continha a "Declaração sobre a concessão de independência aos países e aos povos coloniais", votou contra uma resolução que exigia a Portugal o fornecimento de informações sobre os seus territórios ultramarinos, assim como o projeto soviético de resolução exigindo a imediata independência de todos os territórios não-autônomos, qualquer que fosse o grau da sua preparação. Nessa ocasião, o embaixador brasileiro Freitas Valle declarou: "Não cumpriríamos a nossa obrigação atrasando a sua completa emancipação, mas estaríamos a preencher mal essa obrigação se esquecêssemos a Carta das Nações Unidas para expor esses povos, indiscriminadamente, e sem as necessárias precauções, aos perigos de dois novos colonialismos.".[22]

Com a ascensão à Presidência do Brasil do governador de São Paulo Jânio Quadros, a posição do Governo brasileiro em relação ao problema colonial português iria modificar-se inteiramente. Ele estava naturalmente ligado aos grandes interesses cafeeiros do Brasil, cujo centro era São Paulo, e, na altura, os produtores brasileiros debatiam-se com uma séria crise no mercado internacional em virtude da concorrência do café africano, incluindo o café de Angola. A recusa portuguesa em aceitar uma

[21] Williams da Silva Gonçalves, *O realismo da fraternidade*, p. 268–240.

[22] *Boletim Geral do Ultramar*, n. 427–428, jan.-fev. 1961, p. 408.

proposta dos produtores brasileiros para se associarem aos produtores angolanos não foi de molde a favorecer, nos meios paulistas, uma atitude de apoio brasileiro à política ultramarina portuguesa. Por outro lado, Jânio Quadros, uma figura política extremamente complexa, era movido por tendências políticas esquerdistas, preconizando o estabelecimento de relações com a União Soviética e o apoio a Fidel Castro.

Ainda antes de ser eleito, em entrevista concedida ao jornal *O Globo*, do Rio de Janeiro, em 31 de maio de 1960, Quadros denunciou os "moldes vitorianos" da política externa brasileira, afirmando que os povos asiáticos e africanos poderiam encontrar, na maturidade internacional do Brasil, "o ânimo de que carecem para que se lhes abrevie a emancipação inevitável". No discurso que pronunciou no Tribunal Eleitoral, em 31 de janeiro de 1961, já como Presidente eleito, referiu-se ao momento "em que países e povos secularmente dominados se levantam e libertam da opressão colonialista". E na sua mensagem ao Congresso Nacional, em 15 de março, definiu a nova política africana do Brasil como um instrumento contra o colonialismo e o racismo, preconizando a autodeterminação dos povos africanos.[23]

Ao tomar posse do cargo de Ministro das Relações Exteriores, em 1º de fevereiro de 1961, Afonso Arinos de Mello Franco, um dos inspiradores da nova política africana do Brasil, havia já afirmado: "O Brasil se encontra em situação especialmente favorável para servir de elo ou traço de união entre o mundo afro-asiático e as grandes potências ocidentais.".

Durante o ano de 1961, várias medidas foram tomadas pelo Governo brasileiro no sentido de desenvolver uma verdadeira política africana. Foi criada, no Itamaraty, uma Divisão de África e começaram a ser instaladas embaixadas brasileiras em vários países da África Negra, instalando-se consulados brasileiros em Luanda e Lourenço Marques. O navio-escola *Custódio de Melo*,

[23] Jânio Quadros, *Mensagem ao Congresso Nacional*, Rio de Janeiro, Departamento de Imprensa Nacional, 1961, p. 91–101; citado por José Flávio Sombra Saraiva, "Do silêncio à afirmação: as relações do Brasil com a África" *In*: *O desafio internacional*, Brasília, EdUnb, 1994, p. 290.

com uma exposição flutuante de produtos brasileiros, visitou durante esse ano diversos portos de África.

O Governo de Jânio Quadros durou apenas duzentos dias. Em agosto de 1961, renunciou, inesperadamente, ao seu cargo, que foi assumido pelo vice-presidente João Goulart. A virada política à esquerda e a nova política brasileira em relação à África foram, no entanto, mantidas. Foi seu notável intérprete o novo Chanceler San Tiago Dantas, que intitulou a nova orientação política externa do Brasil de *Política Externa Independente*. Em uma obra publicada em 1962, afirmava ser um dos objetivos dessa política "o apoio à emancipação dos territórios não-autônomos, seja qual for a forma jurídica utilizada para a sua sujeição à metrópole". E esclareceu:

> A posição anticolonialista sempre esteve implícita na conduta internacional do Brasil, por motivos éticos e econômicos. Os primeiros resultam da autenticidade da nossa política de emancipação econômica e autodeterminação dos povos; os segundos, da necessidade de que os países competidores do nosso em produtos tropicais produzam em regime de trabalho verdadeiramente livre e com os mesmos propósitos de assegurar às suas populações níveis mais elevados de bem-estar. Na linha anticolonialista do Brasil houve pequenos desvios de atitude apenas pelo desejo de dar a nações tradicionalmente amigas do nosso país oportunidades para que definissem, por movimento próprio, uma posição evolutiva em relação a territórios não-autônomos confiados à sua administração.[24]

O recado para o Governo português era bem claro.

Entretanto, por Acórdão de 12 de abril de 1960, o Tribunal Internacional de Justiça havia reconhecido o direito de passagem das autoridades portuguesas para os territórios de Dadrá e Nagar-Aveli, ocupados ilegalmente pela União Indiana. Baseado neste acórdão, o Governo português solicitara, em agosto de 1961, ao Governo brasileiro, que representava os interesses do Governo

[24] San Tiago Dantas, *Política Externa Independente*, Rio de Janeiro, Civilização Brasileira, 1962, p. 6 e 12.

português na União Indiana, por intermédio da sua embaixada em Nova Delhi, entregar, ao Governo indiano, um memorando solicitando que definisse a sua atitude perante o referido acórdão e indicasse as suas intenções quanto à forma do exercício do direito de passagem por parte das autoridades portuguesas, em obediência à decisão do Tribunal Internacional de Justiça.[25] Em nota de 8 de setembro para a embaixada brasileira, o Ministro dos Assuntos Exteriores da União Indiana respondeu que os referidos territórios de Dadra e Nagar-Aveli tinham passado a fazer parte da União Indiana desde o dia 11 de agosto de 1961 (data do memorando português).[26]

A partir desta data, tornou-se evidente que a União Indiana estava disposta a utilizar a força para integrar, a seu território, as possessões portuguesas de Goa, Damão e Diu, chegando de todos os lados às autoridades portuguesas informações que confirmavam esse intento e que uma invasão estava sendo preparada para ter lugar em dezembro. Entre as medidas que o Governo de Lisboa, em desespero de causa, pretendeu recorrer, contava-se a promoção de visitas a Goa de algumas altas personalidades políticas internacionais. Dada a atitude amistosa que o Presidente Kubitschek sempre manifestara para com Portugal, foi convidado a fazer tal visita. O antigo Presidente escusou-se ao convite em virtude de vários compromissos já assumidos e também por estar preocupado com a situação política interna do Brasil que, de fato, atravessava um momento difícil.[27]

Em 6 de dezembro, o embaixador brasileiro em Nova Delhi avistou-se com o Primeiro-Ministro Nehru, tendo aproveitado a ocasião para lhe manifestar a preocupação do Brasil relativamente aos rumores que corriam de um iminente ataque a Goa, ao que Nehru respondeu, "com ar enfastiado", que era difícil conter a reação da opinião pública indiana em face do protelamento da resolução pacífica da questão. O embaixador informou o Itamaraty

---

[25] *Vinte anos na defesa*, vol. IV, p. 5-6.
[26] *Idem, id.*, p. 22.
[27] *Idem, id.*, p. 56, 60, 71, 77, 78 e 93.

de que havia lugar para apreensão, existindo indícios de movimento de tropas e acréscimo de intensidade na campanha da rádio contra Portugal.[28] Nessa mesma data, o Ministro dos Negócios Estrangeiros português dirigiu um veemente apelo ao embaixador brasileiro, Negrão de Lima, para que o Governo brasileiro fizesse uma declaração pública apoiando a posição portuguesa em Goa. Por outro lado, o embaixador português no Rio de Janeiro procurou convencer as autoridades brasileiras a produzir tal declaração, avistando-se com o secretário-geral do Itamaraty, visto o Chanceler San Tiago Dantas se encontrar hospitalizado, e, depois, com o próprio Presidente Goulart. As autoridades brasileiras recusaram-se, no entanto, a dirigir uma declaração diretamente ao Governo indiano, acabando por aceitar que o embaixador brasileiro em Lisboa transmitisse, ao governo português, uma nota, entregue no dia 11 de dezembro, e redigida nos seguintes termos:

> O Brasil tendo tomado conhecimento, com a maior preocupação, das notícias que circulam sobre a possibilidade de uma ação militar contra os territórios portugueses de Goa, Damão e Diu, reafirma a sua formal rejeição do emprego da força armada e manifesta a confiança de que a União Indiana se absterá de quaisquer medidas contrárias às disposições da Carta das Nações Unidas. O Governo Brasileiro, dentro dos princípios que fundamentam o Tratado de Amizade e Consulta entre Portugal e o Brasil, continua a acompanhar os acontecimentos com a maior atenção, pronto a prestar a sua inteira colaboração para que os processos pacíficos de solução de controvérsias tradicionalmente defendidos pelos mais ilustres líderes da União Indiana se apliquem às atuais divergências com Portugal.[29]

No dia 15 de dezembro, o embaixador Afonso Arinos, juntamente com o embaixador americano Stevenson, praticou uma diligência junto ao Secretário-Geral da ONU que, nesse mesmo dia, enviou uma mensagem ao Primeiro-Ministro Nehru. Indiferente

[28] *Idem, id.*, p. 76.
[29] *Idem, id.*, p. 130–131.

a todos os apelos feitos, o Governo da União Indiana ordenou a invasão daqueles territórios, iniciada a 18 de dezembro. Nesse mesmo dia, o Chanceler San Tiago Dantas, ainda convalescente da intervenção a que fora sujeito, enviou para a imprensa a seguinte declaração:

> As notícias de que forças militares da União iniciaram operações de guerra contra os territórios Portugueses de Goa, Damão e Diu surpreenderam dolorosamente o povo e o Governo do Brasil. Ainda recentemente o embaixador do Brasil em Lisboa expressou publicamente as apreensões do Governo Brasileiro em relação aos preparativos militares, então em curso, da União Indiana. E reafirmara uma confiança em que os princípios de solução pacífica da controvérsia viessem a prevalecer. Tais esperanças foram dissipadas pelos acontecimentos. O povo brasileiro compartilha dos sentimentos do povo Português em face desta grave ocorrência que importa a flagrante violação da Carta das Nações Unidas.[30]

Em fevereiro de 1961, havia eclodido em Luanda uma revolta destinada a libertar os prisioneiros do movimento autonomista MPLA que se encontravam presos na prisão de São Paulo, da qual resultaram algumas dezenas de mortos. Em março seguinte, uma séria sublevação ocorreu no norte de Angola, de que resultou a morte de vários milhares de brancos e negros. Os incidentes de Angola reacenderam os debates na ONU contra o colonialismo português. Afonso Arinos de Melo Franco, chefe da delegação brasileira na organização, no debate sobre a questão de Angola na sessão de 15 de janeiro de 1962 da Assembléia Geral, declarou:

> O Brasil (...) proclama sua inalterável amizade a Portugal, que nos vem da História do passado; mas afirma nitidamente a sua posição anticolonialista, que lhe é imposta pelo que um grande escritor português do século XVII, o padre jesuíta Antônio Vieira, chamou a 'História do Futuro'(...) O reconhecimento por Portugal do direito do povo angolano à autodeterminação

[30] *Idem, id.*, p.215.

> facilitaria enormemente a cessação imediata da luta e do derramamento de sangue, bem como a preparação das profundas reformas legislativas e administrativas, necessárias à evolução pacífica do território para a autonomia (...) O Brasil não só se mantém fiel à sua história de antiga colônia e aos seus ideais de nação livre e democrática como cumpre o compromisso sagrado que assumiu ao assinar a Carta de São Francisco e ao votar a favor das resoluções das Nações Unidas relativas à eliminação do colonialismo em todo o mundo.

Afonso Arinos, discursando, em 22 de setembro de 1961, na XVI sessão da Assembléia Geral da ONU, havia já expresso, claramente, a posição brasileira sobre o problema colonial português, nos seguintes termos:

> Nossas relações fraternais com Portugal e nossa amizade tradicional com a França não nos impedem de tomar posição clara nas dolorosas divergências que a propósito do colonialismo africano se têm apresentado entre as Nações Unidas e aqueles países, aos quais tanto devemos e com os quais tanto ainda temos em comum. Os dois Estados europeus devem, no nosso entender, assegurar a autodeterminação da Argélia e de Angola. Nada deterá a libertação da África. Parece claro que a África não deseja submissão a nenhum dos blocos. Deseja afirmar a sua personalidade, o que é o mesmo que conquistar a sua liberdade. O Brasil auxiliará sempre os países africanos nesse justo esforço.[31]

A 26 de março desse ano de 1962, o Chanceler San Tiago Dantas visitou Lisboa e conferenciou longamente com o Ministro dos Negócios Estrangeiros, Franco Nogueira, um fervoroso defensor da política ultramarina portuguesa traçada por Salazar. Este lembrou os acordos assinados no verão de 1960, durante a visita do Presidente Kubitschek, que aguardavam ratificação, mas o Chanceler evitou discutir essa questão, sinal de que o Governo brasileiro considerava os acordos ultrapassados. O Ministro por-

[31] San Tiago Dantas, *Política externa independente*, p. 195–200. *A palavra do Brasil nas Nações Unidas* – 1946–1995, Fundação Alexandre de Gusmão, 1995, p. 144 .

tuguês, em uma longa exposição definindo o ponto de vista português, procurou convencer o Chanceler brasileiro das vantagens que poderiam resultar para o Brasil se Angola e Moçambique se mantivessem sob o domínio político de Portugal, sustentando que a política africana que o Brasil pretendia pôr em prática teria maiores probabilidades de êxito se fosse exercida no quadro da comunidade luso-brasileira.[32]

O Chanceler brasileiro, indicando compreensão pela posição portuguesa e admitindo até tratar-se de uma causa justa, observou, no entanto, que isso não garantia o seu sucesso e que, no caso de o Brasil apoiar Portugal, "receava que ao fim a única consolação fosse a de se haver defendido uma causa justa mas sem se obter um resultado prático". E acrescentou sabiamente: "Em certos momentos da História competia aos políticos saber enquadrar-se nos meios de que dispunham e encontrar as fórmulas que pudessem colher uma ampla aceitação.". Afigurava-se-lhe que Portugal teria de "procurar uma fórmula ou estratégia de apoio que permitisse que pelo menos um setor importante das forças mundiais" o apoiasse, já que "parecia difícil enfrentar a hostilidade simultânea do bloco socialista, do bloco democrático e do bloco neutralista". Se Portugal encontrasse "a fórmula apropriada, o Brasil estaria então pronto a *engajar-se* em um apoio total a Portugal". Referindo-se à proposta portuguesa sobre o desenvolvimento da comunidade luso-brasileira, San Tiago Dantas sugeriu que "a solução pudesse encontrar-se em uma consulta às populações (africanas) para se saber se desejavam pertencer à comunidade luso-brasileira e nela ficarem integradas". E concluiu: "Se a idéia da Comunidade surgisse e se afirmasse, já seria então possível integrar nela uma consulta às populações, (...) que passariam de direito a ter o seu lugar na direção dos órgãos dessa Comunidade sem se falar em Estados soberanos.".[33] Era uma concepção baseada em princípios democráticos, incluindo a autodeterminação, contrária ao pensamento do Governo português de então.

[32] Franco Nogueira, *Diálogos interditos – a política externa portuguesa e a guerra da África,* Intervenção, 1979, vol. I, p. 88–91.

[33] *Idem*, p. 91–92; 99.

O Chanceler San Tiago Dantas, de regresso ao Brasil, adoeceu gravemente pouco depois, sendo substituído por Afonso Arinos, que tomou posse do cargo em 17 de julho de 1962. O embaixador do Brasil em Lisboa, Negrão de Lima, foi logo chamado ao Brasil para consultas. Conhecendo a orientação fortemente anticolonialista do novo Chanceler, o embaixador avistou-se, antes da partida, com o Ministro dos Negócios Estrangeiros, na esperança de poder obter qualquer indício de modificação da atitude rígida do Governo português quanto à política ultramarina, que pudesse evitar atitudes brasileiras desagradáveis para Portugal. Negrão de Lima pretendia saber, nomeadamente, se "não se deveria incluir, no diálogo luso-brasileiro o exame de 'um calendário', dentro de um prazo mais ou menos longo, para as soluções que fossem julgadas mais adequadas, ou se deveria concluir 'por uma intransigência absoluta a este respeito'". O embaixador esclareceu que, no caso de ser iniciado um tal "diálogo", mantido confidencial, ele proporia, ao seu Governo, que a atitude do Brasil na ONU passasse a ser de abstenção, procurando, o Governo brasileiro, levar o Governo americano a adotar posição idêntica.[34]

A idéia do "calendário" fora já publicamente sugerida por Roberto Campos, o prestigioso economista, diplomata e político, que, no *Correio da Manhã*, de 24 de novembro de 1961, escrevera: "Se os nossos amigos portugueses ao invés da luta perdida em terreno movediço, formulassem um calendário de libertação, talvez possibilitassem uma transição com menos sangue e menos ódio.".

A reação do Ministro português à idéia de "calendário" foi logo negativa, rejeição reafirmada após consulta com o Chefe do Governo, procurando convencer o embaixador brasileiro de que a conjuntura internacional principiava a modificar-se em sentido favorável a Portugal, o que levou este a concluir: "O Brasil não podia entrar em entendimento ou assumir atitudes que pudessem interpretar-se como um apoio ao *status quo* ultramarino português, ou como uma sua consolidação.".[35]

---

[34] *Idem*, p. 158.

[35] *Idem*, p. 166–168.

Depois de uma tal entrevista, não surpreende, pois, que, em 31 de julho de 1963, um projeto de resolução apresentado no Conselho de Segurança da ONU, convidando Portugal a reconhecer imediatamente o direito à autodeterminação e à independência dos seus territórios ultramarinos, tivesse sido aprovado com o voto favorável do Brasil, embora com a abstenção dos Estados Unidos, da Grã-Bretanha e da França.

Em 31 de março de 1964, um movimento militar depôs o Presidente Goulart, assumindo a Presidência do Brasil o Marechal Castello Branco. O movimento constituiu uma reação ao esquerdismo avançado dos governos Quadros-Goulart, adotando uma política externa mais favorável ao bloco ocidental e hostil aos regimes comunistas. Em relação a Portugal, a nova política externa brasileira não abandonou a sua linha anticolonialista, embora se verificasse maior cuidado em não hostilizar o Governo português. No discurso que pronunciou no Itamaraty, em 31 de julho de 1964, o Marechal Castello Branco definiu assim a posição do seu Governo quanto à descolonização:

> Nossa política anticolonial se defronta com o problema dos laços afetivos e políticos que nos unem a Portugal. Talvez a solução residisse na formação gradual de uma Comunidade Afro-Luso-Brasileira, em que a presença brasileira fortificasse economicamente o sistema. Qualquer política realista de descolonização não pode desconhecer nem o problema específico de Portugal, nem os perigos de um desengajamento prematuro do Ocidente.[36]

Nesta declaração, o Presidente brasileiro, além de reafirmar a posição anticolonialista do Brasil, sustenta a idéia de procurar resolver o problema colonial português por uma evolução efetuada no quadro de uma comunidade afro-luso-brasileira, abrangendo os povos da África portuguesa, idéia já anteriormente avançada por San Tiago Dantas. Com base nesta idéia, gerou-se certo

[36] *A Política exterior da revolução brasileira*, Ministério das Relações Exteriores, 1966.

mal-entendido entre os governantes brasileiros e portugueses. Estes últimos entendiam que a inclusão dos territórios ultramarinos em uma comunidade alargada permitiria certa evolução da sua autonomia administrativa, sem que isso implicasse a sua completa autonomia política; para os políticos brasileiros, a comunidade afro-luso-brasileira só fazia sentido se os referidos territórios, por meio da autodeterminação, nela participassem em pé de igualdade com Portugal e Brasil.

Por altura da celebração do quarto centenário da fundação do Rio de Janeiro, o Ministro dos Negócios Estrangeiros, Franco Nogueira, visitou oficialmente o Brasil em junho de 1965. Em entrevista com o Presidente Castello Branco e o Chanceler Vasco Leitão da Cunha, procurou defender a posição de Portugal quanto ao desenvolvimento progressivo dos seus territórios e à viabilidade de uma política africana do Brasil no quadro da comunidade luso-brasileira. Ambos os estadistas brasileiros mostraram certa compreensão pela posição portuguesa, mas não assumiram compromisso algum sobre a atitude que o Brasil assumiria no futuro.[37]

A atitude de declarado apoio à posição portuguesa durante os governos de Getúlio Vargas e Juscelino Kubitschek havia terminado, abruptamente, com os governos de Jânio Quadros e João Goulart. A posição hostil manifestada por estes últimos governos cessou com os governos militares iniciados em 1964, mas estes, reafirmando sempre a sua postura anticolonialista, adotaram, em relação à questão colonial portuguesa, uma atitude que se poderá definir por abstenção mais ou menos disfarçada. Alguns políticos e historiadores brasileiros consideraram que esta posição foi de cumplicidade com a política do Governo de Lisboa, mas este, na verdade, almejava a muito mais e não se sentiu satisfeito com esta atitude evasiva. Desapontado com a reticente reação que encontrou junto da nova administração brasileira, o Ministro Franco Nogueira tomou a iniciativa, talvez um tanto ingênua, de se dirigir diretamente ao povo brasileiro, por meio de uma conferência de imprensa, na qual afirmou:

[37] Franco Nogueira, *op. cit.*, vol. II, p. 89–94.

> As relações luso-brasileiras não podem sofrer de insegurança nem estar à mercê de interrogações periódicas; não se devem processar em função da política partidária em qualquer dos dois países; e não podem conduzir-se em termos das modas ideológicas ou sujeitar-se aos conceitos teóricos que, em um dado momento, beneficiem de maior ou menor curso internacional.

O Ministro aludiu às vantagens oferecidas ao Brasil pela sua união a Portugal e propôs, de novo, o alargamento do Tratado de Amizade e Consulta a todos os territórios brasileiros e portugueses, em todos os continentes. Comenta o diplomata Manuel de Sá Machado: "Foi, sem dúvida, uma tentativa de reparar o erro da interpretação restritiva imposta à área de aplicação do Tratado de Amizade e Consulta.".[38]

A reação pública à conferência de imprensa do Ministro português não foi tão favorável como ele certamente esperava. O prestigioso escritor católico Tristão de Athayde, escrevendo no *Jornal do Brasil*, em 27 de setembro de 1965, comentou: "Devemos respeitar o direito que tem Portugal de se opor à independência de suas colônias. Mas daí a ligarmos nosso destino político a esse colonialismo, que temos também o direito de considerar agonizante, vai um abismo que não devemos de modo algum transpor.". E nota, a propósito, Sá Machado, que, na altura, exercia funções na embaixada de Portugal em Brasília: "Toda a imprensa quase sem exceção se fez eco da mesma linha de pensamento de que o Brasil não poderia ligar-se assim em termos definitivos a um Portugal ainda detentor de posições ditas colonialistas.".[39]

A posição oficial brasileira em relação ao problema colonial português sofreu uma modificação importante com a designação, para a pasta das Relações Exteriores, do embaixador Mário Gibson Barbosa, em 30 de outubro de 1969, durante o Governo do Presidente Médici. A parte essencial desta modificação manteve-se, por longo tempo, no segredo das chancelarias. Gibson Barbosa exercera funções na delegação brasileira junto à ONU, de

[38] M. de Sá Machado, *op. cit.*, p. 75–76.

[39] *Idem*, p. 76.

1959 a 1960, no período em que foram forjadas as grandes resoluções sobre a descolonização e era um fervoroso adepto da total descolonização de todos os territórios dependentes, sem exclusão dos territórios ultramarinos portugueses. Quando Afonso Arinos, no Governo de Jânio Quadros, assumiu a gerência do Itamaraty, em 1º de fevereiro de 1961, designou-o seu chefe de gabinete, função que exerceu precisamente no período em que a oposição oficial brasileira à política ultramarina portuguesa se manifestou mais claramente. Assumindo ele próprio a chefia do Itamaraty em 1969, Gibson Barbosa em breve viu-se confrontado com este dilema: de um lado, as suas convicções anticolonialistas eram mais fortes do que nunca, entendendo também, de acordo com o pensamento de San Tiago Dantas e Afonso Arinos, que o Brasil deveria procurar desenvolver as suas relações políticas e econômicas com os países africanos que haviam acedido à independência; de outro lado, a sua amizade com Portugal impunha-lhe uma atitude de não hostilizar o Governo português.

A sua amizade com Portugal, posta, por vezes, em dúvida pelos setores mais conservadores de Portugal, manifestava-se claramente nas seguintes palavras contidas nas suas memórias:

> A situação do Brasil era única; tradicionalmente mantínhamos – e deveríamos continuar a manter, por motivos óbvios – relações especiais com Portugal, célula-mater da nossa nacionalidade, de quem herdamos a língua, a cultura básica, a união territorial, os laços familiares através de sucessivas gerações de imigrantes (...).[40]

A partir de 1971, com a aprovação do Presidente Médici, Gibson Barbosa iniciou uma ativa política de aproximação com os Estados Africanos, visitando Senegal, Costa do Marfim, Gana, Togo, Daomé, Nigéria, Camarões, Zaire e Gabão. Esta política não deixou de gerar forte oposição em alguns meios brasileiros. Refere Gibson Barbosa: "À visita se opunha vigorosamente, em uma guerra sem quartel, o *lobby* português no Brasil, receoso de que durante minha viagem, ou após, passássemos a adotar uma

---

[40] Mário Gibson Barbosa, *Na diplomacia, o traço todo da vida*, Rio de Janeiro, Record, p. 254.

posição de pública hostilidade à manutenção do *status quo* do colonialismo de Portugal.".[41]

Pondo em prática outro princípio em que se baseava a sua orientação de política externa, ou seja, a de evitar que o Brasil tomasse qualquer posição que pudesse ser interpretada como de apoio ao colonialismo português, Gibson Barbosa interveio para malograr duas iniciativas brasileiras que estavam em curso. A primeira consistia nas projetadas manobras navais conjuntas, em meados de 1970, entre as Marinhas de Guerra do Brasil e de Portugal, nas proximidades do arquipélago de Cabo Verde. Eram a repetição de umas primeiras manobras que tiveram lugar em 1969 e que tinham sido aprovadas anteriormente pelo Presidente Costa e Silva, sem qualquer intervenção do Itamaraty. Considerando tais manobras como politicamente inconvenientes, nas vésperas do périplo africano que preparava, o Chanceler conseguiu que o Presidente Médici as mandasse cancelar.[42] A segunda iniciativa dizia respeito ao projeto de associar a Petrobrás à exploração de petróleo em Angola. Presidia, na altura, a Petrobrás o General Ernesto Geisel, que mais tarde veio a ser eleito Presidente do Brasil e que estava determinado a levar adiante tal projeto. Mais uma vez, Gibson Barbosa, apesar de forte oposição de vários membros do Governo, conseguiu convencer o Presidente Médici a vetar o projeto, que foi abandonado.[43]

Mas o obstáculo mais sério que Gibson Barbosa encontrou na execução da sua orientação política em relação à política ultramarina portuguesa surgiu com as atitudes assumidas pelo poderoso Ministro da Fazenda, Delfim Netto. Quando o Chanceler se preparava para iniciar a sua viagem pela África em 1972, o chefe da assessoria política internacional do Ministério da Fazenda, o diplomata Vilar de Queirós, declarou, à imprensa, que o Brasil deveria penetrar na África "através das províncias ultramarinas portuguesas", considerando que qualquer outra estratégia estava fadada ao insucesso. Gibson Barbosa reagiu logo, ordenando, ao Secretário-Geral do Itamaraty, embaixador Jorge de

[41] *Idem*, p. 241.
[42] *Idem*, p. 244–246; 253–257.
[43] *Idem*, p. 244–246.

Carvalho e Silva, que fizesse a seguinte declaração à imprensa: "As declarações sobre política externa feitas pelo assessor internacional do Ministério da Fazenda representam sua exclusiva opinião pessoal, pois é ao Presidente da República que cabe definir essa política e ao Itamaraty executá-la", destacando ainda que manifestações como aquela poderiam "trazer prejuízos ao país, aqui e no exterior". A posição de Delfim Netto recebeu, aliás, o apoio significativo de Roberto Campos, o antigo Ministro do Planejamento Econômico do Governo do Presidente Castelo Branco que, escrevendo no jornal *O Globo,* em 8 de março de 1972, afirmou:

> Em um contexto mundial mais amplo, parece obsoleto, nesta idade de acomodações ideológicas, em que os Estados Unidos sacrificam vetustos preceitos e preconceitos para comerciar com a China, deixar que a nossa política anticolonialista dificulte uma acomodação comercial com Portugal e suas colônias africanas. Agora que a Zona Européia de Livre Comércio tende a ser absorvida no Mercado Comum. E agora que a Petrobrás, com vários anos de atraso e várias oportunidades perdidas, foi legalmente autorizada a participar associativamente de exploração de petróleo no exterior, nada mais racional do que buscarmos concessões exploráveis no Golfo de Cabinda. É falsa angústia deixarmos de explorar relações comerciais mais intensas com Portugal e a África do Sul para reafirmar a pureza de nossos princípios.[44]

Para resolver o dilema existente entre o desejo de prosseguir na linha da sua política africana e procurar, por outro lado, manter e desenvolver as boas relações com Portugal, Gibson Barbosa resolveu tentar pôr em execução uma política de mediação, não solicitada, entre o Governo português e os governos africanos seus adversários. Explica Gibson Barbosa:

> A posição do Brasil na comunidade internacional era única (...) dadas as nossas relações especiais, ao mesmo tempo, com as duas partes adversas, Portugal e África, o que nos impunha

[44] *Idem*, p. 246–247.

> uma responsabilidade histórica: a de tentar um dificílimo esforço de mediação – que nem sequer nos era solicitado por Portugal, tenazmente entrincheirado no que considerava seus direitos soberanos sobre os territórios – que conduzisse a uma solução pacífica, ordenada e mutuamente consentida do problema, que já se convertera em sangrenta atividade bélica. Foi essa última via, a tentativa de mediação, a que aconselhei o Presidente Médici, que a aprovou e me concedeu autonomia para executá-la, em um esforço diplomático que durou cerca de quatro anos, através de imensas dificuldades e suportando, em silêncio, incompreensão, não apenas externamente, mas também por parte da opinião pública nacional, que se encontrava apaixonadamente dividida a respeito, a tal ponto que se chegara a uma simplificação ideológica do que devia ser a nossa linha de conduta: a esquerda, com todos os seus diversos matizes políticos, favorável à ruptura com Portugal, ou antes, com a ditadura de direita portuguesa, se preciso fosse, para que nos alinhássemos com os movimentos libertários das colônias portuguesas; a direita, cuja leitura desses mesmos movimentos era de que não significavam senão uma tentativa a mais de conquista do poder pelo movimento comunista internacional, em um momento crítico, como aquele da Guerra Fria entre as duas superpotências. Acrescente-se a essa motivação dos partidários do alinhamento do Brasil com Portugal o argumento emocional de que devíamos ser solidários com a "mãe pátria" no momento em que se encontrava isolada e, mesmo, acuada, no cenário internacional. Isto para não mencionar o poderoso *lobby* português no Brasil, alimentado por altos interesses empresariais e financeiros.[45]

O plano de mediação de Gibson Barbosa tinha de, necessariamente, ser conduzido em segredo, como ele próprio explica: "Nosso esforço de mediação estaria fatalmente condenado à falência se viessem a público as iniciativas que adotamos ao longo daqueles quatro anos de intensa atividade diplomática.".[46]

Logo no primeiro encontro que o Chanceler brasileiro teve com o Chefe do Governo Português, Marcelo Caetano, e o Ministro dos

[45] *Idem*, p. 255–256.
[46] *Idem*, p. 256.

Negócios Estrangeiros, Rui Patrício, ouviu da boca do primeiro a afirmação de que qualquer alteração da política ultramarina portuguesa necessitava de tempo para ser levada a cabo e que estimaria contar com o apoio do Brasil, o que lhe suscitou algumas esperanças. Referindo-se a outros encontros com os políticos portugueses, lembra:

> Fui percebendo, em ambos, uma abertura gradual, senão para resolver, ao menos para discutir mais seriamente o problema colonial. Embora sem dizerem expressamente que estavam dispostos a abrir mão do que eu denominava, para desagrado e na presença deles, de "império colonial português", indicavam a disposição de examinar soluções para o encaminhamento do problema, tal como, por exemplo, um projeto federalista. Além disso, já admitiam a ação brasileira junto aos países africanos, para obter-se uma espécie de moratória nos ataques na ONU, mediante a promessa de que Portugal flexibilizaria, sem demora, sua posição, com o objetivo final de conceder autonomia política aos territórios.[47]

Em repetidas conversas com Rui Patrício, procurou, Gibson Barbosa, convencê-lo de que seria urgente tomar medidas em relação pelo menos à Guiné Bissau e que, se Portugal se mantivesse no seu imobilismo, só restaria ao Brasil reconhecer publicamente o malogro das suas tentativas de convencer o Governo português a adotar uma postura racional e progressiva em relação aos seus territórios ultramarinos e, além disso, recorrer ao voto na ONU como meio de pressão. O Ministro português admitiu, então, a eventualidade de se encontrar com chefes de Estado ou Ministros dos Negócios Estrangeiros africanos, ou mesmo com a OUA (Organização de Unidade Africana), para discutir o problema, sem a presença, todavia, de representantes dos movimentos rebeldes. De visita ao Quênia, o Chanceler brasileiro referiu a disposição do Ministro português ao Ministro do Exterior, Mungai, que a acolheu com entusiasmo. Regressando ao Brasil, Gibson Barbosa informou os embaixadores da Costa do Marfim e do Senegal da abertura do Ministro português e da possibilidade de se realizar, no Brasil, um encontro entre os

[47] *Idem*, p. 262.

Ministros de Costa do Marfim, Senegal, Quênia, Zaire e Nigéria e o Ministro português. Os governos da Costa do Marfim e do Senegal insistiram, no entanto, que, nessa reunião, deveriam participar representantes dos movimentos nacionalistas de Angola, Moçambique e Guiné Bissau, o que foi rejeitado pela parte portuguesa. Gibson Barbosa propôs então que esses representantes pudessem comparecer integrados na delegação do Senegal, por exemplo. "Portugal, a partir desse momento, – comenta o Chanceler brasileiro – passou a desinteressar-se da reunião, e o assunto paulatinamente arrefeceu.".[48]

Quando o Presidente Medici visitou oficialmente Portugal, em maio de 1973, Gibson Barbosa, que o acompanhou, teve uma longa entrevista com Marcelo Caetano, no decurso da qual ambos se exprimiram com grande franqueza. O Chefe do Governo português admitiu que encontrava grandes dificuldades para fazer aberturas na ordem interna, sem as quais não poderia fazer mudança alguma na política ultramarina. O Chanceler brasileiro afirmou-lhe que era essencial resolver urgentemente o problema colonial pela concessão de autonomia política dos territórios ultramarinos. E regista as seguintes palavras de Marcelo Caetano:

> Visivelmente abalado, Marcelo Caetano reconheceu que a Guiné Portuguesa era um caso à parte, diferente da situação de Angola e Moçambique (...) Trata-se de um caso típico de colonialismo (...) E acrescentou que estaria disposto a entabular conversações para a sua independência, ou mesmo concedê-la unilateralmente, desde já, se não fosse seu receio – ou mesmo certeza – de que "o louco do Sékou-Touré (...) anexaria o território da Guiné Portuguesa assim que esta se tornasse independente." Foram palavras dele literalmente. "De qualquer modo", continuou, "teria que se separar a questão da Guiné do caso de Cabo Verde, pois o arquipélago de Cabo Verde são ilhas que Portugal descobriu desabitadas e povoou com europeus e africanos. Se se lograsse separar as duas questões, muito se poderia avançar na concessão de independência da Guiné Portuguesa".[49]

[48] *Idem*, p. 262–266.
[49] *Idem*, p. 270.

Vendo, nas palavras de Marcelo Caetano, uma abertura de enorme alcance, Gibson Barbosa contestou que Sékou-Touré pretendesse anexar a Guiné Bissau, solicitando autorização para buscar garantias de que estava com a razão. De regresso ao Brasil, comunicou, ao embaixador do Senegal, o teor da conversa com o Chefe do Governo português e o embaixador telegrafou logo ao Presidente Leopoldo Senghor, pondo-o ao corrente dos receios manifestados por Marcelo Caetano. O Presidente senegalês respondeu por carta ao seu embaixador em Brasília, que a comunicou a Gibson Barbosa que, por sua vez, enviou cópia ao Chefe do Governo português. Nessa carta, Senghor dizia:

> De forma alguma essa hipótese levantada pelo Presidente Marcelo Caetano pode ocorrer. O Presidente Sékou-Touré jamais faria uma coisa dessas. Mas, para tranqüilizar o Presidente Marcelo Caetano, quero afirmar aqui expressamente que, se essa tentativa de anexação da Guiné Bissau por parte da Guiné Conakry se configurar, toda a África se levantará em pé de guerra contra Sékou-Touré. E eu, como Presidente do Senegal, comprometo-me a evitar isto, pela força das armas, se necessário.[50]

Marcelo Caetano não enviou a Gibson Barbosa reação alguma sobre esta comunicação, embora tivesse sido instado a fazê-lo. Considerando a questão como morta, o Chanceler brasileiro ordenou, à delegação brasileira na Assembléia Geral da ONU, que, ao serem votadas, em dezembro de 1973, duas resoluções condenatórias de Portugal, se ausentasse ostensivamente do plenário, em um dos casos, e se abstivesse no outro. O Chefe do Governo português, em carta pessoal para Gibson Barbosa, queixou-se amargamente do ocorrido, ao que este respondeu afirmando não ter razão. Em entrevista concedida a um jornal brasileiro, pouco depois, Marcelo Caetano declarou que Portugal não desejava a intermediação brasileira na busca de soluções para o problema das possessões portuguesas em África; e Gibson Barbosa teve conhecimento de que Rui Patrício havia declarado a Henry

[50] *Idem*, p. 271.

Kissinger, quando, em dezembro de 1973, passou em Lisboa, que Portugal resolveria exclusivamente por si as suas questões na África. Curiosamente, após o malogro da tentativa de mediação levada a cabo por Gibson Barbosa e o repúdio do Governo português de qualquer mediação, as autoridades britânicas, em janeiro de 1974, informaram as autoridades portuguesas de que o Presidente da Nigéria, General Gorook, lhes declarara estar em posição de promover um encontro de representantes do PAIGC (Partido Africano para a Independência de Guiné Bissau e Cabo Verde) com representantes do Governo português. As autoridades britânicas ofereceram-se para organizar tal encontro. Efetivamente, antes do golpe militar de abril de 1974, um funcionário diplomático português teve dois encontros em Londres com três representantes do PAIGC. Foram encontros secretos, meramente exploratórios e sem qualquer agenda fixa ou preestabelecida.[51]

A tentativa de mediação que Gibson Barbosa levara a cabo, com tanto empenho, gorou-se completamente. O mandato do Presidente Médici terminou em 15 de março de 1974 e Gibson Barbosa deixou, nessa data, a pasta das Relações Exteriores. Em 25 de abril seguinte, um golpe militar depôs o Governo chefiado por Marcelo Caetano e suprimiu o regime do Estado Novo, restaurando o regime democrático que, durante cerca de um século, havia vigorado em Portugal.

8.5 A Nova Orientação das Relações Econômicas: o Acordo Comercial de 1966

Até 1966, as relações econômicas entre Brasil e Portugal limitaram-se, essencialmente, a simples trocas comerciais regidas pelos obsoletos acordos de 1949 e 1954, que se assentavam em princípios de quotas dos produtos de exportação e dos pagamentos feitos pelo sistema de *clearing*. Eram patentes a desatualização e os fracos resultados daqueles acordos, em uma altura em

---

[51] *Idem*, p. 272.

que os princípios de liberalização do comércio internacional haviam sido proclamados pelo GATT e postos em prática, com inegável sucesso, pela OECE (Organização Européia para a Cooperação Econômica), antecessora da OCDE (Organização para Cooperação e Desenvolvimento Econômico), o organismo gerado pelo Plano Marshall, de que Portugal era membro fundador.

No período de 1950 a 1954, que se seguiu à assinatura do arranjo comercial de 1949, o valor das exportações portuguesas para o Brasil situou-se em uma média anual de 6 milhões e 400 mil dólares; e o valor das exportações brasileiras para Portugal em 5 milhões e 800 mil dólares. No período de 1955 a 1959, que se seguiu à assinatura do arranjo comercial de 1954, o valor das mesmas exportações desceu, respectivamente, para 3 milhões e 200 mil dólares e 5 milhões de dólares. De 1960 a 1964, esses valores reduzem-se a médias anuais insignificantes (na ordem dos 2 milhões e 4 milhões de dólares, respectivamente). Por volta de 1960, os arranjos comerciais de 1949 e 1954, que pretenderam reanimar o Tratado de Comércio de 1933, tinham perdido qualquer significado prático, impondo-se, por conseguinte, a sua supressão e a negociação de um novo instrumento bilateral com base em princípios do livre comércio e em um sistema mais amplo de cooperação econômica, que não se limitasse à tradicional troca de produtos que, pela própria natureza destes, com a política protecionista brasileira e o exíguo mercado português, nunca poderiam atingir valores elevados.

O problema da estagnação das relações econômicas luso-brasileiras preocupou as autoridades brasileiras e portuguesas que, ao prepararem a visita oficial que o Presidente Kubitschek fez a Portugal, no verão de 1960, elaboraram projeto de declaração conjunta sobre as relações econômicas luso-brasileiras, assinada em 9 de agosto desse ano. Essa declaração criava uma Comissão Mista Especial encarregada do estudo de "todas as questões relativas às trocas de mercadorias e serviços entre Brasil e Portugal e ao exame de *fórmulas novas de cooperação econômica*, através das quais os dois países possam incrementar o volume e o valor do seu comércio recíproco".[52] Com a

[52] *Tratados e Actos Internacionais*, p. 267–268.

mudança da administração brasileira em princípios de 1961, esta comissão nunca chegou a ser instalada.

A partir de 1965, o Ministério dos Negócios Estrangeiros português procedeu a um estudo aprofundado do estado das relações econômicas luso-brasileiras, chegando à conclusão de que elas se deveriam orientar para o estabelecimento de uma cooperação entre empresas de ambos os países que levasse à troca de capitais e tecnologia, promovendo-se a implantação de empresas portuguesas no Brasil e de empresas brasileiras em Portugal. Para o efeito, foi solicitada a cooperação da AIP e, igualmente, da FIESP. Para a ligação efetivada entre estas duas instituições, contribuiu grandemente José Garrido Torres, Presidente do Banco de Desenvolvimento do Brasil, que, na altura, visitou várias vezes Portugal e que, em 5 de dezembro de 1965, defendeu, no jornal *O Estado de São Paulo*, a necessidade urgente de rever o acordo caduco de 1954.

Em princípios de 1966, iniciaram-se, no Rio de Janeiro, negociações entre as autoridades brasileiras e portuguesas que levaram à elaboração do projeto de um novo acordo comercial e de uma declaração de cooperação econômica, assim como de um acordo básico de cooperação técnica, cujos textos finais vieram a ser assinados em Lisboa, de 5 a 7 de setembro de 1966, durante a visita oficial do Chanceler Juracy de Magalhães. O novo acordo comercial pôs termo aos acordos de 1949 e 1954, terminando com o sistema de quotas das importações e do *clearing*, restaurando, em seu lugar, o sistema de liberalização das trocas entre os dois países, assente em um regime de convertibilidade sem entraves, assegurando, por outro lado, o apoio dos dois governos a acordos de complementação industrial entre as empresas de ambos os países, e a criação de uma comissão permanente de cooperação econômica, destinada a promover novas iniciativas naquele setor. Na referida declaração, dizia-se nomeadamente:

> O Governo dos Estados Unidos do Brasil concederá, em consonância com a legislação em vigor, as facilidades necessárias à instalação, em território brasileiro, de empresas industriais de capital português e de capital associado brasileiro e português

> e assegurará a exploração de tais empresas e aos seus produtos o mesmo tratamento dispensado à indústria nacional brasileira e aos produtos desta. O Governo de Portugal concederá, em consonância com a legislação em vigor, as facilidades necessárias à instalação, em território português, de empresas industriais de capital brasileiro e de capital associado português e brasileiro e assegurará à exploração de tais empresas e aos seus produtos o mesmo tratamento dispensado à indústria nacional portuguesa e aos produtos desta.

Na mesma altura, foi assinado, também, um Acordo Cultural entre Portugal e Brasil, que, no seu artigo XIV, determina:

> Cada Parte Contratante reconhecerá, para efeito de exercício de profissão em seu território, os diplomas e títulos profissionais idôneos expedidos por institutos de ensino da outra Parte e desde que devidamente legalizados e emitidos em favor de nacionais de uma ou de outra Parte, favorecendo, em caso de inexistência ou diferença de curso, as necessárias adaptações para o mais próximo.

O conjunto de instrumentos que foram assinados em 1966 constituiu verdadeira viragem na história das relações econômicas luso-brasileiras, produzindo efeitos duradouros que se verificaram ao longo dos anos até os nossos dias, com ritmo diverso de acordo com as circunstâncias políticas que ocorreram, entretanto, em ambos os países.

De harmonia com a nova orientação oficial adotada para o desenvolvimento das relações econômicas entre Brasil e Portugal, simultaneamente com as negociações levadas a cabo no Rio de Janeiro entre as autoridades dos dois países, visitou, na altura, o Brasil um grupo de importantes empresários portugueses, sob o patrocínio da AIP e da FIESP. Dessa visita pioneira, resultou o estabelecimento, no Brasil, de algumas empresas afiliadas a empresas portuguesas. Por sugestão do chefe da delegação oficial portuguesa, o importante grupo de supermercados Pão de Açúcar, de São Paulo, instalou sucursais na região de Lisboa, o que, além de constituir um começo de concretização da nova política econômica luso-brasileira, provocou uma verdadeira revolução no sistema tradicional da comercialização dos produtos de consumo doméstico em Portugal. Como conseqüência dessa iniciativa, em breve surgiram em Portugal outras empresas, de capital português e estrangeiro, explorando o sistema de supermercados e centros comerciais. A FIESP e AIP firmaram também, na altura, um protocolo de cooperação, criando um Centro Empresarial Luso-Brasileiro, cuja sessão inaugural teve lugar em Lisboa, em julho de 1970, com a presença do Chanceler brasileiro Mário Gibson Barbosa e do Ministro dos Negócios Estrangeiros Rui Patrício.

A nova orientação das relações econômicas luso-brasileiras encontrou notável impulsionador na pessoa do Ministro da Fazenda do Brasil Delfim Netto, o Ministro civil mais influente do Governo do Presidente Médici. Durante a visita que efetuou a Lisboa, em junho de 1971, foi tomada uma série de medidas importantes para o desenvolvimento da cooperação econômica entre os dois países, nomeadamente: a abertura da agência em Lisboa do Banco do Brasil e da Caixa Geral de Depósitos no Rio de Janeiro; a instalação de depósitos alfandegários gerais luso-brasileiros em Lisboa, Luanda e Lourenço Marques; a adoção de medidas para facilitar a entrada de produtos portugueses no Brasil, especialmente os vinhos; a ampliação das linhas de navegação entre portos brasileiros e portugueses; e a revisão das tarifas de fretes.

Essa atitude de abertura do Ministro Delfim Netto criou certo constrangimento no Itamaraty que tentou contrariá-la, gerando um conflito com o Chanceler Gibson Barbosa acerca da política africana que o Brasil deveria adotar, a que já fizemos alusão mais acima.

8.6 A Convenção sobre Igualdade de Direitos e Deveres

O Tratado de Amizade e Aliança de 1825 estabelecia, no seu artigo IV, que "os súbditos de ambas as Nações, portuguesa e brasileira, serão considerados e tratados nos respectivos Estados como os da nação mais favorecida e amiga, e seus direitos e propriedades religiosamente guardados e protegidos, ficando entendido que os atuais possuidores de bens de raiz serão mantidos na posse pacífica dos mesmos bens". A idéia de tratamento especial concedido reciprocamente aos cidadãos do Brasil e de Portugal foi igualmente acolhida no Tratado de Amizade e Consulta de 1953 que, no seu artigo II, determina:

> Cada uma das Altas Partes Contratantes acorda em conceder, aos nacionais da outra, tratamento especial, que os equipara aos respectivos nacionais em tudo que de outro modo não estiver diretamente regulado nas disposições constitucionais das duas Nações quer na esfera jurídica, quer nas esferas comerciais, econômica, financeira e cultural, devendo a proteção das autoridades locais ser tão ampla quanto a concedida aos próprios nacionais.

À idéia de tratamento especial veio, pois, juntar-se, neste preceito, a idéia de igualdade de tratamento, ressalvando-se apenas as limitações constitucionais de ambos os países a respeito dos direitos políticos. Para se poder dar execução ao princípio de igualdade consagrado neste último Tratado, era necessário proceder-se à revisão de certas disposições constitucionais de ambos os países.

Em julho de 1969, durante o mandato do Presidente Artur da Costa e Silva, iniciado em 15 de março de 1967, visitou oficialmente o Brasil o Chefe do Governo português, Marcelo Caetano. Era a primeira vez que um Chefe de Governo de Portugal visitava oficialmente o Brasil e a visita revestiu-se, naturalmente, de particular importância. No discurso que Marcelo Caetano, professor catedrático de Direito, pronunciou na Universidade Federal do Rio de Janeiro, ao receber as insígnias de professor *honoris causa* da Faculdade de Direito, apresentou uma importante sugestão que iria, em breve, frutificar. Disse ele nesse discurso:

> Poderíamos empenhar-nos em dar seguimento ao velho projeto de conferir estatuto especial aos portugueses no Brasil e aos brasileiros em Portugal. Já em 1940, ao debater no Recife o problema com o professor Barreto Campelo, este me sugeria a fórmula original da "quase-nacionalidade". Guardando certos direitos políticos para os nacionais de cada país, poderíamos conceder largamente os outros aos membros da Comunidade. Uma espécie de cidadania da Comunidade Luso-Brasileira a sobrepor-se à cidadania da nacionalidade. O princípio

ficou consagrado, em 1953, no artigo 2º do Tratado de Amizade e Consulta entre Portugal e Brasil. Basta dar-lhe execução. Eis uma tarefa aliciante para os juristas dos dois países.[53]

Em outubro de 1969, o Ministro da Justiça do Brasil, Professor Gama e Silva, propôs uma emenda constitucional para tornar possível a formulação de um tal estatuto de igualdade, proposta que foi aprovada pela Junta Militar que então detinha o poder, em virtude de o Presidente Costa e Silva ter ficado incapacitado por doença em julho desse ano. Esta emenda ficou contida no artigo 199 da Constituição Brasileira, que passou a ter a seguinte redação: "Respeitando o disposto no parágrafo único do artigo 145, as pessoas naturais de nacionalidade portuguesa não sofrerão qualquer restrição em virtude da condição de nascimento se admitida a reciprocidade em favor de brasileiros.". Por outro lado, pela revisão constitucional de 1971, o artigo 7º, parágrafo 3º, da Constituição Portuguesa, passou a ter a seguinte redação:

> Sob reserva de igual tratamento em favor dos portugueses no Brasil, os cidadãos brasileiros podem ser equiparados aos nacionais para o efeito do gozo de direitos, excetuados aqueles a que se refere o parágrafo primeiro deste artigo: o exercício de direitos políticos, porém, só será permitido aos cidadãos brasileiros que tenham a sua residência principal e permanente em território português.

Tendo em conta estas disposições, procedeu-se à negociação de um projeto de acordo definindo a igualdade de direitos e deveres de brasileiros e portugueses, cujo texto final foi assinado em Brasília, em 7 de setembro de 1971, pelo Chanceler Gibson Barbosa e o Ministro português dos Negócios Estrangeiros, Rui Patrício.[54] O artigo I da Convenção estabelece o seguinte princípio geral: "Os portugueses no Brasil e os brasileiros em Portugal

---

[53] *Boletim de Informação*, MNE, jul.-ago. 1969, n. 33, p. 24.

[54] *Diário do Governo*, n. 302, 29 dez. 1971; n. 83, 8 abr. 1972 e n. 95, 22 abr. 1972.

gozarão de igualdade de direitos e deveres com os respectivos nacionais.". E o artigo VII, no que se refere aos direitos políticos, determina: "O gozo de direitos políticos por portugueses no Brasil e por brasileiros em Portugal só será reconhecido aos que tiverem cinco anos de residência permanente e dependente de requerimento à autoridade competente.".

8.7 O Sesquicentenário da Independência do Brasil

O Chanceler Mário Gibson Barbosa, empenhado secretamente, como já foi dito, em tentar uma mediação entre Portugal e alguns países africanos, acerca da questão colonial, procurou sempre manter uma linha política de cooperação com o Governo português, desde que esta não obrigasse a comprometimento algum com a política colonial portuguesa. Essa atitude manifestou-se em relação à celebração da Convenção sobre igualdade de direitos e deveres, assim como à sua missão especial de transmitir, ao Governo de Lisboa, o pedido brasileiro da entrega, ao Brasil, dos restos mortais do Imperador D. Pedro I por altura da celebração do sesquicentenário da Independência do Brasil.

Em 1º de julho de 1971, pouco antes da assinatura da referida Convenção, o Chanceler brasileiro visitou Lisboa, sendo portador de uma mensagem do Presidente Médici para o Presidente Américo Tomás, alusiva à próxima celebração dos 150 anos da Independência do Brasil, na qual o Presidente brasileiro solicitava, a Portugal, a entrega ao Brasil dos restos mortais do Imperador D. Pedro I, que repousavam no panteão de São Vicente, em Lisboa, para serem depositados ao lado dos restos da primeira imperatriz, no monumento do Ipiranga, em São Paulo. Respondendo ao Presidente Médici, o Presidente português afirmava que seria com o maior júbilo que Portugal se juntaria ao Brasil "nas celebrações do centenário qüinquagésimo aniversário da sua independência" e que, "de acordo com o pensar do meu Governo, e seguro de interpretar a vontade do povo português", comunicava "que Portugal, em uma atitude sem paralelo, confia de futuro ao Brasil os despojos de D. Pedro I". Terminava a mensagem anunciando que o Presidente português acompanharia pessoalmente ao Brasil "o português da dinastia de Bragança que regressa ao país de que foi primeiro soberano e erigiu um império".

O anúncio público feito pelo próprio Presidente Médici, por meio da rádio e da televisão, da decisão do Governo português de aceder ao pedido brasileiro de transladar os restos mortais de D. Pedro I para o Brasil foi recebido com geral satisfação, embora não deixassem de se manifestar protestos nativistas com referências desagradáveis ao Imperador. O General Humberto de Sousa Melo, comandante do II Exército, em um discurso pronunciado em 22 de agosto de 1971, na sessão inaugural da Semana do Exército, perante o governador de São Paulo e outras autoridades civis e militares, apelidou D. Pedro de "Traidor à Constituição", designando-o "monarca estrangeiro divorciado das aspirações da gente brasileira".[55] O tom geral da imprensa brasileira foi, no entanto, bastante positivo e enaltecedor da atitude do Governo português. O jornal *Folha de São Paulo*, por exemplo, em editorial de 14 de agosto de 1971, comentou o acontecimento da seguinte forma:

> A transladação dos restos mortais de D. Pedro I para o Brasil, com que o Governo português nos distingue, atendendo a pedido do Presidente Médici, é mais do que um simples ato de cortesia ou boa vontade: é uma reafirmação dos laços que unem as duas nações, e um passo adiante no sentido de dinamizá-los e dar-lhes conseqüências mais práticas, em benefício recíproco. Os festejos do 150º aniversário do Grito do Ipiranga, daqui a um ano, terá certamente o seu ponto mais alto na emoção com que receberemos os despojos do primeiro imperador.

O Presidente Américo Tomás embarcou em 10 de abril de 1972, com destino ao Brasil, no paquete *Funchal*, levando a bordo os restos mortais do Imperador D. Pedro I. Faziam parte da comitiva presidencial os Ministros dos Negócios Estrangeiros e da Marinha. O paquete entrou na Baía de Guanabara no dia 22 de abril, decorrendo,

[55] Arquivo Histórico e Diplomático do Ministério dos Negócios Estrangeiros, ofício do Cônsul Geral de Portugal em São Paulo, 22 ago. 1971.

no Rio de Janeiro, importantes manifestações de acolhimento ao Presidente de Portugal e aos despojos do Imperador. O Presidente Tomás visitou em seguida Brasília e São Paulo, partindo do Rio de Janeiro em 28 de abril, a bordo do paquete *Funchal*, que efetuou uma parada de dois dias em Salvador da Bahia, seguindo no dia 30 para Portugal com escala, em 5 de maio, em São Vicente do Cabo Verde, regressando a Lisboa em 10 desse mês.

Após a visita do Presidente Tomás a Brasília e o seu encontro na capital brasileira com o Presidente Emílio Garrastazu Médici, foi publicado um comunicado conjunto, em que, entre outras coisas, se dizia que ambos os chefes de Estado haviam efetuado "relevantes conversações sobre aspectos de atualidade política mundial e o quadro geral das relações luso-brasileiras", acrescentando: "As conversas, decorridas em atmosfera de fraternal amizade e mútua compreensão, permitiram comprovar, mais uma vez, o caráter especial das relações luso-brasileiras e a identidade das posições básicas dos dois países.". Apesar de as tentativas de diálogo iniciadas por Gibson Barbosa em relação ao problema colonial português se terem mantido em estreito segredo, como o Chanceler refere nas suas memórias, havia a percepção, em certos meios brasileiros, de que qualquer coisa mais se passava além das manifestações públicas de convergência de posições. Um eco desta percepção encontra-se no artigo publicado n'*O Estado de São Paulo*, de 14 de agosto de 1971, que, em relação à visita de Gibson Barbosa a Lisboa em julho, afirmava:

> Todos os indícios conduziam à suposição de uma substancial e importantíssima modificação na política brasileira em relação ao colonialismo português em África. A especulação sustentada por um raciocínio que se abastecia no senso comum e na precariedade dos dados conhecidos correu solta durante largas horas, exacerbando curiosidades e produzindo também as suas reações apreensivas.[56]

O Chefe do Governo português, Marcelo Caetano, foi convidado pelo Governo brasileiro a visitar o Brasil para assistir às

[56] *Estado de São Paulo*, 14 ago. 1971.

cerimônias do encerramento das comemorações do 150º aniversário da Independência em 7 de setembro de 1972, estando presente junto do monumento do Ipiranga, em São Paulo, à colocação da urna contendo os despojos do Imperador D. Pedro I na cripta do monumento. Foi por esta altura que Marcelo Caetano, precisamente no dia 8, recebeu as insígnias de doutor *honoris causa* na Universidade do Estado de Guanabara, tendo sido igualmente homenageado no Instituto Histórico e Geográfico Brasileiro e na Academia Brasileira de Letras.

Em retribuição às duas visitas dos estadistas portugueses ao Brasil, o Presidente Médici visitou oficialmente Portugal em 14 de maio de 1973, sendo acompanhado pelo Chanceler Gibson Barbosa, que teve, na altura, novas conversas importantes com o Chefe do Governo Português a que já fizemos alusão.

8.8 O Brasil e a Revolução Portuguesa de 1974

No verão de 1963, o Subsecretário americano, George Ball, visitou Lisboa e procurou convencer o Chefe do Governo português, Salazar, a modificar a sua política ultramarina, aceitando o princípio da autodeterminação para os territórios ultramarinos portugueses. Em carta que depois dirigiu a Salazar em 21 de outubro daquele ano, dizia que, ao contrário do que ele supunha, o tempo não corria a seu favor e que, "nas melhores circunstâncias, não será possível dispor de mais de dez anos para preparar os territórios portugueses de África para o ato político da autodeterminação.[57] Em maio de 1973, decorridos precisamente dez anos após a visita a Lisboa de George Ball, o Chanceler Gibson Barbosa, em entrevista com Marcelo Caetano, o novo Chefe do Governo português que sucedera a Salazar, insistindo na urgente concessão de autonomia e independência política desses territórios, prevenia-o de que era sua convicção de que o seu Governo

[57] José Calvet de Magalhães, *Portugal e as Nações Unidas – a questão colonial (1955–1974)*, Lisboa, IEEI, 1996, p. 25

seria em breve derrubado por um golpe militar se o problema da guerra na África, em que os portugueses se empenhavam, não fosse resolvido.[58]

Na madrugada do dia 25 de abril de 1974, eclodiu, em Lisboa, um movimento militar dirigido por jovens oficiais, veteranos da guerra na África, que depuseram o regime do Estado Novo, declarando serem seus objetivos principais restaurar o regime democrático, derrubado pelo golpe militar de 28 de maio de 1926, e promover a emancipação política dos territórios ultramarinos portugueses.

Um dia após a eclosão deste movimento, que instituiu uma Junta de Salvação Nacional, o Secretário-Geral do Ministério dos Negócios Estrangeiros, após consulta com o Presidente da Junta, General Antônio de Spinola, expediu um telegrama-circular a todas as missões diplomáticas portuguesas e notas às missões diplomáticas acreditadas em Portugal, comunicando que, na madrugada daquele dia, fora constituída uma Junta de Salvação Nacional a qual, no prazo de três semanas, escolheria, entre os seus membros, um Presidente da República provisório, e este manteria poderes semelhantes aos previstos na Constituição vigente e, após tomar posse, designaria um Governo provisório civil que prepararia, no prazo de doze meses, a realização de eleições para a escolha de uma assembléia nacional constituinte.

Pelas onze horas e meia (hora de Brasília) do dia 27 de abril, o embaixador de Portugal entregou, ao Itamaraty, uma nota nos termos do telegrama acima referido. Às catorze horas desse mesmo dia, a embaixada portuguesa recebeu uma nota do Ministério das Relações Exteriores acusando a recepção da nota portuguesa, e o encarregado de negócios do Brasil em Lisboa entregou uma nota idêntica ao Ministério dos Negócios Estrangeiros. Em ambos os casos, a entrega destas notas brasileiras foi acompanhada da declaração oral de que elas implicavam o reconhecimento do novo regime político implantado em Portugal. Agindo de forma tão rápida, o Governo brasileiro foi o primeiro Governo a proceder a tal reconhecimento. A embaixada dos Estados Unidos em

58 Mário, Gibson Barbosa, *op. cit.*, p. 269.

Lisboa enviou, no dia 28 de abril, uma nota acusando a recepção da nota portuguesa do dia 26; no dia 29, o State Department enviou, à embaixada de Portugal em Washington, uma nota acusando a recepção da nota que recebera da embaixada. De acordo com a doutrina atualmente aceita pela generalidade dos tratadistas de direito internacional, o simples envio de uma nota acusando a recepção de outra comunicando a constituição de um novo regime ou Governo constitui reconhecimento em face do direito internacional.

Mário Soares, que se encontrava no estrangeiro quando eclodiu a revolução, chegou a Lisboa no dia 28 de abril e foi logo encarregado pelo Presidente da Junta, General Spinola, de contatar alguns governos europeus (socialistas e social-democratas), com quem tinha relações pessoais, para obter o apoio político desses governos ao novo regime político português. A obtenção desse apoio político não pode confundir-se com *reconhecimento internacional*, que é um ato relevando do direito internacional, obtido apenas por meio do processo diplomático, ou seja, notificação feita pelo Governo constituído aos diferentes governos com os quais Portugal mantém relações diplomáticas e respostas destes por nota diplomática. O *reconhecimento internacional* não implica, todavia, apoio político.

Segundo o apuração feita pelo Serviço do Protocolo do Ministério dos Negócios Estrangeiros, em 18 de maio de 1974, 37 governos haviam, nessa data, reconhecido o novo regime português, e ainda a Santa Sé. Logo após a Revolução, a Junta da Salvação Nacional fez transportar, para a cidade do Funchal, os depostos Presidente da República Almirante Américo Thomás e Chefe do Governo Professor Marcelo Caetano; tendo o Governo brasileiro manifestado logo sua disponibilidade em receber no Brasil os dois políticos, pouco depois para lá seguiram, onde foram cordialmente recebidos pelas autoridades e o povo brasileiro.[59]

O Governo brasileiro estava interessado, naturalmente, em acompanhar de perto, e até participar, no processo de descolonização

[59] Arquivo Histórico e Diplomático do Ministério dos Negócios Estrangeiros, *Reconhecimento da Junta de Salvação.*

dos territórios ultramarinos portugueses, que foi logo anunciado por um comunicado da Junta de Salvação Nacional. Vários políticos e intelectuais brasileiros especularam que o Brasil seria o natural herdeiro da influência portuguesa nos territórios portugueses na África, especialmente Angola, após a declaração da sua independência. Manifestação clara desta expectativa encontra-se nas seguintes passagens do diário de Álvaro Lins, quando embaixador em Lisboa, referente a 26 de outubro de 1958:

> O fato evidente e incontestável de que seremos, em tais colônias, os herdeiros legítimos e substitutos naturais de Portugal, em matéria de influência cultural e intercâmbio comercial, quando se tornarem Países independentes (...) Realmente, se haveremos de ser um dia os herdeiros, não da colonização, mas da influência de Portugal em territórios como o de Angola, devemos ir-nos preparando para essa missão e essa responsabilidade, com a nossa presença, com a nossa assistência aos nativos, com as nossas comunicações mais produtivas com os seus habitantes, em matéria de valores de cultura e produtos de comércio.[60]

Mas as expectativas brasileiras de participação nesse processo foram, todavia, frustradas, pois não houve, da parte das novas autoridades, de par com manifestações de interesse pela manutenção e pelo desenvolvimento de cordiais relações com o Brasil, tentativa alguma de associar o Governo brasileiro ao processo de descolonização que não tardou a ser iniciado, atabalhoadamente, com prioridade para a Guiné Bissau. Na imprensa brasileira, surgiram comentários ao fato, provocando mal-estar no Itamaraty. Ao assumir as funções de Ministro dos Negócios Estrangeiros, Mário Soares enviou logo uma mensagem ao Chanceler brasileiro, Antônio Azeredo da Silveira, afirmando que o novo regime político instituído em 25 de abril "poderá conduzir ao estabelecimento de laços ainda mais estreitos e fraternais entre os nossos dois países". O Chanceler brasileiro respondeu imediatamente a esta mensagem, concordando com os votos feitos pelo

60 Álvaro Lins, *Missão em Portugal*, Lisboa, 1974, p. 275–277.

Ministro português para futuro desenvolvimento da cooperação luso-brasileira. Aproveitando as comemorações realizadas pela comunidade portuguesa no Brasil por alturas do dia nacional português, em 10 de junho, o novo Governo português enviou, ao Brasil, delegação especial, chefiada pelo General Galvão de Melo, membro da Junta de Salvação Nacional, que teve diversos contatos com as autoridades brasileiras.

A imprensa brasileira continuou, porém, a divulgar a impressão existente em Brasília do desinteresse das autoridades portuguesas em recorrer aos bons ofícios brasileiros nas conversações iniciadas com os representantes dos movimentos independentistas da África portuguesa. A verdade, no entanto, era que a situação política em Lisboa, após a revolução, e que perdurou por mais de 1 ano, era de certa fragmentação de autoridade, com várias sedes de poder, o que tornava difícil aos sucessivos governos manter uma linha coerente na condução do processo descolonizador. Por outro lado, havia ainda de contar com as posições assumidas pelos representantes daqueles movimentos acerca da participação de terceiros nas conversações em curso.

Em 5 de junho, a imprensa brasileira deu conhecimento de uma nota do Governo brasileiro, comunicando que a OUA havia solicitado a sua intervenção junto ao Governo português para promover a rápida concessão de independência a Angola e a Moçambique e o reconhecimento do autoproclamado Governo da Guiné Bissau. Em 7 de julho, o Itamaraty divulgou o texto de uma nota que iria enviar ao Secretário-Geral da OUA que, depois de enunciar alguns princípios gerais da política brasileira sobre a descolonização, afirmava: "O Governo brasileiro não aspira a exercer mediação e, por isso, não a oferece, está contudo preparado para prestar toda a colaboração que lhe seja solicitada pelas partes interessadas, às quais o Brasil se sente ligado pela história, pela raça e pela cultura.".

As autoridades portuguesas ficaram com a impressão de que a nota produzida pela OUA fora inspirada pelas próprias autoridades brasileiras e de que a nota de resposta, divulgada na imprensa, se destinara a provocar uma definição da atitude portuguesa sobre uma eventual participação brasileira no processo de descolonização iniciada. O Governo português não alterou, no entanto, a sua posição reticente, pelas razões já indicadas, o que certamente decepcionou o Governo brasileiro que, sem consultar previamente o Governo de Lisboa, conforme estipulado no Tratado de Amizade e Consulta, reconheceu a Guiné Bissau como Estado independente, em 16 de julho de 1974, antes de terminadas as negociações em curso entre as autoridades portuguesas e os representantes do PAIGC. Esta atitude, reveladora de certa má disposição para com as autoridades portuguesas, causou natural consternação em Lisboa, levando o Ministro dos Negócios Estrangeiros a fazer, publicamente, reparos ao ato do Governo brasileiro. O Itamaraty considerou esses reparos injustificados, pois a decisão de proceder ao reconhecimento de Guiné Bissau fora comunicada, ao Governo português, vinte e quatro horas antes do seu anúncio, considerando, aliás, essa comunicação, como um gesto mais protocolar que político, pois o diálogo entre Lisboa e Brasília era considerado como frio após o golpe de 25 de abril.

No princípio de agosto, visitou Lisboa o Secretário-Geral da ONU, Kurt Waldheim, a quem o Governo português comunicou que tudo faria a fim de ultimar o acordo com o PAIGC sobre a transferência de administração e efetuar a respectiva cerimônia solene antes da próxima Assembléia Geral da Organização, convocada para setembro. O embaixador do Brasil em Lisboa, Carlos Alberto Fontoura, foi informado dessa comunicação pelo Ministro dos Negócios Estrangeiros, assim como do desejo do Governo português de associar de algum modo o Brasil à cerimônia do nascimento de um novo Estado de língua portuguesa, desde que fosse obtida a concordância do PAIGC, manifestando-lhe, também, o desejo de que o Chanceler Azeredo da Silveira pudesse visitar em breve Lisboa.

Na reunião do Conselho de Segurança da ONU, marcada para 12 de agosto, iria ser discutido o pedido de admissão da Guiné Bissau e o Governo português, por intermédio do seu embaixador, José Veiga Simão, entregou, naquele órgão, uma mensagem do Ministro dos Negócios Estrangeiros dirigida ao seu Presidente, indicando a disposição de Portugal de formalizar o ato de reconhecimento *de jure* da República da Guiné Bissau em uma data próxima, logo que concluídos os acordos de transferência progressiva de administração que estavam a ser negociados com o PAIGC. Quanto à cerimônia solene de transferência de soberania, o Governo português achava-se constrangido pelo fato de o PAIGC ter reagido negativamente à presença de uma representação brasileira na referida cerimônia. Os representantes do PAIGC rejeitaram sempre a participação de representantes estrangeiros nas negociações que iniciaram com as autoridades portuguesas, o que era embaraçoso explicar às autoridades brasileiras e contribuiu altamente para aumentar o clima de desconfiança e mal-estar que se instalou na altura entre Brasília e Lisboa.

No que se referia às negociações para preparar a independência de Angola e Moçambique, tanto o secretário-geral Waldheim como o embaixador Veiga Simão eram de parecer que deveriam decorrer ordenadamente e sem pressa excessiva, para evitar conseqüências inconvenientes para as respectivas populações nativas e para os colonos portugueses. Veiga Simão preparou mesmo um plano estruturado de descolonização, para executar em quatro anos, apresentado ao Presidente Spinola, mas que, no clima político agitado em que se vivia em Lisboa, acabou por ser torpedeado pelos elementos mais radicais do movimento das Forças Armadas, ligados ou manipulados pelo Partido Comunista Português que exigia descolonização rápida.

Para procurar desanuviar a situação criada entre os governos de Brasília e de Lisboa, o Ministro dos Negócios Estrangeiros, em conferência de imprensa que teve lugar em 13 de setembro, além de reafirmar a intenção do Governo português de desenvolver as suas relações com o Brasil, declarou ter sido e continuar a ser intenção portuguesa associar o Brasil à política de descolonização, reconhecendo que a comunidade de língua era um elemento muito importante e a circunstância de passar a haver na comunidade internacional mais um país de língua portuguesa não poderia ser indiferente ao Brasil. E acrescentou: "Por isso, no almoço íntimo que o Presidente da República ofereceu aos representantes do Estado da Guiné Bissau que vieram a Lisboa assistir à cerimônia de reconhecimento da independência, esteve presente, como único diplomata convidado, o embaixador do Brasil.".

Foi, sem dúvida, uma fraca compensação para os desejos manifestados pelo Itamaraty de participar no processo de descolonização português. Durante a Assembléia Geral da ONU desse ano, o Ministro dos Negócios Estrangeiros, Mário Soares, teve um primeiro encontro com o Chanceler brasileiro, Azeredo da Silveira, o qual, em seguida, visitou Lisboa no final do ano. Durante estes encontros, os mal-entendidos entre Brasília e Lisboa foram em grande parte atenuados. Azeredo da Silveira, discursando na Assembléia Geral da ONU em 23 de setembro, não se coibiu, porém, de citar as seguintes palavras de Amílcar Cabral:

> Nosso interesse (em desenvolver as relações de amizade, solidariedade e cooperação com o Brasil) é tanto maior quanto nos sentimos ligados ao povo brasileiro por laços de sangue, cultura e história e desejamos ardentemente estabelecer com o Brasil, depois da conquista de nossa independência, amplas relações fraternais com todos os planos, assim como com o povo de Portugal, que nunca confundimos com o colonialismo português.

E, em princípios de 1975, o Brasil, muito antes de concluídas as negociações para a independência de Angola, instalou uma representação oficial em Luanda.

Quando esta independência foi proclamada em 11 de novembro de 1975, o Governo brasileiro decidiu reconhecer imediatamente o Governo angolano sediado em Luanda, constituído inteiramente pelo MPLA, movimento de forte influência marxista. Esta medida extemporânea mereceu o seguinte comentário do embaixador Luís de Seixas Corrêa:

> As transformações por que passava a política do Brasil eram acompanhadas com certa preocupação em Washington, em particular o reconhecimento imediato concedido ao Governo do MPLA em Angola, que colocara o Brasil lado a lado com as tropas cubanas que garantiam o movimento vitorioso de Agostinho Neto.

Os protestos levantados pelos outros movimentos nacionalistas angolanos – a UNITA (União Nacional para a Independência de Angola) e o FNLA (Frente Nacional de Libertação de Angola) – levaram as autoridades brasileiras a explicar, ao embaixador de Portugal em Brasília, as razões daquela medida que foram também expostas publicamente em uma nota do Itamaraty em que se dizia:

> Na data estabelecida para a proclamação da independência de Angola, 11 de novembro de 1975, o Governo brasileiro manifesta reconhecer o Governo instalado em Luanda, em observância das regras que presidem à convivência internacional. Desde a criação, em 31 de janeiro último, do Governo de transição de Angola, o Governo brasileiro com absoluta isenção e deliberação de não intervir nos assuntos internos de Angola, manteve na capital angolana uma representação especial, que será convertida em embaixada com o estabelecimento de relações diplomáticas; na sua aspiração de fortalecer os vínculos naturais que existem entre os dois países, o Governo brasileiro adota a posição de respeitar escrupulosamente o processo político interno daquele país.[61]

[61] AHMNE, correspondência da embaixada em Brasília de 26 de abril de 1974 a dezembro de 1975; José Flávio Sombra Saraiva, "Do silêncio à afirmação: as relações do Brasil com a África", *In*: in Amado Luiz Cervo (org.), *O desafio internacional: a política exterior do Brasil de 1930 aos nossos dias*, Brasília, EdUnb, p. 310–314; *A palavra do Brasil nas Nações Unidas* – 1946–1995, Fundação Alexandre de Gusmão, Ministério das Relações Exteriores (citação de Azeredo da Silveira, p. 304; comentários de Seixas Corrêa, p. 312).

Capítulo 9

As Relações Recíprocas no Fim do Século

9.1 O Acordo-Quadro de Cooperação entre Brasil e Portugal, de 1991

O clima de agitação política que se estabeleceu em Portugal após a revolução iniciada em 25 de abril de 1974 e que perdurou até a aprovação da Constituição da República de 1976 e a instalação do primeiro Governo constitucional e todo o complexo processo de negociação para instaurar a independência política das colônias portuguesas, só terminado no final de 1975, tornaram difícil, em muitos aspectos, a condução regular da política externa portuguesa, afetando, nomeadamente, como já referimos antes, o tradicional relacionamento de amizade e cooperação íntima entre Brasil e Portugal. A normalização das relações luso-brasileiras após o período revolucionário pode dizer-se que só foi conseguida após o normal funcionamento das instituições políticas portuguesas, devidamente eleitas e instaladas.

Logo em dezembro de 1976, após ter tomado posse no cargo de Primeiro-Ministro, Mário Soares visitou oficialmente o Brasil, de 15 a 22 daquele mês, a sua primeira visita oficial a qualquer país estrangeiro. Nesta ocasião, o primeiro Presidente da República eleito, após a revolução, General Antônio Ramalho Eanes, enviou uma mensagem à nação brasileira, aludindo aos "laços de amizade indestrutíveis que unem os dois países".[1] O Presidente do Brasil, Ernesto

[1] *Resenha de política exterior do Brasil*, Ministério das Relações Exteriores, n. 11, out.-dez. 1976, p. 25.

Geisel, discursando no banquete oferecido ao Primeiro-Ministro português em Brasília, a 15 de dezembro, afirmou que a presença do Chefe do Governo Português "testemunha a perenidade dos laços que unem brasileiros e portugueses" e "atesta a maturidade que alcançaram essas relações", e, ainda, "reconfirma a prioridade que, no relacionamento internacional, deve ser dada sempre ao diálogo, à busca de entendimento e de cooperação".[2] No seu discurso de resposta, o Primeiro-Ministro não deixou de referir o desfecho do problema colonial português e o termo da inquietação brasileira com ele, nas seguintes palavras:

> A independência das nossas antigas colônias permitiu pôr fim não só a uma situação que dividia a Nação Portuguesa, como desfez os obstáculos que, pelo agravamento do contencioso colonial, tendiam cada vez mais a deteriorar as relações com os povos amigos – e o Brasil foi, de certo, um dos países que mais sentiu essa deprimente situação.[3]

Em 17 de dezembro, foi divulgado, em Brasília, um comunicado conjunto Brasil–Portugal, dando conta da revista feita por ambas as autoridades dos aspectos mais importantes da conjuntura internacional, preconizando a ativação dos mecanismos necessários para incrementar, no futuro, a cooperação luso-brasileira no domínio econômico e no cultural.[4]

Foram retomadas as tradicionais visitas presidenciais entre Brasil e Portugal com a visita oficial, ao Brasil, do Presidente da República Ramalho Eanes, que teve lugar de 22 a 26 de maio de 1978. O Presidente do Brasil General João Figueiredo visitou oficialmente Portugal de 1º a 4 de fevereiro de 1981 e, em janeiro de 1985, o Presidente eleito do Brasil Tancredo Neves fez uma rápida visita a Portugal e, infelizmente, veio a falecer pouco depois. O seu sucessor, Presidente José Sarney, visitou oficialmente Portugal de 4 a 9 de maio de 1986. Em 1987, o Presidente da

[2] *Idem*, p. 27.
[3] *Idem*, p. 29.
[4] *Idem*, p. 31–34.

República Mário Soares fez uma demorada visita oficial ao Brasil, que se estendeu de 24 de março a 5 de abril. O Presidente do Brasil Fernando Collor de Melo visitou oficialmente Portugal de 8 a 10 de fevereiro de 1990 e o Presidente Fernando Henrique Cardoso visitou, também oficialmente, Portugal de 19 a 22 de julho de 1995. Em 5 de setembro de 1997, foi a vez do Presidente de Portugal Jorge Sampaio visitar oficialmente o Brasil, procedendo a uma larga excursão por terras brasileiras, que o levaram a Belo Horizonte, Ouro Preto, São Paulo, Rio de Janeiro e Salvador, assistindo, como convidado de honra, à parada militar que teve lugar em Brasília, no dia 7 de setembro, por ocasião do 175º aniversário da Independência do Brasil.

Finalmente, o Presidente Fernando Henrique Cardoso, em 21 de maio de 1998, visitou novamente Lisboa para presidir à cerimônia da inauguração do pavilhão do Brasil na Exposição Mundial de Lisboa (Expo 98), participando, juntamente com o Presidente de Portugal Jorge Sampaio, da cerimônia de encerramento do V Fórum Euro-Latino Americano que teve lugar em Lisboa.

A convite do Presidente do Brasil José Sarney, o Primeiro-Ministro português Aníbal Cavaco Silva fez uma rápida visita oficial ao Brasil, em 9 de junho de 1988, que lhe permitiu celebrar, em companhia de brasileiros e portugueses, o Dia de Portugal, de Camões e das Comunidades Portuguesas, que teve lugar no dia 10.[5] Em maio de 1991, o Primeiro-Ministro Cavaco Silva voltou a visitar oficialmente o Brasil, desta vez após uma cuidada preparação, com o propósito de celebrar alguns importantes acordos de cooperação entre os dois países e de institucionalizar as regulares reuniões dos seus respectivos Chefes do Governo. Em 7 de maio, foi assinado, em Brasília, o Acordo-Quadro de Cooperação entre Portugal e Brasil que, no seu artigo 1º, relativo à cooperação política, estabeleceu:

> As duas partes acordam em: a) Intensificar a realização de visitas recíprocas dos seus respectivos Chefes de Governo e

[5] *Idem*, n. 57, abr.-jun.1988, p. 85-91.

> Ministros, tendo em vista o fortalecimento e a consolidação do diálogo político entre os dois países; b) Realizar cimeiras anuais dos Chefes dos dois Governos que poderão ser acompanhados por vários membros dos respectivos executivos, para debater questões de natureza bilateral e problemas internacionais de interesse comum; c) Realçar encontros entre os responsáveis da política externa de ambos os países, quer em Portugal e no Brasil, quer no âmbito dos diversos organismos regionais e multilaterais, para analisar assuntos de índole bilateral ou internacional, bem como a cooperação entre a comunidade européia e o grupo do Rio e os processos regionais de integração européia e latino-americana.

O Acordo-Quadro estabeleceu, ainda, outras importantes disposições sobre cooperação econômica entre os dois países, sendo instituída uma comissão ministerial presidida pelos Ministros dos Negócios Estrangeiros de Portugal e das Relações Exteriores do Brasil para assegurar a execução dessas medidas de cooperação. Além deste histórico acordo, foram também assinados, na mesma data de 7 de maio, mais os seguintes acordos: Acordo de Segurança Social, Tratado de Extradição, Tratado de Auxílio Mútuo em Matéria Fiscal, Acordo de Cooperação para a Redução e Procura, Combate à Produção e Repressão ao Tráfico Ilícito de Drogas e Substâncias Psicotrópicas, Protocolo sobre as Comemorações dos Descobrimentos, Acordo sobre a Constituição de um Grupo de Cooperação Consular.

Após esta reunião dos chefes de Governo dos dois países, que foi considerada como a primeira cimeira prevista no Acordo-Quadro, em 19 de julho de 1995, teve lugar, após sucessivos adiamentos, a segunda cimeira, com a presença, em Lisboa, do Presidente do Brasil Fernando Henrique Cardoso, tendo sido assinados, no dia 20, o Acordo de Cooperação Consular e o Memorando de Entendimento sobre Telecomunicações.

De 14 a 21 de abril de 1996, decorreu a terceira cimeira de chefes de Governo, com a visita oficial ao Brasil do Primeiro-Ministro Antônio Guterres, que se fez acompanhar de importante grupo de gestores financeiros, industriais, culturais e outros homens de negócio que puseram em marcha importantes projetos de cooperação econômica entre Portugal e Brasil a que aludiremos com mais pormenor mais adiante.

9.2 A Comunidade dos Países de Língua Portuguesa (CPLP)

A idéia de instituir uma comunidade afro-luso-brasileira foi advogada por alguns estadistas brasileiros como forma de facilitar a concessão de autonomia política aos territórios africanos portugueses. San Tiago Dantas e Afonso Arinos defenderam esta solução no início dos anos sessenta e o Marechal Castelo Branco, ao assumir a Presidência do Brasil em 1964, sugeriu a formação gradual de tal comunidade, com o objetivo de resolver o problema colonial português com o apoio do Governo brasileiro. O Governo português de então, não aceitando o princípio de autodeterminação dos seus territórios na África, não se interessou, naturalmente, pela constituição de tal comunidade com os objetivos políticos preconizados pelos políticos brasileiros. A idéia, por conseguinte, só viria a frutificar após a proclamação da independência política daqueles territórios.

Durante a visita oficial que o Ministro dos Negócios Estrangeiros de Portugal Jaime Gama efetuou a Cabo Verde em 1983, afirmou, em um discurso que pronunciou na altura, que

> o processo mais adequado para tornar consistente e descentralizar o diálogo tricontinental dos sete países de língua portuguesa espalhados por África, Europa e América seria realizar cimeiras rotativas bienais de Chefes de Estado ou Governo, promover encontros anuais de Ministros dos Negócios Estrangeiros, efetivar consultas políticas freqüentes entre diretores políticos e encontros regulares de representantes na ONU ou em outras organizações internacionais, bem como avançar com a constituição de um grupo de língua portuguesa no seio da União Interparlamentar. [6]

Em 1º de novembro de 1989, por iniciativa do Presidente do Brasil José Sarney, inspirado pelo Embaixador José Aparecido de Oliveira, reuniu-se, em São Luiz do Maranhão, uma cimeira dos Chefes de Estado dos sete países de língua portuguesa (com

[6] Jaime Gama, *Política externa portuguesa, 1983–1985*, Lisboa, Ministério dos Negócios Estrangeiros, 1985, p. 50–51.

a ausência do Presidente de Angola que se fez representar), que decidiu criar o Instituto Internacional de Língua Portuguesa. Em 16 de dezembro de 1990, foi assinado, em Lisboa, pelos representantes governamentais dos sete países, o Acordo Ortográfico da Língua Portuguesa, destinado a defender a unidade essencial da língua portuguesa, nesta data (outubro de 1999) ainda não-ratificado.

Na reunião que os sete Ministros dos Negócios Estrangeiros efetuaram em Brasília, em fevereiro de 1994, foi decidido recomendar, aos seus respectivos Governos, a realização de uma cimeira de Chefes de Estado e de Governo com vista na adoção do ato constitutivo de uma Comunidade dos Países de Língua Portuguesa. Grupo de Concertação Permanente preparou os textos de uma declaração constitutiva da Comunidade e os seus respectivos estatutos, que foram aprovados na reunião preliminar dos Ministros de Negócios Estrangeiros dos sete países lusófonos que teve lugar em Maputo de 17 a 19 de abril de 1996. Nesta reunião, o Ministro português Jaime Gama anunciou a decisão tomada no sentido de que o primeiro secretário-executivo da nova organização seria um cidadão angolano e, respeitando a ordem alfabética, o segundo seria um cidadão brasileiro.

Na cimeira dos Chefes de Estado e de Governo dos sete países que teve lugar em Lisboa, em 17 de julho de 1989, foi finalmente aprovada solenemente, no Centro Cultural de Belém, a Declaração Constitutiva da Comunidade dos Países de Língua Portuguesa e os seus respectivos estatutos. Segundo eles, são objetivos gerais da Comunidade: a) a concertação político-diplomática entre os seus membros em matéria de relações internacionais, nomeadamente para o reforço da sua presença nos fóruns internacionais; b) a cooperação, particularmente no domínio econômico, social, cultural, jurídico e técnico-científico; e c) a materialização de projetos de promoção e difusão da língua portuguesa.

Os órgãos da Comunidade são a Conferência dos Chefes de Estado e de Governo, o Conselho de Ministros, o Comitê de Concertação Permanente e o Secretariado Executivo, sendo a sua sede, na fase inicial, em Lisboa.

9.3 O Problema dos Vistos de Entrada e do Reconhecimento dos Diplomas de Ensino

Nos últimos anos, a interpretação e a aplicação dos acordos entre Brasil e Portugal sobre a supressão de vistos de entrada e do reconhecimento de diplomas acadêmicos, dando acesso ao exercício de certas profissões, suscitaram alguma controvérsia entre as autoridades brasileiras e portuguesas, que se procurou aplanar pela via diplomática e legislativa.

Pelo acordo por troca de notas de 6 de setembro de 1960, aos cidadãos brasileiros, fosse qual fosse o país do seu domicílio ou residência, desde que munidos de passaporte válido, expedido pelas autoridades competentes do seu país, seria permitida a entrada em território português para permanência não-superior a seis meses, em viagens de trânsito, negócios ou recreio, sem necessidade de visto consular.

Como conseqüência da participação portuguesa na União Européia e das disposições dos acordos de Schengen sobre a circulação de pessoas no espaço territorial da União, Portugal foi obrigado a uniformizar as normas aplicadas em matéria de isenção de vistos de entrada, não lhe sendo possível manter as disposições do referido acordo de 1960. Em 15 de abril de 1996, foi, por conseguinte, assinado, em Brasília, novo acordo com o objetivo de intensificar os fraternais vínculos existentes entre os dois países e tornar mais fluida a circulação e contatos entre professores, cientistas, empresários, jornalistas e turistas, revendo as disposições do Acordo de 1960 nos seguintes termos:

> 1º Os titulares de passaportes válidos de ambos os países que desejarem entrar em território da outra Parte Contratante com o propósito de missão cultural, negócios, cobertura jornalística e turismo, por período de até 90 dias, ficarão isentos de visto; 2º O prazo mencionado acima poderá ser prorrogado, segundo legislação imigratória de cada um dos países, não podendo a prorrogação ultrapassar o limite de 90 dias; 3º A supressão de vistos referida não exime os beneficiários do presente acordo da observância às leis e regulamentos em vigor, concernentes à entrada e permanência de estrangeiros nos respectivos países.

No período de transição, particularmente por volta de 1993, vários cidadãos brasileiros foram impedidos de entrar em Portugal em virtude, segundo o Serviço de Estrangeiros e Fronteiras, da falta de preenchimento de um ou vários pressupostos legais exigidos pela lei de estrangeiros para a sua entrada em território português. Os incidentes provocados com tais recusas de entrada suscitaram especulações jornalísticas que as autoridades de ambos os países procuraram esclarecer e aplanar pela via diplomática. Atualmente, residem em Portugal mais de 20.000 cidadãos brasileiros, sendo uma substancial percentagem constituída de mão-de-obra qualificada.

A partir dos anos oitenta, e especialmente após 1985, algumas centenas de dentistas brasileiros instalaram-se em Portugal, passando a exercer a profissão ao abrigo do Acordo Cultural de 1966, reclamando-se da aplicação automática do seu artigo 14 que estipula:

> Cada Parte Contratante reconhecerá, para efeito do exercício de profissão em seu território, os diplomas e títulos profissionais idôneos expedidos por institutos de ensino da outra Parte e desde que devidamente legalizados e emitidos em favor de nacionais de uma ou de outra Parte, favorecendo, em caso de inexistência ou diferença de curso, as necessárias adaptações para o mais próximo.

O exercício da atividade dentária por brasileiros levantou, todavia, protestos dos profissionais portugueses, por meio da Associação Profissional dos Médicos Dentistas, gerando-se um diferendo que não só envolveu os profissionais de ambos os países e as respectivas associações profissionais, como os respectivos governos. No intuito de resolver a pendência, as autoridades portuguesas mostraram-se dispostas a rever as disposições do Acordo Cultural vigente, sugerindo uma troca de notas suspendendo a aplicação dos artigos 13 a 16 do acordo, o que foi efetuado em março de 1992, notas que foram objeto de publicação apenas no Brasil. Em 4 de julho de 1992, uma portaria conjunta do Ministério da Saúde e do Ministério dos Negócios Estrangeiros de Portugal autorizou o exercício profissional de 414 dentistas brasileiros, cujos nomes, expressamente referidos, foram fornecidos pela embaixada do Brasil em Lisboa. Esta solução não veio a vingar totalmente, visto a portaria não abranger todos os pontos reclamados pela representação diplomática brasileira, cuja regulamentação publicada um ano depois foi considerada insatisfatória por definir, de forma limitativa, a competência dos profissionais brasileiros. Por outro lado, a Associação Profissional dos Médicos Dentistas de Portugal requereu, ao Supremo Tribunal Administrativo, a anulação da portaria.

Após novas negociações entre as autoridades brasileiras e portuguesas, foi assinado, em Brasília, em 9 de fevereiro de 1994, pelos Ministros dos Negócios Estrangeiros de Portugal e do Brasil, um Memorando de Entendimento, pelo qual ambos os governos se comprometeram a promover contatos diretos entre as associações profissionais de ambos os países a fim de, por intermédio de negociações, encontrar soluções práticas para o problema. As negociações prolongaram-se por alguns anos, apesar da intervenção de ambos os governos, chegando, finalmente, a seu termo em 1998 e dando origem à aprovação, pela Assembléia da República, da Lei nº 82/98, de 10 de dezembro, que entrou em vigor em 10 de janeiro seguinte. Esta lei, além de transformar a Associação Profissional de Médicos Dentistas em Ordem dos Médicos Dentistas, reproduz, no seu capítulo VI, o acordo a que chegaram as associações profissionais de dentistas e as diversas autoridades intervenientes dos dois países, permitindo a inscrição de dentistas brasileiros na referida Ordem, desde que: a) tenham concluído o curso de odontologia no Brasil até 1993; b) façam prova da sua entrada em Portugal até 31 de dezembro de 1993; c) possuam inscrição ou capacidade legal para a inscrição no Conselho Federal de Odontologia do Brasil. Calculou-se em 612 o número de dentistas brasileiros nestas condições.

Continua, todavia, por resolver, ainda, a situação de uma centena de cirugiões-dentistas brasileiros chegados a Portugal após a data de 31 de dezembro de 1993, que invocam o artigo 14 do Acordo Cultural de 1966, contestando a validade da sua derrogação por uma simples troca de notas, posição sustentada pelos próprios juristas portugueses. Torna-se, pois, necessário rever os termos do referido Acordo Cultural, o que constitui um problema em aberto.

9.4 As Novas Relações Econômicas: os Investimentos

A partir de 1966, como já se referiu mais acima, com a celebração do acordo comercial firmado nessa data e da declaração de cooperação econômica entre Brasil e Portugal, procurou-se desenvolver as relações econômicas entre os dois países para além da simples troca de produtos, abrindo perspectivas para a troca de experiências empresariais e o fluxo recíproco de investimentos. Desta nova estratégia econômica, nasceram algumas iniciativas de empresários portugueses e brasileiros, e foi criado o Centro Empresarial Luso-Brasileiro por meio de um protocolo assinado entre a AIP e a FIESP. A falta de iniciativa e, porventura, a limitada capacidade financeira dos empresários portugueses não permitiram, porém, que a expansão da atividade empresarial portuguesa no Brasil atingisse níveis significativos, e os anos difíceis para a economia portuguesa que se seguiram à revolução portuguesa de 1974 não facilitaram a exportação de capitais portugueses. A partir de 1988, verificou-se, no entanto, ligeira tendência para o desenvolvimento do investimento português no Brasil, que, em 1990, atingiu cerca de 1 milhão de contos portugueses, mas incomparavelmente inferior ao investimento brasileiro em Portugal que, em 1989–1990, atingiu o valor de cerca de 24 milhões de contos portugueses. A partir de 1994, verificou-se uma mudança radical quanto ao valor dos investimentos portugueses no Brasil. Até este ano, o investimento português direto no estrangeiro, no que se referia ao Brasil, não atingia sequer 1% do total, para, logo em 1995, atingir a percentagem de 3,5%, subindo, em 1997, para 29,1%, passando Portugal a ser o sexto maior investidor estrangeiro no Brasil.

A nova ofensiva de investimento português no Brasil firmou-se solidamente a partir de 1996, com investimentos de empresas portuguesas na ordem dos 48 milhões de contos portugueses, ou seja, um terço de todo o investimento português no estrangeiro. Em 1997, esse investimento atingiu o valor de 85 milhões de contos portugueses e, em 1998, só o investimento da Portugal Telecom na privatização da Telebrás atingiu o valor de 668 milhões de contos portugueses. Portugal passou a ocupar, desta forma, o lugar de terceiro maior investidor estrangeiro nas privatizações brasileiras, com 718 milhões de contos investidos, atrás apenas dos Estados Unidos e da Espanha.

A maior parte dos investimentos portugueses no Brasil situara-se na área das telecomunicações. Em julho de 1998, a Portugal Telecom adquiriu a Telesp Celular de São Paulo pelo valor de 550 milhões de contos portugueses e 23% do capital da Telesp Participação, rede fixa de telefones do Estado de São Paulo, no quadro das privatizações da Telebrás. Em setembro de 1998, a EDP (Electricidade Portuguesa), em associação com a CPFL (Companhia Paulista de Força e Luz), adquiriu o controle da Empresa Bandeirante de Energia, no valor de 150 milhões de contos portugueses (representando a parte portuguesa 85 milhões de contos). No setor da distribuição alimentar, verificaram-se, também, importantes investimentos dos grupos portugueses Sonae e Jerônimo Martins; no setor financeiro, destacaram-se os investimentos significativos da Caixa Geral de Depósitos e do Banco Espírito Santo. Registaram-se, igualmente, diversos investimentos de médio porte e abriram-se boas perspectivas para novos investimentos nos setores das auto-estradas e da água.

No que se refere ao investimento brasileiro em Portugal nos últimos dez anos, não atingiu níveis comparáveis aos investimentos portugueses no Brasil. Os anos mais significativos foram: 1989, com 12 milhões de contos portugueses; 1990, com 15 milhões de contos; e 1997, com 14 milhões de contos. Estes valores são, como se vê, muito inferiores aos valores assinalados para o investimento português no Brasil a partir de 1995. Deve-se salientar a recente associação da TV Cabo portuguesa com a TV Globo brasileira, para fornecimento, a Portugal, de dois canais dirigidos pela estação brasileira por meio da rede de televisão a cabo. Os setores em que se tem verificado maior atividade investidora brasileira em Portugal são: o setor bancário e financeiro (Banco Rural do Brasil, instalado no arquipélago da Madeira com a designação de Banco Rural da Europa); a construção civil e obras públicas (Embraplan, Bento Pedroso Construções, Zagope); os materiais para transporte e os componentes de automóveis (Cofapeuropa, Marcopolo, Randon

Ibéria); os cosméticos (Natura Brasil Cosmética); e, ainda, as atividades publicitárias e editoriais.[7]

É de observar que o investimento brasileiro no último decênio se dirigiu, sobretudo, para empresas já instaladas em Portugal (57,4%), destinando-se a novas empresas apenas 24,2% do investimento total efetuado.

[7] Para maior desenvolvimento desta matéria, veja-se Joaquim Ramos Silva, *A viragem dos anos 90 – relações económicas luso-brasileiras*, Quetzal, 1999.

Capítulo 10

A Imigração Portuguesa no Brasil no Século XX

O principal destino da corrente migratória portuguesa durante o século XIX foi o Brasil. Desde a Independência até ao final do século, calcula-se que emigrou para o Brasil 1 milhão de portugueses, atingindo a taxa de 93,1% do total dos emigrantes saídos de Portugal no período de 1891 a 1900.[1] A predominância do Brasil como país de destino dos emigrantes portugueses manteve-se durante a maior parte do século presente e só veio a ser perdida, de forma definitiva, a partir de 1963, ano em que a emigração portuguesa para França atingiu o número de 15.223 pessoas, contra 11.281 pessoas para o Brasil.

De 1900 a 1930, o fluxo migratório português para o Brasil manteve-se mais ou menos regular: 229.348 emigrantes de 1900 a 1909; 293.793 emigrantes de 1910 a 1919; 233.655 emigrantes de 1920 a 1929. A partir de 1930, verificou-se uma nítida queda do número de saídas para o Brasil: 85.690 emigrantes de 1930 a 1939; e 60.700 emigrantes de 1940 a 1949. Esta diminuição súbita do número de emigrantes portugueses com destino ao Brasil a partir de 1930 foi devida, fundamentalmente, à crise econômica mundial e às restrições introduzidas no Brasil à entrada de emigrantes. Pelo Decreto nº 19.482, de 12 de dezembro de 1930, o

---

1 José Luís Garcia e outros, *A emigração portuguesa – uma breve introdução*, MNE, 1998, p. 21 e 25; Jorge Carvalho Arroteia, *A emigração portuguesa – suas origens e distribuição*, Lisboa, Ministério da Educação, p. 23.

Governo brasileiro limitou a entrada de estrangeiros e o Ministério do Trabalho impôs o sistema de "dois terços" obrigatórios de trabalhadores nacionais nas empresas brasileiras. Por outro lado, a Constituição brasileira de 1934 fixou em 2% da população brasileira a quota máxima de cada contingente de estrangeiros que poderiam entrar anualmente no Brasil com o estatuto de imigrante, embora, mais tarde, tenham sido admitidas quotas suplementares até ao limite de 30.000 pessoas. A Constituição brasileira de 1937 retomou o mesmo limite de 2% referido. Foram igualmente instituídas pelas autoridades brasileiras apertadas restrições aos movimentos cambiais que praticamente impossibilitaram as remessas de fundos dos emigrantes para os seus países de origem, o que constituiu um forte desincentivo para a corrente migratória portuguesa para o Brasil.[2] Pela parte portuguesa, foram também introduzidas restrições à saída de emigrantes, sujeitos a um sistema de licenciamento, a que se juntou igualmente a escassez de transportes oceânicos em virtude da Segunda Guerra Mundial.

No decênio de 1950 a 1959, verificou-se a retomada do fluxo emigratório para o Brasil, que se traduziu em 237.327 saídas, mas, a partir de 1963, houve súbita e forte queda desse fluxo. Com efeito, em 1964, registaram-se apenas 4.929 saídas e este número de emigrantes foi-se reduzindo até se situar em níveis insignificantes de 1980 a 1989.

O principal fluxo de emigração portuguesa a partir dos anos sessenta desviou-se subitamente para a Europa, principalmente para França, em virtude do considerável crescimento da economia européia ocidental, resultante do forte estímulo provocado pelo Plano Marshall, posto em execução pela OECE (Organização Européia de Cooperação Econômica), cuja política econômica se assentou em três pilares: fortíssima ajuda financeira americana; larga liberalização do comércio intereuropeu; e intensa cooperação em todos os setores da economia da Europa ocidental,

[2] João Pereira Bastos, *O fenômeno migratório como fator corretivo do balanço de pagamentos*, Rio de Janeiro, Pontifícia Universidade Católica do Rio de Janeiro, 1976, p. 91–92.

que gerou o Mercado Comum e novas formas de cooperação e integração econômica dos países dessa região.

Os emigrantes portugueses para o Brasil durante o século XIX e em grande parte do presente século eram geralmente oriundos das zonas rurais de Portugal (principalmente do Norte e Centro do país e dos arquipélagos da Madeira e dos Açores), de cultura rudimentar e sem grande especialização ou formação profissional. No último quartel do século XIX, os trabalhadores portugueses serviram principalmente para colmatar a quebra do trabalho escravo na agricultura em virtude da extinção do tráfico de escravos. Em breve, porém, o emigrante português desviou as suas atividades para os ofícios artesanais e para o pequeno comércio e indústria, atividades, aliás, que já exerciam anteriormente nos grandes centros urbanos. No final do século XIX, verificou-se uma notável predominância dos portugueses nos setores do pequeno comércio e indústria no Distrito Federal do Rio de Janeiro. Em relatório do Ministro da Fazenda do Brasil, referente a 1894, apresentava-se a seguinte estatística dos estabelecimentos comerciais e industriais no Distrito Federal: pertencentes a portugueses, 8.211; a brasileiros, 3.941; a franceses, 797; a italianos, 737; a ingleses, 245; a outros, 246. E o relatório comenta:

> A presente estatística demonstra que o comércio tem-se concentrado no elemento português, que é o preponderante entre os contribuintes do imposto de indústria e profissões e apresenta, por si só, a considerável diferença de 39,71% a mais em relação ao elemento brasileiro e o de todas as outras nacionalidades englobadamente.[3]

Segundo levantamento feito pela legação portuguesa no Rio de Janeiro em 1889, na praça desta capital, os portugueses detinham 69,25% do capital contra 30,75% do capital detido por brasileiros e outros estrangeiros.[4] Por outro lado, grande parte das moradias

[3] Ofício, 17 ago. 1895, Arquivo Histórico e Diplomático do Ministério dos Negócios Estrangeiros, Legação de Portugal no Rio de Janeiro.

[4] *Convergência lusíada – Revista do Real Gabinete Português de Leitura*, n. 14, 1997 – Maria Manuela R. Sousa Silva, *Portugueses e Brasileiros nos primeiros anos da República Velha: as táticas do cotidiano* (1889–1900), p. 70.

populares, ou cortiços, era propriedade de portugueses. Nos bairros de São José e da Glória, dos mais densamente povoados do Rio de Janeiro, 414 portugueses eram proprietários de cortiços, o que representava uma percentagem de 58% do conjunto de proprietários brasileiros e outros estrangeiros.[5]

Esta situação originou, em muitos círculos brasileiros, intensa hostilidade ou má vontade contra os emigrantes portugueses, apelidados de exploradores, "praga de gafanhotos", marinheiros, galegos, e outros epítetos depreciativos. Com o aparecimento da propaganda republicana no Brasil e o advento da República, um elemento político veio juntar-se à campanha antiportuguesa, acusando-se os portugueses de serem anti-republicanos, inimigos da República brasileira, sebastianistas, adversários do País, traidores da reação, etc. O escritor caricaturista Raul Pompeia, fervoroso adepto de Floriano Peixoto, segundo refere Nelson H. Vieira, "expressou aberta e fervorosamente a sua *lusofobia* em cafés e praças públicas". E acrescenta:

> Notável pelas suas caricaturas e bastante aplaudido pelo publico, Pompéia demonstra, através do seu desenho de 1893, o azedume intenso para com os portugueses por parte dos brasileiros neste momento da história luso-brasileira... A caricatura intitulada "Brasil entre dois ladrões", é uma imitação da cena do Calvário, com três corpos pregados na cruz: um português, um brasileiro e um inglês.[6]

Diocleciano Martir, diretor do jornal antiportuguês *O Jacobino*, órgão do grupo nacionalista dos jacobinos, incitava o ódio contra os portugueses, provocando diversos assaltos a associações portuguesas e ameaças dirigidas à legação e aos consulados portugueses.

Esta lusofobia popular, incitada pelos movimentos nativistas, contagiou, por vezes, os próprios círculos oficiais. O referido Ministro da Fazenda afirmava no seu relatório para o Congresso

---

[5] *Idem*, p. 71.

[6] *Idem*, p. 65; Nelson H. Vieira, *Brasil e Portugal – a imagem recíproca*, Lisboa, Ministério da Educação, Instituto de Cultura e Língua Portuguesa, 1991, p. 127.

brasileiro, a propósito da preponderância dos portugueses no comércio do Rio de Janeiro: "A meu ver este fenômeno é indicador de um avassalamento que, datando dos tempos coloniais, ameaça de nulificação o comércio nacional. Entretanto este já atingiu a maioridade para se emancipar desse *soi disant* pátrio poder, que o tem atrofiado. A conquista a tão legítimo direito, que já é acentuada aspiração nacional, só depende de medidas prudentes e acertadas do Congresso.".[7]

Este estado de espírito, que ainda perdurou nos primeiros tempos do presente século, começou a melhorar no decurso do seu segundo decênio em virtude de um conjunto de fatores: o gradual crescimento do domínio comercial dos brasileiros nos grandes centros urbanos, como o Rio de Janeiro e São Paulo, onde se situavam os principais núcleos de portugueses; a progressiva integração dos portugueses à sociedade brasileira, evidenciada pelo fato de, em meados do século XIX, para uma população brasileira de 50 milhões, a comunidade portuguesa ser calculada em 800 mil almas, e, atualmente, para uma população brasileira de 160 milhões, a mesma comunidade não contar mais de 300 mil almas; o aparecimento, nas elites brasileiras, de vozes prestigiadas a pôr em relevo a conveniência para o Brasil do elemento português e da vantagem que adviria da instituição de uma comunidade luso-brasileira.

Um dos percursores da defesa dos portugueses no Brasil foi, decerto, Olavo Bilac, que, no seu semanário *A Cigarra,* atacou fortemente os jacobinos antiportugueses.[8] Particularmente importante foi a atuação de Sílvio Romero que, apesar do seu passado nacionalista, proferiu, em maio de 1902, no Real Gabinete Português de Leitura do Rio de Janeiro, uma conferência intitulada "O elemento português no Brasil", defendendo a "conveniência de fortalecer no Brasil o elemento português". Sílvio Romero pôs, em evidência, os dois fatores principais que distinguiram a comunidade portuguesa das outras crescentes comunidades estran-

[7] Ofício, 17 jan. 1895, Arquivo Histórico e Diplomático do Ministério dos Negócios Estrangeiros, Legação de Portugal no Rio de Janeiro.

[8] Nelson H. Vieira, *op. cit.*, p. 129.

geiras: a história mútua e a identidade da língua, concluindo que a colônia portuguesa era a mais conveniente para o Brasil pela facilidade de adaptação à vida brasileira.

A partir de Olavo Bilac e de Sílvio Romero, formou-se, durante o decurso do presente século, numerosa plêiade de lusófilos brasileiros composta por políticos, diplomatas e homens de letras que, interessados primordialmente na história e na cultura portuguesas e na criação de laços mais estreitos entre Brasil e Portugal, não deixou de favorecer o prestígio da presença e do trabalho dos portugueses no Brasil. Seria difícil apresentar uma lista exaustiva dessas figuras brasileiras, sob pena de cair em omissões injustas, mas é imperioso salientar os nomes de João do Rio (pseudônimo do jornalista Paulo Barreto) e de Gilberto Freyre. Antônio Gomes da Costa inventaria esses lusófilos da seguinte forma:

> Muitos desses lusófilos já não vivem mais – João do Rio e Gilberto Freyre, Afrânio Peixoto e Gustavo Barroso, Pedro Calmon e João Neves da Fontoura; Francisco Negrão de Lima e Carlos Lacerda, Hélio Simões e Austregésilo de Athayde, Luiz Viana Filho e Celmo Cunha, Viana Moog e César Ferreira Reis – mas outros, felizmente, ainda estão em plena atividade e continuam a dar-nos provas de estima pela terra e pela gente portuguesa, como é o caso do próprio Roberto Marinho, de José Aparecido de Oliveira, de Cleonice Bernardinelli, de Sílvio Elia, de Antônio Soares Amora, de Leodegario de Azevedo Filho, de Beatriz Berrini, de Gladstone Chaves de Mello, de Evanildo Bechara, de Maximiano de Carvalho, de Max Justo Guedes, de Jorge Amado, de Josué Montelo, e de tantos mais que poderíamos referir, com admiração e reconhecimento.

Por nossa conta, acrescentamos os nomes dos professores Hélio Jaguaribe de Matos e Celso Lafer, e dos embaixadores Dário de Castro Alves, Alberto da Costa e Silva e Baena Soares. Ao tratarmos das relações culturais luso-brasileiras, não deixaremos de referir outros nomes de ilustres brasileiros fomentadores da amizade entre os dois países.[9]

[9] A Gomes da Costa, *O homem português e o Brasil*, Rio de Janeiro, Nórdica, 1998, p. 49.

Alguns acontecimentos de natureza política contribuíram, por outro lado, para elevar o prestígio da comunidade portuguesa no Brasil no decurso deste século. Entre os mais significativos, destacaram-se os seguintes: os bons ofícios de Portugal que puseram termo, em 1895, ao diferendo anglo-brasileiro provocado pela ocupação britânica da ilha da Trindade; o anúncio oficial da visita do Rei D. Carlos ao Brasil em 1908 (malograda pelo assassinato do monarca em 1º de fevereiro desse ano); a elevação à categoria de embaixada, em 1911, da representação diplomática portuguesa no Brasil; a travessia aérea atlântica de Lisboa ao Rio de Janeiro por Gago Coutinho e Sacadura Cabral em 1922; a visita oficial ao Brasil, no mesmo ano, do Presidente da República Portuguesa, Antônio José de Almeida; as Comemorações, em 1940, dos Centenários de Portugal; a assinatura, em 1953, do Tratado de Amizade e Consulta e, em 1971, da Convenção sobre Igualdade de Direitos e Deveres; as várias visitas dos Presidentes da República de Portugal ao Brasil a partir da visita triunfal do Presidente Craveiro Lopes em 1957 e dos chefes de Governo Português a partir de 1969; a entrega, ao Brasil, dos despojos mortais do Imperador D. Pedro I em 1972.

Apesar de grande número dos membros da comunidade portuguesa no Brasil, que se foi formando ao longo do século XIX e XX, ser de baixa cultura, existiu sempre, no seu seio, número importante de elementos com preparação intelectual e capacidade de iniciativa suficiente para valorizar a comunidade de que faziam parte por meio da criação de um número impressionante de instituições culturais e de assistência social espalhadas por todo o Brasil. A este respeito, esclarece Antônio Gomes da Costa, Presidente do Real Gabinete Português de Leitura do Rio de Janeiro:

> Premidos pelas vicissitudes e, principalmente, com o fito de agradecer ao Brasil, os emigrantes portugueses realizaram uma obra sem paralelo em nenhuma outra parte do mundo que começou em 1837 com a criação do Gabinete de Leitura do Rio de Janeiro, e cresceu depois com as Beneficências em muitas cidades e outros Gabinetes no Recife e em Salvador, com os Liceus e os Grêmios, com as Caixas de Socorros Mútuos e os Clubes, com as Obras de Assistência e com as Casas de

> Portugal. Do Amazonas ao Rio Grande do Sul, formou-se ainda no século XIX uma rede associativa com várias vertentes – a assistência social, o ensino, a cultura, o desporto, as tradições, o sagrado, etc. – o que foi acumulando patrimônios, mercê da generosidade de benfeitores de pendão e bandeira e do esforço de muitos patrícios cujo nome se perdeu nos livros das atas e nos registros dos humildes. Estes patrimônios e esta atividade associativa é que fazem os portugueses do Brasil serem diferentes dos outros.[10]

No decurso do presente século, verificou-se, também, uma mudança qualitativa da tradicional emigração portuguesa para o Brasil, fato que não deixou de influir sobre a imagem de Portugal e dos portugueses entre o povo brasileiro. Em conseqüência de diversos acontecimentos de natureza política que tiveram lugar em Portugal, certo número de personalidades de elevado nível intelectual e profissional acolheram-se ao Brasil a partir do final do século XIX e princípio do século XX. Após o fracasso da tentativa republicana de 31 de janeiro de 1891, no Porto, refugiaram-se no Brasil, entre outros, Basílio Teles, Ricardo Severo e Bettencourt Rodrigues. O engenheiro Ricardo Severo radicou-se em São Paulo, casando-se com a irmã de Santos Dumont e exercendo notável atividade intelectual naquela metrópole. Com a Proclamação da República em Portugal, emigraram para o Brasil várias personalidades monárquicas, entre as quais o escritor Carlos Malheiro Dias, cuja assinalável obra literária tanto prestigiou a comunidade portuguesa. Com o advento da ditadura de 1926 e a instituição do Estado Novo, também procuraram refúgio no Brasil diversas personalidades democráticas, entre as quais Jaime Cortesão, Agostinho da Silva, Fidelino de Figueiredo e Adolfo Casais Monteiro. Com a revolução de 1974, nova vaga de políticos, intelectuais e empresários invadiu o Brasil, elevando, naturalmente, o nível social da comunidade portuguesa.

Pode-se dizer que, nos nossos dias, embora surjam no Brasil, de quando em quando, manifestações nativistas atacando a obra

[10] A. Gomes da Costa, *op. cit.*, p. 286.

portuguesa e a importância do elemento português na formação brasileira, a virulência dos ataques dirigidos contra portugueses, que caracterizou grande parte do século XIX, desapareceu para sempre, dando lugar a juízos mais equilibrados e até manifestações eloqüentes de apreço pela ação portuguesa em terras de Santa Cruz, predominando apenas as referências caricaturais próprias do humor brasileiro que, aliás, encontram contrapartida nas piadas do mesmo gênero sobre os brasileiros nos meios portugueses do Brasil e de Portugal.

Capítulo 11

As Relações Culturais Recíprocas no Século XX

Pode-se afirmar que, no decurso dos dois últimos séculos, o Brasil manteve sempre constante e apreciável conhecimento da atividade literária portuguesa, exercendo, alguns escritores portugueses, grande influência nos meios literários brasileiros.

As razões fundamentais deste fato são várias. Em primeiro lugar, a presença, no Brasil, de considerável comunidade portuguesa que, apesar de a maioria dos seus membros não possuir elevada cultura, dada a sua grandeza, sempre existiu entre estes um número suficiente de pessoas cultas que mantiveram vivo o conhecimento dos autores portugueses de maior renome. O caso de Francisco Gomes de Amorim, que veio a ser fiel amigo e amparo de Almeida Garrett, nos seus últimos anos, é bastante ilustrativo. Emigrado para o Brasil em 1837, com apenas dez anos, encontrou, por volta de 1840, na pequena vila de Alenquer, no interior da Amazônia, em uma modesta casa de uma família local, um exemplar do poema *Camões* de Garrett, que o impressionou de tal maneira que o levou a escrever ao poeta, que lhe respondeu, o que o motivou a regressar a Portugal em 1846, ligando-se ao consagrado escritor até a sua morte. O episódio é deveras significativo pelo fato de se encontrar em casa de uma família modesta, no interior da Amazônia e em 1837 um exemplar do *Camões* de Garrett, publicado pela primeira vez em Paris em 1825!

No decurso do século XIX, muitos jornalistas portugueses colaboraram nos principais jornais brasileiros, como aconteceu com a *Província de S. Paulo* (título originário de *O Estado de S.*

Paulo), o *Jornal do Comércio*, o *Diário Mercantil*, a *República das Letras* e a *Gazeta de Notícias*. Nestes jornais, colaboraram muitos escritores portugueses, como Eça de Queiroz, Ramalho Ortigão, Maria Amália Vaz de Carvalho, Manuel Pinheiro Chagas, Guilherme de Azevedo, Conde de Sabugoza, etc.[1]

Por outro lado, em 14 de maio de 1837, um grupo de 43 portugueses, reunidos no Rio de Janeiro, no escritório do advogado português Antônio Coelho Louzada, criou o Gabinete Português de Leitura, uma biblioteca de obras portuguesas ao serviço do público em geral, que reúne hoje cerca de 350.000 volumes e atende diariamente mais de 200 leitores. Esta notável instituição cultural elegeu, em 1861, Alexandre Herculano como seu Presidente honorário. Este Gabinete de Leitura constituiu, na altura em que foi criado, a primeira biblioteca pública privada em toda a América Latina, contando-se entre as cinco maiores bibliotecas do Brasil. A partir de 1935, o Gabinete passou a beneficiar-se do depósito legal das obras publicadas em Portugal, decretado pelo Governo Português. O simples repositório da vida intelectual portuguesa, posto ao alcance do público brasileiro, constituiu, por si só, fator considerável para manter vivo, no Brasil, o conhecimento da vida intelectual portuguesa. Mas o Gabinete, além disso, tem, ao longo dos anos, promovido inúmeras manifestações culturais de interesse luso-brasileiro, de que nos ocuparemos mais adiante. As suas relações íntimas com a Academia Brasileira de Letras são também de assinalar. As cinco primeiras sessões solenes da Academia, de 1900 a 1904, tiveram lugar no salão nobre do Gabinete, sob a presidência de Machado de Assis, em uma altura em que a Academia procurava ainda encontrar instalações condignas.[2]

Convém ainda lembrar que a presença, no Brasil, de ilustres figuras intelectuais portuguesas, a partir, sobretudo, do final do

---

1 João Alves das Neves, *As relações literárias de Portugal com o Brasil*, Biblioteca Breve, Instituto de Cultura e Língua Portuguesa – ICALP, 1992, p. 26–29.

2 *Fundamentos e Actualidade do Real Gabinete Português de Leitura*, Rio de Janeiro, 1977; A. Gomes da Costa, *O homem português e o Brasil*, Rio de Janeiro, Nórdica, 1998.

século XIX, constituiu igualmente outro fator importante para manter e incrementar, no Brasil, o conhecimento e o interesse pelos escritores portugueses. Entre tantos nomes ilustres e de prestígio, salientamos os nomes de Ricardo Severo, Carlos Malheiro Dias, Jaime Cortesão, Fidelino de Figueiredo, Adolfo Casais Monteiro e Agostinho da Silva. O caso de Ferreira de Castro é deveras especial pois, tendo emigrado para o Brasil aos doze anos, aí se conservou até aos vinte e um, tornando-se um verdadeiro luso-brasileiro. Os seus romances *Emigrantes*, de 1928, *A Selva*, de 1930, e *O Instinto Supremo*, de 1968, são obras que poderiam ter sido escritas por um brasileiro.

Além da literatura portuguesa estar largamente difundida no Brasil durante os séculos XIX e XX, alguns dos seus mais notáveis representantes exerceram grande influência na própria vida literária brasileira. Os casos mais relevantes são os de Camilo Castelo Branco, Eça de Queiroz, Antônio Nobre e Fernando Pessoa. A bibliografia brasileira sobre Eça é deveras notável, tratando não apenas de aspectos da sua vida particular e das relações íntimas que teve com alguns intelectuais brasileiros, mas analisando criticamente a sua obra e a sua repercussão na vida intelectual do Brasil. Entre os numerosos autores brasileiros que se destacaram no estudo da vida e obra de Eça, pode-se citar Viana Moog, Álvaro Lins, Paulo Calvacanti, Clóvis Ramalhete, Dario Castro Alves, Luís Viana Filho, Dagoberto de Carvalho, Arnaldo Faro e Heitor Lyra. O professor Nelson Vieira, da Brown University, no seu livro *Brasil e Portugal – a imagem recíproca*, ICALP, 1991, escreve:

> Em *A Vida Literária no Brasil – 1900* (Rio de Janeiro, 1956), Brito Broca comenta o crescente mercado brasileiro de textos literários portugueses na última década do século passado e na primeira deste. Faz alusão também a Eça, que esteve em voga no Brasil, desde 1870 até a primeira Guerra Mundial. De acordo com Broca, existiu entre alguns membros do mundo literário brasileiro o culto de Eça, conhecido por *brasileiro*, nascido da obra de Eça, *O Primo Basílio*. Broca diz que esses janotas literários estavam tão arrebatados com as personagens de Eça que freqüentemente falavam dessas figuras, como se

> de pessoas reais se tratasse. Não era portanto invulgar ouvir-se esses brasileiros tecerem considerações sobre Basílio ou Amaro considerando-os sua compatriótica ligação europeia.[3]

Sobre Antônio Nobre, escreve João Alves das Neves: "O Brasil, através dos seus poetas, não fugiu à sedução do poeta solitário. Os melhores autores brasileiros admiram-no com paixão, leram-no com enlevo e alguns seguiram-no com fidelidade de discípulos. Por isso Antônio Nobre permanece no altar dos poetas da língua comum.".[4] Mais notável ainda é a repercussão que a obra poética de Fernando Pessoa teve no Brasil a partir dos meados do presente século. A bibliografia brasileira sobre Pessoa é impressionante e não cessa de crescer. João Alves Neves, refere os seguintes autores brasileiros que se ocuparam, de forma autônoma, da obra de Fernando Pessoa: Cleonice Berardinelli, Gilberto de Mello Kujarosky, Carlos Alberto Iannone, Nelly Novaes Coelho, Leyla Perrone-Moisés, Massaud Moisés, Carlos Felipe Moisés, Silva Bellkior, Pedro Lyra, Linhares Filho, Beatriz Berrini, Pradelino Rosa, Tieko Jamaguchi, José Clécio, Basilio Quezado, Eduardo Peñuela Cañizal, Maria Heloísa Martins Dias e Maria Helena Nory Garcez.[5]

No que se refere ao conhecimento da literatura brasileira em Portugal, a situação é bem diferente. No final do século XIX e limiar do presente século, a literatura brasileira era escassamente conhecida nos meios intelectuais portugueses. Em um livro que publicou em Portugal, em 1896, o acadêmico brasileiro Valentim de Magalhães escrevia:

> Os livros brasileiros não são lidos em Portugal: o movimento literário transatlântico é completamente desconhecido cá. Ao passo que lá se lêem as mais insignificantes obras portuguesas e são familiares os nomes de todos os escritores portugueses, no país irmão desconhecem-se mesmo os mais importantes e

[3] Veja-se João Alves das Neves, *As relações literárias de Portugal com o Brasil*, ICALP, 1992, p. 183 e segs.

[4] João Alves das Neves, *op. cit.*, p. 142.

[5] João Alves das Neves, *op. cit.*, p. 62 .

> os mais notáveis (escritores). (...) Os próprios homens de letras em Portugal pouco conhecem da literatura brasileira depois de Gonçalves Dias, Casimiro de Abreu e Alencar.[6]

E Sampaio Bruno, em um livro publicado pouco depois, em 1898, insurgia-se contra o desconhecimento, em Portugal, da literatura brasileira.[7] O ensaísta e diplomata Jaime Batalha Reis, grande amigo de Antero e de Eça, quando era Cônsul Geral em Londres, convivendo com um grupo de intelectuais brasileiros reunido à volta de Joaquim Nabuco, afirmava, por volta de 1905: "As mais ignoradas literaturas em Portugal – a brasileira e a espanhola – são justamente as que, em parte pela raça em que se produziram e língua em que se expressam e pelo caráter que necessariamente revelam, mais próximas se acham da literatura portuguesa.".[8] E propunha-se ser um novo Cabral que promovesse o descobrimento do Brasil intelectual pelos portugueses do século XX, escrevendo para a segunda série da revista *Serões*, dirigida por Alberto de Oliveira, um ensaio sobre esse tema. No seu intróito, afirmava:

> Entre as muitas coisas importantes e urgentes a fazer em Portugal avulta, quanto a mim – como uma das mais importantes e urgentes –, o mostrar aos Portugueses a existência, por a grande maioria deles apenas suspeitada, dum "Novo Mundo" moral – o Brasil pensante e literário (...) Os Brasileiros queixam-se, com efeito, de os Portugueses não terem ainda tentado descobrir intelectualmente o Brasil (...) por outro lado é certo que todos os Brasileiros que se interessam por Literatura conhecem as publicações da Literatura portuguesa e têm sido influenciados por muitas delas.[9]

---

6 A. M. Pereira, *A literatura brasileira*, Lisboa, 1896, p. 9–12 ; citado por Fernando Cristóvão, *Cruzeiro do Sul a Norte*, Imprensa Nacional – Casa da Moeda, 1982, p. 124. No *Diccionario Bibliographico Portuguez*, de Brito de Aranha, tomo XIX, Lisboa, Imprensa Nacional, 1908, encontra-se uma resumida bibliografia de Valentim de Magalhães (1859–1903), nascido no Rio de Janeiro, de pais portugueses, e um repertório da sua bibliografia.

7 Sampaio Bruno, *O Brazil mental*, Porto, Chardron, 1898, p. 7 e segs.

8 Jaime Batalha Reis, *O descobrimento do Brasil intelectual pelos portugueses do século XX*, Lisboa, Publicações Dom Quixote, 1988, p. 25–26.

9 Jaime Batalha Reis, *op. cit.*, p. 47, 51 e 52.

O ensaio de Batalha Reis não chegou, porém, a ser publicado na altura, ficando sepultado no seu espólio, visto que Alberto de Oliveira, que encomendara o trabalho, se tinha desligado daquela publicação.[10]

O projeto de divulgação da literatura brasileira em Portugal, de Batalha Reis, veio, no entanto, a materializar-se, pelo menos em parte, por iniciativa do próprio Alberto de Oliveira, escritor e diplomata, promotor do desenvolvimento das relações luso-brasileiras, certamente lembrado das observações daquele. Em 11 de novembro de 1915, em uma sessão da Academia das Ciências de Lisboa, que o acolheu como seu sócio correspondente, Alberto de Oliveira anunciou o seu intento de recomendar, aos poderes públicos, a criação de uma cadeira de história, geografia e literatura brasileiras em uma das Faculdades de Letras do país. Em outra sessão, em 3 de dezembro, anunciou que estava diligenciando junto às competentes autoridades para promover a criação de uma cadeira de estudos brasileiros, com caráter obrigatório, regida por professores brasileiros, na Faculdade de Letras da Universidade de Lisboa. Este projeto recebeu a aprovação unânime da Academia das Ciências de Lisboa. Obteve igualmente o apoio do diretor daquela Faculdade de Letras, Queiroz Veloso, que levou o Conselho da Faculdade a propor, ao Ministério da Instrução Pública, a criação da referida cadeira. O projeto obteve também o apoio do Presidente da República Portuguesa, Bernardino Machado, e do Chefe do Governo, Afonso Costa. O Ministro da Instrução Pública, Pedro Martins, e o Secretário-Geral do Ministério, João de Barros, um entusiasta defensor do estreitamento das relações luso-brasileiras, apresentaram, ao Parlamento, projeto de lei naquele sentido, que foi aprovado por unanimidade, constituindo a Lei nº 586, de 12 de junho de 1916. Alberto de Oliveira diligenciou, em seguida, junto à Academia Brasileira de Letras para que fosse designado um professor brasileiro para reger aquela cadeira. A primeira escolha recaiu sobre Miguel Calmon que, pelo fato da participação brasileira na Grande Guerra então em curso,

[10] Como se refere na nota 8, foi publicado em 1988, pelas Publicações Dom Quixote, com prefácio e notas de Elza Miné.

não pôde viajar para Portugal. A Academia Brasileira de Letras, terminada a guerra, e depois de várias sugestões, acabou por designar Coelho Neto que declinou do convite. Como se encontrava em Portugal o diplomata e historiador Oliveira Lima, a Faculdade de Letras de Lisboa sugeriu à Academia Brasileira a sua designação, que foi imediatamente aprovada. Oliveira Lima foi, pois, quem inaugurou a Cadeira de Estudos Brasileiros, em 9 de junho de 1923. A sua regência foi, todavia, efêmera, pois foi, em seguida, contratado pela Universidade Católica de Washington para reger uma cadeira de Direito Internacional, pelo que a Faculdade de Letras contratou o Doutor Manuel de Sousa Pinto, nascido no Brasil, mas educado em Portugal, a assumir a regência da cadeira, incumbência que exerceu até à data da sua morte, ocorrida em 1934. Sucedeu-lhe Mário de Albuquerque que regeu a cadeira até 1957. A cadeira passou, entretanto, a designar-se por Literatura Brasileira, sendo regida, até 1971, por Vitorino Nemésio, um mestre de grande prestígio, grande conhecedor e apaixonado da vida brasileira. Sucedeu-o Fernando Cristóvão, grande especialista da cultura brasileira. Em 1957, foi igualmente criada uma cadeira de literatura brasileira na Faculdade de Letras da Universidade de Coimbra e, finalmente, em 1972, também outra na Faculdade de Letras da Universidade do Porto.[11]

O ensino da literatura brasileira nas Faculdades de Letras de Portugal promoveu, naturalmente, o seu conhecimento, não apenas nos meios universitários portugueses, mas de uma forma geral em todo o país. A par com o ensino acadêmico, a divulgação da vida literária brasileira em Portugal foi igualmente promovida por alguns homens de letras portugueses dedicados à promoção das relações políticas e culturais luso-brasileiras. Além de Alberto de Oliveira, dois nomes devem ser lembrados a este respeito: João de Barros e José Osório de Oliveira.

Em 1915, por sugestão do jornalista Paulo Barreto, que escrevia sob o pseudônimo de João do Rio e que visitou Portugal em 1909, foi criada, em Portugal, a revista *Atlantida*, dirigida

[11] Arnaldo Saraiva, *Meio século de estudos brasileiros na Universidade Portuguesa*, Porto, Faculdade de Letras, 1974.

por João de Barros, fornecendo copiosa informação sobre a atividade literária, artística e social do Brasil. João de Barros, que ocupou durante anos o lugar de secretário-geral do Ministério da Instrução Pública, acompanhou o Presidente da República Antônio José de Almeida na sua visita oficial ao Brasil em 1922 e, juntamente com Jaime Cortesão, negociou a Convenção sobre propriedade literária e artística, que foi assinada no Rio de Janeiro em 26 de setembro daquele ano.[12] Durante largos anos, João de Barros escreveu inúmeros artigos e livros defendendo a aproximação luso-brasileira em todos os seus aspectos, atividade que sintetizou no seu livro *Presença do Brasil*, publicado em 1946.[13]

José de Osório de Oliveira, que viveu alguns anos no Brasil, no seu regresso a Portugal, dedicou-se a divulgar a atividade literária brasileira. Afirma Fernando Cristóvão a seu respeito: "Foi a escritores e críticos tão dedicados à divulgação literária como José Osório de Oliveira (em inúmeros artigos, conferências, antologias, contatos), sem dúvida o maior e mais eficaz em Portugal, que o desconhecimento relativamente ao Brasil pode ser ultrapassado".[14] Desiludido com a falta de apoio dos escritores brasileiros, publicou, em 1940, um artigo-carta, que chamou *Adeus à Literatura Brasileira,*[15] em que dizia pôr termo à sua incansável atividade de divulgação literária dos valores brasileiros, por falta de apoio e estímulos.[16] Na realidade, ele prosseguiu na sua atividade de divulgador da literatura brasileira em Portugal, atividade em que se empenhou até ao fim da sua vida, em 1964.[17]

---

12 *Tratados e Actos Internacionais: Brasil–Portugal*, p. 152–154.

13 Nelson Vieira, *Portugal e Brasil: a imagem recíproca*, p. 134–136. A revista *Atlantida* cessou a sua publicação no final de 1920.

14 Fernando Cristovão, *Cruzeiro do Sul a Norte*, p.125.

15 *Diário de Lisboa*, 16 de junho de 1940.

16 Fernando Cristovão, *op. cit.*, p. 125-126.

17 Juntamente com João de Barros e Gastão de Bettencourt, publicou, em 1938, uma obra desenvolvida com o título de *Brasil* (Lisboa, Europa); em 1939, publicou uma *História breve da literatura brasileira*, que teve repetidas edições, sendo a 5ª edição publicada pela Editorial Verbo em 1964.

Desenvolvendo no campo comercial este movimento de divulgação em Portugal da literatura brasileira, surgiu, em 1944, uma empresa, criada por Antônio de Souza Pinto, chamada Livros do Brasil, tendo, como atividade primordial, a importação e distribuição de obras editadas no Brasil. Em dezembro de 1946, esta empresa lançou, no mercado português, em edição própria, uma *Colecção Livros do Brasil*, com 108 livros publicados, sendo o primeiro *Olhai os lírios do campo,* de Érico Veríssimo. Além de quase todas as obras deste autor, muito difundidas em Portugal, esta coleção incluiu praticamente todos os grandes nomes da literatura brasileira contemporânea e alguns clássicos, como José de Alencar, Machado de Assis e Euclydes da Cunha.[18]

[18] Para se ter uma idéia da progressão desta atividade editora e divulgadora da literatura brasileira, indicam-se, a seguir, alguns autores e as datas em que as suas obras foram publicadas: **1947**, 7 obras de Érico Veríssimo, 2 obras de Jorge Amado, 1 obra de José Lins do Rego, 1 obra de Joracy Camargo, 1 obra de Machado de Assis; **1950**, 2 obras de Érico Veríssimo; **1951**, 2 obras de Gilberto Freyre; **1952**, 1 obra de Érico Veríssimo, 1 obra de José Lins do Rego; **1953**, 2 obras de José Lins do Rego, 1 obra de Gilberto Freyre, 1 obra de Caio de Freitas, 1 obra de Carolina Nabuco; **1954**, 1 obra de Érico Veríssimo, 1 obra de José Lins do Rego; **1955**, 2 obras de Érico Veríssimo, 1 obra de Gilberto Freyre, 1 obra de Cyro dos Anjos; **1956**, 1 obra de José Lins do Rego; **1957**, 1 obra de Gilberto Freyre, 1 obra de Érico Veríssimo, 1 obra de José Lins do Rego; **1958**, 1 obra de José Américo de Almeida, 1 obra de José Lins do Rego; **1959**, 1 obra de Fernando Sabino, 1 obra de José de Alencar, 1 obra de Euclydes da Cunha, 1 obra de José Lins do Rego, 1 obra de Érico Veríssimo; **1960**, 1 obra de Gastão Cruls, 1 obra de José Lins do Rego, 1 obra de Gilberto Freyre, 1 obra de Gastão de Holanda, 1 obra de Lygia Fagundes Telles; **1961**, 1 obra de José Condé, 1 obra de Clarice Lispector, 1 obra de Octavio de Faria, 1 obra de Ascendino Leite, 1 obra de João Guimarães Rosa, 2 obras de Érico Veríssimo; **1962**, 1 obra de Raul Pompeia, 1 obra de Antônio Callado, 1 obra de José Lins do Rego, 1 obra de Berenice Grieco; **1963**, 1 obra de José Condé, 1 obra de Antônio Olavo Pereira, 1 obra de Gilberto Freyre, 1 obra de Ribeiro Couto; **1964,** 1 obra de João Guimarães Rosa, 1 obra de Herberto Sales, 1 obra de Agrippino Grieco; **1965**, 1 obra de João Guimarães Rosa, 1 obra de Heitor Lyra; **1966**, 1 obra de João Guimarães Rosa; **1967**, 1 obra de Odylo Costa Filho, 1 obra de Herberto Sales, 1 obra de Gilberto Freyre; **1968**, 2 obras de Érico Veríssimo, 1 obra de Agrippino Grieco, 1 obra de Marques Rebelo; **1969**, 1 obra de Oto Lara Resende, 2 obras de Gilberto Freyre; **1970**, 1 obra de Herberto

Apesar da desilusão de José Osório de Oliveira, pode-se afirmar, no entanto, que, por efeito do ensino universitário da literatura brasileira, da ação divulgadora de alguns homens de letras portugueses e de certos empresários livreiros, a partir da década de 1930, e mais acentuadamente da de 1940, os grandes nomes da vida literária do Brasil passaram a ser geralmente conhecidos, não só nos meios intelectuais portugueses, mas junto à população culta em geral. Para alguns críticos e especialistas de literatura brasileira, esse conhecimento poderá não ser considerado inteiramente satisfatório, mas, para o público não especializado, ele é bastante significativo.

Um aspecto da cooperação cultural que, desde o princípio deste século, preocupou os estudiosos de ambos os lados do Atlântico foi o da fixação e uniformização da ortografia da língua portuguesa, tarefa a que se dedicaram, particularmente, a Academia Brasileira de Letras e a Academia das Ciências de Lisboa.

Já mais acima referimos os trabalhos empreendidos pelas duas Academias que levaram à celebração do Acordo Ortográfico de 1945 que, no entanto, não foi aprovado pelo Congresso Brasileiro. O debate na Academia Brasileira de Letras sobre a questão ortográfica prosseguiu, todavia, e na sessão de 15 de julho de 1967, o acadêmico Barbosa Lima Sobrinho apresentou uma proposta

Sales, 1 obra de Jorge Amado, 1 obra de Érico Veríssimo, 1 obra de Lygia Fagundes Telles, 1 obra de Mário Palmério; **1971**, 1 obra de José Candido de Carvalho, 1 obra de Érico Veríssimo; **1972**, 1 obra de Rachel de Queiroz, 1 obra de Paulo Calvacanti, 1 obra de Gilberto Freyre, 1 obra de Jarbas Passarinho; **1973**, 1 obra de Viana Moog, 1 obra de Ruben Braga; **1974**, 1 obra de Érico Veríssimo; **1976**, 1 obra de Érico Veríssimo; **1979**, 1 obra de Dineh Silveira de Queiroz; **1980**, 1 obra de Herberto Sales; **1981**, 1 obra de Lygia Fagundes Telles, 1 obra de Dineh Silveira de Queiroz, 1 obra de Gilberto Freyre; **1982**, 1 obra de José Sarney, 1 obra de Lygia Fagundes Telles; **1984**, 1 obra de Dario Castro Alves; **1987**, 1 obra de Josué Montello; **1988**, 1 obra de Harold Maranhão; **1989**, 1 obra de Josué Montello; **1990**, 1 obra de Josué Montello, 1 obra de Lygia Fagundes Telles; **1991**, 1 obra de Herberto Sales; **1992**, 2 obras de Dario Castro Alves; **1993**, 1 obra de Josué Montello; **1994**, 1 obra de Rachel de Queiroz; **1996**, 1 obra de Lygia Fagundes Telles; **1999**, 1 obra de Leandro Tocantins.

de revisão do *Pequeno Vocabulário Ortográfico da Língua Portuguesa*, elaborado pela Academia, na base do *Vocabulário Ortográfico da Língua Portuguesa*, elaborado pela Academia das Ciências de Lisboa em 1940. Em 28 de setembro de 1967, a Academia Brasileira de Letras designou uma Comissão de Reforma Ortográfica, constituída pelos acadêmicos Josué Montello, Afrânio Coutinho, Barbosa Lima Sobrinho e Pedro Calmon. Como resultado dos trabalhos desta comissão, em 22 de abril de 1971, foi assinado, em Brasília, um novo Acordo Ortográfico entre a Academia Brasileira de Letras, representada por Pedro Calmon, e a Academia das Ciências de Lisboa, representada por Herculano Amorim Ferreira. Este Acordo não chegou, porém, a ser homologado pelas autoridades de ambos os países. Em 1972, foi designada pela Academia Brasileira nova Comissão para a elaboração de um novo vocabulário ortográfico que veio a ser apresentado e aprovado na sessão da Academia de 22 de outubro de 1981.

Com a proclamação da independência dos territórios africanos portugueses, surgiu o propósito de elaborar e fazer aceitar um acordo ortográfico da língua portuguesa pelos sete países lusófonos. Nesse intuito, em março de 1986, o acadêmico Antônio Houaiss visitou oficialmente Portugal e os diversos países africanos de língua portuguesa, a fim de preparar um Encontro de Unificação Ortográfica da Língua Portuguesa, que veio a realizar-se, na Academia Brasileira de Letras, de 6 a 12 de maio daquele ano. Desta reunião, resultou um projeto de reforma ortográfica contido nas "Bases Analíticas da Ortografia Simplificada da Língua Portuguesa em 1945, Renegociadas em 1975 e Consolidadas em 1986", documento que foi assinado, em 12 de maio de 1986, por Maria Luísa Dolbeth e Costa (Angola), Austregésilo de Athayde (Brasil), Corsino Antônio Fortes (Cabo Verde), Luís Filipe Pereira (Moçambique), Manuel Jacinto Nunes (Portugal) e Albertina Bragança (São Tomé e Príncipe).

Esta reforma recebeu, porém, forte oposição por parte de muitos intelectuais portugueses que sustentaram que o Brasil tentava impor a sua norma a Portugal e aos outros países lusófonos. Seguiram-se vários encontros entre representantes do Brasil e de Portugal para procurar solucionar as divergências que haviam surgido. De 8 a 10 de outubro de 1990, reuniram-se, em Lisboa, delegações dos sete países lusófonos, sendo a delegação brasileira constituída por Antônio Houaiss e Nélida Piñon, e a portuguesa, por João Malaca Casteleiro, que propuseram a elaboração, pela Academia Brasileira de Letras e pela Academia das Ciências de Lisboa, de um vocabulário comum, obra coletiva do Instituto Internacional da Língua Portuguesa, criado em 1989. Em 16 de dezembro de 1990, foi, finalmente, assinado, em Lisboa, o Acordo Ortográfico da Língua Portuguesa, para entrar em vigor a partir de 1º de janeiro de 1994. O Acordo foi aprovado pela Assembléia da República Portuguesa em 4 de junho de 1991, mas o Congresso Nacional Brasileiro só o veio a aprovar em 18 de abril de 1995.[19]

Na 2ª Conferência de Chefes de Estado e de Governo da Comunidade dos Países de Língua Portuguesa, reunida na cidade da Praia, em julho de 1998, tendo sido verificado que o Acordo Ortográfico de 1990 não fora ainda aprovado e ratificado por todas as partes contratantes, não tendo, portanto, sido cumprido o prazo estipulado de 1º de janeiro de 1994 para a sua entrada em vigor, nem estando ainda concluído o vocabulário ortográfico comum da língua portuguesa, embora esta conclusão tenha sido prevista para 10 de janeiro de 1993, foi assinado o Protocolo Modificativo do Acordo Ortográfico, dando nova redação aos artigos 2 e 3 do mesmo Acordo, no sentido de recomendar a elaboração do referido vocabulário e determinando que o Acordo Ortográfico entrará em vigor "após depositados os instrumentos de ratificação de todos os Estados junto do Governo da República Portuguesa".

A cooperação entre as duas Academias, do Brasil e de Portugal, não se tem, no entanto, limitado apenas à resolução do problema ortográfico. Ambas as instituições têm mantido, no decorrer deste século, constantes contatos. A Academia das Ciências de Lisboa, criada em 24 de dezembro de 1779, acolheu, como seus membros, muitos brasileiros, antes e depois da Independência.

---

[19] Academia Brasileira de Letras, *Anuário*, 1993–1997, Rio de Janeiro, 1997, p. 18–21.

No período anterior a 7 de setembro de 1822, registam-se os seguintes sócios correspondentes de origem brasileira: Manuel Arruda da Câmara (1793), José Vilela de Barros (1820), Roque Schuh (1820) e José Lino Coutinho (1822). Até o presente, a Academia das Ciências de Lisboa elegeu como seus sócios correspondentes 132 brasileiros na Classe de Letras e 40 na Classe de Ciências. São atualmente 24 os sócios correspondentes brasileiros da Academia (13 na Classe de Letras e 11 na Classe de Ciências).[20]

Desde a sua fundação em 1897, a Academia Brasileira de Letras acolheu escritores portugueses como seus sócios correspondentes. Logo em 1898, foram eleitos, para esta categoria, Eça de Queiroz, Teófilo Braga, Guerra Junqueiro e Eugênio de Castro. Este último tinha na altura apenas vinte e nove anos, mas o seu livro de poemas *Oaristos*, publicado em 1890, criou-lhe enorme aura como introdutor, em Portugal, do Simbolismo. Até o presente, o número de portugueses sócios correspondentes da Academia Brasileira atingiu cinqüenta, sendo atualmente oito o seu número.[21]

Acompanhando o movimento de aproximação política entre os dois países, que Culminou no Tratado de Amizade e Consulta, de 1953, e na Convenção sobre Igualdade de Direitos e Deveres entre brasileiros e portugueses de 1971, foram celebrados vários acordos destinados a estimular a cooperação cultural entre Brasil e Portugal. No clima de aproximação luso-brasileira após a ascensão ao poder de Getúlio Vargas, em 30 de abril de 1931, o

[20] São acadêmicos correspondentes da Academia das Ciências de Lisboa, na Classe de Letras, os seguintes brasileiros: Alexandre José Barbosa Lima Sobrinho, Cleonice Berardinelli, Josué Montello, Jorge Amado, José Sarney, Lygia Fagundes Telles, Miguel Reale, Marcos Vínicios Vilaça, Antônio Paim, Gladstone Chaves de Melo, Ervin Theodor Rosenthal, Dario Castro Alves, Gilberto Mendonça Teles; e na Classe de Ciências: Carlos Chagas Filho, Thales Martins, Antônio Carlos Pacheco e Silva, Renato Locehi, José Leme Lopes, Ivolino de Vasconcelos, Aristides Azevedo Pacheco Leão, Crodovaldo Pavan, Stanislau Krynski, Maurício Matos Peixoto e Alcides Nóbrega Sial.

[21] São presentemente sócios correspondentes da Academia Brasileira de Letras os seguintes portugueses: Adriano Moreira, Agustina Bessa Luís, António Alçada Batista, Joaquim Veríssimo Serrão, Luís Forjaz Trigueiros, Mário Soares, Urbano Tavares Rodrigues e Vitorino Magalhães Godinho.

diretor do Secretariado Nacional de Propaganda de Portugal visitou o Brasil em 1941 e negociou um Acordo Cultural com o diretor do Departamento de Imprensa e Propaganda do Brasil. Tratou-se de um acordo entre organismos de propaganda, destinado a difundir reciprocamente a cultura de ambos os países, mas que, pela sua própria natureza, pouco atraente aos intelectuais de ambos os países, teve alcance muito limitado. Em dezembro de 1948, durante a presidência do Marechal Dutra, entre as duas presidências de Getúlio Vargas, visitou, oficialmente, Portugal o Chanceler brasileiro Raul Fernandes e, assinalando esta visita, foi assinado, em Lisboa, em 6 de dezembro desse ano, um Acordo de Cooperação Intelectual, com o objetivo de promover largo intercâmbio entre as instituições de ensino e os homens da cultura de ambos os países.[22] Partindo da convicção de que o melhor conhecimento recíproco das formas de cultura por ambos os povos já atingidas ou a realizar nos domínios da ciência, da arte, da técnica e da educação concorreria para manter e desenvolver ainda mais a consciência da identidade fundamental das respectivas culturas e, por isso mesmo, o espírito de amistosa compreensão entre os dois países, este diploma estabeleceu uma série de normas a serem executadas por organismos dependentes dos respectivos Ministérios da Educação: em Portugal, o Instituto de Alta Cultura e, no Brasil, uma comissão dirigida pelo Ministério da Educação e Cultura. As funções do Instituto de Alta Cultura nesta matéria foram posteriormente definidas pelo regulamento de 30 de junho de 1954, e as da Comissão do Ministério da Educação e Cultura do Brasil, pela Portaria nº 828, de 19 de novembro de 1953.[23]

Dentro do espírito deste acordo e no clima político favorável das relações luso-brasileiras durante as presidências de Getúlio Vargas, Café Filho e Juscelino Kubitschek, tiveram lugar, na década dos anos cinqüenta, por inspiração claramente oficial, quatro Colóquios Internacionais de Estudos Luso-Brasileiros, com o objetivo de estudar a civilização dos povos de língua portuguesa

[22] *Tratados e Actos Internacionais: Brasil–Portugal*, p. 211–213.

[23] *Idem*, p. 231–233.

em todas as épocas e lugares em que se tivesse manifestado. Além de intelectuais do Brasil e Portugal, participaram nestes colóquios intelectuais de vários países europeus e dos Estados Unidos. O primeiro colóquio teve lugar na Biblioteca do Congresso dos Estados Unidos; o segundo teve lugar em São Paulo; o terceiro, a bordo de um navio português que escalou diversos portos dos territórios ultramarinos portugueses; e o quarto, em Salvador da Bahia, realizado em agosto de 1959, sob o patrocínio da Universidade da Bahia e da UNESCO (Organização das Nações Unidas para a Educação, Ciência e Cultura). Os temas tratados neste colóquio foram os seguintes: o meio e o homem; a língua; a literatura; as belas artes; a sociedade, a política e a economia; a ordem jurídica; as ciências médicas; os instrumentos de investigação e cultura.

A alteração do clima político luso-brasileiro com as presidências de Jânio Quadros e João Goulart levou à descontinuidade destes colóquios. Com o golpe militar de 31 de março de 1964, que pôs termo à Presidência de João Goulart, o ambiente político entre os dois países melhorou, mas a questão colonial portuguesa continuou a perturbar em muitos aspectos as relações luso-brasileiras. O impulso que levara à realização daqueles colóquios perdeu-se, no entanto, dando lugar a outras formas mais restritas de cooperação cultural. Por outro lado, o âmbito um tanto limitado do Acordo de Cooperação Intelectual e o progresso nas formas setoriais de cooperação cultural verificado, entretanto, entre os dois países, conjuntamente com o desejo manifestado de parte a parte de desenvolver as suas relações econômicas em um quadro mais amplo, levaram à assinatura, em 7 de setembro de 1966 (data da assinatura do novo Acordo Comercial), de um novo Acordo Cultural entre Brasil e Portugal, abrangendo novos setores de cooperação cultural, como o cinema, o rádio e a televisão, e alargando as medidas de cooperação cultural aos organismos de caráter privado.

A aplicação e interpretação de algumas disposições deste Acordo, referentes ao reconhecimento da equivalência de diplomas acadêmicos e títulos profissionais, levantaram alguma controvérsia recente entre as autoridades brasileiras e portuguesas, como foi referido anteriormente a respeito dos cirurgiões-dentistas brasileiros exercendo a sua profissão em Portugal. Grande parte das dificuldades verificadas, como foi notado, foram aplanadas, e ambas as partes reconheceram a necessidade de rever a redação de algumas disposições do Acordo, nomeadamente do artigo 13 ao 16, revisão que se encontra em suspenso.

Conforme foi referido, o organismo da parte portuguesa incumbido de executar as tarefas previstas no Acordo de Cooperação Intelectual, de 1948, foi o Instituto de Alta Cultura, dependente do Ministério da Educação, e que, posteriormente, veio a transformar-se no ICALP (Instituto de Cultura e Língua Portuguesa) que, por sua vez, em 1992, passou a designar-se Instituto Camões. Em 1994, este organismo, dependente do Ministério da Educação, passou para a tutela do Ministério dos Negócios Estrangeiros.[24] Em 1997, o Instituto Camões passou a ter uma nova lei orgânica que lhe atribui autonomia administrativa, financeira e patrimonial, permitindo-lhe assegurar a orientação, coordenação e execução da política cultural externa de Portugal.[25]

O Instituto Camões constitui, hoje, por conseguinte, o instrumento fundamental para a execução da política cultural externa levada a cabo pelo Ministério dos Negócios Estrangeiros de Portugal, que, desde 1994, no que respeita ao Brasil, já pôs em execução medidas importantes no sentido de desenvolver a cooperação cultural entre os dois países.

Por meio do Termo de Cooperação Técnica e Cultural, assinado em 1994, o Instituto Camões e o IBCP (Instituto Brasileiro do Patrimônio Cultural), criado em 1990, e dependente do Ministério da Cultura, assumiram o encargo de empreender ações conjuntas visando ao intercâmbio e à cooperação cultural, nomeadamente realizando exposições, seminários e ciclos musicais.

Em 1991, por um convênio celebrado entre a Universidade de São Paulo e a Comissão Nacional para as Comemorações dos Descobrimentos Portugueses, foi instituída, naquela Universidade, a *Cátedra Jaime Cortesão* com o objetivo de estimular estudos, pesquisas, publicações, atividades culturais e científicas que

[24] Decreto-Lei nº 48/94, de 24 de fevereiro.

[25] Decreto-Lei nº 170/97, de 5 de julho.

auxiliem na efetiva compreensão das identidades culturais, semelhanças e diferenças entre os dois povos. Desde 1994, o Instituto Camões participa no apoio ao programa desta cátedra, tendo firmado, em 27 de agosto de 1997, com a Universidade de São Paulo, convênio estabelecendo medidas concretas de apoio, tais como a de assegurar a presença de um pesquisador português para missão de média duração; conceder, a cada ano, 20 mensalidades de bolsas para estudantes brasileiros de pós-graduação desenvolverem atividades de pesquisa em instituições portuguesas; apoiar financeiramente a publicação da *Revista da Cátedra Jaime Cortesão*; oferecer periodicamente à Biblioteca e ao Centro de Documentação da mesma cátedra os livros e as publicações de seu interesse; e ajustar o seu programa de conferencistas portugueses no Brasil de modo a adequá-lo aos interesses e necessidades científicas da cátedra. Por seu turno, a Universidade de São Paulo comprometeu-se a estimular os estudos de História de Portugal sob responsabilidade de docentes brasileiros que contariam, periodicamente, com a presença de colegas portugueses; convidar um pesquisador ou docente português para proceder a atividades científicas e culturais, por períodos de média duração, entre quatro a oito semanas, responsabilizando-se pelo transporte, estadia e manutenção, com os recursos viabilizados por agências de apoio à pesquisa e congêneres; e remeter, anualmente, até 31 de dezembro, o relatório das atividades desenvolvidas pela cátedra.

Por outro convênio, celebrado em 1996, entre o Instituto Camões e a Pontifícia Universidade Católica do Rio de Janeiro, foi instituída, naquela Universidade, a *Cátedra Padre Antônio Vieira de Estudos Portugueses*, sendo designada, como sua professora titular, a Doutora Cleonice Berardinelli, Professora Emérita da Universidade Federal do Rio de Janeiro e notável especialista da literatura portuguesa. Além de apoiar o funcionamento desta cátedra, o Instituto Camões tem apoiado igualmente certas iniciativas importantes, dentro do seu âmbito, como a investigação, quer na área da História, da Cultura e da Literatura, quer na da Língua e Lingüística, por meio da concessão de bolsas de estudo e doutoramento; do deslocamento, ao Brasil, de professores visitantes de universidades portuguesas para proferirem conferências; das publicações nas áreas da especialidade da Cátedra, por meio do Programa de Apoio à Edição; e da participação e organização de seminários e congressos.

Em abril de 1998, o Instituto Camões celebrou, igualmente, protocolo com a Universidade Mackenzie, de São Paulo, com o objetivo de estimular o desenvolvimento de estudos específicos sobre a língua portuguesa, a comum história afro-luso-brasileira, a educação, o direito, as comunicações, a cultura e as condições de produção cultural no mundo luso-afro-brasileiro. Ambas as instituições se comprometeram a estudar, no mais curto prazo possível, formas concretas destinadas a alcançar os objetivos enunciados.

Finalmente, em 19 de abril de 1999, o Instituto Camões celebrou um protocolo com o Museu Histórico Nacional, do Rio de Janeiro, organismo pertencente ao Instituto do Patrimônio Histórico e Artístico do Ministério da Cultura do Brasil, com o objetivo de incrementar a cooperação entre os dois organismos, comprometendo-se, o Instituto Camões, a financiar o plano de atividades a ser apresentado pelo Museu Histórico.

Por meio de protocolos estabelecidos em abril de 1994, o Instituto Camões comprometeu-se a apoiar o Real Gabinete Português de Leitura do Rio de Janeiro, fornecendo-lhe material bibliográfico sobre temas relacionados com a Língua e a Cultura portuguesas e apoiando financeiramente a realização anual de dois seminários, designados por Seminários Luís de Camões, assumindo os encargos com o deslocamento e os honorários de dois professores portugueses para cada seminário, cabendo, ao Real Gabinete, custear as despesas de estadia dos conferencistas. Por novo protocolo, assinado em 19 de abril de 1999, ambos os organismos decidiram incrementar a sua cooperação, em particular, no domínio da restauração de livros raros, comprometendo-se, o Instituto Camões, a financiar plano de atividades a ser apresentado pelo Real Gabinete.

Esta notável instituição, obra dos portugueses do Brasil, além de constituir importante acervo bibliográfico sobre assuntos portugueses ao alcance do público em geral, tem exercido igualmente, no decurso dos seus longos anos de existência, significativa ação cultural que, até 1969, se limitou à realização ocasional de cursos, conferências e exposições. A partir daquela data, porém, com a criação do Centro de Estudos Infante Dom Henrique, essa ação cultural desenvolveu-se de forma assinalável, por meio de numerosos cursos e seminários, conferências e congressos, exposições, projeção de filmes, etc. Em 1976, o Real Gabinete iniciou igualmente a publicação de uma revista cultural e informativa, destinada a divulgar a cultura portuguesa e luso-brasileira em todas as suas manifestações, que adotou o nome de *Convergência Lusíada.*[26]

Desde o início da sua atividade, em 1956, a Fundação Calouste Gulbenkian, com sede em Lisboa, tem apoiado financeiramente diversas instituições culturais brasileiras, por meio de bolsas de estudo, intercâmbio de professores, subsídios para publicações, ofertas de livros, restauração de espécies bibliográficas ou de obras-de-arte, microfilmagem de documentos, aquisição de equipamentos e numerosos outros apoios a atividades de caráter cultural de interesse luso-brasileiro.[27]

---

[26] *Fundamentos e actualidade do Real Gabinete Português de Leitura*, Rio de Janeiro, 1977, p. 141 e segs.

[27] A título exemplificativo, indicam-se os principais projetos apoiados no Brasil pela Fundação Calouste Gulbenkian, de 1990 a 1997: **1990** – subsídio à Universidade Federal de Juiz de Fora para permitir a participação de docentes brasileiros no "Projecto Interdisciplinar PROINTER", sobre as relações sociopolítico-econômicas e culturais entre Brasil e Portugal no período colonial; **1991** – subsídio à Biblioteca Nacional do Rio de Janeiro para a restauração do acervo "Quinhentistas Portugueses"; subsídio à Secretaria de Cultura do Estado de Maranhão para restauração de um afresco representando o Terreiro do Paço de Lisboa; subsídio ao Gabinete Português de Leitura de Pernambuco para aquisição de material informático destinado à sua biblioteca; subsídio para a restauração da catedral de Petrópolis; **1992** – subsídio ao Real Gabinete Português do Rio de Janeiro para a compra de um edifício contíguo ao da sua sede; subsídio à Fundação Gilberto Freyre, do Recife, para a aquisição de diverso equipamento; subsídio à Academia Lusíada de Ciências, Letras e Artes de São Paulo para a aquisição e instalação de material audiovisual na sua sede; **1993** – subsídio à Associação Cultural e Recreativa de Tondela para a realização, em colaboração com a Fundação Joaquim Nabuco, do Recife, do projeto "Cumplicidade – Artes Portuguesas no Nordeste do Brasil"; subsídio à Academia Lusíada de Ciências, Letras e Artes de São Paulo para as comemorações dos 450 anos da chegada

Em 7 de setembro de 1992, foi criada, em Lisboa, a Fundação Luso-Brasileira para o Desenvolvimento do Mundo de Língua Portuguesa, com o objetivo de dar apoio à realização de projetos de caráter cultural, educativo, científico e empresarial, a serem levados a cabo em Portugal e no Brasil e, sempre que se coadunem com os seus interesse, nos países africanos de língua oficial portuguesa. Esta Fundação, beneficiando-se do apoio oficial dos governos de Portugal e do Brasil, recebeu, da Câmara Municipal de Lisboa, o direito de superfície de um vasto terreno para a construção do edifício da sua futura sede, segundo o projeto do arquiteto Oscar Niemeyer. Para subsidiar o elevado custo da construção deste edifício, a Secretaria de Estado da Cultura, em 10 de agosto de 1995, concedeu uma co-participação na ordem dos 160.000 contos. A Fundação, juntamente com alguns empresários portugueses e brasileiros de São Paulo, criou, em 28 de outubro de 1994, a Associação Luso-Brasileira para o Desenvolvimento do Mundo de Língua Portuguesa, com sede na cidade de São Paulo, com o objetivo de colaborar com a Fundação Luso-Brasileira de Lisboa para a realização dos seus respectivos fins.

---

dos portugueses ao Japão; subsídio à Universidade Federal de Minas Gerais para a aquisição de obras de autores portugueses e do Boletim editado por esta instituição; subsídio à Casa da Cultura Portuguesa em Porto Seguro para a aquisição de equipamento de vídeo e telecomunicações; subsídio à Fundação Casa de Rui Barbosa, do Rio de Janeiro, para a aquisição de equipamento para o seu laboratório de conservação e preservação; **1994** – subsídio à Fundação Gilberto Freyre, do Recife, para apoio do "Projeto Gilberto Freyre – Banco de Imagens"; subsídio à Academia Lusíada de Ciências, Letras e Artes de São Paulo para comparticipar nas despesas do projeto "Memória dos Portugueses de São Paulo"; subsídio à Prefeitura Municipal de Ouro Preto para comparticipar nos encargos da restauração da Casa da Ópera de Vila Rica; subsídio ao Real Gabinete Português de Leitura do Rio de Janeiro para a colocação de estantes no novo edifício adquirido em 1992; **1996** – subsídio para a restauração da Igreja de Nossa Senhora de Monte Carmo, no Rio de Janeiro; subsídio ao Instituto Histórico e Geográfico, do Rio de Janeiro, para a microfilmagem de documentação sobre o Brasil existente no Arquivo Histórico e Ultramarino; subsídio ao Real Gabinete Português de Leitura do Rio de Janeiro para a restauração do Salão Nobre da sua sede; **1997** – subsídio à Pontifícia Universidade Católica do Rio de Janeiro para a edição da revista *Semear*.

A Fundação Luso-Brasileira já celebrou importantes acordos de cooperação com diversas instituições portuguesas e brasileiras, nomeadamente com: a Fundação Memorial da América Latina, de São Paulo (1994); a Fundação Joaquim Nabuco, do Recife (1994); a SIPEC (Sociedade Internacional de Promoção de Ensino e Cultura), conjuntamente com a Universidade Internacional de Lisboa, a Academia Internacional da Cultura Portuguesa, o Clube de Empresários do Brasil e a Embaixada do Brasil em Lisboa (1994); a Universidade Lusíada de Lisboa, em associação com a Fundação Getúlio Vargas, do Rio de Janeiro (1996); a Federação das Associações Comerciais do Estado de São Paulo, juntamente com a Associação Comercial de São Paulo (1996); o Instituto da Biblioteca Nacional e do Livro de Portugal (1996); a União Federal, por intermédio do Ministério das Relações Exteriores do Brasil (1997); a Fundação Teotônio Vilela, de Maceió, Estado de Alagoas (1998); e a União das Misericórdias do Brasil (1998).

No curto espaço de alguns anos da sua existência, a Fundação Luso-Brasileira já tem desenvolvido importante ação de cooperação cultural entre Portugal e Brasil, promovendo, participando e apoiando numerosos congressos, seminários, colóquios e espetáculos de interesse luso-brasileiro.

Importante manifestação cultural em que o Brasil e Portugal têm desempenhado papel predominante consiste no Fórum Euro-Latino-Americano, iniciado em 1990, e organizado pelo Instituto de Estudos Estratégicos e Internacionais de Lisboa juntamente com o Instituto Roberto Simonsen da Federação das Indústrias do Estado de São Paulo (IRS/FIESP), e que tem contado com o patrocínio do governo brasileiro e português e da Comissão Européia. O objetivo fundamental do Fórum é o de contribuir para o aprofundamento dos laços políticos, econômicos, sociais e culturais entre a Europa e a América Latina.

A partir da década de 1970, as empresas televisivas brasileiras estabeleceram contratos com as empresas congêneres portuguesas para manterem intercâmbio de produtos televisivos da sua autoria. Trata-se de atividade cultural de natureza essencialmente popular, mas que não deixa de ter importância no relacionamento cultural luso-brasileiro, dado o enorme impacto que as imagens televisivas exercem sobre o público em geral que, habitualmente, não utiliza outras fontes de informação, para além dos outros meios de comunicação social com mais reduzida influência. Dado o fato de a produção televisiva brasileira ser incomparavelmente mais abundante e de qualidade técnica superior, a predominância das novelas brasileiras, em particular, nas audiências portuguesas é insuperável. Se bem que os seus enredos sejam por vezes demasiadamente pueris, pressupondo níveis baixos de cultura dos potenciais espectadores, constituem poderoso instrumento de informação sobre a sociedade brasileira, em todos os seus aspectos, nem sempre os mais positivos. É, no entanto, realidade que as elites intelectuais geralmente menosprezam, mas cuja popularidade é inegável, de acordo com os índices de audiência.

Voltando às iniciativas de caráter público no domínio cultural, deveremos ainda assinalar que, em 22 de junho de 1988, os governos do Brasil e de Portugal celebraram um Protocolo Adicional ao Acordo Cultural de 1996, instituindo um prêmio literário, designado "Prêmio Luís de Camões", destinado a galardoar anualmente um autor de língua portuguesa que, pelo valor intrínseco da sua obra, tenha contribuído para o enriquecimento do patrimônio literário e cultural da língua comum. O secretariado do prêmio é assegurado em Portugal pelo Instituto Português do Livros e das Bibliotecas, e, no Brasil, pelo Instituto Nacional do Livro. O júri é constituído por três representantes de cada um dos países, designados entre personalidades de reconhecido mérito cultural e literário, pelo respectivo membro do Governo responsável pela área cultural.

Foram já contemplados com o Prêmio Camões os seguintes escritores originários de Angola, Brasil, Moçambique e Portugal: Miguel Torga (1989), João Cabral de Melo Neto (1990), José Craveirinha (1991), Vergílio Ferreira (1992), Rachel de Queiroz (1993), Jorge Amado (1994), José Saramago (1995), Eduardo Lourenço (1996), Pepetela (1997) , Antônio Cândido (1998) e Sofia de Melo Breyner (1999).

A celebração de aniversários de certas datas importantes na história comum luso-brasileira tem dado azo a diversas iniciativas de caráter cultural, interessando ambos os países. Foi assim que, por ocasião da celebração do primeiro centenário da Independência do Brasil, o Real Gabinete Português de Leitura do Rio de Janeiro promoveu a edição da monumental *História da Colonização Portuguesa do Brasil* (1921–1926), coordenada por Carlos Malheiro Dias. Na perspectiva das comemorações do quinto centenário do descobrimento do Brasil pela armada de Pedro Álvares Cabral, os governos de Brasília e de Lisboa celebraram, em 7 de maio de 1991, protocolo com o objetivo de desenvolver, ao longo da década de 1991 a 2000, programa comemorativo dos 500 anos da viagem de Cabral que, conferindo uma forte dimensão cultural ao relacionamento entre Brasil e Portugal, contribuísse, de forma decisiva, para a projeção da comunidade luso-brasileira no alvorecer do terceiro milênio. Por este protocolo, foi constituída a Comissão Bilateral Executiva, encarregada de apresentar o conjunto de programas de projetos e ações específicas, a qual é co-presidida, pelo lado português, pelo Comissário-Geral da Comissão Nacional para as Comemorações dos Descobrimentos Portugueses (criada em 1988) e, pelo lado brasileiro, pelo Chefe do Departamento Cultural do Ministério das Relações Exteriores.

Do vasto programa que tem sido elaborado, resultou já o apoio dado pela Comissão Nacional para as Comemorações dos Descobrimentos, conjuntamente com o Instituto Camões, à criação e à manutenção da *Cátedra Jaime Cortesão* na Universidade de São Paulo e da *Cátedra Padre Antônio Vieira* na Pontifícia Universidade Católica do Rio de Janeiro. Do referido programa, constam numerosos projetos a levar a cabo em Portugal e no Brasil, alguns já efetivados ou em curso de execução. Salientamos o *Congresso Portugal–Brasil, ano 2000*, com sessões projetadas em Lisboa, Coimbra, Brasília, Recife, Braga, Porto, Rio de Janeiro e Salvador da Bahia. O programa envolve, naturalmente, a produção de grande número de publicações, discos e outro material de informação.

Apêndice

Texto do Tratado de Paz e Aliança de 1825

(Tratado de Paz e Aliança entre o Senhor D. Pedro I, Imperador do Brasil, e D. João VI, Rei de Portugal, assinado no Rio de Janeiro, em 29 de agosto de 1825, e ratificado por parte do Brasil em 30 do dito mês, e pela de Portugal em 15 de novembro do mesmo ano)

Em Nome da Santíssima e Indivisível Trindade

Sua Majestade Fidelíssima tendo constantemente no seu Real Ânimo os mais vivos desejos de restabelecer a Paz, Amizade, e boa harmonia entre Povos Irmãos, que os vínculos mais sagrados devem conciliar, e unir em perpétua aliança, para conseguir tão importantes fins, promover a propriedade geral, e segurar a existência política, e os destinos futuros de Portugal, assim como os do Brasil; e querendo de uma vez remover todos os obstáculos, que possam impedir a dita aliança, concórdia, e felicidade de um, e outro estado, por seu Diploma de treze de maio do corrente ano, reconheceu o Brasil na Categoria de Império Independente e separado dos Reinos de Portugal, e Algarves, e a seu sobre todos muito amado, e Prezado Filho Dom Pedro por Imperador, cedendo, e transferindo de sua livre vontade a Soberania do dito Império ao mesmo Seu Filho, e Seus Legítimos Sucessores, e tomando somente, e reservando para a sua pessoa o mesmo título.

E estes Augustos Senhores, aceitando a Mediação de Sua Majestade Britânica para o ajuste de toda a questão incidente à separação dos dois Estados, têm nomeado plenipotenciários, a saber:

Sua Majestade Imperial ao Ilustríssimo e Excelentíssimo Luiz José de Carvalho e Mello, do Conselho de Estado, Dignitário da Imperial Ordem do Cruzeiro, Comendador das Ordens de Cristo, e da Conceição, e Ministro e Secretário de Estado dos Negócios Estrangeiros; ao Ilustríssimo e Excelentíssimo Barão de Santo Amaro, Grande do Império, do Conselho de Estado, Gentil-Homem da Imperial Câmara, Dignitário da Imperial Ordem do Cruzeiro, e Comendador das Ordens de Cristo, e da Torre e Espada; e ao Ilustríssimo e Excelentíssimo Francisco Villela Barbosa, do Conselho de Estado, Grã-Cruz da Imperial Ordem do Cruzeiro, Cavaleiro da Ordem de Cristo, Coronel do Imperial Corpo de Engenheiros, Ministro e Secretário de Estado dos Negócios da Marinha, e Inspetor Geral da Marinha.

Sua Majestade Fidelíssima ao Ilustríssimo e Excelentíssimo Cavaleiro Sir Carlos Stuart, Conselheiro Privado de Sua Majestade Britânica, Grã-Cruz da Ordem da Torre e Espada, e da Ordem do Banho.

E vistos e trocados os Seus Plenos Poderes, convieram em que, na conformidade dos princípios expressados neste Preâmbulo, se formasse o presente Tratado.

Artigo I

Sua Majestade Fidelíssima reconhece o Brasil na Categoria de Império Independente, e Separado dos Reinos de Portugal e Algarves; e a Seu sobre todos muito amado, e Prezado Filho Dom Pedro por Imperador, cedendo e transferindo de Sua Livre Vontade a Soberania do dito Império ao Mesmo Seu Filho, e a Seus Legítimos Sucessores. Sua Majestade Fidelíssima toma somente, e reserva para a sua pessoa o mesmo título.

Artigo II

Sua Majestade Imperial, em reconhecimento de Respeito, e Amor a Seu Augusto Pai o Senhor Dom João VI, anui a que Sua Majestade Fidelíssima tome para a Sua Pessoa o título de Imperador.

Artigo III

Sua Majestade Imperial promete não aceitar proposições de quaisquer Colônias Portuguesas para se reunirem ao Império do Brasil.

Artigo IV

Haverá d´ora em diante Paz e Aliança, e mais perfeita amizade entre o Império do Brasil, e os Reinos de Portugal, e Algarves, com total esquecimento das desavenças passadas entre os Povos respectivos.

Artigo V

Os súditos de ambas as Nações, Brasileira, e Portuguesa, serão considerados, e tratados nos respectivos Estados como os da Nação mais favorecida e amiga, e seus direitos, e propriedades religiosamente guardados e protegidos; ficando entendido que os atuais possuidores de bens de raiz serão mantidos na posse pacífica dos mesmos bens.

Artigo VI

Toda a propriedade de bens de raiz ou móveis, e ações, seqüestradas, ou confiscadas, pertencentes aos Súditos de Ambos os Soberanos, do Brasil, e Portugal, serão logo restituídos, assim como os seus rendimentos passados, deduzidas as despesas da administração, ou seus proprietários indenizados reciprocamente pela maneira declarada no Artigo oitavo.

Artigo VII

Todas as embarcações, e cargas apresadas, pertencentes aos Súditos de ambos os Soberanos, serão semelhantemente restituídas, ou seus proprietários indenizados.

Artigo VIII

Uma Comissão nomeada por ambos os Governos, composta de Brasileiros, e Portugueses em número igual, e estabelecida onde os respectivos Governos julgarem por mais conveniente, será encarregada de examinar a matéria dos Artigos Sexto, e Sétimo; entendendo-se que as reclamações deverão ser feitas dentro do prazo de um ano, depois de formada a Comissão, e que no caso de empate nos votos será decidida a questão pelo Representante de Soberano Mediador. Ambos os Governos indicarão os fundos, por onde se hão de pagar as primeiras reclamações liquidadas.

Artigo IX

Todas as reclamações públicas de Governo a Governo serão reciprocamente recebidas, e decididas, ou com a restituição dos objetos reclamados, ou com uma indenização do seu justo valor. Para o ajuste destas reclamações, ambas as Altas Partes Contratantes convieram em fazer uma Convenção direta, e especial.

Artigo X

Serão restabelecidas desde logo as relações de Comércio entre ambas as Nações, Brasileira, e Portuguesa, pagando reciprocamente todas as mercadorias quinze por cento de direitos de consumo provisoriamente, ficando os direitos de baldeação e reexportação da mesma forma, que se praticava antes da separação.

Artigo XI

A recíproca troca das ratificações do presente Tratado se fará na cidade de Lisboa, dentro do espaço de cinco meses, ou mais breve, se for possível, contados do dia da assinatura do presente Tratado.

Em testemunho do que Nós abaixo assinados, Plenipotenciários de SUA MAJESTADE IMPERIAL, e de SUA MAJESTADE FIDELÍSSIMA, em virtude dos nossos respectivos Plenos Poderes, assinamos o presente Tratado com os nossos punhos, e lhe fizemos pôr os Selos das nossas Armas.

Feito na Cidade do Rio de Janeiro, aos vinte e nove dias do mês de Agosto do ano do nascimento de Nosso Senhor Jesus Cristo de mil oitocentos e vinte e cinco.

(Assinados). – L.S. *Luiz José de Carvalho e Mello*. – L. S. *Barão de Santo Amaro*. – L. S. *Francisco Villela Barbosa*. – L. S. *Charles Stuart*.

E sendo-nos presente o mesmo Tratado, cujo teor fica acima inserido, e sendo bem visto, considerado, e examinado por Nós tudo o que nele se contém, tendo ouvido o Nosso Conselho de Estado, o aprovamos, ratificamos, e confirmamos assim no todo, como em cada um dos seus artigos, e estipulações, e pela presente o damos por firme e valioso para sempre. Prometendo em Fé e Palavra Imperial observá-lo, e cumpri-lo inviolavelmente, e fazê-lo cumprir e observar por qualquer modo que possa ser. Em testemunho e firmeza do sobredito fizemos passar a presente Carta por Nós assinada, passada com o Selo Grande das Armas do Império, e referendada pelo nosso Ministro e Secretário de Estado abaixo assinado. Dada no Palácio do Rio de Janeiro, aos trinta dias do mês de agosto do ano do nascimento de Nosso Senhor Jesus Cristo de mil oitocentos e vinte e cinco. - PEDRO IMPERADOR, *Com Guarda*. - *Luiz José de Carvalho e Mello*.

* * * * * * * * * *

Fonte: Antônio Pereira Pinto, *Apontamentos para o Direito Internacional*, Brasília, EdUnB, 1980, p. 201–204, V. I.

Convenção Pecuniária Adicional ao Tratado de 1825

(Convenção adicional ao Tratado de Amizade e Aliança de 29 de agosto de 1825 entre o Senhor D. Pedro I, Imperador do Brasil, e D. João VI, Rei de Portugal, assinada no Rio de Janeiro naquela data, e ratificada por parte do Brasil em 30 de agosto e pela de Portugal em 15 de novembro do dito ano)

Em Nome da Santíssima e Indivisível Trindade

Havendo-se estabelecido no Artigo IX do Tratado de paz, e aliança, firmado na data desta, entre Portugal, e o Brasil, que as reclamações públicas de um a outro Governo seriam reciprocamente recebidas e decididas, ou com restituição dos objetos reclamados, ou com uma indenização equivalente, convindo-se em que, para o ajuste delas, ambas as Altas Partes Contratantes fariam uma Convenção direta, e especial; e, considerando-se depois ser o melhor meio de terminar esta questão o fixar-se, e ajustar-se desde logo em uma quantia certa, ficando extinto todo o direito para as recíprocas, e ulteriores reclamações de ambos os Governos: os abaixo assinados, o Ilustríssimo e Excelentíssimo Luiz José de Carvalho e Mello, do Conselho de Estado, Dignitário da Imperial Ordem do Cruzeiro, Comendador das Ordens de Cristo, e da Conceição, e Ministro, e Secretário de Estado dos Negócios Estrangeiros; o Ilustríssimo e Excelentíssimo Barão de Santo Amaro, Grande do Império, do Conselho de Estado, Gentil-Homem da Imperial Câmara, dignitário da Imperial ordem do Cruzeiro, e Comendador das Ordens de Cristo, e da Torre, e Espada; o Ilustríssimo e Excelentíssimo Francisco Vilela Barbosa, do Conselho de Estado, Grã-Cruz da Imperial Ordem do Cruzeiro, Cavaleiro da Ordem de Cristo, Coronel do Imperial Corpo de Engenheiros, Ministro e Secretário de Estado dos Negócios da Marinha, e Inspetor Geral da Marinha, Plenipotenciários de Sua Majestade o Imperador do Brasil, debaixo da mediação de Sua Majestade Britânica, e Sir Charles Stuart, Conselheiro Privado de Sua Majestade Britânica, Grã Cruz da Ordem da Torre, e Espada, Plenipotenciário de Sua Majestade

Fidelíssima El-rei de Portugal, e Algarves; convieram, em virtude dos seus plenos poderes respectivos, em os Artigos seguintes:

Artigo I

Sua Majestade Imperial convém, à vista das reclamações apresentadas de Governo a Governo, em dar ao de Portugal a soma de dois milhões de libras esterlinas; ficando com esta soma extinta de ambas as partes todas e quaisquer outras reclamações, assim como todo o direito a indenizações desta natureza.

Artigo II

Para o pagamento desta quantia toma Sua Majestade Imperial sobre o Tesouro do Brasil o empréstimo que Portugal tem contraído em Londres no mês de outubro de mil oitocentos e vinte e três, pagando o restante, para perfazer os sobreditos dois milhões esterlinos, no prazo de um ano, a quartéis, depois da ratificação e publicação da presente Convenção.

Artigo III

Ficam excetuados da regra estabelecida no Artigo I desta Convenção as reclamações recíprocas sobre transporte de tropas, e despesas feitas com as mesmas tropas.

Para liquidação destas reclamações haverá uma Comissão mista, formada, e regulada pela mesma maneira que se acha estabelecido no Artigo VIII do Tratado de que acima se faz menção.

Artigo IV

A presente Convenção será ratificada, e a mútua troca das ratificações se fará na Cidade de Lisboa dentro de espaço de cinco meses, ou mais breve se for possível.

Em testemunho do que, nós abaixo assinados, Plenipotenciários de Sua Majestade El-rei de Portugal, e Algarves, e de Sua Majestade o Imperador do Brasil, em virtude dos nossos respectivos plenos poderes, assinamos a presente Convenção, e lhe fizemos pôr os Selos das nossas armas.

Feita na Cidade do Rio de Janeiro, aos 29 dias do mês de agosto de 1825. – (L.S.) *Luiz José de Carvalho e Mello*. – (L.S.) *Barão de Santo Amaro*. – (L.S.) *Francisco Villela Barbosa*. – L.S.) *Charles Stuart*.

* * * * * * * * * *

Fonte: Antônio Pereira Pinto, *Apontamentos para o Direito Internacional*, Brasília, EdUnB, 1980, p. 213–214, V. I.

Texto do Tratado de Amizade e Consulta entre Brasil e Portugal, de 16 de novembro de 1953

O Presidente da República dos Estados Unidos do Brasil:

Havendo o Congresso Nacional aprovado, pelo Decreto Legislativo n. 59, de 25 de Outubro de 1954, o Tratado de Amizade e Consulta entre o Brasil e Portugal, firmado no Rio de Janeiro, a 16 de Novembro de 1954; e havendo sido ratificado pelo Brasil, por Carta de 29 de Novembro de 1954; e tendo sido efetuada, em Lisboa, a 4 de Janeiro de 1955, a troca dos instrumentos de ratificação entre os Governos do Brasil e de Portugal;

Decreta que o Tratado de Amizade e Consulta entre o Brasil e Portugal, firmado no Rio de Janeiro, a 16 de Novembro de 1953, apenso por cópia ao presente Decreto, seja executado e cumprido tão inteiramente como nele se contém.

Rio de Janeiro, em 13 de Janeiro de 1955, 134º da Independência e 67º da República.

João Café Filho — Raul Fernandes

Tratado de Amizade e Consulta entre o Brasil e Portugal

O Presidente da República dos Estados Unidos do Brasil e o Presidente da República Portuguesa,

Conscientes das afinidades espirituais, morais, étnicas e lingüísticas que, após mais de três séculos de história comum, continuam a ligar a Nação Brasileira à Nação Portuguesa, do que resulta uma situação especialíssima para os interesses recíprocos dos dois povos,

E animados do desejo de consagrar, em solene instrumento político, os princípios que norteiam a Comunidade Luso-Brasileira no mundo,

Resolveram celebrar o presente Tratado de Amizade e Consulta, e nomearam para esse efeito seus Plenipotenciários, a saber:

O Presidente da República dos Estados Unidos do Brasil, Sua Excelência o Senhor Professor Vicente Ráo, Ministro de Estado das Relações Exteriores.

O Presidente da República Portuguesa, Sua Excelência o Senhor Doutor Antônio de Faria, Embaixador Extraordinário e Plenipotenciário de Portugal no Rio de Janeiro;

Os quais após haverem exibido seus Plenos Poderes, achados em boa e devida forma, convieram nas disposições seguintes:

Art. I – As Altas Partes Contratantes, tendo em mente reafirmar e consolidar a perfeita amizade que existe entre os dois povos irmãos, concordam em que, de futuro, se consultarão sempre sobre os problemas internacionais de seu manifesto interesse comum.

Art. II – Cada uma das Altas Partes Contratantes acorda em conceder aos nacionais da outra tratamento especial, que os equipare aos respectivos nacionais em tudo que de outro modo não estiver diretamente regulado nas disposições constitucionais das duas Nações, quer na esfera jurídica, quer nas esferas comerciais, econômica, financeira e cultural, devendo a proteção das autoridades locais ser tão ampla quanto a concedida aos próprios nacionais.

Art. III – No campo comercial e financeiro, levadas em conta as circunstâncias do momento em cada um dos dois países, as Altas Partes Contratantes concederão todas as possíveis facilidades no sentido de atender os interesses particulares dos nacionais da outra Parte.

Art. IV – O tratamento especial consignado neste Tratado abrangerá não só os Portugueses que tenham o seu domicílio no território brasileiro e os Brasileiros que o tiverem em território português, mas também os que neles permanecerem transitoriamente.

Art. V – As Altas Partes Contratantes, como prova do elevado intuito que presidiu a celebração deste Tratado, permitirão a livre entrada e saída, o estabelecimento de domicílio e o livre trânsito em Portugal e no Brasil, aos nacionais da outra Parte, observadas as disposições estabelecidas em cada uma delas para a defesa da segurança nacional e proteção da saúde pública.

Art. VI – Os benefícios concedidos por uma das Altas Partes Contratantes a quaisquer estrangeiros no seu território consideram-se *ipso facto* extensivos aos nacionais da outra.

Art. VII – As Altas Partes Contratantes promoverão a expedição das disposições legislativas e regulamentares que forem necessárias e convenientes para a melhor aplicação dos princípios consignados neste instrumento.

Art. VIII – As Altas Partes Contratantes comprometem-se a estudar, sempre que oportuno e necessário, os meios de desenvolver o progresso, a harmonia e o prestígio da Comunidade Luso-Brasileira no mundo.

Art. IX – Este Tratado será ratificado, de conformidade com as disposições constitucionais de cada uma das Altas Partes Contratantes, e as ratificações serão trocadas em Lisboa no mais breve prazo possível. Entrará em vigor, imediatamente após a troca das ratificações, pelo prazo de dez anos prorrogável sucessivamente por períodos iguais, se não for denunciado por qualquer das Altas Partes Contratantes com três meses de antecedência.

EM FÉ do que os Plenipotenciários acima nomeados assinaram este Tratado, em dois exemplares, no Rio de Janeiro, aos 16 dias do mês de Novembro de 1953

VICENTE RÁO
ANTÔNIO DE FARIA

Fontes e Bibliografia

1. Arquivos

Arquivo da Torre do Tombo, Lisboa
Arquivo Histórico Diplomático, Lisboa
Arquivo Histórico do Itamaraty, Rio de Janeiro e Brasília

2. Fontes Impressas

BRASIL, Academia Brasileira de Letras. *Anuário*. Rio de Janeiro: 1993–97.

BRASIL, Câmara dos Deputados. *Conselho de Estado (1842–1889), Consultas da Seção dos Negócios Estrangeiros*. Brasília: Câmara dos Deputados, 1978, 2 v.

BRASIL, Câmara dos Deputados. *Anais da Câmara dos Deputados*. Rio de Janeiro e Brasília, 1826–.

BRASIL, *Diário da Assembléia Geral Constituinte e Legislativa do Brasil*. Brasília: Senado Federal, 1973 (fac-símile).

BRASIL, Embaixada do Brasil em Lisboa. *Tratados e actos internacionais. Brasil–Portugal*. Lisboa: Serpro, 1992.

BRASIL, Ministério das Relações Exteriores. *Arquivo Diplomático da Independência*. Rio de Janeiro: Edição fac-similada das edições de 1922, 1923 e 1925. 6 v.

BRASIL, Ministério das Relações Exteriores. *A política exterior da revolução brasileira*. Brasília, 1966.

BRASIL, Ministério das Relações Exteriores. *Relatório*. Rio de Janeiro e Brasília: 1831–.

BRASIL, Ministério das Relações Exteriores. *Resenha de Política Exterior do Brasil* (vários números).

BRASIL, Ministério das Relações Exteriores. *A palavra do Brasil nas Nações Unidas*. Brasília: FUNAG, 1995.

BRASIL, Senado Federal. *Atas do Conselho de Estado*. Brasília: Senado Federal, 1973. 13 v.

BRASIL, Senado Federal. *Anais do Senado*. Rio de Janeiro e Brasília: 1826–.

JORNAIS: *Jornal do Commercio*, 1850–1895; *Gazeta do Rio de Janeiro*, 1814–1822; *O Globo*, 1899; *O Jacobino*, 1894/1897; *Portugal em Foco*, 1897.*Correio da Manhã, A Notícia, A Tribuna, Jornal do Brasil, Diário de Notícias, Gazeta de Notícias, Portugal Moderno, União Portugueza, O Paiz* (vários anos).

LIMA JUNIOR, Augusto. *Cartas de D. Pedro I a D. João VI, relativas à independência do Brasil*. Rio de Janeiro: Jornal do Comércio, 1941.

PORTUGAL, *Diário do Governo*, 1971–1972.

PORTUGAL, *Diário das Cortes Gerais e Extraordinárias da Nação Portuguesa*. Lisboa: Impressão Nacional, 1821–1823.

PORTUGAL, Ministério dos Negócios Estrangeiros. *Documentos apresentados às Cortes*. Lisboa: Imprensa Nacional. (vários anos)

PORTUGAL, Ministério dos Negócios Estrangeiros. *Anuário Diplomático e Consular.* (vários anos)

PORTUGAL, Ministério dos Negócios Estrangeiros. *Boletim de Informação*. 1969.

PORTUGAL, Ministério dos Negócios Estrangeiros. *Vinte anos de defesa do Estado Português da Índia*. 1968.

MISSÃO diplomática do Conde de Paço d'Arcos no Brasil, 1891 a 1893. Lisboa, 1974.

NOGUEIRA, Octaciano. *Obra política de José Bonifácio*. Brasília: Senado Federal, 1973. 2 v.

O LICEU Literário Portuguez (1868–1884). Rio de Janeiro: [s.n.], 1884.

PINTO, Antônio Pereira. *Apontamentos para o direito internacional*. Brasília: EdUnB, 1980. 4 v.

REAL Gabinete Português de Leitura. *Fundamentos e Actualidade do Real Gabinete Português de Leitura*. Rio de Janeiro; 1977.

ROQUETTE, J. I. *Código do Bom-Tom, ou regras de civilidade e de bem viver no século XIX*. In: Schwarcz, L. M. (org.). São Paulo: Companhia das Letras, 1997.

SILVA, Andrée Mansuy D. *D. Rodrigo de Souza Coutinho. Textos políticos, económicos e financeiros (1783–1811)*. Lisboa: Banco de Portugal, 1993. 2 v.

3. Bibliografia

ALENCASTRO, Luiz Felipe de (org.). *Império: a corte e a modernidade nacional*. São Paulo: Companhia das Letras, 1997. (col. *História da Vida Privada no Brasil*, v. 2)

ALEXANDRE, Valentim. *Os sentidos do Império: questão nacional e questão colonial na crise do Antigo Regime português*. Porto: Afrontamento, 1993.

ALMEIDA, Paulo Roberto de. *Formação da diplomacia econômica do Brasil: as relações econômicas internacionais no Império*. Brasília: Edição do autor, 1998.

ALVES, Jorge Luís dos Santos. *Imigração e xenofobia nas relações luso-brasileiras, 1890–1930*. Universidade do Estado do Rio de Janeiro, dissertação de Mestrado, 1999.

AGUIAR, Pinto de. *A abertura dos portos, Cairu e os ingleses*. Salvador: Progresso, 1960.

ARANHA, Brito. *Diccionario Bibliographico Portuguez*. Lisboa: Imprensa Nacional, 1908. T. XIX.

ARROTEIA, Jorge Carvalho. *A emigração portuguesa: suas origens e distribuição*. Lisboa: Ministério da Educação, 1983.

AZEVEDO, Julião Soares de. *Condições económicas da revolução portuguesa de 1820*. Lisboa: Básica, 1976.

BARBOSA, José. *As relações luso-brasileiras: a imigração e a "desnacionalização" do Brasil*. Lisboa: Typographia do Comércio, 1909.

BARBOSA, Mário Gibson. *Na diplomacia, o traço todo da vida*. Rio de Janeiro: Record, 1992.

BETHELL, Leslie. *A abolição do tráfico de escravos no Brasil*. Rio de Janeiro: Expressão e Cultura, 1976.

BRUNO. *O Brazil mental*. Porto: Chardron, 1898.

CAETANO, Marcelo. *História breve das constituições portuguesas*. Lisboa: Verbo, 1968.

CALÓGERAS, J. Pandiá. *A política exterior do Império*. Brasília: Câmara dos Deputados, 1989. 3 v.

________. *O Marquês de Barbacena*. Brasília: EdUnB, 1982.

CARVALHO, Manuel E. Gomes de. *Os deputados brasileiros nas Cortes de Lisboa*. Brasília: Senado Federal, 1979.

CASTILHO, Augusto de. *Portugal e Brasil: conflito diplomático: o processo no Conselho de Guerra de Marinha do capitão de fragata Augusto de Castilho* (Apêndice). Lisboa: M. Gomes, 1894.

CAVALHEIRO, Rodrigues. *D. Carlos e o Brasil*. Lisboa: [s.n.], 1957 (separata do *Diário da Manhã*).

CERVO, Amado Luiz. *O parlamento brasileiro e as relações exteriores, 1826–1889*. Brasília: EdUnB, 1981.

CERVO, Amado Luiz e BUENO, Clodoaldo. *História da política exterior do Brasil*. São Paulo: Ática, 1992.

COUTINHO, Gago; CABRAL, Sacadura. *Relatório da viagem aérea Lisboa–Rio de Janeiro*. Lisboa: Centro de Estudos da Marinha, 1972.

COUTO, Jorge. *A construção do Brasil: ameríndios, portugueses e africanos do início do povoamento a finais de quinhentos*. Lisboa: Cosmos, 1997.

CRISTOVÃO, Fernando. *Cruzeiro do Sul a Norte*. Lisboa: Imprensa Nacional, Casa da Moeda, 1982.

DANTAS, San Tiago. *Política externa independente*. Rio de Janeiro: Civilização Brasileira, 1962.

DUROSELLE, Jean-Baptiste. *Tout empire périra: théorie des relations internationales*. Paris: Armand Colin, 1992.

FAUSTO, Boris (org.). *Fazer a América: a imigração em massa para a América Latina*. São Paulo: Edusp, 1999.

________. *História do Brasil*. São Paulo: Edusp, 1996.

FIGUEIREDO, Fidelino de. "Um século de relações luso-brasileiras (1825–1925)". *In*: *Diário de Pernambuco; livro comemorativo do primeiro centenário do Diário de Pernambuco. 1825–1925*. Recife: [s.n.], 1925. p. 12–17.

FRAGOSO, José Manuel. *História diplomática de Portugal.* Rio de Janeiro: Real Gabinete Português de Leitura, 1997.

FREITAS, Caio de. *George Canning e o Brasil.* São Paulo: Nacional, 1958, 2 v.

FREITAS, Eugénio de Andrea Cunha e. "O Conselheiro Camelo Lampreia: um espólio valioso". *In*: *A diplomacia na história de Portugal.* Lisboa: Academia Portuguesa de História, 1990.

FREYRE, Gilberto. *Casa grande e senzala: formação da família brasileira sob o regime da economia patriarcal.* 19. ed. brasileira. Rio de Janeiro: José Olympio, 1978.

_________. *O mundo que o português criou: aspectos das relações sociais e de cultura do Brasil com Portugal e as colônias portuguesas.* Rio de Janeiro: José Olympio, 1940.

_________. *Aventura e rotina: sugestões de uma viagem à procura das constantes portuguesas de caráter e ação.* 2. ed. rev. Rio de Janeiro/Recife: José Olympio/ Fundação Joaquim Nabuco, 1980.

GAMA, Jaime. *Política externa portuguesa, 1983–1985.* Lisboa: Ministério dos Negócios Estrangeiros, 1985.

GARCIA, José Luís e et alli. *A emigração portuguesa: uma breve introdução.* Lisboa: Ministério dos Negócios Estrangeiros, 1998.

GONÇALVES, Eduardo Cândido Cordeiro. *Ressonâncias em Portugal da implantação da República no Brasil (1889–1895).* Porto: Universidade do Porto, 1995.

GONÇALVES, Williams da Silva. *O realismo da fraternidade. As relações Brasil–Portugal no governo Kubitschek.* Universidade de São Paulo, tese de Doutorado, 1994. 2 v.

HAMMOND, R. J. *Portugal and Africa 1815–1910: a study in uneconomic imperialism.* Stanford: Stanford University Press, 1966.

INSTITUTO BRASILEIRO DE GEOGRAFIA E ESTATÍSTICA – IBGE. *Estatísticas históricas do Brasil: séries econômicas, demográficas e sociais de 1550 a 1985.* Rio de Janeiro: IBGE, 1987.

KIRIACÓPULOS, Yamila Laura. *Nação e história: Bartolomeu Mitre, Francisco Adolfo de Varnhagen e a fundação da historiografia moderna na Argentina e no Brasil (1837–1880)*. Universidade Federal Fluminense, dissertação de Mestrado, 1999.

LAVRADIO, Conde de. *Memórias*. Coimbra: Imprensa da Universidade, 1932–1943.

LICEU Literário Português. *100 anos de vida a serviço do ensino e da cultura*. Rio de Janeiro: [s.n.], 1968.

LIMA, Oliveira. *História diplomática do Brasil: o reconhecimento do Império*. Rio de Janeiro: Garnier, 1901.

________. *Dom Pedro e Dom Miguel; a querela da successão (1826–1828)*. São Paulo: Melhoramentos, 1925.

LINS, Álvaro. *Missão em Portugal*. Lisboa: Centro do Livro Brasileiro, 1974.

LOBO, Eulália Maria Lahmayer. *Portugueses en Brasil en el Siglo XX*. Madrid: Mapfre, 1994.

LOUREIRO, Adalberto José Pizarro. *História da Beneficência Portuguesa do Rio de Janeiro (1840–1955)*. Rio de Janeiro: [s.n.], 1960.

LYRA, Heitor. *O Brasil na vida de Eça de Queiroz*. São Paulo: Ensaio da Comissão Estadual do Livro, 1963.

MACEDO, Jorge Borges de. *O bloqueio continental*. Lisboa: Gradiva, 1990.

________. *História diplomática de Portugal: constantes e linhas de força*. Lisboa: IDN, [s.d.].

MACHADO, Manuel de Sá. *Para uma comunidade luso-Brasileira*. Lisboa: Sociedade de Geografia, 1973.

MAGALHÃES, José Calvet de. *Breve história diplomática de Portugal*. Lisboa: Europa-América, 1990.

________. *Breve história das relações diplomáticas entre Brasil e Portugal*. São Paulo: Paz e Terra, 1999.

________. *História das relações diplomáticas entre Portugal e os Estados Unidos da América*. Lisboa: [s.n.], 1991.

________. *Portugal e as Nações Unidas: a questão colonial*. Lisboa: Instituto de Estudos Estratégicos e Internacionais, 1996.

________. *Portugal na Europa: o caminho certo*. Lisboa: Bertrand, 1997.

MAGALHÃES JUNIOR, R. *Três panfletários do Segundo Reinado*. São Paulo: Nacional, 1956.

________. *Arthur Azevedo e sua época*. 3. ed. ref. aum. Rio de Janeiro: Civilização Brasileira, 1966.

MAGALHÃES, Valentim de. *A literatura brasileira*. Lisboa: Antonio Maria Pereira, 1896.

MARTINS, Wilson. *História da inteligência brasileira*. São Paulo: Cultrix/Edusp, 1977. v. 3 e 4.

MARTÍNEZ, Pedro Soares. *História diplomática de Portugal*. Lisboa: Verbo, 1992.

MATTOSO, José (org.). *História de Portugal*. Lisboa: Estampa, 1997–, 8 v.

MIRANDA, Jorge. *As constituições portuguesas de 1822 ao texto actual da constituição*. Lisboa: Petrony, 1984.

MORAIS, Fernando. *Chatô: o rei do Brasil*. São Paulo: Companhia das Letras, 1995.

MOREIRA, Early Diniz Macarthy. *Espanha e Brasil: problemas de relacionamento (1822–1834)*. Pontifícia Universidade Católica do Rio Grande do Sul, dissertação de Livre Docência, 1976.

MOTA, Carlos Guilherme (org.). *1822: dimensões*. São Paulo: Perspectiva, 1972.

MURALHA, Pedro. *Portugal no Brasil: a colonização portuguesa*. Lisboa: Tipografia Luso-Gráfica, 1927.

NEVES, João Alves das. *As relações literárias de Portugal com o Brasil*. Lisboa: Instituto de Cultura e Língua Portuguesa, 1992.

NOGUEIRA, Alberto Franco. *Diálogos interditos*. Lisboa: Intervenção 1979.

NOVAIS, Fernando A. *Portugal e Brasil na crise do antigo sistema colonial (1777–1808)*. São Paulo: Hucitec, 1983.

OLIVEIRA, César. *Cem anos nas relações luso-espanholas: política e economia*. Lisboa: Cosmos, 1995.

OLIVEIRA, José Osório de. *Brasil*. Lisboa: Editorial Europa, 1938.

________. *História breve da literatura brasileira*. Lisboa: Verbo, 1964.

OSÓRIO, Ana de Castro. *A grande aliança*. Lisboa: Instituto Piaget, 1997.

PEDREIRA, Jorge Miguel Viana. *Estrutura industrial e mercado colonial: Portugal e Brasil (1780–1839)*. Linda a Velha: Difel, 1994.

PEREIRA, Mirian Halpern. *Livre cambio e desenvolvimento econômico: Portugal na segunda metade do século XIX*. Lisboa: Cosmos, 1983.

________. *Revolução, finanças e dependência externa*. Lisboa: Sá da Costa, 1979.

________. *A política portuguesa de emigração (1850–1930)*. Lisboa: A Regra do Jogo, 1981.

________. *Das revoluções liberais ao Estado Novo*. Lisboa: Presença, 1994.

PESCATELLO, Ann Marie. *Boths ends of the journey: an historical study of migration and change in Brazil and Portugal, 1889–1914*. University of California, Ph. D. Dissertation, 1970.

QUADROS, Jânio. *Mensagem ao Congresso Nacional*. Rio de Janeiro: Departamento de Imprensa Nacional, 1961.

REGO, A. da Silva. *Relações luso-brasileiras (1822–1953)*. Lisboa: Panorama, 1966.

REIS, Jaime Batalha. *O descobrimento do Brasil intelectual pelos portugueses do século XX*. Lisboa: Dom Quixote, 1988.

RIBEIRO, Gladys Sabina. *Cabras e Pés-de-Chumbo: os rolos do tempo: o anti-lusitanismo na cidade do Rio de Janeiro, 1889–1930*. Niterói: Universidade Federal Fluminense, dissertação de Mestrado, 1987. 2 v.

RODRIGUES, José Honório. *Independência: revolução e contra-revolução*. Rio de Janeiro: Francisco Alves, 1975. 5 v.

ROUANET, Maria Helena. *Eternamente em berço esplêndido: a fundação de uma literatura nacional*. São Paulo: Siciliano, 1991.

SANTOS, Corcino Medeiros dos. *Relações comerciais do Rio de Janeiro com Lisboa (1763–1808)*. Rio de Janeiro: Tempo Brasileiro, 1980.

SARAIVA, Arnaldo. *Meio século de estudos brasileiros na universidade portuguesa*. Porto: Faculdade de Letras, 1974.

SARAIVA, José Flávio Sombra. "Do silêncio à afirmação: as relações do Brasil com a África". *In*: CERVO, A. L. (org.) *O desafio internacional: a política exterior do Brasil de 1930 a nossos dias*. Brasília: EdUnB, 1994.

SERRÃO, Joel. *A emigração portuguesa*. Lisboa: Livros Horizonte, 1982.

SILVA, Joaquim Ramos. *A viragem dos anos 90: relações económicas luso-brasileiras*. Lisboa: Quetzal, 1999.

SILVA, Maria Beatriz Nizza da. *Documentos para a história da imigração portuguesa no Brasil, 1850–1938*. Rio de Janeiro: Nórdica, 1992.

________. *Filantropia e imigração: a caixa de socorros D. Pedro V*. Rio de Janeiro: Sociedade Portuguesa Caixa de Socorros D. Pedro V, 1990.

SILVA, Pedro Ferreira da (coord.). *Fundamentos e actualidade do Real Gabinete Português de Leitura*. Edição comemorativa do 140º aniversário de Fundação. Rio de Janeiro: Real Gabinete Português de Leitura, 1977.

SODRÉ, Nelson Werneck. *As razões da independência*. Rio de Janeiro: Civilização Brasileira, 1965.

STANLEY, J.; STEIN, Barbara. *The colonial heritage of latin america*. New York: Oxford University Press, 1970.

SUAREZ, Simon Llanas. *Notas historicas y diplomaticas*. Buenos Aires: Imprenta Lopez, 1961.

TELO, António José. *Portugal e a NATO: o reencontro da tradição atlântica*. Lisboa: Cosmos, 1996.

________. *Os Açores e o controlo do Atlântico (1898/1948)*. Porto: Asa, 1993.

________. *Economia e Império no Portugal contemporâneo*. Lisboa: Cosmos, 1994.

VENTURA, Roberto. "Estilo Tropical". *In*: *História cultural e polêmicas literárias no Brasil, 1870–1914*. São Paulo: Companhia das Letras, 1991.

VIEIRA, Nelson H. *Brasil e Portugal: a imagem recíproca*. Lisboa: ICALP, 1991.